KB126129

일제의 조선 관습조사 자료 해제 II

법전조사국 특별조사서·중추원 관련 자료

A collection of Data Interpretation relating to custom investigation on Choson(朝鮮) by Japanese imperialism 2

Material Documents of the Code Investigation Agency(法典調查局) and Jungchuwon (the Governor-General's Secretariat)

Lee Young-Hak / Han Dong Min / Lee Soon-Yong / Kim Seong Kuk

이 저서는 2011년 정부(교육부)의 재원으로 한국학중앙연구원(한국학진흥사업단)의 지원을 받아 수행된 연구임(AKS-2011-EBZ-3107)

일제의 조선 관습조사 자료 해제 II

법전조사국 특별조사서·중추원 관련 자료

이영학 / 한동민 / 이순용 / 김성국 편

혜안

서 언

일제는 조선 관습조사사업(1906~1938)을 추진하면서 한국사회의 전통과 관습을 일본식으로 크게 왜곡했을 뿐만 아니라 일제의 식민지기 법제의 제정에 기초자료로 활용하였다. 본 연구팀은 근대시기 한국인의 법 생활과 법 의식의 원형을 복원하기 위하여 일제의 관습조사보고서류를 종합적으로 수집, 분류, 정리하는 것을 목표로 삼았다.

본 연구팀은 2011년부터 3년 동안(2011.12.1.~2014.11.30.) 『일제의 조선관습자료 해제와 DB화 작업』 연구과제로 한국학중앙연구원에서 지원을 받았다. 제1~3차년도 연구는 1906년부터 1938년까지 일제가 한국을 침략하면서 생산한 한국인의 각종 관습, 민속, 제도, 일상 생활 등에 관한 자료들을 종합적으로 조사, 수집, 정리하였다. 이 자료 중에서 핵심 자료를 대상으로 DB 구축, 해제, 자료 복사 및 디지털화를 단계별로 수행하였다. 본 사업은 크게 〈조사·분류·정리〉, 〈해제·역주〉, 〈기초자료 및 자료집 간행〉 분야로 진행되었는데, 다음 4부분으로 나뉘어 진행되었다.

첫째, 관습조사자료 약 7,700여 책 중에서 약 3,850책을 전수 조사하고 이 중에서 핵심적인 관습조사자료를 선별하여 목록 DB에 등재하였다. 제1차 년도에는 국사편찬위원회와 수원박물관 소장 자료를 중심으로 등재하고 국립중앙도서관 및 일본의 도쿄 지역 대학도서관에 소장된 자료를 정리하였다. 제2차 년도에서 미국 하와이 대학 등 추가 조사 및 기존 목록 수정 작업을 수행했다. 최근 기록학 연구 방법에 따라 최종 목록 DB를 구축한 것은 2,784책이다.

둘째, 부동산법조사회 및 법전조사국의 생산기록물 중에서 700책을 대상으로 해제 작업을 수행하였다. 현재 관습조사자료들이 관련 학계에서 잘 활용되지 못하는 이유로 해당 자료의 사료적 성격이 제대로 소개되지 못한 측면이 있다는 점을 감안하여 부동산법조사회 기록물, 법전조사국 생산 기록물 중에서 부동산, 친족, 상속 등에 관한 자료를 중심으로 해제 작업을 수행하였다. 기본정보, 내용정보, 가치정보 등으로 나누어 상세하게 해제하였다.

셋째, 관습조사자료들 중에서 실지조사서, 특별조사서, 풍속조사서, 제도조사서 등을 중심으로 700책에 대한 복사 및 디지털화 작업을 수행하였다. 본 연구팀의 목표가 관련 연구자들이 손쉽게 관습조사자료에 접근할 수 있도록 관련 시스템 등을 구축하려고 하였다. 이 중에서 가치가 높은 주요 자료를 선별하여 별도로 원문 자료 DB와 영인본 작업을 수행하였다.

넷째, 본 관습조사자료의 대부분이 해당 연구자조차도 해독하기 어려운 초서로 작성된 것이 많았다. 이에 따라 본 연구팀에서는 핵심 자료를 선별하여 탈초 작업을 수행하고 색인어 추출에 필요한 기초작업을 수행하였다. 탈초 대상은 부동산법조사회와 법전조사국에서 생산한 입법 관련 자료 및 핵심적인 관습조사자료 중에서 약 6만여 자를 탈초하였으며, 탈초 색인서 1권으로 정리하였으나 사정상 간행하지는 않았다.

본 연구팀의 활동은 원래 한국역사연구회 토지대장 연구반에서 기획되었다. 이 작업에는 연구책임자 왕현종을 비롯하여 일반공동연구원으로 이영학, 최원규, 김경남, 한동민, 마리킴과 전임연구원으로 이승일, 원재영, 그리고 연구보조원으로 이상순, 이순용, 채관식, 류지아, 김성국, 김달님, 이예슬, 함승연, 최서윤, 황외정, 전소영, 하영건, 유지형 등 대학원 및 학부생이 참여하였다. 이외에도 정용서, 심철기, 요시카와 아야코(吉川絢子) 등이 도왔다.

본 연구의 협조기관으로는 수원박물관, 국사편찬위원회, 서울대학교 규장각한국학연구원, 연세대학교 학술정보원 한국학자료실, 고려대학교 학술정보원, 한국학중앙연구원 장서각도서관, 국립중앙도서관, 국회도서관, 일본 호세이(法政) 대학 도서관, 호세이 대학 이치가야 캠퍼스 도서관 귀중서고 및 현대법연구소, 교토(京都) 대학 도서관, 가쿠슈인(學習院) 대학 동양문화연구소(東洋文化研究所, 友邦文庫), 도쿄 게이자이 대학 도서관(四方博文庫, 桜井義之文庫), 도쿄(東京) 대학 도서관, 게이오(慶應義塾) 대학 후쿠자와 연구센터, 와세다(早稻田) 대학 도서관, 일본 국립국회도서관, 오사카 시립대학 학술정보센터, 미국 하버드 대학 하버드옌칭연구소 도서관, 하와이 대학 해밀턴 도서관, UCLA, USC 도서관 등이었다. 지난 3년 동안 번거로운 방문과 열람 요청에도 조선 관습조사에 관한 귀중한 자료를 열람, 복사, 활용하게 해 주신 여러 관련 기관에 감사를 드린다. 또한 어려운 여건에도 불구하고 원고 자료를 잘 정리하여 편찬해 주신 오일주 사장님 이하 혜안출판사 여러분께 감사의 말씀을 드린다.

앞으로 이번 일제의 조선 관습조사에 대한 기초연구로 모아진 자료와 DB화 작업을 계기로 하여 향후 공동연구로 이어져 조선의 독자적인 관습의 재발견과 더불어 일제의 식민지 연구 및 법사학·민속학·사회학·경제학 등 근대한국학의 연계학문간 활발한 토론과 교류를 기대해 본다.

2016년 11월 30일 공동연구팀이 쓰다

일러두기

1. 이 책은『일제의 조선 관습조사 자료 해제 I -부동산법조사회·법전조사국 관련 자료-』과『일제의 조선 관습조사 자료 해제 II-법전조사국 특별조사서·중추원 관련 자료-』와『일제의 조선 관습조사 자료 해제 III-조선총독부 중추원 관련 자료-』으로 이루어져 있다.

2. 각 책별 관습조사 자료 번호는 "①-②-③-④-(제목)"으로 표기되어 있는데, 첫 번째(①)는 제1~3책으로 해제 책의 권수를 말하며, 두 번째(②)는 해당 기관의 기호 "1=부동산법조사회, 2=법전조사국, 3=조선총독부 중추원" 등이며, 세 번째(③)는 주제 분류이다. 네 번째(④)는 자료의 수록 순서를 가리킨다. 예컨대 " I -1-1-01 한국부동산에 관한 조사기록"은 "해제집 I 권-부동산법조사회-일반민사-첫 번 문서"를 가리킨다.

3. 이 책에 수록된 자료의 주제 분류 기준 번호는 다음과 같다.

분류번호	분류내용	관련 사항
1	일반 민사	일반 민사 관습 사항
2	민사(친족)	친족, 상속, 유언
3	민사(혼인)	혼인
4	제도조사	국제, 구역, 관직, 관원, 향약 제도 등
5	구관조사	구관습조사, 노비, 호적 등
6	법규	이조법전고, 경국대전, 이조법전 등
7	풍속, 제사, 위생	관혼상제, 의식주, 미신, 오락, 유희 등
8	물권, 채권, 상사	종교 등 기타 사항 포함
9	왕실자료	종묘연혁, 왕가혼례, 황족 소송 등

4. 해제의 구성은 먼저 원자료 관련 설명 박스로 원문 첫장, 관리기호/기록번호/자료명/작성자/생산기관/생산연도/지역/언어/분량/소장기관/키워드 등으로 되어 있다. 인명은 한국인 및 일본인 모두 한자로 표기한다.

Ⅰ-1-1-01. 한국부동산에 관한 조사기록

	관리기호	기록번호	자료명		
	朝21-B21	-	韓國不動産ニ關スル調査記錄		
	작성자	생산기관	생산 연도		
	中山成太郎, 川崎萬藏	부동산법조사회	1906년 8월		
	지역	언어	분량	소장기관	
	-	일본어	93면	국립중앙도서관	
	키워드	부동산법조사회, 조사자, 토지소유권제도, 부동산관련 조시시항			

概言

一 本書ハ韓國ニ於ケル不動産上ノ慣例調査ニ就キ會長梅博士ノ質問ニ對スル各地理事官觀察使及ヒ府尹ノ應答ヲ記錄シタルモノニシテ右調査ニ臨シタル補佐官中山成太郎ノ補佐官補川崎萬藏ノ執筆委員石鎭衡ノ通譯ニ依リテ成レリ

二 調査ノ個所ハ京城理事廳仁川理事廳開城府平壤觀察府同理事廳水原觀察府大邱觀察府釜山理事廳及ヒ馬山理事廳ノ五理事廳三觀察府及ヒ一府

5. 본문 내용 해제는 [기본정보], [세부목차], [내용정보], [가치정보]로 구성되어 있다. 단 세부목차가 없는 경우도 있다.

6. 본문의 문서 표기는 『 』(책 표시), ' '(문서표시), 〈 〉(법령표시) 등으로 표기하였다. 문장을 인용할 때는 " "으로 표기하고, 중요 단어나 어절의 경우 ' '으로 표기하였다. 원문 제목을 풀어썼을 경우 [원제]를 추가하였다.

7. 본문 서술의 용례로는 인명은 한글(한자), 일본인 인명 발음(한자) 표기를 원칙으로 하였으며, 연도 표시는 한국과 관련되면 '1909년(융희 3)', 일본과 관련되면 '1909년(명치 42)' 등으로 표시하였다. 책의 이름이 처음 등장한 것은 가급적 한글(한자)로 표기하고 계속해서 반복해서 나오는 것은 한글로만 표기하였다. 지명일 경우 현대 외국어 표기에 따랐다.

8. 원 자료의 쪽수 표시는 한쪽이나 양쪽 면일 경우 '면'으로 표시하는 것을 원칙으로 하였다.

9. 해제 작성자는 초고본 및 수정 과정에서 공동으로 맡았기 때문에 별도로 표기하지 않았다.

목 차

Ⅲ. 조선총독부 중추원 관련 자료 • 65

2. 민사(친족)에 관한 자료 ··· 109

3. 민사(혼인)에 관한 자료 ······································ 193

4. 제도조사에 관한 자료 ·· 199

Ⅰ. 자료해설

법전조사국은 1908~1909년까지 2년간은 48개 지역을 대상으로 일반조사를 수행하였고 1910년에는 전국 38개 지역을 대상으로 특별사항을 조사하였다. 일반조사의 경우에는 일본인 조사관, 한국인 통역관, 조사 일시, 조사 기간, 조사 방법 등이 종합적으로 밝혀졌으나 1910년에 수행된 특별조사는 이 같은 기초적인 사실이 밝혀지지 않았다. 1910년에 수행된 특별조사에 대해서는 조사보고서만 기록하고 있을 뿐, 어떤 방식으로 조사를 시행하였는지에 대해서는 기록하고 있지 않다. 다만, 특별조사서도 일본어로 작성된 것으로 보면 일본인 조사관이 주도하여 작성한 것으로 보인다. 법전조사국은 특별조사서를 111책 생산하였다.

특별조사서는 일반 관습조사자료와 마찬가지로 해방 후 산일되었는데 현재 각 대학도서관, 국사편찬위원회, 수원역사박물관 등에 약 40여 책이 남아 있다. 전체 생산량 대비 41%이다. 이 자료들은 가권, 지권, 노비, 어음 및 수형, 혼례, 객주, 가쾌, 영소작권 등 민사 및 상사법에서 다루어야 할 중요한 주제들이다. 특별조사서와 일반조사서를 서로 대조하면 일제가 한국 관습을 어떻게 이해하고 기록하였는지를 추적할 수 있을 것이다. 법전조사국은 특별조사서와 일반조사서, 문헌조사서를 종합하여 1910년에 관습조사보고서를 출판하였다.

한국병합 이후에 관습조사는 중단되지 않고 식민정책의 필요에 의해서 계속 시행되었다. 한국병합 직후인 1910년 9월 30일에 조선총독부는 법전조사국을 폐지하고 취조국(取調局)을 설치하였다. 취조국은 ① 조선에 있어서의 여러 제도 및 일체의 구관을 조사하고, ② 총독이 지정한 법령의 입안 및 심의, ③ 법령의 폐지개정에 대해 의견을 구신(具申)할 것을 목적으로 실치되있다. 1910년 10월 1일에 취조국장관으로 이시즈카 에이조(石塚英藏)를 임명하였고, 서기관 겸 참사관에 나카야마 세이타로(中山成太郎), 사무관에 시오카와 이치타로(塩川一太郎)·오다 미키지로(小田幹治郎)를, 속(屬)으로는 요시다 에이자부로(吉田英三郎)·안도 시즈카(安藤靜)·오다(小田信殆)·다나베 하치로(田邊八郎)를, 통역생으로는 소노키 스에키(園木末喜), 사무관에 사타케 요시노리(佐竹義準)를, 속(屬)에 아리가 게이타로(有賀啓太郎)

·나가노 고타로(長野虎太郎)를 임명하였다. 또한 조선인 위원에는 11월 10일에 김돈희, 박종렬, 이범익, 김한목, 정병조, 최홍준이, 1911년 1월 17일에 박병조, 송영대, 유맹, 이시영, 구희서 등이 임명되었고, 촉탁(囑託)으로는 2월 16일 지바 마사타네(千葉昌胤)가, 2월 28일에 메라 도쿠타(目良德太) 등이 임명되었다.

취조국은 한국병합의 결과 구(舊)제도 및 관습 등을 조사할 필요성이 더욱 커졌기 때문에 조사의 범위를 확장하였다. 그리고 식민행정상 각 반의 시설에 자료를 제공하고 또 사법재판의 준칙이 될 만한 관습을 제시하며, 동시에 한국인에게 적합한 법제의 기초를 확립하기 위하여 한국 전역에 걸쳐서 각지의 관습을 조사하고 전적(典籍)을 섭렵하여 제도 및 관습의 연원(淵源)을 찾기로 하였다. 예컨대, 한국인의 토지제도, 친족제도, 면(面) 및 동(洞), 종교 및 사원의 제도, 양반에 관한 제도, 조선어사전 편찬, 지방제도, 구(舊)법전조사국의 소사사항 정리, 상민(常民)의 생활상태, 한국통치에 참고할 수 있는 구미각국의 속령지 및 식민지 제도연구 등 18개 항목을 조사하기로 하였다. 그러나 취조국은 1년 반만에 폐지되는 바람에 조사를 완료하지 못하였고 지방제도, 소작관례, 수리(水利)의 설비 기타 사항에 대해서는 등사판으로 만들어서 관계 부국에 참고로 제공하기도 하였다. 이외에도 대한제국 정부의 각종 공문서 및 규장각 도서들을 새롭게 정리하기 시작하였으며『대전회통』의 번각(飜刻), 조선어사전의 편찬, 조선도서해제에 착수하였고 잔무는 참사관실로 인계하였다.

1912년 4월 1일 참사관실은 취조국의 업무를 모두 승계하였다. 다만, 1912년 4월에 조선민사령이 제정되면서 일부 조사의 범위가 조정되있는데, 구관조사는 조선민사령에서 관습으로 규율하기로 정한 아래의 사항, 즉 ① 조선인의 능력 및 무능력자의 대리에 관한 관습 ② 조선인의 친족에 관한 관습 ③ 조선인의 상속에 관한 관습 ④ 조선 내의 부동산에 관한 권리의 종류, 효력 및 그 득상변경에 대한 특별한 관습 ⑤ 조선인 외에 관계없는 사건에 대해 공(公)의 질서에 관련되지 않은 규정과 다른 관습 등이다.

아래 조사사항 중에서 참사관실이 조사를 완료한 조사보고서는 실지조사보고서 123책, 전적조사에 따른 발췌한 조사자료 83책이었다. 또 별도로 조선왕조실록에서 요강을 발췌한 것이 있는데 주로 법전, 친족, 상속, 유언, 호구(戶口), 전폐(錢幣), 호패(號牌), 노비, 양역(良役), 제전(諸田), 공부(貢賦), 세제(稅制), 관혼상제(冠婚喪祭) 등에 관한 사항의 색인을 편성한 것이다. 이외에도 식민통치에 필요한 자료들을 수집하였다. 예컨대, ① 조선 고서(古書) 및 금석문(金石文), 탁본(拓本) 수집, ② 각군의 읍지 수집, ③ 조선 재래 활자 및 판목의 정리 등을 추진하였다. 따라서 참사관실의 기록물에는 이러한 업무들을 수행한 기록물이

다수 포함되어 있다. 참사관실의 구관조사 업무는 1915년에 중추원 관제가 개정되면서 중추원으로 이관되었다.

<표> 참사관실의 실지조사항목

능력에 관한 사항	유자(幼者)의 행위능력, 심신(心神)에 이상있는 자의 행위능력, 불구자(不具者)의 행위능력, 처(妻)·첩(妾)의 행위능력, 낭비지의 행위능력, 무능력자의 행위의 효력 및 그 추완(追完), 행위능력의 보충 및 제한의 제각(除卻), 무능력자의 대표 및 재산의 관리(8항 64문)
친족에 관한 사항	친족의 범위, 호주 및 가족, 혼인, 친자, 부양, 친족회, 상식(喪式) 및 상복(喪服)(10항 51문)
상속에 관한 사항	제사상속, 재산상속, 호주상속, 상속의 승인 및 포기, 상속의 정지, 상속인의 광결(曠缺), 상속의 회복, 폐가(廢家)·절가(絶家) 및 폐절가(廢絶家) 재흥(再興)(10항 51문)
유언에 관한 사항	유언, 유증(2항 11문)
물권에 관한 사항	소유권, 지상권, 영소작권, 지역권(地役權), 입회권, 유치권, 선취특권, 전당권, 특종의 물권(9항 38문)
채권에 관한 사항	다수 당사자의 채권, 다수 당사자의 채무, 불가분 채권 및 불가분 채무, 보증채무 및 채무의 인수, 채권의 양도, 채권의 소멸, 계약의 성립 및 해제, 매매, 교환, 채대차(債貸借), 소비대차(消費貸借), 사용대차, 고용, 청부, 위임, 기탁, 조합, 정기금 채권, 화해, 사무관리, 부당이득, 불법행위, 이식(利息), 손해배상(24항 62문)
기타 사항	법인(法人)에 관한 사항, 기간에 관한 사항, 부녀에 관한 사항, 승려에 관한 사항, 비복(婢僕)에 관한 사항, 특종부락에 관한 사항(6항 21문)

취조국과 참사관실에서 생산한 자료는 많이 남아 있지 않으나 국사편찬위원회에 일부 자료가 소장되어 있는 것을 확인할 수 있다. 특히, 국사편찬위원회에는 취조국에서 시행한 구관조사 및 도서정리 과정을 상세히 파악할 수 있는 자료가 있다. 『조선구관 및 제도조사 연혁의 조사 제2책(朝鮮舊慣及制度調査 沿革調査 第二冊)』이다. 서울대도서관과 규장각에도 취조국과 참사관실의 관습조사 활동을 복원할 수 있는 중요 자료들이 소장되어 있다. 취조국 관련 문서는 대한제국 왕실도서를 인계받은 후에 정리하는 과정과 결과를 알 수 있는 도서정리관계서류철, 도서목록, 조선어사전 편찬 과정 등을 알 수 있다. 특히, <참사관실분실관계서류(1~3)>는 참사관실에서 수행한 관습조사사업, 도서정리사업 등을 시기별로 상세히 기록하고 있다. 이 자료들은 취조국과 참사관실에서 관습조사사무를 인계받은 시점부터 관습조사사무를 중추원으로 이관하기까지의 관습조사활동과 도서정리사업 등을 상세히 기록하고 있는 귀중한 자료이다.

Ⅱ. 법전조사국 특별조사서

법전조사국 특별조사서 자료개관

법전조사국은 위원장(勅任官待遇), 위원(勅任 혹은 奏任官待遇), 사무관(奏任) 등으로 구성되었다. 법전조사국은 의정부에 소속되고, 고문으로 우메 겐지로(梅謙次郞), 위원장으로 구라토미 유자부로(倉富勇三郞) 법부차관, 위원으로 일본인 및 한국인 10여명, 기타 사무관 및 사무관보, 통역관 약간 명이 임명되었다. 이후 1908년 5월 23일 '법전조사국분과규정'에 따라 서무 조사 회계 3과를 설치하였으며, 다시 6월 22일에는 위원회 일부 개편이 있었다.

법전조사국이 수행한 관습조사에 대한 가장 기본적인 자료는 『관습조사보고서(慣習調查報告書)』이다. 그런데 법전조사국의 조선관습조사 관련 자료는 관습조사보고서를 정리할 때 기초 수집자료 상당수는 현재 수원시박물관에 소장되어 있다. 소장 자료는 일반 지역조사와 특별조사, 그리고 문제별 조사서로 구성되어 있다. 이중 일반조사 48개 지역을 대상으로 관습조사를 수행한 내용은 『구조사서표(舊調査書表)』에 나타나 있다. 이 책은 법전조사국 일반조사 서류표, 특별조사 서류표, 각지 관습이동표, 문제별 조사표, 부동산조사회 조사표, 취조국 조사표, 관습조사 참고기록 일람표 등으로 구성되어 있다. 이를 통해서 법전조사국의 조사 규모와 조사 내용 및 조사 지역 및 보고서 관리체계 등을 일괄하여 파악할 수 있다(이하 표의 밑줄친 부분은 소장처가 확인된 자료임).

〈표 1〉 법전조사국의 일반 및 특별 조사보고서류 현황

조사보고서의 종류			조사보고서의 세부 유형
일반 조사서류 (719책)	지역조사서 (총 48책)	제1관 지역 (중/남부)	경성, 개성, 인천, 수원, 안성, 청주, 충주, 영동, 대구, 상주, 경주, 울산, 동래, 창원, 진주, 청주, 무안, 광주, 옥구, 전주, 남원, 공주, 온양, 예산, 은진 등 지역조사서류 26책
		제2관 지역 (중/북부)	해주, 황주, 평양, 삼화, 안주, 덕천, 용천, 의주, 강계, 영변, 경흥, 회령, 경성(鏡城), 성진, 북청, 갑산, 함흥, 덕원, 금성(金城), 춘천, 원주, 강릉 등 지역조사서류 22책
	관습조사보고서 (총 6책)		제1문~제20문, 제21문~제50문, 제51문~104문, 제105문~157문, 158문~180문, 제181문~206문
	各地慣習異同表 (총 6책)		제1문~20문, 제21문~50문, 제51문~104문, 제105문~157문, 158문~180문, 제181문~206문

문항별 조사서 (총 660책)	총 문항이 206개인데, 제1관 및 제2관 지역으로 나누어서 각 문항별로 초서본과 정서본을 별도로 작성. 1개 문항당 최대 4책(제1관 지역 초서본 및 정서본, 제2관 지역 초서본 및 정서본)이 생산될 수 있었음. 총 660책이 생산됨
특별조사서류 (총 110책)	女子ノ營業ニ關スル調査書, 冠禮笄禮ニ關スル調査書, 國籍喪失ニ關スル調査書, 法人ニ關スル調査書, 面及洞ノ權利能力ニ關スル調査書, 寺院ニ關スル調査書, 土地ノ種目ニ關スル調査書, 外人ノ土地所有權ニ關スル調査書, 永給田ニ關スル調査書, 墳墓ニ關スル調査書, 入會ニ關スル調査書(대구, 동래, 창원 각 1책씩 총 3책), 家券地券ニ關スル調査書, 地上權ニ關スル調査書, 永小作權ニ關スル調査書, 典當ニ關スル調査書, 土地ノ添附ニ關スル調査書, 氏姓ニ關スル調査書, 次養子ニ關スル調査書, 養子緣組ノ方式ニ關スル調査書, 婚禮ニ關スル調査書(2책), 家儈ニ關スル調査書, 於音ニ關スル調査書 등 111책
종합	총 830책

  위 도표는 조선총독부 취조국이 법전조사국이 수행한 업무를 정리하면서 각종 실지조사시류의 현황을 조사한 『구조사서표(舊調査書表)』에 의거한 것이다. 여기에서는 지역조사서 총 48책과, 관습조사보고서 6책, 각지관습이동표 5책, 문항별 조사서 총 660책, 특별조사서류 총 110책 등이 망라되어 있다. 이 밖에 '관습조사참고기록일람표'에는 부동산법조사회, 법전조사국 등에서 조사한 자료 목록을 제시하였다. 이와 같이 조선총독부는 1910년에 발행된 『한국관습조사보고서(韓國慣習調査報告書)』에 기초하여 관습법 선명(宣明)을 법원(法源)으로 삼고 있었다. 『관습조사보고서(慣習調査報告書)』는 비록 일본인들이 일본 민법적 개념을 기초로 준비하기는 했지만, 한국 역사상 최초로 전국 단위로 한국인들의 각종 관습을 실지조사(實地調査)·전적조사(典籍調査)했다는 점에서 매우 중요한 자료적 가치를 갖고 있다. 관습조사보고서의 조선관습이 일본의 식민정책의 일환으로 추진되었다는 점에서 일본 민법적 개념의 투영은 불가피했다고 볼 수 있다. 그러나 일본 민법적 개념에 의한 변형이라는 구도뿐만 아니라, 또 하나 고려해야 할 것은 전통적 관습법 체제가 근대적 법전체제로 이행하는 과정에서의 변형도 동시에 진행되었다는 점이다. '관습'은 안정적 형태를 갖추지 못하고 있기 때문에 조선민사령 제11조와 제12조 관습의 실체와 내용을 확인하는 작업 역시 관습조사 결과에 매우 큰 영향을 받고 있었기 때문에 관습조사보고서와 함께 한국병합 이후 계속된 관습조사사업은 대단히 중요한 의미를 띠고 있다.

1. 일반민사에 관한 자료

II-2-1-01. 조사보고서(공주)

관리기호	기록번호	자료명		
霞 369.11 H832c 4	-	調査報告書(公州)		
작성자	생산기관	생산 연도		
室井德三郎	법전조사국	1908		
지역	언어	분량	소장기관	
공주	일본어	265면	한국학중앙연구원	
키워드	공주, 민법, 상법, 물건, 채권, 상속			

[기본정보]

이 자료는 1908년 6월 5일부터 7월 4일까지 공주에서 이루어진 일반조사의 내용을 담고 있다. 조사는 사무국보 무로이 도쿠사부로(室井德三郎)와 번역관보 방한복(方漢復)이 동행하여 41명의 한국인 조사 대상자에게 질문하고 그 응답을 채록하는 방식으로 30일간 진행되었다.

[내용정보]

일제는 1907년(융희 1) 법전조사국을 설치하여 한국의 민법, 형법, 민사소송법, 형사소송법 및 부속법령의 제정을 추진하였다. 이를 위해 법전조사국이 중심이 되어 당시 행정 중심지였던 도시의 70여 개 지역에서 실지조사를 하였다. 이때 조사 대상 지역은 일반조사지역과 특수조사지역으로 구분하였다. 그리고 일부 지역은 중복조사를 하였는데 공주지역은 1908년 일반조사, 1910년은 소작, 입회(入會) 등 8개 항목에 대한 특수조사가 시행된 지역이다. 이 자료는 그 가운데 1908년에 이루어진 일반조사보고서이다. 또한 이 조사보고서는 우메 겐지로(梅謙次郎)가 작성한 관습조사문제 206항목에 197개의 질문사항으로 구성되어 있다. 이 중 물권(物權)의 23번째 문항인 "토지에 관한 권리의 종류"는 부동산법조사회에서 이미 조사하였기 때문에 중복을 피해 그 내용만 간략히 적고 있으며 조사대상지인 공주지역은 내륙지역인 관계로 해상(海商) 9문은 제외되었던 것으로 보인다.

보고서의 형식은, "태아에 관한 권리를 인정하는가"라는 첫 번째 조사항목을 제시하고, "처가 회임 중 아버지가 사망해도 태아에게 상속권이 있는가"라는 질문을 비롯해 관련 내용에 대한 질의응답을 그대로 기록하고 있다.

[가치정보]

이 자료는 우메 겐지로가 작성한 관습조사문제 206항목 가운데 해상(海商) 9항목을 제외한 모든 항목을 갖추고 있다. 또한 그 형식이 각 조사항목에 대한 구체적인 질의응답식으로 구성되어 공주지역만의 관습 전반을 좀 더 이해할 수 있는 자료가 될 수 있다.

II-2-1-02. 조사보고서(성진)

관리기호	기록번호	자료명	
霞 369.11 H832c 2	296	調査報告書(城津)	
작성자	생산기관	생산 연도	
室井德三郎	법전조사국	1909	
지역	언어	분량	소장기관
성진	일본어	363면	한국학 중앙연구원
키워드	성진, 민법, 상법, 해상		

[기본정보]

이 자료는 1909년 함경북도 성진에서 이루어진 일반조사의 실지조사보고서다.

[내용정보]

　이 조사보고서는 1909년 6월 19일부터 7월 20일까지 함경북도 성진에서 이루어진 일반조사의 내용을 담고 있다. 조사는 사무국보 무로이 도쿠사부로(室井德三郞)와 번역관보 고정상(高鼎相)이 동행하여 한국인 조사 대상자에게 질문하고 그 응답을 채록하는 방식으로 32일간 진행되었다.

　또한 우메 겐지로가 작성한 관습조사문제 206항목인 민법 총칙 20문, 물권 30문, 채권 54문, 친족 53문, 상속 23문과 상법 총칙 4문, 회사 1문, 수형(手形)[어음] 1문, 해상 9문 등 모든 항목을 빠짐없이 갖추어 기록하고 있다. 일반조사지역 가운데서도 개항장으로 외국과의 교류가 활발한 상업중심지라는 조사 대상지역의 특성으로 해상(海商)의 9가지 항목에 대해 비교적 자세히 조사가 이루어지고 있는 특징을 보여주고 있다.

[가치정보]

　이 조사보고서는 관습조사문제 206항목을 모두 갖추고 있다는 점에서 성진의 관습 전반을 이해할 수 있는 자료로서 다른 지역의 일반조사 내용과 비교하여 분석해 볼 수 있는 기록이다.

II-2-1-03. 조사보고서(전주)

관리기호	기록번호	자료명	
霞 369.11 H832c 2	296	調査報告書(全州)	
작성자	생산기관	생산 연도	
川崎萬藏	법전조사국	1908	
지역	언어	분량	소장기관
전주	일본어	233면	한국학 중앙연구원
키워드	전주, 민법, 상법		

[기본정보]

법전조사국에서 전라북도 전주지방을 조사하여 정리한 보고서이다. 총 233면으로 구성되어 있다. 조사자는 법전조사국 사무관보 가와사키 만조(川崎萬藏)로 명기되어 있으며 1908년(융희 2) 12월 28일에 작성하였다.

[내용정보]

이 자료는 전주지방에 대한 관습을 직접 조사하여 정리한 것으로 조사자의 질문에 응답자가 답하는 형식으로 되어 있다. 『관습조사 응답자 조서』에 따르면, 1908년 12월 4일에 시작하여 12월 27일에 조사를 마친 것으로 나타나며 응답자는 전라북도 관찰사 이두황(李斗璜)을 비롯해서 주사 유익환(柳翼煥), 서기관 유태영(柳泰榮), 사무관 윤창현(尹昌鉉), 사무관 시미즈 히사이치(清水壽一), 주사 사카모토 나오이치로(坂本直一郎), 주사 박영근(朴永根), 군수 박영두(朴永斗), 군주사 박문(朴汶), 군주사 장명근(張明根), 전 주사 이용섭(李龍涉), 전 진사 박○한(朴○翰), 전 군수 이중익(李重翼), 전 비서관 강태형(姜台馨), 전 순사 정석모(鄭碩謨), 전 주사 김○수(金○洙), 전 참봉 박영래(朴榮來), 전 주사 백낙선(白樂善), 전 순사 이원동(李元桐), 전 감찰 김태섭(金養燮), 학부위원 이강원(李康元), 전 참위 장학윤(張鶴允), 전 참위 송봉래(宋奉來), 전 주사 김희병(金熙丙), 전 참봉 백낙윤(白樂倫), 전 참위 장제철(張濟喆), 전 주사 임종환(林種煥), 전 참봉 김동두(金東斗), 김영철(金永哲), 김형찬(金炯燦) 등이었다.

내용은 크게 제1편 민법과 제2편 상법으로 나누어신다. 민법은 총칙·물권·채권·친족·상속등 5장으로 구분하여 정리하였다. 민법에서는 채권 및 친족에 대한 질문항목이 가장 많다. 제2편 상법은 3개의 장으로 나누어져 있다. 그 내용은 회사·상행위·수형이다. 내용 중간에 순번이 달라지는 경우가 있는데 편철상의 오류라고 여겨진다. 전체 민법과 상법에 대한 문항은 206개 항목인데, 수록된 것은 일부 누락된 것도 있고, 제4장 수형(手形) 197번 항목에서 끝난다. 주된 질문내용은 민법·상법에 대한 전반적인 사항을 묻고 있다.

[가치정보]

이 자료는 법전조사국에서 수행한 각 지역 문항별 실지조사서에 해당되며, 전라북도 전주 지방의 민사 상사 관습에 대한 질문과 대답한 내용을 수록하고 있어 당시 이 지역의 독특한 민상사 관습 내용을 파악할 수 있는 자료이다.

Ⅱ-2-1-04. 한국관습조사보고서(평북편)

관리기호	기록번호	자료명	
345.951 ㅎ155	-	韓國慣習調査報告書(平北篇)	
작성자	생산기관	생산 연도	
安藤靜	법전조사국	1909	
지역	언어	분량	소장기관
영변	일본어	322면	국회도서관
키워드	영변, 민법, 상법, 물건, 채권, 상속		

[기본정보]

표제는 1909년(융희 3) '한국관습조사보고서(韓國慣習調査報告書) 평북편(平北篇)'이지만, 내용을 살펴보면 실제 조사대상 지역은 평안북도 가운데 영변(寧邊) 지역이다.

[내용정보]

이 보고서는 1909년 11월 26일부터 12월 26일까지 평안북도 영변군에서 이루어진 일반조사의 내용을 담고 있다. 조사는 법전조사국 사무관보 안도 시즈카(安藤靜)와 함께 서기관보 김동준(金東準)이 동행하여 30일간 진행되었다.

몇 가지 내용만을 간략히 보면, 민법 총칙의 태아(胎兒)의 권리를 인정하는가의 항목에서 호주(戶主)가 사망하고 실남자(實男子)는 없지만 태아가 있을 경우에 그 출생을 기다리는가 아니면 양자를 들이는가에 대해서, 이 지역에서는 태아의 출생을 기다려 남자면 그 아이에게 상속하고 여자면 그때 양자를 들이는 사례가 많다고 한다. 양자를 삼는 것은 제주(祭主)를 세우기 위함이지만, 만일 양자를 들인 후 남자가 출생하더라도 양자를 파양(罷養)하는 것은 관습상 허용되지 않기 때문에 거의 없다고 한다.

물권(物權)의 토지에 대한 권리의 종류에 대한 조사항목을 보면, 이 지역에서는 (1) 소유권(所有權), (2) 차지권(借地權)[1. 가옥(家屋)을 소유하기 위한 것, 2. 분묘(墳墓)를 소유하기 위한 것, 3. 경작(耕作)을 위한 것] (3) 지역권(地役權), (4) 입회권(入會權), (5) 선취특권(先取特權), (6) 전당권(典當權) 등의 권리가 있었다.

이 조사보고서는 이처럼 우메 겐지로가 작성한 관습조사문제 206항목에 따라 정리하고 있으며, 조사대상지인 영변은 내륙산간지역인 관계로 해상(海商) 9문에 대한 조사는 필요치 않았던 이유로 모두 197개의 질문사항으로 구성되어 있다.

[가치정보]

이 자료는 우메 겐지로가 작성한 관습조사문제 206항목 가운데 해상(海商) 9항목을 제외한 모든 항목을 갖추고 있다. 다른 조사 대상지역의 조사 내용과 비교하여 살펴볼 수 있는 자료로서 가치가 있다.

II-2-1-05. 함경남도 관습조사보고서

관리기호	기록번호	자료명		
349.1 ㅎ199ㅈ	-	咸鏡南道 慣習調査報告書		
작성자	생산기관	생산 연도		
下森久吉	법전조사국	1909		
지역	언어	분량	소장기관	
갑산	일본어	277면	국사편찬위원회	
키워드	갑산, 상법, 물권, 채권, 상속, 회사			

[기본정보]

이 자료는 1909년 함경남도 갑산에서 이루어진 일반조사의 실지조사보고서이다. 이 보고서의 표제는 조사보고서로 되어 있다. 따라서 자료명인 '함경남도 관습조사보고서'는 소장기관의 목록자가 본문에 의거해 임의로 제(題)한 것이다.

[내용정보]

이 기록 범례(凡例)의 첫 번째 내용에 "본 조사는 1909년(융희 3) 9월 14일부터 동 10월 13일까지 30일 동안 함경남도 갑산군아(甲山郡衙)에서 별지 기명(記名)의 인원으로서 행한 것이다."라는 언급이 보인다. 이를 통해 조사대상 지역이 함경남도 갑산(甲山)임을 알 수 있다. 조사는 법전조사국 사무관보 시모모리 히사키치(下森久吉)와 번역관보(繙譯官補) 니와 겐타로(丹羽賢太郎)가 담당하였고 '별지(別紙)로 보고'했다는 조사대상자의 명단과 신원은 남아있지 않아 확인할 수 없다.

범례에 따르면 보고내용의 일목요연함을 기하고자 기재방식은 되도록 분류주의(分類主義)를 채용하고, 또한 기억하지 못할 것을 우려하여 조사한 그날로 매일매일 정리하는 방식을 취했음을 알 수 있다. 아울러 응답자들에게 조사의 중대함을 이해시키고, 신중한 응답을 유도하기 위해 『문헌비고(文獻備考)』, 『대전회통(大典會通)』, 『대명률(大明律)』 등의 옛 문헌을 참조하였으나 보고서에는 이의 기재를 생략했던 것으로 보인다. 본 조사보고서는 관습조사문제 206항목 가운데 내륙지역인 갑산(甲山)에 대한 조사였던 바, 해상(선박의 등기, 선박의 소유자 등)에 관한 198~206번 항목이 제외된 197개의 항목으로 구성되었던 것 같다.

[가치정보]

이 보고서는 해상(海商)의 9항목이 빠져 있으나 비슷한 시기에 조사된 함경도의 다른 지역인 성진 등 다른 지역의 일반조사 내용과 비교하여 분석해 볼 수 있는 기록이다.

II-2-1-06. 관습조사보고서

관리기호	기록번호	자료명
360.911관5 8ㅂ	–	**慣習調査報告書**
작성자	생산기관	생산 연도
下森久吉	법전조사국	1910
지역	언어	분량	소장기관
연천, 서흥 재령, 삼화	일본어	140면	경상대 도서관
키워드	보, 중도지, 소작, 특별조사		

[기본정보]

이 자료는 1910년(융희 4) 법전조사국 사무관보 시모모리 히사키치(下森久吉)가 연천, 서흥, 재령, 삼화군에서 특수사항에 대해 조사한 후 6월 17일 제출한 특별조사보고서이다.

[내용정보]

이 기록은 1910년 법전조사국 사무관보 시모모리 히사키치(下森久吉)가 6월 25일 경성을 출발, 16일까지 4개 지역에 대해 조사를 마친 후 17일 올린 보고서이다. 조사일정에 관한 일반보고사항의 기록에 의하면 출장 일수는 23일이었으나 조사일수는 연천, 서흥, 삼화는 3일간, 재령은 5일로 14일이었고, 나머지 기간은 이동 및 조사 준비에 소요되었음을 알 수 있다.

조사항목은 각 지역별로 약간의 차이가 있는데, 보고서의 목차에 보이는 연천지역의 조사항목을 사례로 보면, 다음과 같다. (1) 보(洑)에 관한 관습, (2) 설(楔)에 관한 관습 (3) 하천연안에 있어서 토지의 양동(襄動)과 소유권의 관계 (4) 면리동(面里洞)의 국법상(國法上)의 지위, (5) 묘지의 매매, (6) 소작(小作)에 관한 관습, (7) 입회에 관한 관습, (8) 영급전(永給田)에 관한 관습, (9) 동사(同事)에 관한 관습, (10) 영소작권(永小作權)에 관한 관습, (11) 이전(移典)에 관한 관습, (12) 대리상(代理商)의 유무(有無), (13) 익명조합(匿名組合)의 유무(有無), (14) 후견인은 1인에 한하는가 이다. 이 가운데 계와 소작에 관한 조사내용이 상세한 편이지만,

반면에 (6)~(13)의 조사 내용은 간략히 처리하고 있다. 다른 3개 지역도 목차에 보이는 조사항목을 모두 조사한 것으로 보이지는 않는다. 예를 들면, 삼화군의 조사항목 가운데 하천 연안에 있어서 토지의 변동과 소유권은 재령지역과 동일한 내용임으로 생략하고, 채권의 양도는 채무자의 승낙을 요하는가는 서흥과 동일한 내용이기 때문에 생략하고 있다. 이 밖에도 입회에 관한 관습을 비롯해 많은 항목들이 비슷한 이유로 생략되고 있다.

반면에 지역별로 비교적 상세한 조사 내용을 담고 있는 항목도 볼 수 있다. 연천의 경우 위에 이미 언급한 사항, 서흥은 보에 관한 관습, 재령과 삼화는 중도지에 관한 조사내용이 상세한 편이다. 따라서 이로 미루어 보면, 각 지역에 지정된 특별 조사항목에 대한 내용을 모두 조사했던 것이 아니라 그 항목 가운데서도 반드시 조사해야 할 항목들 중심으로 조사가 이루어졌던 것으로 생각된다.

한편 조사 응답자의 직업 및 숫자를 보면 연천은 이태선 외 11명이며 서흥은 전 흥해 군수(前興海郡守) 윤자룡 외 5인, 재령은 동부면이장(東部面 里長) 방한충 외 9명[상업 3명], 삼화군은 이장(里長) 차원익 외 4명이다. 직업은 주로 전현직 주사(主事), 군수를 비롯해 면장, 이장, 유생, 농업, 상업 등으로 나타난다.

[가치정보]

이 보고서는 70여 개 지역에서의 실지조사 일반조사 지역 외에 별도로 일부사항에 대해 집중적인 조사가 이루어진 내용을 담고 있다. 따라서 이를 해당 지역 인근의 일반조사 대상 군현에서 이루어진 동일한 항목의 조사내용과 상호 비교 검토해 볼 만한 자료가 될 수 있다.

II-2-1-07. 관습조사보고서(상법)

관리기호	기록번호	자료명		
-	-	慣習調査報告書(商法)		
작성자	생산기관	생산 연도		
-	법전조사국	-		
지역	언어	분량	소장기관	
-	일본어	48면	-	
키워드	상법, 회사, 상행위, 어음, 해운			

[기본정보]

이 자료는 서지정보가 전혀 기록되어 있지 않아서 언제 작성된 보고서인지 불분명하다. 그 내용은 법전조사국에서 조사항목으로 설정한 206개 가운데 상법 제1장 총칙 '제181 상호에 관한 관습은 어떠한가'~'제206 선박채권자에 관한 관습이 있는가' 항목에 대한 조사내용을 담고 있다.

[내용정보]

이 기록은 초판인 1910년 관습조사보고서의 작성을 위해 해당 항목인 상법(商法)에 관한 관습에 대해 정리한 것으로 여겨진다.

다음과 같은 2가지 기록의 서술 내용을 통해 그와 같은 사실을 확인해 볼 수 있다. 먼저 '제184 대리상에 관한 관습은 어떠한가'라는 항목에 대해 1912년 판의 동일항목에서는 한국에는 종래 대리상이라고 볼 수 있는 것이 존재하지 않는다고 확정된 서술을 보여준다. 그러나 이 기록에는 여기에 속하는 것으로 볼 수 있는 모습이 개성, 무안, 남원 등에 존재하며, 무안에 있는 염(鹽)의 판매(販賣)를 대리상과 유사한 것으로 추정하며 조금 더 상세한 재조사를 통해 다시 보고하기를 기약한다고 서술하고 있다. 이처럼 조사항목에 대해 재조사가 필요하다는 서술은 '206 선박채권자에 관한 관습이 있는가'의 항목에서도 나타난다.

또 다른 근거는 '제185의 회사에 관한 관습은 어떠한가'라는 항목의 서술에서 볼 수 있다. 내용 가운데 "각지의 보고서에 기초에 그 일부를 보면~"이라는 문구가 있는데, 1912년 판 관습조사보고서에는 이 부분이 "이에 회사령 이전의 기설회사(旣設會社) 2~3개를 보기로 한다"고 서술되어 있다. 회사령의 공포가 1910년 12월 29일임을 감안하면, 이 자료는 1910년 이전에 작성된 것이 분명해진다.

이러한 서술내용에 근거해 볼 때 이 자료는 1910년 판 관습조사보고서를 작성하기 위해서 정리된 기록이라고 파악해도 무리가 없다.

[가치정보]

이 기록은 법전조사국의 관습조사항목 가운데 1910년 초판 관습조사보고서의 상법(商法)에 관한 항목에 대한 기초자료로 정리된 것으로 보인다. 그러므로 전국적인 관습조사 대상지역에 대한 조사가 완료된 이후 간행되었던 1912년 판 관습조사보고서의 내용과 비교검토해 볼 만한 자료가 될 수 있다.

II-2-1-08. 관습조사보고서(채권)

관리기호	기록번호	자료명	
-	-	慣習調査報告書(債權)	
작성자	생산기관	생산 연도	
-	법전조사국		
지역	언어	분량	소장기관
-	일본어	159면	경상대 도서관
키워드	민법, 채권, 환매		

[기본정보]

이 자료는 서지정보가 전혀 기록되어 있지 않아서 언제 작성된 보고서인지 불분명하다. 그 내용은 법전조사국에서 조사항목으로 설정한 206개 가운데 민법편의 채권 '제51 관습상의 이율(利率)이 있는가', '제104 불법행위에 관한 관습은 어떠한가' 항목에 대한 조사내용을 담고 있다.

[내용정보]

이 기록은 법전조사국의 관습조사항목 가운데 채권(債權)에 관한 항목의 조사 내용을 모아 놓은 것이다. 관습조사보고서는 초판인 1910년 판, 수정판인 1912년 판, 그 재판인 1913년 판 3종이 있다. 이 가운데 초판인 1912년과 1913년 재판은 몇몇 글자의 차이만 있고 내용에 거의 차이가 없다. 이 자료는 1910년 초판을 작성하기 위한 채권 항목의 자료 정리를 위해 작성된 것으로 여겨진다. 다음의 몇 가지 내용에서 그러한 점을 확인해 볼 수 있다. 하나는 '제89항목 매매의 목적물에 숨은 하자가 있으면 어떠한가'에 대해 우마의 매매시 구시(舊時)부터 5일간의 환퇴기간이 인정되었다는 서술이 있을 뿐, 여러 지역의 사례에 대한 언급은 없다. 그러나 1912년 판에는 갑산, 회령, 군산, 경흥, 강계, 대구 용천 등 다양한 지역의 관련 관습을 상세히 서술하고 있다. 다른 하나는 제93항목의 환매(還買)에 관한 서술에서 관련 사례로 언급된 지역은 영동, 경주, 울산, 옥구, 공주이다. 그러나 1912년 판에는 강계, 용천, 회령, 경흥, 갑산 지역의 사례가 추가되고 있다.

1912년 판에 새롭게 사례로 추가 언급된 지역은 대체로 1909년도에 조사가 이루어진 지역이다. 이러한 사실을 주목해 보면 이 자료는 1909년 조사대상지역의 관습에 관한 내용의 반영이 미흡했음을 알 수 있다. 그런가 하면 , '제56 금전채무 불이행에 대한 제제는 어떠한가'라는 항목의 마지막 기술 내용에는 ( )안 세주(細註)에 "조사 결과 인천, 개성 등에서의 관습은 명확하지 않고 청주, 안동, 울산, 남원 능에서는 기한후의 이식지불이 있으나 재조사가 필요"하다는 기술이 보인다. 이는 1912년 판에는 보이지 않는 내용이다.

이러한 사실들로 종합해 볼 때 이 기록은 1910년 초판 관습조사보고서를 간행하기 위해 주로 1908년의 조사대상 지역을 중심으로 채권에 관한 관습의 내용을 정리한 것으로 판단된다.

[가치정보]

이 기록은 법전조사국의 관습조사항목 가운데 1910년 초판 관습조사보고서의 채권에 관한 조사 내용의 기초자료로 정리된 것으로 추측된다. 따라서 전국적인 관습조사 대상지역에 대한 조사가 완료된 이후 간행되었던 1912년 판 관습조사보고서의 내용과 비교검토해 볼 만한 자료가 될 수 있다.

II-2-1-09. 공주지방 특별조사보고서

관리기호	기록번호	자료명	
中B16BBE-6	조제336호	公州地方ニ於ケル特別調査書	
작성자	생산기관	생산 연도	
平木勘太郎	법전조사국	1910	
지역	언어	분량	소장기관
공주	일본어	58면	국사편찬위원회
키워드	소작, 전질, 어음 수형, 계, 동사(同事), 영급전(永給田), 보(洑)		

[기본정보]

1910년 법전조사국에서 충청남도 공주 지방에서 소작 및 기타 관습에 대한 조사를 행한 자료이다. 법전조사국 사무관보 히라키 간타로(平木勘太郎)의 주도로 소작, 전질(轉質) 등 8개 관습조사 항목에 대해 1910년 4월 22일부터 28일까지 조사한 내용을 수록하였다.

[내용정보]

법전조사국이 지역별로 작성한 특별조사보고서에는 관습조사항목 206개 항목 이외에도 기타 관련된 특별조사 항목을 추가하여 조사하였다. 충청남도 공주지방에서 행한 특별조사보고서 첫머리에는 해당 지역 조사일정에 관한 '복명서(復命書)'가 붙어있다. 1910년 4월 13일 법전조사국 사무관보인 히라키 간타로(平木勘太郎)는 번역관보(飜譯官補) 김동준(金東準) 통역의 도움으로 조사하기 시작하였다. 조사사항은 소작, 전질(轉質), 입회(入會), 어음 및 수표, 계(契), 동사(同事), 영급전(永給田), 보(洑) 등 8개 항목이었다. 이들은 4월 22일 충청남도 관찰사 최정덕(崔廷德)을 방문하여 찾아온 취지를 고한 이후 공주 군수를 방문하여 관습을 조사하였으며, 필요한 사항 및 인원의 출두에 관한 사항을 협의하였다. 4월 22일 오후 1시부터 관습조사를 개시하여 4월 28일까지 조사하였다. 이 자료는 공주 지방에서 행해진 관습조사의 상세 사항을 알 수 있는 자료이며, 각 항목별 상세 조사 내용을 수록하고 있다.

첫 번째 조사는 소작에 관한 것이었는데, 응답자는 공주군 주사 이정현(李正鉉), 진두면(辰

頭面) 면장 대의현(大依鉉), 요당면(要堂面) 면장 권중대(權重大), 성두면(城頭面) 면장 오인선(吳麟善) 등이었다. 전질에 관한 응답자는 상인 박성칠(朴星七), 상인 신내경(辛乃京), 전당국(典當局) 민영선(閔泳善), 목동면(木洞面) 면장 이상길(李象吉), 남부면(南部面) 면장 박영진(朴永眞)이었다. 어음과 수형(手形)에 관한 응답자는 남부면 반죽리(班竹里) 이장 김덕인(金德仁), 동부면 강경리(江景里) 이장 이창숙(李昌淑), 포목상 성주환(成周桓), 상인 박춘우(朴春又) 군주사 이정현(李正鉉) 등이었다. 동사(同事)에 대한 조사는 공주읍내 상인 성군진(成君鎭), 김용우(金用佑), 김수성(金壽聖), 박원진(朴元眞), 노영(盧榮), 보에 대한 조사에는 우정면(牛井面) 운산리(雲山里) 이장 노영(盧榮), 동천리(銅川里) 이장 박로준(朴魯俊), 단평리(丹坪里) 면장 이순소(李順素), 동천리 김화실(金化實), 최효근(崔孝根), 변원서(卞元西), 오정선(吳正先), 보(洑)관리인 오봉수(吳鳳洙) 등 다양한 직업과 지위에 있는 공주 사람들이 조사에 참여했다.

소작에 대한 조사에는 "소작은 병작(竝作) 및 도지(賭地) 2종류이며, 5년이나 10년과 같이 긴 기간을 정하여 다른 사람의 토지를 개간 또는 개량한다는 의미를 가지고 경작하는 것은 결코 없다고 한다"고 하였다. 소유자와 소작인의 관계, 소작인의 의무, 소작료 분배 방식 등을 조사하여 수록하였다. 또한 전질(轉質)은 전당(典當)의 경우 기한내에 제3자에게 '이전(移典)'하여 금전을 차용하는 방법을 상세하게 소개하였으며, 산림에 대한 입회권(入會權)에 대해서는 공주군 목동면과 반탄면 중간에 있는 운암산(雲岩山)의 사례를 들어 입회권의 시기, 채취 분량, 입회권의 상실 등을 설명하고 있으며, 어음과 수형(手形)에 대한 관습을 소개하였다. 계에 대해서는 동계(洞契), 위친계(爲親契), 혼인계(婚姻契), 종계(宗契), 농계(農契), 상어계(喪轝契), 차일계(遮日契), 형제계(兄弟契), 보상계(褓商契) 등을 설명하면서 계원의 탈퇴와 가입, 재산, 권리와 의무 등을 소개하였다. 또한 여러 사람이 공동으로 상업을 경영하는 목적으로 모인 동사(同事)의 운영 실태, 차인동사에 대한 설명 등을 첨부하였다. 공주에서는 영급전에 관한 특별한 관례는 존재하지 않는 것으로 보고하였으며, 보에 대해서는 통천보(通天洑)의 경우를 들어 설명하면서 각종 관례와 운영 실태를 조사하여 보고하였다.

공주에서의 특별조사항목에 대해서는 광주, 강경, 연산, 금산 등지에서도 같은 방식으로 적용되었다. 금산 지방의 특별조사에서는 훨씬 다양한 조사항목이 추가되었다(『금산에서의 관습조사(錦山ニ於スル慣習調査)』, 하버드대학 소장본). 여기에서는 기존의 항목 이외에도 묘지의 매매 및 대차, 영소작권, 환퇴지의 시효, 시초 초장 등의 대차 여부, 소작, 기타에서 작물의 소유 여부, 지상권 유무, 이작 관련, 관습조사문제 제48문, 관습조사문제 제121문, 회사의 정관 수집, 전세문기 등사, 대리상의 유무, 토지의 소유 인정 여부, 후견인, 제주(祭主)와 상속인(相續人) 관계, 선박의 매매 대여 및 전당, 좌시(坐市)의 관습, 운선 소유

영업, 관습조사문제 제192조 등을 다양하게 조사하였다. 공주지방의 특수 관습에 대한 조사는 이후 총독부 중추원 소작관계 특수조사에서도 활용되었다.

[가치정보]

이 자료는 법전조사국에서 행한 지역별 특별조사서의 상세한 내용을 알 수 있다. 공주지방에서 행해진 소작, 전질, 입회, 영급전, 동사, 계 등 다양한 관행을 조사하는 방식을 상세히 알 수 있으며, 공주지방에 거주하던 다양한 지역 주민들이 대면 조사에 응하였던 사실도 확인할 수 있다. 공주지방에 대한 일회적인 조사였으나 특수관행조사의 전형을 보여주는 사례라고 할 수 있다.

II-2-1-10. 각관이력서존안

관리기호	기록번호	자료명	
奎18002-4	-	各官履歷書存案	
작성자	생산기관	생산 연도	
-	내각	1908	
지역	언어	분량	소장기관
-	국한문	101면	규장각
키워드	법전조사국, 관직, 품계, 경력, 임용		

[기본정보]

1908년(융희 2)에 내각(內閣)에서 임용(任用)한 각 관원의 이력서를 모은 존안(存案)이다. 1908년도 내각에 임용된 관리의 주요 이력 및 개인정보를 확인할 수 있는 자료이다. 이 문서는 부동산법조사회와 관련된 문서이다.

[내용정보]

이력서의 양식은 통일되어 있지 않으나 대체로 관직(官職)·품계(品階)·성격(姓名)·관(貫)·

생년월일(生年月日)·나이·거주지와 이어 학업(學業)·경력(經歷)·임면상벌(任免賞罰)·자급(資級) 및 승서(陞敍) 등이 기재되어 있다. 이 이력서들은 대체로 관원임용(官員任用)의 근거서류의 하나로 자필(自筆)로 작성 제출된 듯하다. 수록된 차례대로 인명(人名) 등을 들면 다음과 같다. 전기준(全基俊)[평안북도영변군광무팔구양년일로전역시종사수순교(平安北道寧邊郡光武八九兩年日露戰役時從事首巡校)], 최태원(崔泰源) 이력서, 이민후(李敏厚), 이석기(李碩基), 오제영(吳悌泳), 김명수(金明秀), 장홍식(張鴻植), 조영옥(趙英鈺), 김익상(金益商), 이주방(李柱邦), 구연학(具然學), 박준필(朴準弼), 이원창(李源昌), 이긍만(李肯萬), 김봉수(金鳳洙), 황희민(黃羲民), 김돈희(金敦熙), 김상언(金相彥), 황희정(黃羲正), 김종원(金鍾遠), 정동식(鄭東植), 신순묵(辛純默), 김영규(金寧圭), 마준경(馬駿經), 심홍구(沈弘求), 박용연(朴容淵), 안창선(安昌善), 김만희(金萬熙), 이식영(李寔永), 김만현(金萬鉉), 최병상(崔秉相), 문영관(文永觀), 한횡석(韓宏錫), 황산업(黃山業), 이동근(李東根), 김병호(金柄鎬), 박원규(朴源奎), 김교준(金教駿), 윤우병(尹佑炳), 음재억(陰在檍), 이동신(李東信), 이한흥(李漢興), 오성선(吳性善), 백남신(白南信), 이건혁(李健爀), 백완혁(白完爀), 조진태(趙鎭泰), 이근배(李根培), 조중정(趙重鼎), 한상용(韓相龍), 김형옥(金衡玉), 백순흠(白舜欽), 박희풍(朴熙豊), 도근호(都近浩), 이택원(李宅源), 손서헌(孫瑞憲), 엄정환(嚴正煥), 오형근(吳亨根), 이원상(李元相), 이윤실(李允實), 이병학(李柄學), 정해붕(鄭海鵬), 이호성(李鎬成), 김영택(金泳澤), 신태유(申泰游), 김동준(金東準), 方漢復(임명서), 고영창(高永昌), 박준필(朴準弼), 유긍진(兪兢鎭)(법전조사국분조급분장), 김정성(金定性), 가와라 노부요시(川原信義), 다카라이 도쿠사부로(寶井德三郞), 오다 미키지로(小田幹次郞), 가와사키 만조(川崎萬藏), 야마구치 게이이치(山口慶一), 와타나베 유지로(渡邊勇次郞), 인도 시즈카(安藤靜), 히라키 산타로(平木勘太郞), 핫타 이와키치(八田岩吉), 이와타니 다케이치(岩谷武市), 시모모리 히사키치(下森久吉), 고정상(高鼎相), 유진혁(柳鎭爀)(일인들의 임용(任用)을 위한 기안(起案) 등 병수(竝收)). 1908년도 내각(內閣)에서 임용한 내외국인(內外國人)의 이력을 살필 수 있는 자료이다.

[가치정보]

이 자료는 1908년에 임용된 내각의 주요 인물들의 이력서들을 합철한 것이고, 그 주요 양식이 거주지, 출생 등 사회사적인 의미가 있는 자료들을 묶은 것이므로 다양한 각도에서 분석할 수 있다. 특히 외국인(일본인)의 출생 및 일본본국에서의 전직(前職) 및 학력, 이력사항을 파악할 수 있다.

II-2-2-01. 양자연조의 방식에 관한 조사보고서

관리기호	기록번호	자료명	
中B13IF 9	調第314號	養子緣組ノ方式ニ關スル調査報告書	
작성자	생산기관	생산 연도	
金○○	법전조사국	1910년경	
지역	언어	분량	소장기관
-	일본어	3면	국사편찬위원회
키워드	양자, 상속		

[기본정보]

이 자료는 조선에서 양자 관계를 맺는 방법을 간단하게 정리하여 작성한 조사보고서이다. 1910년경 법전조사국에서 작성하였으며, 법전조사국 용지에 작성되었다.

[내용정보]

이 자료는 1910년 경 법전조사국에서 제작한 조선의 양자에 관한 조사보고서 가운데 하나로, 양자관계를 맺는 방식에 관하여 짤막하게 정리한 것이다. 문헌조사나 실지조사 등의 실제 조사보고의 내용을 담은 것이 아닌, 그 결과를 토대로 하여 최종적으로 정리한 보고서로 볼 수 있다. 단 2면에 걸쳐 작성되었으며, 내표지의 제목 옆에 작성자가 '김(金)번역관보'라고 기록되어 있다. 본문 내용의 앞에 '제삼 양자연조의 방식(第三 養子緣組ノ方式)'이라고 장절의 제목이 기록된 것으로 볼 때, 양자에 관한 여러 보고서 가운데 하나로 볼 수 있다.

국사편찬위원회에는 이 자료 외에도 계후 및 양자와 관련한 다수의 조사보고서들이 소장되어 있다. 이 자료 외에『법외계후등록(法外繼後謄錄)』(中B13IF 4)과『양자에 관한 자료 원본』(中B18F 63 v.2)과『양자에 관한 자료』(中B18D1v.2),『수양자(收養子)·시양자(侍養子)·차양자(次養子)·양자(養子)에 관한 자료』(中B13IF 7),『양자연조에 관한 법문발췌(養子緣組法文拔萃)』(中B13IF 8),『파양에 관한 자료－이조실록발췌(李朝實錄拔萃)』(中B18E 131) 등의 자료들이 이에 해당한다. 그 대부분은 법전조사국이 아닌 조선총독부 중추원에서 제작한 자료들이다.

이 자료의 내용은 양자를 맺는 방식에 대한 기본적인 원칙들을 중심으로 간략하게 서술되고 있다. 양자를 정함에 있어 동성동본의 친족 중 가까운 친척을 우선으로 하며, 아들 항렬이 원칙이고, 종가의 경우에는 친족 중 독자라도 양자로 취하는 등의 일반적인 내용들이다. 또한 양자를 정한 후의 양가의 합의와 친족회의, 관의 인정을 받는 절차와 양자를 들이는 날의 행사 등 양자를 들이는 과정도 간단하게 서술하였다.

[가치정보]

조선의 양자에는 대를 잇기 위하여 동성동본의 지자(支子)[맏아들 이외의 아들]를 대상으로 양자를 택하여 후계를 삼는 입후 외에도 수양·시양자녀와 양자녀(義子女), 유기아(遺棄兒) 입양 등의 다양한 형태가 존재하였다. 이와 같은 조선의 양자 관습은 호주의 승계, 제사상속, 재산상속 등 근대 민법의 제정과도 밀접하게 관련된 주제였다. 따라서 일제는 조선의 양자관습에 대한 다양한 조사를 수행하였다. 이 자료는 이와 같은 일제의 구관조사 양상과 조선시대 양자의 다양한 실태를 보여주는 자료 가운데 하나로, 법전조사국에서 양자를 들이는 방식에 대하여 최종적으로 정리한 조사보고서이다.

II-2-4-01. 지권발행에 관한 세목(부동산법조사회초안)

관리기호	기록번호	자료명	
희귀346.52043 1945	304	地券發行に關スル細目 (不動産法調査會草案)	
작성자	생산기관	생산 연도	
-	법전조사국	-	
지역	언어	분량	소장기관
-	일본어	12면	고려대학교 중앙도서관
키워드	지권, 법전조사국, 부동산법		

[기본정보]

이 자료는 필사본으로 '지권발행에 관한 세목(地券發行に關スル細目)' 그리고 밑에 작은 글씨로 '부동산법조사회초안'이라는 표제를 달고 있다.

[내용정보]

이 자료는 지권발행에 관한 세목을 크게 다음과 같은 9가지 조항으로 언급하고 있다. (1) 정촌구획(町村區劃)의 확정 (2) 지번(地番)의 확정 (3) 면적(面積)의 확정 (4) 지목(地目)의 확정 (5) 소유자(所有者)의 결정 (6) 토지대장의 작성 (7) 지권(地券)의 발행, (8) 지권 발행 후 새로 지번을 정하여 지권을 발행하는 경우 (9) 지권(地券)의 서환(書換), 재하촌(再下付), 지권 기재내용을 변경하는 경우. 이러한 세목과 함께 토지 표시란, 소유자 표시란, 전당표시란, 조세 기타 사항 표시란 이라는 4가지 문서 양식을 첨부하고 있다. 1906년 7월 설치된 부동산법조사회는 부동산법 제정을 위한 기초 자료를 위한 전국에 걸쳐 조사를 하여 대체적인 실상을 밝혔다. 이 사업은 이듬해 말 중지되었지만 1906년 10월 26일 〈토지가옥증명규칙〉, 1906년 11월 2일 〈토지가옥증명규칙시행세칙〉 12월 26일 〈토지가옥전당집행규칙〉, 1907년 1월 29일 〈토지가옥전당집행규칙시행에 관한 세칙〉 등의 제정은 이러한 활동의 결과물이기도 했다. 이 기록 역시 그러한 활동의 결과로 하나로 생각된다. 그런데 이 기록의 제1조의 '정촌구획(町村區劃) 확정' 항목에서 각 구역의 명칭 사례를 보면, 정(町)은 대구(大區), 소구(小區)로 정(丁)은 둘로 나누어 예를 들면 경성(京城) 남대구(南大區), 제1소구(第一小區) 제1정복(第一丁卜)과 같이 구획한다고 명시하고 있다. 아울러 표제에는 부동산조사회 초안이라는 표제와 함께 기록의 생성기관은 법전조사국으로 표시되어 있다. 그리고 첫 페이지에는 '비(祕)'라는 붉은 도장이 찍혀 있다.

이러한 사실들로 볼 때 이 기록은 부동산법조사회가 폐지되고 법전조사국으로 그 역할이 이전되는 시기에 부동산조사회의 활동의 결과물로 발표된 위의 여러 세칙이후 완전한 일본식 토지소유제도의 확립을 목적으로 부동산조사회에서 비밀리에 제안된 것으로 추정해 볼 수 있다.

[가치정보]

이 기록은 비록 12면의 적은 내용이긴 하나 이후 본격적으로 시행된 토지조사사업의 단초가 이미 부동산법조사회에서 기획되고 있었음을 보여주고 있다는 점에서 가치 있는 자료로 볼 수 있다.

관리기호	기록번호	자료명	
中B14-1	290	家券地券調査報告書	
작성자	생산기관	생산 연도	
室井德三郎	법전조사국	-	
지역	언어	분량	소장기관
-	일본어	11면	국사편찬위원회
키워드	지권, 법전조사국, 부동산법		

[기본정보]

　이 자료는 법전조사국이 가권과 지권의 조사사항에 대해 각종 법령이 반포된 일자를 기준으로 공문 제목과 내용 등을 기록한 문서이다. 필사본으로 '가권지권조사보고서(家券地券調査報告書)' 제목에 그 옆에 작성자인 무로이 도쿠사부로(室井德三郎) 사무관보 이름이 기록되어 있어 있다.

[내용정보]

　이 자료는 법전조사국이 수행한 가권·지권에 관한 조사 사항을 기록하고 있다. (1) 1905년(광무 9) 9월부터 12월 『관보(官報)』기사 (2) 1905년 12월 19일 한성부에 조회한 87호 (3) 1906년(광무 10) 1월 27일 (4) 1906년 5월 24일 관보 제3461호 내부령 제2호 가계발급 등을 목차로 소개하고 있다. 다음으로 〈지계에 관한 법규〉에는 (1) 조선국 인천 일본 조계안 제8조 제9조(『대한법규류찬(大韓法規類纂)』, 1248쪽, 명치 16년 9월 30일, 조선 개국 492년 8월 30일 체결) (2) 〈인천 제물포 각국조계장정〉 제9항(위의 책, 1307쪽, 갑신 8월 15일 체결), (3) 〈진남포 목포 각국조계장정〉, 12. 지계발급(위의 책, 1313쪽), 17. 지계정식(地契程式)(위의 책, 1317쪽, 광무 원년 10월 16일, 서력 1897년 10월 16일, 체결) 등 목록을 제시하고 있다.

　다음으로 〈조회각관(照會各館)〉[한성판윤, 박희병(朴羲秉), 광무 9년 12월 19일]을 통해 한성부 5서내 새 가계를 발급하는 규칙과 가계 양식을 반포하는 공문을 수록하고, 이에 답신하는 〈공문 제3호〉(명치 39년 1월 27일, 재경성일본영사 미마시 쿠메키치(三增久米吉)의 발송을 첨부하였다. 이어 신구 가계의 매수와 발행에 관한 〈내부령 제2호〉, 〈탁지부령 제19호, 가계수수료 규칙〉(광무 10년 5월 22일)을 상세하게 수록하였다.

[가치정보]

이 문서는 일본의 가계와 지계 침탈과 관련하여 법전조사국에서 사전에 조사한 보고서로 보인다. 이 자료는 대한제국 정부와 일본 정부 사이에 새로운 가계와 지계 발급을 둘러싼 정책 변화를 알 수 있으며, 법전조사국이 수행한 조선 관습에 대한 초기 기초조사 형태를 파악할 수 있다.

II-2-4-03. 영급전에 관한 조사보고서

관리기호	기록번호	자료명	
中B13G-70		永給田ニ關スル調査報告書	
작성자	생산기관	생산 연도	
室井德三郎	법전조사국	1910. 5	
지역	언어	분량	소장기관
제1관	일본어	23면	국사편찬위원회
키워드	무로이 도쿠사부로(室井德三郎), 영급전(永給田), 관습		

[기본정보]

이 자료는 법전조사국이 작성한 자료로 자료명은 "영급전(永給田)에 관한 조사보고서"로 되어 있다. 법전조사국 사무관보 무로이 도쿠사부로(室井德三郎)가 법전조사국 위원장 구라토미 유자부로(倉富勇三郎)에게 제출한 보고서이다. 조사대상 지역은 경기도 개성, 풍덕, 장단, 파주의 4개 군이다. 본문은 복명서, 조사문제, 목차, 조사인원, 영급전에 관한 관습조사 내용으로 이루어져 있다. 조사문제 항목에는 1. 영급전에 관한 관습 : 특히 1대에 한하는 것인가, 그렇지 않으면 영구적인 것으로써 당연하게 상속인에게 이전하는가,

또한 언제라도 반환하도록 할 수 있는가 아닌가 등에 주의하여 권리의 성질을 명확히 할 것(관습조사문제 제95, 제96 참조)도 기록되어 있다. 총 23면이며 일본어로 기록되어 있다.

[내용정보]

본문의 구체적인 목차는 다음과 같다.

서론

1. 영급전(永給田)의 의의

2. 영급전의 종류

3. 영급전의 기간

4. 영급전의 효력

5. 각지의 조사 요록(要錄)

(1) 개성(開城)에서의 조사

(2) 풍덕(豊德)에서의 조사

(3) 장단(長湍)에서의 조사

(4) 파주(坡州)에서의 조사

목차 다음에는 각 지역별 조사자의 이름과 소속이 기록되어 있는데 다음과 같다. 개성(開城)-개성군아(開城郡衙) 박군수(朴郡守), 이주사(李主事), 마주사(馬主事), 기타의 직원, 삼업조합원(蔘業組合員) 손봉상(孫鳳祥), 공성효(孔聖孝), 이태주(李泰周), 김규장(金奎章), 상업회의소원(商業會議所員) 황석규(黃石圭), 최성구(崔聖求), 진상경(秦尙烱), 정재훈(鄭在勳), 박진문(朴鎭文), 신사(紳士) 이건혁(李健爀), 김조영(金祚永), 강복원(姜福源), 김경완(金慶琓), 오경옥(吳景玉), 김득경(金得烱), 이규홍(李圭弘), 강종석(姜宗錫), 박규식(朴圭植), 거간(居間) 윤동규(尹東圭), 개성구재판소(開城區裁判所) 차조판사(此條判事) 재무서(財務署) 민서장(閔署長). 풍덕(豊德)-군아(郡衙) 유군수(兪郡守), 신군주사(申郡主事), 기타 서기(書記), 면장(面長) 김감식(金敢植), 이경식(李庚植), 신흥균(申興均), 이장(里長) 고화순(高化淳), 김윤영(金潤榮), 지여운(池汝雲), 이성직(李性稷), 신현중(申鉉重). 장단(長湍)-군아(郡衙) 이군수(李郡守), 윤군주사(尹郡主事), 면장(面長) 정선호(鄭善好), 성균관사업(成均館司業) 박진변(朴晋變), 신사(紳士) 박덕묵(朴德黙), 두민(頭民) 노재후(盧在厚), 면장(面長) 김준(金準), 이장(里長) 신인균(申仁均), 면장(面長) 허무(許霧), 윤명효(尹命孝), 신사(紳士) 유창(柳滄), 이태영(李泰榮), 재무서(財務署) 상부주사(上部主事). 파주(坡州)-군아(郡衙) 이군주사(李郡主事), 윤오영(尹五榮), 신재함(愼在喊), 박훈양(朴薰陽), 조응규(趙應奎), 이유석(李裕奭), 이형영(李洞榮), 차상조(且相祖), 김근배(金根培), 안동규(安東奎)

다음으로 영급전에 관한 관습 조사 내용은 서론, 1. 영급전의 의의, 2. 영급전의 종류, 3. 영급전의 기간, 4. 영급전의 효력, 5. 각지의 조사요록(調査要錄)으로 구성되어 있다. 먼저 서론에서는 경기도 개성, 풍덕, 장단, 파주 4개 군에 모두 영급전이라는 명칭은 특별히 존재하지 않지만 영급전이라고 볼 만한 것 혹은 그와 비슷한 것으로 묘직(墓直)과 마름(舍音) 등의 보수로 주는 수로전(酬勞田)이 존재한다고 하였다. 다음으로 영급전의 의의에서는 영급전이란 충복(忠僕), 의노(義奴) 등의 근로에 보수(報酬)한다는 취지로, 주인집에서 토지에 대한 사용수익의 권리를 주는 것으로서, 대개는 무상(無償)이라 하였다.

영급전의 종류에 대해서는 고인(雇人)의 근로에 보수하는 것, 타인의 근로에 보수하는 것, 기타 역인(役人)의 급록(給祿)을 토지의 사용수익으로 준 것이 있는데 이번 조사에서는 고인의 근로에 수로(酬勞)하는 것만이 확인된다고 하였다. 그리고 영급전과 유사한 것으로는 묘직(墓直)이 묘전(墓田)을 경작하는 관계와 마름(舍音)이 사경답(舍耕畓)을 경작하는 토지가 있다고 하였다. 먼저 묘직은 능묘를 지키는 사람으로 능묘에 부속된 묘지를 경작하는데 원래부터 무상으로 소작료를 낼 필요가 없으며 그 수익은 모두 묘를 지키는 보수로 볼 수 있지만, 수익의 일부로 묘의 제사비의 일부를 부담하는 것도 있다. 마름이 사경답을 경작하는 것도 무상인데, 그 수익으로는 소작료 징수등의 경우에 비용으로 충당하며, 대부분은 소작인에게 연공(年貢)을 징수할 때 음식비로 제공한다고 하였다.

한편 영급전의 기간에 대해서는 명확히 정하는 경우가 없으며, 처음부터 다소 영년(永年)간 사용수익을 허락하겠다는 취지를 가지고 있는 것이라 하였다. 다만 지주가 여기에 구속되어 땅을 돌려달라는 요구를 영원히 할 수 없는 것도 아니라 하였다. 영급전의 효력에 있어서는 영급전의 관계를 등기와 같은 것으로 표장(表章)하는 일은 없으며 당사자 간이라도 매년마다 해제할 자유를 갖는다고 하였다. 그리고 이 권리관계가 물권적인가 채권적인가는 명확하지 않지만 그것을 설정하는 취지로부터 실제상 영년(永年)에 걸친다는 점에서 볼 때 물권적 효과를 발생시키며, 당사자간이라 하더라도 해약이 자유여서 모두 종의(從義)의 문제인 점에서는 채권적이라고도 할 수 있다고 하였다

마지막으로 지역별 조사에 있어서 대표적으로 개성의 사례를 살펴보면, 영급전과 유사한 것으로 묘직(墓直)이 분묘에 속한 묘전(墓田)을 무상으로 경작하는 것이 있는데, 1대, 혹은 수대(數代)에 걸쳐 묘직인 동안에는 무상으로 경작을 계속하는 경우가 있다고 하였다. 그리고 절경(折更)이라는 것이 있어서 지주로부터 소작인의 소작료 징수 및 관리의 위임을

받고 그 보수로써 몇 할의 소작미를 받는 것이 있다고 하였다. 이때 징수자로서 충실한 사람은 1대 혹은 수대에 걸쳐 계속하는 경우가 있다고 하였다. 그리고 영급전은 스스로 사용 수익을 얻을 수 있을 뿐만 아니라 타인에게 임대할 수도 있는데 이때 반드시 지주의 승낙이 필요한 것은 아니며, 다만 임대차지권의 권리로 지주에게 대항할 수는 없다고 하였다.

[가치정보]

이 자료는 영급전에 관한 조사보고서로 영급전의 의의와 종류, 기간, 효력, 개성, 풍덕, 장단, 파주 등 지방에서의 사례에 관해 자세히 설명함으로써 그 특징을 알 수 있는 자료이다.

II-2-5-01. 노비에 관한 조사보고서

관리기호	기록번호	자료명		
中B13H-13	調第305號	奴婢二關スル調査報告書		
작성자	생산기관	생산 연도		
崔瀋	법전조사국	-		
지역	언어	분량	소장기관	
-	일본어	4면	국사편찬위원회	
키워드	법전조사국, 노비			

[기본정보]

이 자료는 법전조사국이 한국의 노비에 대한 일반적인 관습을 조사하여 작성한 문서이다. 자료명은 '노비에 관한 조사보고서'로 표기되어 있으며, 작성자는 역관보(譯官補) 최심(崔瀋)이다. 자료는 모두 4면으로 되어있다. 자료의 생산연도나 출전은 기록되어 있지 않다.

[내용정보]

이 자료는 법전조사국이 진행한 한국의 관습조사 중 노비에 관한 사항을 정리한 것이다. 총 8항목으로 되어 있으며, 항목별 2~5줄로 간략하게 정리하였다.

내용은 노비를 매도 혹은 매수할 때의 절차에 관한 항목이 4항으로 가장 많은 비중을 차지하고 있다. 이외에 노비의 주인이 죽었을 때 노비의 상복착용 연한 및 노비의 사망에 관한 항목이 2항, 노비의 혼인과 관련한 항목이 2항에 걸쳐 기술되어 있다.

[가치정보]

이 자료는 한국의 노비에 대한 일반적인 관습을 기록해 놓은 자료로서 노비에 대한 전반적인 규정을 확인할 수 있다.

Ⅱ-2-5-02. 몽리계에 관한 참고서

<table>
<tr><td rowspan="2"></td><td>관리기호</td><td>기록번호</td><td colspan="2">자료명</td></tr>
<tr><td>中B16CB-3</td><td>제26호</td><td colspan="2">蒙利契ニ關スル參考書(咸興地方)</td></tr>
<tr><td></td><td>작성자</td><td>생산기관</td><td colspan="2">생산 연도</td></tr>
<tr><td></td><td>-</td><td>법전조사국</td><td colspan="2">-</td></tr>
<tr><td></td><td>지역</td><td>언어</td><td>분량</td><td>소장기관</td></tr>
<tr><td></td><td>함흥군</td><td>일본어</td><td>15면</td><td>국사편찬위원회</td></tr>
<tr><td></td><td>키워드</td><td colspan="3">소작, 전질, 어음 수형, 계, 동사(同事), 영급전(永給田), 보(洑)</td></tr>
</table>

[기본정보]

함경남도 함흥군 가평사(加平社) 동면(東面)에서 발생한 몽리계에 속한 토지 및 가옥의 소유권 확인에 관한 소송을 조사한 자료이다. 이 민사사건 서류의 작성 연대는 1910년 2월경으로 추정되며, 재판소에서 판결한 서류로 소장과 증거서류 등으로 구성되어 있다. 법전조사국에서 당시 몽리계의 사례로서 민사분쟁의 문서를 모아 편철한 것이다.

[내용정보]

이 자료는 당시 재판소의 판결 서류에 포함된 자료로서 계쟁지 관련 간략도, 원고 청구의 원인, 이유, '가평사동면 몽리민등 수본(手本)', 함흥군아의 답변서, 함흥군 주사 면장 이기태(李基泰), 강병룡(康秉龍), 강규헌(姜奎憲) 등의 증인을 심문한 내용 등이 첨부되어 있다. 먼저 '원고 청구의 원인'에서는 "이곳의 몽리(蒙利)는 함흥 면의 농민이 식산을 목적으로 조직하여 2백여 년간 계속 해왔다. 단체로서 선거에 의하여 그 장을 뽑아 몽리장 (蒙利長)으로 하였으며, 종래 관습에 의하면 몽리장이 대표로 하고 그 밑에 감수(監守)를 두고 소송, 기타 단체에 관한 일체 사무를 처리한다"고 하였다. 몽리 소속의 전답을 경작 하고 그 수확의 일부를 제방보호비에 충당하고 나머지는 자기가 거둬들였다. 본 사건의 원고 유기탁(劉基鐸)에 의해 피고가 1893년(癸巳年)에 감수가 되어 일정하게 표시된 전 및 답, 원래 몽리 소유 송전(松田)은 원래 백여 년전 전관찰도의 허가를 받아 심은 것이라고 하였고, 정축년(丁丑年) 외인(外人) 강규헌(姜奎憲) 소유 가옥을 매입하여 목재로 새로 건립 하였다고 경과를 파악하였다. 이 사안은 분쟁과 관련된 토지와 가옥은 원고의 소유이므로 소유권을 인정하고 소유지임을 확인해 달라는 소송이었다. 이를 입증하기 위해 1~8호의 증서를 제출하고 신문을 위해 강규헌, 송형백(宋亨伯), 김홍길(金弘吉) 등을 증인으로 신청 한 것이다. 이에 대하여 피고는 원래 계쟁지는 무주(無主)이며, 한여후(韓汝垕)가 1794년(건 륭 59) 3월에 관에 신청하여 입안을 받아 소유권을 취득한 후, 제방의 유실을 방비하기 위해 소나무를 식재한 것으로 대대로 상속하여 배양하고, 경인 및 그 다음해, 신묘(개국 499ˑ-500년, 즉 시기 1890~1891)에 개간하여 답으로 변경하여 계쟁지의 전답으로 되었고, 가옥은 1905년(광무 9) 3월에 무너졌다고 하였다. 이에 재판부는 본 계쟁물에 대한 각종 증거 서류와 증인 주명섭(朱明燮) 등 환문(喚問) 서류 등을 채택하기는 했으나 소유권을 입증하는 취지로는 인정하지 않았다.

첨부된 자료로는 함흥군수의 몽리계의 성질 및 고래 관습에 대한 답변서가 있다. '답변 서'(1910년 2월 18일)에 의하면, (1) 함흥군내에 몽리계는 각기 몽리구역내 토지를 소유한 농민 중에서 지원자로 조직하여 일체 수리에 관하여 사무를 진행하기로 하고 고래로부터 설치되었음, (2) 몽리계원은 지원자로 조직함으로 토지소유권의 이전으로 계원(契員)이 변경되는 관계는 없음, (3) 몽리구역 내 토지를 소유할 인민에게는 몽리계원과 몽리민에 구별이 있으니 몽리계원은 몽리하는 토지에 대하여 수리를 감독함과 경비를 받을 권리가 있고, 몽리민[보통 몽리구역내 토지소유권자]은 몽리계에 대하여 수리비(水利費)를 지불하 는 의무가 있음, (4) 몽리계가 본군 내 다수가 사는 것이니 큰 몽리계는 계원 중에서 계장을 선정하고 계장이 수리도감(水利都監)을 추천하면 군수가 계장의 추천으로 의하여 도감에게 사령서(辭令書)를 교부하고 계장은 갑을 2인의 도감을 추천함과 같이 경우에 따라서는 군수가 한명으로 선정하여 사령서를 교부함, 단 작은 몽리계는 전항의 수속을 이행함을 그 실질에 다름이 없으므로 이를 묵인함. (5) 행정수속으로 계장은 그 몽리계의 대표자로 인정하여 취급하면 어떻든지 취체(取締)하기에 곤란함이 없음 등 답변서를 첨부하고 있다. 문서의 말미에는 함흥군 주사 면장 이기태(李基泰), 강병룡(康秉龍), 강규헌(姜奎憲) 등의 증인 심문 내용을 간략하게 첨부하였다.

[가치정보]
이 자료는 법전조사국에서 함경남도 함흥에서 일어난 몽리계의 소유지에 대한 소송사건을 조사 수록한 것이다. 이 소송건은 이어 1910년 7월 26일 '토지 및 가옥 소유권 확인 청구에 관한 건(명치 43년 민상 제93호)'으로 고등법원에서 재론되어 상고가 기각된 바 있었다. 당시 통감부의 사법권 침탈 이후 일본인 재판 관리들에 의해 주도된 몽리계 관습과 계쟁지 분쟁의 처리 방향을 알 수 있는 자료이다.

II-2-5-03. 보에 관한 조사보고서

관리기호	기록번호	자료명	
中-B16CB	-	狀ニ關スル調査報告書	
작성자	생산기관	생산 연도	
-	법전조사국	1910	
지역	언어	분량	소장기관
-	일본어	18면	국사편찬위원회
키워드	지권, 법전조사국, 부동산법		

[기본정보]
이 자료는 법전조사국에서 1910년 7월 전남 무안, 나주, 광주 순천 일대의 보(狀)에

관한 관습 등에 대해 실지조사를 실시한 후 정리한 것으로 총 18면으로 구성되어
있다.

[내용정보]

1910년 7월 전라남도 무안, 나주, 광주, 순천에서 행해지고 있던 보(洑)에 관한 관습
등을 각 지역의 농민, 상민을 상대로 실지조사를 정리한 것이다. 그 구성을 살펴보면
보에 관한 관습은 보의 관념, 보의 공작법(工作法), 보의 설치 등에 대해 기술하고 있다.
또 동(洞) 또는 리(里)에서 보의 운영, 보에 관한 계(契), 보에 의한 관개(灌漑), 수세(水稅),
일본인 포상(浦上), 새로운 보의 설치, 보의 감독자(監督者) 등에 대한 관습도 정리하여
서술하고 있다.

[가치정보]

1900년대 들어와서 무안, 나주, 광주, 순천 등 전라남도 주요 도시에서 보(洑)의 운영,
설치 등에 대한 관습을 파악할 수 있는 자료이다.

II-2-5-04. 융희3년 판결등본철

관리기호	기록번호	자료명	
B-1-001	제81호	隆熙三年 判決謄本綴	
작성자	생산기관	생산 연도	
-	법전조사국	1908~10	
지역	언어	분량	소장기관
-	일본어	57면	수원시박물관
키워드	판결, 재판소, 경성공소원, 공소인, 피공소인		

[기본정보]

이 자료는 1908~1910년 사이에 선고되었던 민사사건 재판의 결과를 등본으로 발급한

것에 대해 수집한 자료이다. 내용은 공소인과 피공소인 및 소송대리인의 인적사항, 주문, 사실, 이유, 선고한 재판장 등의 순으로 배열되어 있다.

[내용정보]

주요 내용은 다음과 같다. 평안북도 곽산군 김이수와 김성장 사이의 양자확인소송 (1909년 9월 14일 평양공소원), 염가(鹽價) 청구사건(1909년 7월 16일 경성공소원), 경기도 광주군 산송사건(1909년 6월 9일 경성공소원), 고양군 토지소유권 확인청구사건(1908년 1월 25일 경성구재판소), 서울에서 손해배상청구사건(1909년 4월 28일 경성지방재판소), 충청남도 면천 아산지방에서 발생한 매매계약무효확인 및 문권인도청구사건(1909년 9월 3일 대심원), 일본인의 한국인을 상대로 한 채무상환청구사건(경성지방재판소), 서울에서의 손해배상청구사건(1910년 4월 21일 경성공소원) 등이다. 국한문으로 쓰여진 서울에서의 손해배상청구사건을 제외하면 모두 일본어로 쓰여 있다.

[가치정보]

이 자료는 당시 민사재판의 과정과 결과를 파악할 수 있는 자료이며, 재판과정에서 관습이 어떻게 적용되었는가와 민법제정과의 관계를 살필 수 있는 자료이다.

II-2-7-01. 제례에 관한 관습조사보고서

관리기호	기록번호	자료명	
中A5E-23	調第350	祭禮ニ關スル慣習調査報告書	
작성자	생산기관	생산 연도	
金東準	법전조사국	1910	
지역	언어	분량	소장기관
-	일본어	16면	국사편찬위원회
키워드	운송, 하송인, 운임, 운송기관		

[기본정보]

이 자료는 1910년 법전조사국 잔무정리원 김동준(金東準)이 제례에 관한 조사를 마치고 법전조사국 구라토미 유자부로(倉富勇三郞)에게 복명한 것이다. 복명서(1면)와 별책 '제례에 관한 관습'(16면)으로 구성되어 있다.

[내용정보]

이 자료는 제례에 관한 관습을 조사하여 사당(祠堂), 시제(時祭), 이제(禰祭), 기제(忌祭), 묘제(墓祭) 등으로 구분하여 설명하였다. 사당에 대해서는 건립 및 관리, 신주(神主)의 배치 방법, 제전(祭田)의 설치와 제구(祭具)의 구입, 참배 및 고사(告辭), 개제체천(改題遞遷) 등을 조사하여 기록하였다. 그리고 시제 등 제사에 대해서는 제사별 목적과 제사지내는 날, 옛날의 의식과 현재의 풍속에 대하여 조사하였고, 시제를 중심으로 제사의 준비와 절차, 방법을 설명하였다. 시제는 연 4회 4계절 중월(仲月) 3순(旬) 중 병(丙)·정(丁)·해(亥)일에 해당하는 날을 택하여 지내고, 이제는 가을 중 길일을 택하여 돌아가신 아버지와 어머니의 두 신위에 대해 지내며, 기제는 고인이 작고한 날 지내는 제사로 기일에 해당하는 조상의 신주만을 모셔서 지내고, 묘제는 옛날에는 3월 상순에 길일을 택하여 연 1회 지냈지만 현재는 성묘 혹은 시제라 하여 한식과 추석 두 명절에 지낸다고 설명하였다. 자료의 마지막 면에는 '사당의 전도(全圖)'라는 그림을 기록하였다.

[가치정보]

이 자료는 일반적인 제례의 유형과 절차 및 방법에 대해 알 수 있으며, 사당의 배치를 그림으로 확인할 수 있다.

〈사당의 전도(全圖)〉

II-2-7-02. 장례에 관한 조사보고서

관리기호	기록번호	자료명	
中A5E-22	調第318-1	葬禮ニ關スル調査報告書	
작성자	생산기관	생산 연도	
-	법전조사국	-	
지역	언어	분량	소장기관
-	일본어	4면	국사편찬위원회
키워드	장례의 습관, 부고, 염, 출빈, 출관, 초우, 재우, 삼우, 졸곡, 소상, 대상		

[기본정보]

이 자료는 법전조사국에서 조사한 사항이다. 자료명은 '장례에 관한 조사보고서'로 표기되어 있고 내부에는 '장례의 습관'으로 되어 있다. 복명서는 없다. 이 자료는 총 4면이다.

[내용정보]

이 자료는 장례의 방법에 대하여 진행절차에 따라 6가지로 나누어 기록하였다. 주요 내용은 ① 사망 후 의식[부고(訃告)], 시좌(侍坐), 염(斂), 애곡(哀哭), 수의(壽衣), 입관(入棺)) ② 빈소의 설치 ③ 출빈(出殯)과 출관(出棺) ④ 묘소에서의 봉분마련과 제사 ⑤ 집으로 돌아온 후 1~3일[초우(初虞), 재우(再虞), 삼우(三虞)]의 절차 ⑥ 이후 3개월(卒哭), 1주기(小祥), 2주기(大祥) 및 그 이후 제례의 절차와 방법, 사망 후 장례식을 행해야 하는 기한 등이다.

[가치정보]

이 자료는 일반적인 장례의 절차와 방법에 대해 알 수 있는 자료이다.

Ⅱ-2-8-01. (상법) 물품운송에 관한 관습은 어떠한가

관리기호	기록번호	자료명	
B-1-145	調第253호-2	[商法] 物品運送ニ關スル慣習如何	
작성자	생산기관	생산 연도	
-	법전조사국	-	
지역	언어	분량	소장기관
-	일본어	57면	수원시박물관
키워드	운송, 히송인, 운임, 운송기관		

[기본정보]

이 기록은 서지정보가 전혀 기록되어 있지 않아서 언제 작성된 보고서인지 불분명하다. 그 내용은 법전조사국에서 조사항목으로 설정한 206개 가운데 193번째 항목인 '물품운송에 관한 관습은 어떠한가'라는 사항에 대한 여러 건의 조사내용을 담고 있다.

[내용정보]

이 기록은 법전조사구의 관습조사항목 가운데 193번째에 해당하는 '물품운송에 관한 관습은 어떠한가'라는 조항에 대한 조사 내용을 모아 놓은 것이다.

대상지역은 경성, 개성, 수원, 안성, 청주, 영동, 대구, 상주, 안동, 경주, 동래, 창원, 진주, 제주, 무안, 광주, 옥구, 전주, 남원, 공주, 온양, 예산, 은진의 23개이다. 맨 앞에 보이는 기록은 경성에서의 조사내용으로 1. 물품운송의 기관, 2. 물품운송의 수속(手續), 3. 운송임(運送賃), 4. 운송인의 책임, 5. 하송인(荷送人)의 권의(權義)[권리와 의무], 6. 운송인의 권의(權義)[권리와 의무], 7. 운송인의 책임 변제기(辨除期)라는 7개의 항목으로 구분하여 정리하고 있다. 그 내용을 간략히 살펴보면, 물품의 수속과정은 운송인(荷送人)이 물품의 운송을 위탁하면 운송인은 물품의 종류, 개수, 도착지, 운수인(荷受人) 및 운송인(荷送人)의 성명과 연월일을 기록한 서장을 하송인에게 교부하는데 이를 도록(都錄)이나 장기(掌記)[마부에 의한 陸運]이라고 칭하고 있다. 운임의 경우 곡물은 보통 적재량의 1할[즉 100석(石)을 운송하면 10석(石)]이며, 마부(馬夫)에 의한 운송의 경우 정해진 운송비는 없고, 당시의 상황에 맞추어 당사자 사이 계약에 의한다. 운송과정에서 운송품을 멸실할 경우에는 운송인에게 배상할 책임이 있으나 화폐나 금괴·은괴 등 고가품을 운송할 경우 본인이나 신용 있는 사람에게 수종(隨從)케 하여 엄중감독하고 여기에 대해 특별한 명시가 없으면 책임지지 않는다. 운송인의 책임은 운수인이 별 문제 없이 운송품을 수취하면 소멸된다는 관습 등을 정리하고 있다.

이 자료의 표제에 『상법』, 『상행위』라는 직인이 찍혀있는 것으로 보아 법전조사국에서 『구관조사보고서』의 작성을 위해 각 지역에서 조사된 내용 가운데 193번째 항목만을 따로 정리한 것으로 추측된다.

[가치정보]

이 기록은 관습조사 항목의 193번째인 '물품운송에 관한 관습은 어떠한가'라는 내용만을 모아 정리하고 있다. 23개의 지역 사례를 한데 모아 두고 있어 각 지역별 사례를 한 번에 비교해 가며 살필 수 있는 자료가 될 수 있다.

II-2-8-02. 채권양도에 관한 관습조사보고서

관리기호	기록번호	자료명		
B-1-191	조제298호의 1	債權讓渡ニ關スル慣習調査報告書		
작성자	생산기관	생산 연도		
寶井德三郎 安藤靜	법전조사국	1909. 8		
지역	언어	분량	소장기관	
-	일본어	25면	수원박물관	
키워드	다카라이 도쿠사부로, 안도 시즈카, 채권, 양도, 관습, 채무, 서세(書替), 면질, 수표(手票)			

[기본정보]

이 자료는 법전조사국이 작성한 자료로 자료명은 '채권양도에 관한 관습조사보고서'로 되어 있다. 법전조사국 사무관보 다카라이 도쿠사부로(寶井德三郎)가 사무관 오다 미키지로(小田幹治郎)에게 제출한 보고서(1909년 3월 14일)와 사무관보 가와사키 만조(川崎萬藏)에게 제출한 재조사보고서(1909년 3월 21일), 사무관보 안도 시즈카(安藤靜)가 사무관 오다 미키지로(小田幹治郎)에게 보고한 보고서(융희 3년 3월 21일) 등 세 개의 보고서로 이루어져 있다. 다카라이의 재조사보고서는 문답형식으로 되어 있으며 다른 보고서는 항목별로 그 내용을 서술하는 방식으로 정리되어 있다. 총 25면이며 기본적으로 일본어로 기록되어 있다.

[내용정보]

채권양도에 관한 질문은 다음의 두 가지이다. 첫째, 채권양도시에 채권자의 승낙 또는 채무자에 대한 통지를 요건으로 하는가. 둘째, 채권양도의 경우에는 증서의 서체(書替)를 하는가. 이에 대한 답변을 보면 먼저 채권자(甲)는 채무자(乙)로부터 돈이나 물품을 받을 권리를 다른 사람(丙)에게 양도할 수 있다. 이때 채권을 양도할 시에는 채무자의 승낙을 받거나 또는 채무자에게 채권자가 통지하는 것을 기본 요건으로 한다. 관습상 채권을 양도할 때에는 먼저 후의상(厚意上), 덕의상(德意上) 채무자의 승낙을 받아야 한다. 그리고 채권을 양도할 때에는 채권양도인, 양수인 및 채무자가 면질[面質: 3자가 담합하는 것을 말함]함으로써 양도하는 것이 보통의 방법이다. 이 외에 채권자, 즉 양도인이 채무자로부터 변제받을 권리를 양수인에게 양도할 때 통지하는 방법도 있다. 이처럼 채권 양도시에는 면질(面質)이나 다른 방법을 통해 채무자의 승낙을 받지 않으면 안 된다. 다음으로 채권을 양도할 경우 증서(証書)를 고쳐 쓰는(書替) 경우는 없다. 서체(書替)를 하는 대신 채권 양도시에 수표(手票)를 인도하는 것이 이 지방의 관습이다. 이때에도 새로운 수표를 첨부하는 것은 아니다. 다만 그 수표의 이면(裏面) 또는 여백에 인인(認印) 또는 지불한다는 뜻을 "此錢我當備報矣勿廬ᄒ옵 年月日 記主 姓名(章)"이라고 기록한다.

[가치정보]

이 자료는 채권양도에 관한 관습조사보고서로 채권에 대한 양도의 가능성, 채권 양도의 절차, 양도 방법 등에 관해 자세히 설명함으로써 그 특징을 알 수 있는 자료이다.

II-2-8-03. 보인의 책임

관리기호	기록번호	자료명	
中B13IB	-	保人ノ責任ノ一	
작성자	생산기관	생산 연도	
-	법전조사국	1910	
지역	언어	분량	소장기관
-	일본어	13면	국사편찬위원회
키워드	보인(保人), 차주(借主), 채주(債主), 금전(金錢)		

[기본정보]

이 자료는 보인(保人)의 책임에 대해 문답형식으로 정리한 것으로 총 13면으로 구성되어 있다.

[내용정보]

보증채무에 대해 보증인의 책임 여하에 대해 응답자 현재학(玄在鶴)에 묻고 답하는 형식으로 정리되어 있다. 주로 금전관계에서 채권자가 채무자에게 기한이 도래했을 때 변제를 청구하는 동시에 보증인에게 청구할 수 있는지 여부, 변제를 위해 보증인에게 청구했을 때 보증인이 응하지 않을 경우 등 채권자가 보증인에게 취할 수 있는 조치에 대해 문답으로 서술하고 있다. 또 채무자가 멀리 이사한 경우, 채무자가 변제한 경우, 채무자가 일부만 변제한 경우 등에 대한 보증인의 책임에 대해 서술하고 있다.

[가치정보]

대한세국시기에 금전거래와 채권자, 채무자, 보증인의 관계와 권리 등에 대해 파악할 수 있는 자료로 이 시기 화폐경제에 대해 이해할 수 있다.

Ⅱ-2-8-04. 삼포에 관한 조사보고서

관리기호	기록번호	자료명	
中C11B	-	蔘圃ニ關スル調査報告書	
작성자	생산기관	생산 연도	
寶井德三郎	법전조사국	1910	
지역	언어	분량	소장기관
개성, 풍기 장단	일본어	144면	국사편찬위원회
기워드	삼포(蔘圃), 양도, 진딩		

[기본정보]

이 자료는 경기도 개성, 풍기, 장단 등 3개군의 삼포(蔘圃)에 대해 실지조사를 실시하여 정리한 것으로 총 144면으로 구성되어 있다. 복명서에 의하면 조사자는 법전조사국 사무관보 다카라이 도쿠사부로(寶井德三郎)이며 법전조사국 위원장 구라토미 유사부로(倉富勇三郎)에게 1910년 5월 13일 보고한 것이다. 조사기간은 확인되지 않는다. 조사 대상자는 삼정국장(蔘政局長) 및 주무부서 관료, 조사지역의 지방행정관료와 삼업조합원 등이었다. 문서 뒷부분에는 개성삼업조합정관(開城蔘業組合定款), 삼업자금처리규정(蔘業資金處理規整) 등의 자료가 부록으로 첨부되어 있다.

[세부목차]

총설(總說)

제1 인삼경작의 기원 및 홍삼 전매의 연혁

제2 인삼재배의 개요

본설(本說)

제3 인삼재배지의 대차(貸借)

제4 삼포(蔘圃)의 양도(讓渡) 또는 전당(典當)

제5 삼포(蔘圃)가 될 토지의 양도 또는 전당과 경작자와의 관계

제6 이외에 삼포(蔘圃)의 특수한 점

결론
부록

[내용정보]

　인삼특별경작구역인 경기도 개성, 풍덕, 장단 지역에서 삼포에 관한 사항을 조사하여 보고한 것으로 총설부분에서 인삼경작의 기원과 홍삼 전매 연혁, 인삼재배의 개요를 서술하였고 본설부분에서 인삼재배지의 대차(貸借), 삼포의 양도 및 전당, 삼포가 될 토지의 양도 및 전당과 경작자와의 관계, 그 외의 특수한 점 등에 대해 서술하였다. 주요 내용은 다음과 같다. 인삼은 한국 수입(收入) 재원의 하나로서 농산물이면서 그 수요는 전적으로 청국(淸國)에 있는 것이다. 예로부터 황실 또는 국가의 수입이 되었기 때문에 삼정(蔘政)을 선포하여 다른 경작물과는 취급을 달리해 왔다. 마찬가지로 인삼의 재배는 다른 경작물 보다 발달하였는데, 이에 따라 삼포에 관한 사항에 있어서 다른 토지의 대차, 전당 등과 다른 점이 적지 않다. 또 삼포는 삼포로서의 특종의 권리의 목적물로서 양도, 전당 등에 대한 특별한 관습을 갖고 있었다. 그리고 이들의 관계는 일종의 물권적 성질을 갖는다.

　한편 인삼경작 특별구역이 정해져 있는데, 개성을 중심으로 부근의 7개 군에 걸쳐 있다. 대개 홍삼의 원료가 될 수삼(水蔘)은 이 특별구역을 제외하고는 경작이 불량하였다. 따라서 이 특별구역 내의 경작자는 특별하게 취급되거나 제한을 받았다. 또 삼정경찰(蔘政警察)도 이 구역 내에서 특별하게 이루어졌다. 예로부터 삼정에 관한 위반자에 대해서는 처형, 벌금 등이 내려졌는데 삼정(蔘政)의 사관(司官)에서 이를 맡고 있었다.

[가치정보]

　이 문서는 한국에서 인삼경작의 기원과 연혁, 인삼재배의 개요에 대해 확인할 수 있으며, 인삼경작특별구역인 경기도 개성, 풍기, 장단 지역에서의 인삼재배지의 대차(貸借) 기간, 차임(借賃) 지불 방법, 해약(解約) 및 전대(轉貸)시 당사자 및 제3자 간의 관계, 차지권(借地權)의 성질, 양도 및 전당과 차지권(借地權)의 관계, 전당의 효력이 미치는 범위 등을 알 수 있는 자료이다.

Ⅲ. 조선총독부 중추원 관련 자료

조선총독부 중추원 관련 자료 개관

조선총독부 중추원은 1915년 4월 30일 칙령 제62호로 관제가 개정되어 구관 및 제도 조사를 업무로 편입시켰다. 이에 중추원은 사법(私法)에 관한 조사를 계속 추진함과 동시에 행정상 및 일반의 참고가 될 풍속관습을 모두 조사하였다. 종전까지 조선총독부의 조사는 사법적(私法的) 관습 또는 식민통치에 필요한 자료를 조사·수집하였으나 중추원에서는 풍속관습을 비롯하여 구래의 제도로까지 조사의 범위를 크게 확대하였다. 뿐만 아니라 중추원은 구관조사의 부속사업으로서『조선반도사(朝鮮半島史)』편찬,『조선인명휘고』(이후『朝鮮人名辭書』로 개칭) 편찬, 조선사회사정조사,『조선지지(朝鮮地誌)』편찬, 부락조사 등도 추진하였다. 특히 2권에 수록된 자료는 1920년 이전까지의 구관조사를 통해 수집·정리된 것이며, 자료는 그 성격에 따라 8가지 항목으로 분류하여 정리하였다.

1) 일반민사에 관한 자료

토지소유권, 조선부동산용어, 소작 및 입회, 친족에 관한 특별조사, 특종소작 및 이생포락 관습에 관한 조사와 함께 묘위토, 분묘, 공유지, 입회권, 지역권에 관한 내용이 정리되어 있다.

2) 민사(친족)에 관한 자료

친족 및 가족에 관한 일반적인 관계 및 상속, 유언, 능력에 관한 사항과 함께 친족관계 발생 및 소멸, 분가, 양자, 파양, 서자분가, 호적이동 등 재산상속과 관련한 다양한 내용이 정리되어 있다.

3) 민사(혼인)에 관한 자료

혼인에 관한 사항, 혼인연령 조사표 등 혼인에 관한 일반적인 사항이 정리되어 있다.

4) 제도조사에 관한 자료

민극상에 관한 구시의 법제, 사색에 관한 조사, 학교관제의 제정 폐지 학교장 특별임용령 제정, 특수의 세·동 및 둔에 관한 사항, 판목에 관한 조사사항, 입체권 청구서, 지방제도, 관습법에 관한 민사령개정조문, 사회적, 조선총독부 임시토지조사보고서 등에 관한 자료가 정리되어 있다.

5) 구관조사에 관한 자료

특별조사사항, 관습조사보고서, 관습에 관한 조회 회답안, 조사복명서, 관습조사 항목, 구관에 관한 조회 회답안 내용 목록, 구관심사위원 회의록, 구관심사위원 회지, 조선지방 관습조사보고서 등이 정리되어 있다.

6) 법규에 관한 자료

공법상의 연령에 관한 법규가 발췌되어 수록되어 있다.

7) 풍속, 제사, 위생에 관한 자료

고사자료조사, 서원 및 사찰에 관한 조사, 조선위생풍습록, 풍속구관조사, 조선풍속집, 관혼상제, 사적, 주거에 관한 내용이 정리되어 있다.

8) 물권, 채권, 상사에 관한 자료

물권에 관한 사항, 물권보고서, 상사구관조사 사항, 염전에 관한 사항, 조선분묘의 소유자, 채권에 관한 사상, 채권의 양도, 보증채무, 시장세, 담보, 변세음, 어음, 대경성 편찬자료 등이 정리되어 있다.

이상과 같이 조선총독부 중추원에서 시행한 조선구관관습 조사는 풍속, 관습, 일상생활에 이르기까지 미치지 않은 곳이 없었다. 이러한 관습조사를 통해서 얻은 산출물들을 확인해 볼 수 있도록 중추원에서 수행한 관습조사의 제목과 주요 내용에 관한 해제를 주제별로 제시해 놓았다.

1. 일반민사에 관한 자료

II-3-1-01. 지상권

관리기호	기록번호	자료명	
B-1-134	-	지상권	
작성자	생산기관	생산 연도	
渡邊業志	조선총독부	1908	
지역	언어	분량	소장기관
-	일본어	52면	수원박물관
키워드	지상권, 임차권, 차지권, 부동산법조사회, 고등법원판결례(1916)		

[기본정보]

이 책은 조선총독부에서 전국 각 지방의 토지권리와 지상권에 대해 상세하게 조사하여 정리한 자료이다. 저자는 와타나베 교시(渡邊業志)로 조선총독부 관방 조사관에 근무하면서 조선의 소작 관습을 비롯하여 1934년 민사관습조사보고서 작업에 참여하였다. 지상권에 대한 각종 관행 사례를 각지방조사보고서와 각종 법령 및 훈령 기록 등을 채집하여 모아 기록한 책이다.

[세부목차]

1. 가옥 소유 지상권
2. 죽목(竹木) 소유 지상권
3. 분묘 기타의 작물 소유에 관한 지상권

[내용정보]

전국 각 지방의 지방조사서에 의거하여 각 지방의 지상권에 대한 조사와 사례를 모아 놓은 책이다. 인용된 각종 조사보고서를 보면, 우선 법전조사국의 관습조사보고서의 지상권 항목을 비롯하여 경성(鏡城), 서산(瑞山)·보령(保寧), 여수(麗水), 순천(順天), 광양(光陽), 성진(城津), 여주[麗州(중리(中里))], 고령(高靈)·경주(慶州)·연일(延日)·개령(開寧)·상주(尙州)·선산(善山)·대구(大邱), 창원(昌原), 진주(晋州) 등의 지방조사서를 취합하여 정리하고 있다. 예컨대, '경성(鏡城)지방조사서'에 의거하여 "경성지방에서 토지의 임차 중 지상권으로 인정하는 경우에는 가옥의 부지에 있으면서도 타인의 토지가 차수(借受)한 경우 및 분묘로 오인되어 타인의 토지에 차수한 경우, 그 외 공작물 또는 죽목(竹木)을 소유하여 타인의 토지를 차수한 경우에서 지상권을 인정할 수 있다" 등의 내용을 담고 있다. 또한 '서산·보령지방조사서'에 의하면, "차지인의 지주(소유자 변경의 경우 신소유자도 포함하여)에 대한 권리는 유상차지의 경우에도 무상차지의 경우에는 다르게 된다. 차지인은 그 권리를 담보로 제공할 수 있다. 차지계약은 서면에 의하게 되고 구두로 하는 경우도 보통이다. 그러나 근래에는 서면에 의하는 자가 있다. 차지인은 가옥을 개축하는 경우에는 지주가 토지의 반환을 요구하고 또 개축의 경우에는 차지인은 지주의 승낙을 받는 것을 요한다."고 하여 최근 차지인과 소유자 및 소유자 명도에 대한 관습 경향을 소개하고 있다. 다른 지역에서 차지권에 대한 관행은 대개 유상차지와 무상차지에 따라 다르고, 또한 현재 토지소유자와 새로운 토지소유자의 변경에 따른 가옥 지상권 및 기타 지상권의 권리 정도가 크게 달라진다. 이러한 각지의 관습으로부터 전국직인 관습이 추출되었는데, 『소선관습조사서』의 지상권 관습 항목을 인용하였다. 책의 중간 부분에는 '지상권에 관한 법규 발췌'가 있는데, 지상권과 관련된 각종 규정을 조선왕조의 법전인 『대전회통(大典會通)』〈급조가지조(給造家地條)〉를 비롯하여 『육전조례(六典條例)』 등 법규인용에 이어 '지상권에 관한 관습 회답'문건으로 1910년 5월 21일 평양지방재판소에서 회답한 법전조사국장의 회답을 별도로 첨부하고 있고, 또 1919년(대정 8) 4월 1일 경성지방법원의 오쓰카 마스카타(大塚升方) 판사가 야마가타 이사부로(山縣伊三郎)[조선총독부 초대 정무총감, 1910.10.1.~1919.8.12.]에게 보낸 〈조선관습조사에 관한 조회〉와 이에 대한 답변서(1919년 4월 30일)를 첨부하고 있다. 또한 지상권에 관한 참고자료로서 각종 법령자료를 인용하고 있는데, 예컨대 갑오개혁시 농상공부 등의 규정 및 훈령, 형법대전(1905), 국유미간지이용법(1907.7.), 1910년 10월 관보 제308호 자료, 1912년 〈총독부 훈령 제4호〉, 지상권에 관한 역대 『조선왕조실록』 자료, 『고려사』 관련 자료, 갑오개혁시 의안 등의 법령자료,

그리고 지상권에 관한 고등법원판결례(1916년 9월 29일 판결문), 죽목(竹木)을 소유하는 것의 지상권 등을 별도로 부기하여 첨부하고 있다. 그 중에는 보령지방 〈매매계약서〉(1911.음 10월 초5일)을 증거서류로 제시하고 있고, 또한 분묘 기타의 공작물 소유에 관한 지상권의 사례로서 각 지방조사보고서를 인용하고 있다. 마지막 부분에는 '지상권'에 대한 최종 요약의 형태로 부동산법조사회에서 편찬한 『한국 토지에 관한 권리 일반』에서 발췌하여 인용하였다. 이상과 같이 지상권에 대한 각종 조사기록과 자료를 모아놓다 보니 지역과 시기 등이 정연하게 정리되어 있지는 않은 중간 정리본의 한계를 보인다.

[가치정보]

조선총독부 중추원에서 지상권에 대한 각종 관행 사례를 각 지방조사보고서와 각종 법령 및 훈령 기록 등을 채집하여 모아 기록한 책이다. 이 자료는 일제하 조선총독부 중추원에서 행한 관습관행 조사서를 편찬하기 위한 기초 자료의 정리 편찬 작업에서 산출된 중간 정리본이라 할 수 있다. 고려 조선시기를 비롯하여 한말 일제하 지상권에 대한 전체적인 관습관행을 일목요연하게 파악할 수 있도록 편찬한 자료로서 의미를 가진다.

II-3-1-02. 토지소유권의 연혁

관리기호	기록번호	자료명	
B-1-380	295	土地所有權ノ沿革	
작성자	생산기관	생산 연도	
渡邊業志	조선총독부	1908	
지역	언어	분량	소장기관
-	일본어	26면	수원박물관
키워드	토지소유권, 왕토, 사용수익권, 기자정전, 사전		

[기본정보]

조선총독부에서 조선의 성문법과 관습조사를 통해 전래의 토지소유권의 연혁에 대해 정리한 책이다. 저자는 와타나베 교시(渡邊業志)로 조선총독부 관방 조사관에 근무하면서 조선의 소작 관습을 비롯하여 1934년 민사관습조사보고서 작업에 참여하였다. 이 자료는 토지소유권의 연혁을 밝혀 향후 일제의 토지관습조사와 토지소유권 제도 수립을 합리화 하기 위한 의도에서 작성되었다.

[내용정보]

삼국시기부터 조선 말기까지 우리나라 토지소유권의 연혁과 성격에 대해 전반적으로 소개하고 있다. 우선 조선 성문법에서 토지소유, 소유자, 소유권 등의 문자를 사용하기에 이른 것은 갑오개혁 이후의 일에 속한다고 하여 종래 사적 토지소유권의 실체를 부정하고 있다. 우선 갑오개혁에서 제정된 1894년(개국 503) 8월 26일 의안 및 1905년(광무 9) 〈법률 제6호 사설철도조례(私設鐵道條例) 제16조〉에서 "전조의 토지를 불용할 시는 해토지 원소유 자가 원가로 매환(買還)하는 권(權)이 유(有)할 사," 또 1906년(광무 10) 〈칙령 제80호 토지가 옥전당집행규칙 제9조 제1항 1호〉에 "채권자가 유질(流質) 계약에 의하여 전당의 목적한 토지 우 가옥의 소유권을 취득할 시" 및 『고려사』 식화지 염법조(鹽法條)에는 "충선왕 원년 2월 전지(傳旨)기사 등에서 규정한 바와 같이, 소위 '소유'라는 것은 일본 민법상의 소유에 해당될 수 있는 것은 아니고 차라리 소관(所管)의 의미로 이해되는 것이 타당하다 고 하였다. 그렇지만 인민의 도지에 대하여 총괄적 지배권 즉 소유권은 조선시내 이하에 서 각 시대의 토지제도의 상황을 살피면서 사적 토지소유권으로 평가할 수 없는 이유를 설명하였다.

먼저 고려조 이전에는 문적에 실린 바가 거의 없으며, 토지의 지배권은 단체에 속하는 데, 삼국정립 이전에는 기자정전법(箕子井田法)이라고 말하는데, 이를 토지제도의 시작이랄 수 있지만, 삼국 이전에는 공법상의 영토 주권 관념과 사법상 토지의 총괄적 지배권이라 는 관념이 아직 구별되지 않고 영토내의 토지는 주권자로부터 일반인민에게 분배하고 인민으로 하여금 사용 수익과 일정한 공조 납부의 의무를 부과하였으므로 토지소유는 단지 사용 수익에 지나지 않는다고 평가했다. 이후 신라 성덕왕 21년에 백정에게 지급된 정전(丁田)도 역시 사용 수익을 얻는데 불과하므로 신라통일 후 보천(普天)의 아래 왕토(王土) 아닌 것이 없다는 관념이 있어 인민의 토지에 대하여 사법상의 총괄적 지배권의 관념은 아직 발달하는 데 이르지는 않는 것이라고 규정하였다. 또한 고려의 토지제도는 대개

당나라의 반전(班田)제도를 모방하였으며, 토지의 수조권을 부여하는 역분전 또는 과전, 공음전 등을 운영하였는데, 이 또한 신민은 관리와 농민의 차이를 논하지 않고 일정한 조건 아래 사용수익을 얻는 것에 불과하므로 통지의 총괄적 지배권은 국가에 존재하는 것으로 보았다. 다만 고려 중엽 이후 반전이 점차 행해지지 않고 권력자들이 자의로 토지를 광점하고 겸병하여 토지는 국가에 복귀하지 못하고 대대로 상속하여 국가에 수익하는 토지 이외에 사전(私田)이라 칭하는 토지가 생겨났다고 보았다. 따라서 고려 중엽 이후에는 국가에서 지배하는 토지 이외에 사인에게 지배할 수 있는 토지가 있다는 것은 의심의 여지가 없고, 또한 국유, 사유의 관념도 그 시대에 맹아를 발아하였다고 보았다. 조선 초기에 들어와서 과전법 이하 공법에 이르기까지 토지의 매매가 실제 토지의 매매가 아니라 사용수익권의 매매에 한정되었다고 낮게 평가하였다. 조선반도에서 토지사유의 관념은 조선 초 세종조에 배태되고 세조조에 맹아를 발하고, 영조조 이후 인민의 토지 지배권에 대한 보호가 이루어지고 있었지만, 갑오개혁 이전까지도 반족(班族) 호강(豪强)의 침탈을 받는 것이 적지 않았으므로 일본 민법의 소유권과 동일한 것인가 하는 의문을 갖지 않을 수 없다고 하였다. 이러한 입장에서 갑오개혁 후에 법령상 인민에 대해 토지소유권을 인정하였으며, 제도적으로는 1906년 〈칙령 65호 토지가옥증명규칙〉, 〈법부령 제4호 시행규칙〉, 〈칙령 80호 토지가옥전당증명 규칙〉, 1907년 〈법부령 2호 토지가옥전당 집행규칙 시행세칙〉, 1908년 〈칙령 47호 토지가옥소유권 증명규칙〉 등에 의하여 정당한 소유 권리를 가진 자를 보호하고 권리의 취득 및 이전에 관한 기타의 부정수단의 방지를 기하였다고 강조하였다. 결국 일제의 강제병합이후 1912년 〈제령 제7호 민사령〉과 〈제령 15호 조선부동산증명령〉 등의 시행에 의하여, 그리고 1912년 8월 〈제령 제2호 토지조사령〉에 의하여 토지소유자의 권리 사정의 확정과 재결 등의 조치로 말미암아 조선의 사적 토지소유권이 확립되었다고 결론지었다.

[가치정보]

삼국시대부터 1910년대에 이르기까지 각종 사서들, 『삼국사기』, 『고려사』, 『조선왕조실록』, 『경국대전』, 디신의 『경세유표』 등 다양한 사료를 구사하여 한국의 토지소유권 연혁을 추구하였다. 조선반도에서 사적 토지소유권이 부재하고 단지 국가의 총괄적 지배권만 인정하고 민인의 소유권은 보장되지 않고 사용수익권에 불과하다고 하여 사적 토지소유권의 실체를 부정하였다. 일제의 식민지 토지제도의 수립을 정당화하려는 입장에서 한국의 토지소유권의 부재를 강조한 조사보고서이다.

II-3-1-03. 외국인 영대차지권에 관한 교섭시말

관리기호	기록번호	자료명	
B-1-133	-	外國人永代借地權ニ關スル交涉始末	
작성자	생산기관	생산 연도	
岩田彌太郎	일본 외무성	1909	
지역	언어	분량	소장기관
-	일본어	203면	수원박물관
키워드	영대차지권, 개항장, 시권서식, 외국인 거류지, 지상권		

[기본정보]

일본 외무성 조약개정 조사계에서 1909년(융희 3) 8월에 인쇄한 문건으로 조약개정 조사보고 조약 삼과에서 작성한 제12호로 작성된 문건이다. 제목은 '외국인의 영대차지권에 관한 교섭 시말'이며, 1854년(안정 원)부터 1909년(명치 32)까지 일본이 서양 각국과 맺은 통상조약과 이에 근거한 영대차지권에 대한 조약 개정 사항을 수록해 놓은 자료이다. 외무성 촉탁(囑託) 이와타 야타로(岩田彌太郎)가 편찬한 것으로 보인다.

[세부목차]

제1장 구조약시대에서 영대차지

　1. 요코하마(橫浜) 및 동수(同手), 2. 나가사키(長崎) 3. 고베(神戸) 및 오사카(大阪)

　4. 도쿄(東京), 5. 니가타(新潟) 이지관(夷地館)

제2장 현행 조약에서 영대차지

제3장 영대차지권에 관한 교섭사건

　제1절 영대차지권 등록에 관한 교섭시말

　제2절 영대차지권 변경에 관한 교섭시말

　제3절 가옥세에 관한 교섭시말

　제4절 중재재판사건

제4장 영대차지권에 수반한 명세범위

부 헤이그(海牙) 중재재판 판결의 대만에 미치는 효력
(참고) 1. 외국인이 소유하는 영대차지의 현황
        2. 영대차지 차지권 현행법령

[내용정보]

이 자료는 일본 외무성 조약개정 조사계에서 외국인 거류지의 영대차지권에 관한 교섭시말을 조사하여 작성한 것이다. 제1절 구조약시대 영대차지에 대해서는 1854년부터 1855년에 교섭하여 영국, 미국, 러시아 3개국과 체결한 제조약은 차지에 관한 하등의 규정을 설정하지 않았지만, 그 후 개정하여 1858년 8월 26일에 일영수호통상조약에는 규정되었다. 각항 및 각정에서 외국인의 거류를 허용하고 일개의 땅을 임차하여 건물을 사고, 주택 창고를 건립할 것을 허용하였다는 사실을 설명하였다. 이후 각 거류지에서 체결된 영대차지의 상황을 각 개항장 별로 상세히 소개하면서 일본어 규정 및 영어 규정 (필기체 및 활자체)을 같이 소개하였다. 또 부속문서로 1872년 이래 요코하마 외국인 거류지에 사용한 '지권의 증명서' 등 지권 서식을 소개하였으며, 또한 '나가사키 지소 임도증서(貸渡證書)' 등을 소개하였다. 제2장에서는 현행 조약에 있는 영대차지에 대한 설명으로 영사재판권의 철폐와 외국인 거류지 철폐는 메이지 유신 이래 당국자의 중대 현안이었다고 하면서 이노우에 가오루(井上馨) 외무경의 활동을 소개하였다. 이어 일영조약 개정 담판이 1894년 4월 2일 런던에서 개시되어 외국인 거류지 부동산소유권에 대한 문제 등을 검토하였으며, 마침내 4월 24일 일영조약 제18조에 외국인 거류지는 전부 일본국 시구에 편입시킨 후 일본국 조직의 일부로서 관리한다는 조항을 삽입시켰던 성과를 소개하였다. 이로써 미국, 독일 등 서양 제국으로 확대 적용되었음을 설명하였다. 제3장에서는 영대차지권에 관한 교섭 사건으로 1899년 7월 17일 및 8월 4일에 개정되어 실시되었고, 각국과의 교섭 사건 중에서 가옥세 부과문제와 같이 논쟁의 초점이 되었으므로 이에 대한 개황을 서술하였다.

우선 영대차지권 등록에 관한 교섭으로 1898년 현행 민법에서는 토지에 대한 소유권, 시상권, 영소작권, 지역권 등 4종의 물권을 설정하면서도 영대차지권에 관해서는 하등 설정하지 않고 다만 민법시행법 중에서 〈제45조 외국인 또는 외국법인을 위해 설정된 지상권〉에는 조약 또는 명령에 별반 정한 경우에 한하여 민법의 규정을 적용하지만, 외국인이 조약 실시 전에 취득한 영대차지권에 대해서는 또는 등기의 필요를 인정하고 각 법률을 발표하여 외국인 또는 외국법인에 개정조약 시행전에 한 부동산 또는 선박에 관한 물권의 득상 및 그 변경에 부친 등기를 하지 않는 경우 및 그 등기의 수속에 붙여 칙령으로써 별반의 규정을 설하는 것을 인정한다는 등 예외규정을 소개하였다. 이후 영대차지권에 관한 각국과의 교섭 과정을 구체적으로 서술하였는데, 제2절 〈영대차지권 변경에 관한 교섭시말〉을 설명하면서 개정 조약에 의하여 확인된 영대차지권은 우리에게 불리한 일종의 변체(變體) 물건(物件)이라고 하여 정부당국자는 1900년 7월 7일 〈칙령(333호)〉을 발포하여 본방 신민이 외국인의 영대차지권을 취득할 경우 소유권에 변경하는 것을 정하였다고 하면서 제반 규정을 소개하였다. 제3절 '가옥세에 관한 교섭 시말'에서는 독일과 프랑스, 영국 등과 맺은 통상항해조약에서 규정된 가옥세 규정을 소개하고 있다. 또한 헤이그 국제분쟁 평화적 처리 조약의 당사자로서 1902년과 1903년에 걸쳐 헤이그 중재재판소에서 행한 서양 각국과 맺은 협상 내용에 대해 소개하였다. 일본은 거류지 영대차지 재산에 대한 조세를 부과하려고 하였으나 서양 각국은 거류지내 특권재산에 관한 개정조약에 위반하는 과세가 되는 데 이의를 제기하였다. 결국 영대차지료에 대해서 는 (1) 거류지내의 면세지상에 있는 건물에 관한 제반 부과금 즉 천총괄하여 가옥세로 통칭하며, (2) 거류지의 영차재산에 관한 권리의 등록에 대한 등록세, (3) 거류지의 영차재 산에 관한 증서 기타 서류에 대한 인지세 등을 제외하고 일체의 조세 부과를 하지 않는 것으로 하였다. 부록으로는 '외국인 소유의 영대차지의 현황'(1903)으로 요코하마, 야마테 (山手), 나가사키, 효고(兵庫, 神戶), 오사카, 도쿄 등의 영대차지 현황 표를 소개하였으며, 또한 영대차지권 관계 현행 법령으로서 〈외국인 영대차지권에 관한 제〉 동 개정법률(명치 41년 법률 제 62호), 〈영대차지권 및 영대차지 지상의 건물 등기에 관한 제〉(명치 34년 칙령 178호) 등 관련 법규의 목록을 제시하였다.

[가치정보]

　1909년 일본 외무성이 1854년 이래 서양 각국과 맺은 불평등한 개항통상조약으로 말미암아 만들어진 영대차지권을 회수하기 위한 조약개정 과정과 협상 결과를 수록한 자료이다. 영대차지권은 제국주의 열강의 침략과정에서 부여된 영사재판권과 관세자주 권과 더불어 대표적인 불평등한 특권이었으므로 영대차지권을 폐지하려고 하였으나 1910년대까지도 성취되지 못한 결과를 가져왔다. 이 자료는 1922년에 작성된 국가기록원 소장 〈외국인 영대차지관계서〉와 비교하여 검토하면 일본과 조선의 영대차지권 상황을 보다 잘 파악할 수 있다.

II-3-1-04. 금강 및 낙동강 연안의 이생포락 관습조사보고서

관리기호	기록번호	자료명		
중B16CB-2	-	錦江及洛東江沿岸泥生浦落慣習 調査報告書		
작성자	생산기관	생산 연도		
安藤靜, 朴宗烈	조선총독부 취조국	1912		
지역	언어	분량		소장기관
강경, 군산, 공주 대전, 대구, 밀양, 부산	일본어	60면		국사편찬위원회
키워드	이생지, 포락지, 강경, 은진, 군산, 공주, 대전, 대구, 밀양, 익산			

[기본정보]

이 자료는 1912년에 이생(泥生) 관습을 조사하기 위해 금강 및 낙동강 연안으로 출장, 1912년 1월 5일 경성을 출발하여 강경, 군산, 공주, 대전, 대구, 밀양, 익산의 각 지점에서 해당 관습을 조사하고 1월 25일에 귀임하여 조사보고서를 취조국 장관에게 제출한 복명서이다. 통역으로는 취조국 위원이었던 박종렬(朴宗烈)이 참여하였다.

[내용정보]

금강과 낙동강 일대의 이생과 포락(浦落)에 대한 관습을 조사하여 보고한 자료이다. 일반적으로 '이생'은 강이나 하천 연안에 퇴적되어 새로 생긴 땅을 의미하고, '포락'은 반대로 조류에 의해 떨어져 나간 땅을 의미한다. 이생지(泥生地)를 둘러싼 소유권이나 기타 권리에 관한 관습이 가장 중요한 조사내용이다. 대상지역은 금강 연안의 강경, 군산, 공주, 대전과 낙동강 연안의 대구, 밀양, 익산 등이다. 복명서에는 1912년 1월 5일 경성을 출발하여 위의 지역을 방문하여 조사하고, 1월 25일 돌아왔다고 보고하고 있다. 약 20일 정도 출장 조사를 한 셈이며, 복명서에 나아 있듯이 청취서에다 자신들의 의견을 가미하여 정리하는 과정을 거쳐 2월 15일자로 보고되었다. 조사자는 취조국의 속(屬) 안도 시즈카(安藤靜)와 위원(委員) 박종렬이다.

조사방식은 출장지를 방문하여 군참사(郡參事), 군서기(郡書記), 면장(面長), 면서기(面書記) 등 지방행정 관료들과 이장이나 지역주민들로부터 관습을 청취하는 형식을 취하고 있다.

방문 지역마다 보통 3~4인 정도를 대상으로 조사했다.

일본이 한국을 병합한 후 1912년에 공포한 조선민사령에는 다음과 같은 규정이 있다. '부동산에 관한 물권의 종류 및 효력에 대해서는 제1조의 법률에 정한 외에 관습에 의한다.'이 조문으로 상속과 친족관계 등에 대한 문제가 조선의 구관습을 따르게 되었고, 이생지와 포락지에 대한 문제도 조선의 관습법을 따르게 되었다. 조선의 강변에서 이생포락 관습을 조사하여 소유권 분쟁 판결의 기준으로 삼았던 것이다. 그런데 이 관습은 1924년 조선고등법원판례조사회의 결의로 소멸되었다. 토지조사사업과 하천취체규칙 등으로 토지의 소유권 귀속과 하천의 공유가 명확하게 규정되었다는 것이다. 떨어져 나간 흙은 자연재해로서 국가나 사회가 보상할 수 있는 성질의 것은 아니고, 또한 하천에서 생긴 토지란 국가에 속한다. 개인은 손실을 감수해야 하고, 행운은 국가가 가지는 것으로 된 것이다.

이생·포락에 관한 조사 청취서는 강릉, 군산, 공주, 대전, 대구, 밀양, 부산에서 조사한 이생·포락 관습과 관련해 기록되어 있다.

[가치정보]

이 자료는 이생과 포락에 대한 관습을 조사한 자료로서 특히 금강과 낙동강 일대의 법적 운영방식을 확인할 수 있는 자료이다.

II-3-1-05. 조선부동산용어약해

관리기호	기록번호	자료명	
-	1003~1004	朝鮮不動産用語略解	
작성자	생산기관	생산 연도	
-	조선총독부 관방토목국	1913	
지역	언어	분량	소장기관
-	일본어	373면	국립중앙도서관
키워드	부동산, 관방토목국, 은결(隱結), 은토(隱土), 수진궁, 명례궁		

[기본정보]

이 자료는 조선총독부 관방토목국이 기록한 자료로 자료명은 '조선부동산용어약해(朝鮮不動産用語略解)'로 표기되어 있으며 1913년(대정 2)에 생산되었다. 조선총독부 관방토목국에서 조선의 부동산용어를 설명해 놓은 자료이다. 총 373면으로 구성되어 있으며, 일본어로 작성되었다.

[내용정보]

부동산과 관련된 용어의 간략한 해석으로 모두 214개의 용어를 정리해 놓았다. 예를 들어 일리(一里), 일역전(一易田), 은결, 은토, 일사칠궁(一司七宮) 등의 용어를 하나하나 설명해 주었다. 즉 일사칠관의 경우는 7궁에 해당하는 것들의 명칭인 수진궁, 명례궁, 어의궁, 육상궁, 요동궁, 선희궁, 경우궁의 총칭으로 소개하고 각 궁들의 설치장소 및 소개를 하고 있는데, 이러한 방식으로 부동산 관련 용어를 알기 쉽게 풀이해 놓은 자료이다.

[가치정보]

이 자료는 조선의 부동산 용어를 한눈에 확인해 볼 수 있는 자료로서의 가치가 있다.

II-3-1-06. 전제에 관한 사항

관리기호	기록번호	자료명	
B13G 93	71	田制ニ關スル事項	
작성자	생산기관	생산 연도	
具義書	조선총독부 참사관실	1915	
지역	언어	분량	소장기관
-	한자	32면	국사편찬위원회
키워드	전제, 전시과, 공부, 둔전		

이 자료는 1915년(대정 4) 조선총독부 참사관실(參事官室)에서 우리나라의 전제(田制)에 관한 사실을 조사하여 작성한 보고서이다. 『목재가숙찬휘려사(木齋家塾彙纂麗史)』, 『동국통감(東國通鑑)』, 『삼국사절요(三國史節要)』의 세 문헌에서 삼국시대로부터 고려시대까지의 토지제도와 관련한 내용을 뽑아 정리하였다. 조선총독부 용지에 작성되었으며, 작성자는 촉탁(囑託) 구희서(具羲書)이다.

[내용정보]

'전제(田制)에 관한 사항'으로 표제를 달고 있는 본 자료는 내용에 있어서는 활용한 문헌을 단위로 하는 세 정리본의 합책형식으로 구성되어 있다. 내제를 보면 오른편에는 "대정 4년 3월 31일(大正四年三月三十一日) 촉탁 구희서"라고 작성일시와 작성자를 기록하였으며, 왼편으로는 "전제에 관한 사항(田制ニ關スル事項)"이라는 제목과 첫 번째 대상 문헌인 『목재가숙휘찬려사(木齋家塾彙纂麗史)』를 기록하고 있다. 이와 같은 내표지는 『동국통감』과 『삼국사절요』를 정리한 두 번째와 세 번째 본문의 첫 부분에도 마찬가지로 나타난다.

작성자로 나타나고 있는 촉탁 구희서는 취조국과 참사관실 및 중추원 등을 두루 거치며 조선에 대한 관습조사를 수행해 왔으며, 특히 조선도서 해제 등의 사업에 주로 참여한 인물이다. 작성일시인 1915년 3월 31일은 참사관실의 거의 마지막 시기로, 조선에 대한 관습조사는 5월부터 중추원에서 이어서 수행하게 되었다.

이 자료는 『목재가숙휘찬려사』와 『동국통감』 및 『삼국사절요』에서 등장하는 삼국시대로부터 고려시대까지의 토지제도와 관련한 내용을 정리하고 있다. 『목재가숙휘찬려사』는 목재(木齋) 홍여하(洪汝河, 1621~1678)가 고려시대에 대하여 서술한 것으로, 『고려사』를 생략하여 고쳐 쓴 저술이다. 우선 고려 태조로부터의 고려시대 전제를 기술하였고, 이어서 전시과(田柴科)를 품계별로 기술한 후 시지(柴地)와 공해전시(公廨田柴), 공부(貢賦), 둔전부병량(屯田附兵糧) 등의 주요 주제와 시기별 논의 내용들을 기술하였다.

『동국통감』은 1484년(성종 15) 서거정(1420~1488) 등이 왕명을 받아 단군조선으로부터 고려 말까지의 역사를 엮은 편년체 사서이다. 여기에서는 삼국시대로부터 고려조까지의 전제를 연도별로 정리하여 수록하였다. 마지막으로 『삼국사절요』는 1476년(성종 7) 노사신과 서거정 등이 편찬한 책으로, 단군조선으로부터 삼국의 멸망까지를 다룬 편년체 사서이다. 여기에서는 단 두 건의 기사만을 간단하게 인용하였는데, 하나는 687년(신문왕 7) 5월에 "문무관료에게 토지를 차등하여 내렸다"는 기사이고, 다른 하나는 722년(성덕왕

21) 8월에 "비로서 백성에게 정전(丁田)을 지급하였다"는 기사이다.

[가치정보]

일제는 1910년 조선을 강제로 합병하기 이전부터 조선의 통치를 위한 기초작업으로써 조선토지조사사업에 착수하였다. 또한 이와 병행하여 조선의 부동산법령을 일제의 이해에 맞추어 개정하기 위하여 부동산법조사회를 설치하여 운영하는 등 깊은 관심을 기울여 왔다. 이러한 일제의 관심은 당대의 실제 조선 관습에 대한 조사를 넘어 문헌조사에까지 이루어졌으며, 이를 통하여 제도와 역사에 대한 규명에까지 나아가려 하였다. 1920년 조선총독부에서 간행한 『조선의 토지제도 및 지세제도 조사보고서(朝鮮ノ土地制度及地税制度 調査報告書)』를 통하여 그 결과를 부분적으로 확인할 수 있으며, 이 자료집 역시 조선총독부의 이와 같은 의도와 활동을 보여주는 실례라 할 수 있다.

II-3-1-07. 토지조사예규 제2집(회계)

관리기호	기록번호	자료명	
B-1- 045	新調第142호 (8-5)	土地調査例規 第2輯(會計) (隆熙2年慣習調査應答者條)	
작성자	생산기관	생산 연도	
-	조선총독부 임시토지조사국	-	
지역	언어	분량	소장기관
-	일본어	480면	수원박물관
키워드	제사상속, 호주상속, 유산상속, 재산상속, 유산, 유언(장)		

[기본정보]

이 자료는 조선총독부임시토지조사국이 기록한 자료로 자료명은 '조선토지조사예규 (융희2년도 관습조사응답자조)'로 표기되어 있으며 조선총독부(朝鮮總督府)에서 발간하였다. 작성년도는 1915년(대정 4)이다. 이 자료는 모두 480면이며 일본어로 기록되어 있다. 이 자료는 1책(冊) 19㎝의 형태로 국립중앙도서관에 소장되어 있다. 통감부시기부터 조선의 토지조사를 계획·입안했던 일제는 '합방'과 동시에 택지와 경지에 대한 본격적인 토지조사사업에 착수, 전담기구로 임시토지조사국을 설치하고 1918년까지 8년 8개월여에 걸쳐 2천만 원이 넘는 예산과 연인원 1만 2천여 명이 동원된 대사업을 진행했다. 이 자료는 1915년에 토지조사에 사용되는 비용과 관련한 사항을 총 망라하여 발간하였다.

[내용정보]

이 자료는 토지조사사업을 8년간 실시하면서 사용되는 돈과 관련한 회계사항을 기록한 것이다. 1장에서는 판임관, 문무판임관, 총독부 소속관서의 직원 등의 임금과 관련한 사항들을 적고 임금과 관련한 것 외에도 조선인의 시보(試補)와 견습(見習)에 관한 것들도 석고 있다. 2장에서는 숙사료(宿舍料)와 관련하여 총독부 및 소속관서 직원의 숙사비용과 지급규정에 관해 적었다. 3장에서는 고원비(雇員費) 지급과 관련한 사항을 적었으며 4장에서 21장에 이르기까지 촉탁원(囑託員)·토지조사위원회위원의 수당, 회료(賄料), 용인료(傭人料)지급, 차가료(借家料), 여비(旅費), 경비(經費), 저금(貯金), 물품회계(物品會計), 물품취급주임(物品取扱主任), 물품의 청구(請求), 반납(返納)·취급수속(取扱手續), 물품의 수리(修理) 및 기각(棄却), 물품의 운반·송장(送狀)·송부선(送付先), 물품의 외업지구입(外業地購入), 물품의 외업지매각(外業地賣却), 청사(廳舍)의 취체(取締)에 관한 내용을 적고 있다.

[가치정보]

이 자료는 토지조사사업을 실시하면서 사용되는 돈과 관련한 사항을 정리한 문서이다. 이 자료를 통하여 1910년부터 1918년까지 8년간 전국적으로 실시된 토지조사사업의 비용이 총체적으로 어느 정도 사용이 되었는지, 어느 부분에 사용이 되었는지 등을 파악할 수 있을 것이다.

II-3-1-08. 소작에 관한 사항

관리기호	기록번호		자료명
B-1-129	157호		小作ニ關スル事項
작성자	생산기관		생산 연도
米內山震作	조선총독부 중추원		1918
지역	언어	분량	소장기관
봉산, 재령 신천, 안악	일본어	243면	수원박물관
키워드	소작, 개간, 전세, 입회권		

[기본정보]

조선총독부 중추원에서 소작에 관한 사항을 조사하여 정리한 자료이다. 일본어로 작성하였으며, 243면으로 구성되어 있다. 출장조사서가 첨부되어 있어 자료의 기본정보를 명확히 알 수 있다. 작성자는 요나이야마 신사쿠(米內山震作)이며, 통역은 김용적(金容迪)이다. 조사지역은 황해도 봉산·재령·신천·안악군이며, 생산연도는 1918년(대정 7)이다.

[내용정보]

먼저 관습조사 응답자를 지역에 따라 분류하여 정리하였다. 이름과 나이, 현재의 직업 및 전 직업, 주소를 상세히 기술하였다. 그 내용은 아래와 같다.

〈표〉 황해도 봉산·재령·신천·안악군의 소작에 관한 조사 응답자

순번	지역	이름	나이	직업	전 직업	주소
1	황해도 봉산군	이창욱(李昌彧)	41	농(農)	면장	황해도 봉산군 사원면 사리원리
2		이달원(李達元)	49	군참사, 봉양원주무		봉산군 양천면
3		이퇴건(李台健)	54	도참사, 농		봉산군 양천면 유정리
4		김희수(金喜洙)	27	군참사	면장	봉산군 서종면 대림리
5	재령군	이형섭(李亨燮)	65	농		재령군 재령면 국화리
6		정재유(鄭在裕)	51	농	상(商)	재령군 재령면 문창리
7		김용희(金容熙)	65	농		재령군 삼지강면 학교리
8		최경호(崔景鎬)	62	농		재령군 우두천면
9		김윤석(金潤錫)	52	면서기	상	재령군 재령면 향교리

10		김정홍(金正洪)	51	군참사,농, 동양척식회사 농감	농	재령군 소율면 진초리
11	신천군	류양수(柳養秀)	71	문묘직원		신천군 신천면 무정리
12		박제윤(朴濟潤)	49	군참사		신천군 신천면
13		이승화(李承華)	55	농	장교	안악군 안악면 비석리
14		김응석(金應石)	49	농	상	안악군 읍내면 서산동
15	안악군	김용대(金庸大)		농		안악군 읍내면
16		정능호(鄭能浩)	47	농	전면장	안악군 용순면 유설리
17		문경우(文慶祐)	50	농, 용순면장		안악군 용순면 유정리

목차는 다음과 같다.

16. 입회권 및 개간에 관한 사항(신천군)

17. 안악군에 있어 소작관습

18. 안악군 용순면에 있어 소작관습

  1) 보통소작관습

  2) 특수소작관습

19. 보·동·제언에 관한 사항(안악군)

20. 전세에 관한 사항(안악군)

21. 입회권 및 개간에 관한 사항(안악군)

22. 조회면답에 관한 사항

23. 고문기 모집

24. 원도지·사도지·전도지에 관한 부록

  1) 문기사(본)

  2) 고적에 관한 사항

이 자료는 각 항목에 대한 기술과 함께 여러 문서들을 첨부하여 그 이해를 돕고 있다. 자료 내에 안악군청에서 작성한 국유지소작인허증 등 다양한 문서들을 수록하였으며, 부록에 매매문기들의 사본을 정리하였다. 이와 함께 봉산군과 신천군에 위치한 고적을 표로 정리하였다.

[가치정보]

이 자료는 황해도 봉산·재령·신천·안악군을 조사한 자료로서, 특수소작과 보에 대한 개간 및 입회에 관련된 사항, 전세에 관한 사항, 소작관습 등 다양한 문서들을 수록하였다는 점에서 사료적 가치가 높은 편이다.

II-3-1-09. 조선토지조사 특히 지가설정에 관한 설명서

관리기호	기록번호	자료명		
-	1215	朝鮮土地調査殊二地價設定二關スル 說明書		
작성자	생산기관	생산 연도		
朝鮮總督府	조선총독부 중추원	1918		
지역	언어	분량		소장기관
경성	일본어	111면		국립중앙도서관
키워드	지가설정, 토지조사사업, 지적, 소유권, 지세			

[기본정보]

이 자료는 조선총독부임시토지조사국이 기록한 자료로 자료명은 '조선토지조사 특히 지가설정에 관한 설명서(朝鮮土地調査殊二地價設定二關スル說明書)'로 표기되어 있으며 조선총독부에서 발간하였다. 작성년도는 1918년(대정 7)이다. 이 자료는 모두 111면이며 일본어로 기록되어 있다. 이 자료는 삽화(揷畵)가 포함되어 있으며 인쇄자료(책자형)의 형태로 국립중앙도서관에 소장되어 있다.

조선총독부가 1910년부터 준비하여 1912년부터 1918년까지 실시한 토지조사사업의 취지와 목적 등을 설명하기 위해 1918년에 펴낸 것으로, 토지조사사업 가운데 특히 지가설정(地價設定)과 관련된 내용을 주로 다루고 있다. 일제에 의한 토지조사사업은 식민지 조선의 토지 점탈을 위한 것이었지만, 표면적으로는 정확한 측량, 지적(地籍)작성, 공평지세(公平地稅), 소유권보호, 토지경제발달 등을 위한 근대적 소유권제도 확립을 목적으로 내걸고 있다. 이러한 목적을 널리 알려 토지조사사업을 원활하게 수행하기 위한 목적에서 이와 같은 설명서의 발간이 필요했을 것으로 여겨진다.

[내용정보]

내용은 크게 토지조사의 요지와 지위등급조사 및 지가산정방식의 두 부분으로 나누어져 있다. 제1편의 토지조사의 요지에 관한 설명에서는 조사의 필요성과 그동안의 경과에 대해 구체적으로 서술하고 있는데, 우선 조선의 경우 예부터 토지에 대한 권리의 관념이 명확하지 못해서 국유, 왕실소유지, 민유지(民有地)의 구분이 불명확한데다 토지와 관련된 가렴주구(苛斂誅求)나 권세가의 청탁 등 토지소유권의 혼란과 분규가 수습하기 힘들 지경에 있었고, 따라서 토지소유권을 명확히 하고 권리보장의 제도를 구비하기 위해서 그 사전단계로 전반적인 토지조사가 필요했음을 밝히고 있다. 토지조사의 필요성은 구(舊) 한국정부도 인식하여 1898년 남부지방 일부에서 토지조사사업을 실시한 적이 있었지만 제대로 이루어지지 못하였다. 이에 1905년 을사조약 체결과 함께 일제에 의해 토지조사계획이 수립되었고, 한일합방이 이루어진 1910년 임시토지조사국의 설치와 함께 일제에 의한 본격적인 토지조사사업이 실시되게 되었음을 밝히고 있다. 제2편은 토지등급 및 지가산정방식에 대해 구체적으로 설명하고 있는데, 이 책을 펴낸 취지가 토지조사의 요강(要綱)을 일반인에게 알기 쉽도록 설명 또는 홍보하는 데 있음을 읽을 수 있는 부분이다. 제2편 제1장에서 토지등급 및 지가산정의 일반적 원칙을 제시한 후, 제2장에서 제6장까지에 걸쳐 지위등급(地位等級)의 구분, 전(田)·답(畓)·대(垈) 표준지의 선정, 지위등급의 결정, 지가 산정 등의 구체적인 내용을 설명하고 있다.

[가치정보]

조선토지조사사업과 관련한 많은 책이 발간되었지만 이 책은 특히 구체적인 지가설정의 방식과 그 과정을 쉽게 설명하고 있다는 점에서 그 의미를 찾을 수 있다.

II-3-1-10. 특종소작 기타에 관한 건

관리기호	기록번호	자료명		
中B13G-110	-	特種小作其ノ他ニ關スル件		
작성자	생산기관	생산 연도		
-	조선총독부 중추원	1918		
지역	언어	분량	소장기관	
-	일본어	418면	국사편찬위원회	
키워드	소작, 입회권, 차가, 차주			

[기본정보]

1918년(대정 7) 6월 12일 조선중추원에서 '특종소작 기타에 관한 건'이라는 제목으로 각 군에 그 지방의 관행에 대한 조사를 의뢰하고 그해 7월에 회답한 문건을 모아놓은 자료이다.

[내용정보]

조사 의뢰한 항목은 네 부분이었다. 첫째, 특종의 소작관습조사로, 네 항목을 조사 의뢰했다. ① 소작인이 지주의 승낙없이 소작권을 양도할 수 있는 관습이 있는지의 여부 ② 원도지(原賭地) ③ 중도지(中賭地) ④ 전도지(轉賭地) 등의 존재 여부 등이다. 둘째, 입회(入會)의 관습이다. 산야·원야 등에서 주변 마을 사람들이 땔감의 채취나 목축 등을 할 수 있는 관습이 있는지의 여부를 묻는 질문이다. 셋째, 개간소작의 관습이다. 미간지나 진황지를 개간하여 경작할 수 있는 관습이 있는지의 여부를 묻는 질문이다. 지주와 경작자 사이에 수확물을 나누는 방식 등을 기록하고 있다. 넷째, 차가(借家)의 관습이다. 그것의 존재유무와, 집을 빌려줄 때 대가를 지불하는 방법 등을 조사 기록하고 있다. 월세가 일반적이고 전세(典貰)도 등장하고 있다. 조사지역은 평안남도를 제외한 전국이었다. 12도 196개 군인데, 조사한 군의 명칭은 다음과 같다.

〈표〉 특종 소작에 관한 조사 지역 및 명칭

도	군	숫자
경기	고양 부천 시흥 수원 진위 안성 용인 이천 김포 강화 파주 개성 포천 연천 광주 양평 양주 여주 장단	19
충남	연기 대전 부여 서천 보령 청양 홍성 예산 서산 당진 아산 천안	12
충북	청주 보은 옥천 영일 진천 괴산 음성 충주 제천 단양	10
함북	경성 명천 길주 성천 부령 무산 회령 종성 온성 경원 경흥	11
함남	영흥 정평 영흥 고원 문천 덕원 안변 홍원 북청 이원 단천 장진 풍산 삼수 갑산 구성	16
평북	태천 운산 희천 영변 박천 정주 선천 철산 삭주 벽동 초산 위원 강계 자성 후창	15
경북	달성 경산 영천 경주 영일 영양 청송 안동 의성 군위 칠곡 김천 상주 예천 영주 봉화 문경 성주 고령 선산 울릉도	21
경남	함안 창녕 양산 울산 동래 김해 창원 통영 사천 남해 하동 산청 함양 거창 합천	15
전북	진안 금산 무주 장수 임실 남원 순창 정읍 고창 부안 김제 옥구	12
전남	광주 담양 곡성 구례 광양 여수 순천 고흥 보성 화순 장흥 강진 해남 영암 무안 나주 함평 영광 장성 완도 진도 제주도	22
황해	해주 연일 금천 평산 신계 옹진 송화 장연 은율 황주 서흥 수안 곡산 순천 맹산 양덕 성천 강동 용강 평원 안주 개천 덕천 영원	24
강원	춘천 인제 양구 회양 통천 간성 양양 강릉 삼척 울진 정선 평창 영월 황성 홍천 화천 철원 평강 이천	19

[가치정보]

이 자료는 보통 소작이 아닌 특종 소작과 다른 자료에서 보기 힘든 산야의 입회권 개간 소작 차가(借家)관습 등을 전국에 걸쳐 조사 기록했다는 점에서 사료적 가치가 높은 편이다. 특히 입회권과 차가문제 등은 향후 이 분야연구에 활용도가 높을 것이라 기대된다. 특종 소작도 물권적 소작권의 전국의 분포를 확인하는데 기여할 수 있을 것이다. 다만 조사기간이 짧고 회답도 너무 소략하여 전적으로 신빙성을 부여하기에는 한계가 있다고 보인다.

II-3-1-11. 입회·소작·친족에 관한 특별조사

관리기호	기록번호	자료명	
B-1-123	178호	入會·小作·親族ニ關スル特別調査	
작성자	생산기관	생산 연도	
寺澤德三郎	조선총독부 중추원	1920	
지역	언어	분량	소장기관
함흥, 원산 영흥, 철원	일본어	35면	수원박물관
키워드	입회, 소작, 친족		

[기본정보]

조선총독부 중추원에서 입회, 소작, 친족 등을 조사하여 정리한 자료이다. 일본어로 작성하였으며, 분량은 35면이다. 특별조사이며, 조사원은 데라자와 도쿠사부로(寺澤德三郎), 통역은 김용적(金容迪)이다. 1920년(대정 9) 8월에 조사하였다. 조사지역은 강원도 철원, 함경남도 원산, 영흥, 함흥이라고 기재하였으나 한경남도 한흥 이외에는 붉은 선으로 삭제하였다.

[내용정보]

먼저 입회에 대하여 설명하고 있다. 사유산에는 입회권이라는 것이 존재하지 않는다.

국유산이나 동산에는 입회의 관행이 있어 일정한 지역의 주민에 한정한 배타적인 입산의 입회 관행이 존재한다고 하였다.

소작권에서는 소작의 매매, 화리 등에 관하여 정리하면서 관련 문서를 첨부하였다. 함흥군과 홍원군, 장진군의 소작계약 관련 현황과 함경남도 전체의 소작관련사항을 조사하였다.

다음 자료는 혼인에 관하여 정리하고 있다. 상간자의 혼인, 혼인성립의 시기, 혼인식, 혼인과 풍기(風紀), 혼인연령, 처, 사생자의 성 등을 서술하였다. 함흥면 하서리, 풍양리의 기혼자 백호에 대한 조사를 표로 정리하였다. 1920년 1월 30분 함흥면의 현재 조

순번	직업	이름
1	참전관	조병교(趙秉敎)
2	함흥읍내	조태기(趙台基)
3	함흥군참사	김순선(金舜善)
4		윤상학(尹相鶴)
5		김수오(金洙梧)
6	함흥면장	사다노(定野○一)

선인 결혼연령별 표를 첨부하였다. 자료 말미에 응답자의 이름 등을 기록하였다.

[가치정보]

이 자료는 조사지역인 강원도 철원, 함경남도 원산, 영흥, 함흥지방의 출장조사서를 통해 입회, 소작, 친족의 실례를 알 수 있어 자료로서의 가치가 높다. 응답자의 세부사항을 명기하여 조사과정과 그 내용에 대한 근거로 활용할 수 있다.

II-3-1-12. 옥천·영동 보에 관한 조사

관리기호	기록번호		자료명
B-1-112	新調 第206호		沃川·永同洑ニ關スル調査
작성자	생산기관		생산 연도
洪奭鉉	조선총독부 중추원		1923
지역	언어	분량	소장기관
옥천,영동	일본어	17면	수원박물관
키워드	보(洑), 몽리(蒙利), 관개		

[기본정보]

이 기록은 촉탁 홍석현(洪奭鉉)이 충청북도 옥천과 영동의 두 지방의 수리시설인 보(洑)의 현황과 운영에 관해 조사한 후 1923년 10월 19일에 보고한 복명서이다.

[내용정보]

옥천군에서의 조사는 10월 12일 군서면 서정리 송태수[구장], 방순택[농업], 옥천면 하계리의 이영갑[상업] 3인을 군청에 불러 관련 내용을 문답을 청취하는 방식으로 이루어졌다. 옥천군에는 군서면 서정리의 송남원보(宋南原洑)에 대해 조사하였다. 그 명칭은 80여 년전 이 지역에 거주하는 송흠학이 출자하여 축조되었고, 그가 남원군수를 지낸 유래에서 생겨났다. 이후 그 운영은 보주(洑主)와 몽리(蒙利)한 전주(田主) 사이에 협의로 3년 후 보주는 몽리지(蒙利地)에 1/4의 수취(受取)하는 권리가 생겼고, 10여 년전 하부(下部)에서 여수(餘水)를 인수(引水)하여 기경한 경우에도 동일한 권리를 행사하고 있음을 언급 하고 있다.

영동군에서는 15일, 정장(正長) 배창현, 유지(有志) 김동현, 면장(面長) 이철하, 군평의원(郡評議員) 강세원 4인을 군청으로 불러 (1) 강감역보(姜監役洑), (2) 가정보(稼亭洑), (3) 용보(龍洑), (4) 사청보(射廳洑), (5) 구례평보(九禮坪洑), (6) 도화평보(桃花坪洑)의 운영에 대해 조사하고 있다. 강감역보는 수백 년전 강감역이라는 자가 홀로 자금을 내어 축보(築洑)하고 자기소유 전토를 관개인수 개간하였고, 그 외 몽리(蒙利)의 혜택을 받아 기경한 자에 대해서는 특별한 권리를 행사하지는 않고, 보의 수선(修繕)에 일정한 노력을 제공하고 있었다. 가정보, 용보, 사청보, 구례평보는 여러 기경자가 공동 출자하여 축보하였고, 공동으로 수선할 의무가 있었다. 도화평보(桃花坪洑)도 각 작인(作人)의 출자로 축조되었는데, 그 후 보의 여수를 받아 하부에 새로 보를 축조하고 기경한 자에 대해서도 하등의 보수는 없고 단지 원보(原洑)의 수선에 공동으로 노력(勞力)하는 것으로 운영되었다. "소유권이 누가에게 있는가?"라는 질문에 공동의 것이라는 대답에서도 알 수 있듯이 영동군의 여러 보는 대체로 공유의 성질을 가지고 있는 것으로 인식하고 있었다.

[가지성보]

이 자료는 지역에 따라 보에 대한 소유와 운영의 양상에 차이가 있다는 사실을 보여주는 기록으로 다른 지역의 다양한 사례와 비교해 볼 만한 가치가 있다.

II-3-1-13. 묘위토·제위토의 소유자 여부 등

관리기호	기록번호	자료명	
B-1-114	114호 3-1	墓位土·祭位土ノ所有者如付 等	
작성자	생산기관	생산 연도	
-	조선총독부 중추원	-	
지역	언어	분량	소장기관
충주군, 제천군 단양군, 문경군	일본어	14면	수원박물관
키워드	묘위토, 제위토, 입회, 화전		

[기본정보]

조선총독부 중추원에서 묘위토·종중전답·입회사례·화전 등을 조사하여 정리한 자료이다. 14면으로 구성되어 있으며, 일본어로 작성하였다. 작성자와 생산연도는 알 수 없다.

[내용정보]

이 자료의 목차는 다음과 같다.

묘위토·제위토의 소유자 여하, 종주전답 혹은 문중전답의 소유자의 범위, 입회사례, 소장(訴狀) 및 완문, 화전의 사례, 화전매매문기 등을 기록해 놓은 자료이다.

〈표〉 묘위토·종중전답·입회사례·화전 등에 관한 출장지역 응답자

순번	지역	직업	이름	나이
1	충주군	군참사	정철모(鄭哲謨)	31
2		전 학무위원	조종두(趙鍾斗)	65
3		전 학무위원	박도양(朴道陽)	55
4		읍내면장	정운숙(鄭雲翻)	38
5		전 주사	유운풍(劉雲豊)	65
6	제천군	전 군참사	김복호(金復鎬)	67
7		전 학무위원	김규호(金圭浩)	63
8		고로(古老)	이선춘(李善春)	71
9		읍내면장	이종두(李鍾斗)	43
10	단양군	군참사	오병○(吳炳○)	45
11		고로	민배호(閔配鎬)	66

12		이속	지만식(池晩植)	76
13		이속	지기영(池基煐)	69
14	문경군	유자(儒者)	전성모(錢城摸)	64
15		전 군참사	조원하(趙元夏)	63

이외에도 각 군 모두 군수를 참고인으로 참석하였다고 밝히고 있다. 묘위토와 제위토의 소유자 여하는 묘위토와 제위토 모두 분묘의 부속 전토로서 그 소유권은 종손에게 있다고 하였다.

종중전답 혹은 문중전답 소유자의 범위여하는 조사지에 따라 차이가 있어, 충주와 문경지방은 대소 각 종손이 소유하였고, 제천 및 단양의 2군은 종중, 문중의 공유재산으로 하였는데 그 범위는 종중 혹은 문중의 호주 전부 종회 혹은 문회에서 사람을 골라 뽑아 돌아가며 관리하였다. 입회사례에 관한 설명은 조선의 금송계를 들어 나무를 심고 금양하여 그 이익은 공동으로 취득하는 조직이라 설명하며 입회의 관행과 유사하다 하였다. 각 지역을 조사하여 그 내용이 대동소이하므로 문경군의 자료를 조사하여 그 결과를 기술하였다. 또한 읍내면 상리의 완문과 소장을 수록하였다. 마지막으로 화전에 대하여 그 사례와 매매문기를 정리하였다. 화전의 성질 및 그 종류와 개작지·개작자, 납세의 방법 등을 상세히 서술하였다. 1911년(대정 원) 결수연명부의 조제하는 시기에 원화전은 보통 연명부에 등록하여 일정한 결세를 징수하였다.

[가치정보]

이 자료는 충주군, 제천군, 단양군, 문경군을 조사한 자료로서 묘위토, 제위토, 입회, 화전에 대한 지역사례를 확인할 수 있다.

II-3-1-14. 조선의 분묘 및 묘지소유자 등

관리기호	기록번호	자료명	
B-1-125	68호 5-1	祖先ノ墳墓及墓地所有者 等	
작성자	생산기관	생산 연도	
-	조선총독부	-	
지역	언어	분량	소장기관
-	일본어	50면	수원박물관
키워드	분묘, 묘지, 화전, 제언, 화리		

[기본정보]

조선총독부에서 분묘, 묘지, 화전 등의 물권 관련 사항을 조사하여 정리한 자료이다. 일본어로 작성하였으며, 50면으로 구성되어 있다. 작성자와 생산연도는 알 수 없다.

[내용정보]

자료의 목차는 아래와 같다.

조선의 분묘 및 묘지의 소유자, 조선의 분묘의 소유자, 묘지의 매매문기, 황무지대차사례, 화전의 관습, 초장의 관습, 첨부로 인한 토지의 소득, 향교전답의 소유관계, 보·수로의 소유권, 담보의 목적으로 한 매매의 예, 화리매매, 화리매매문기 예, 전답이외의 소작례, 가대대차에 관한 관습, 전당의 관례, 퇴도지의 관례, 전당문기례, 토지 및 산림의 계산법, 영소작권, 종중재산.

다음으로 응답자의 신상을 정리하였다. 조사지역을 명기하고 있지는 않으나 응답자들의 주소지와 관직을 살펴보면 함흥군, 홍원군, 북청군이 조사지역인 것으로 보인다. 특이한 점은 응답자의 관직, 이름, 주소, 나이 이외에 결혼 시 연령을 표기한 점이다.

<표> 함흥군, 홍원군, 북청군의 응답자 관직 및 명단

순번	관직	이름	주소	나이	결혼 시 연령
1	원 평안북도 가산군수	조태기(趙台基)	함흥군	63	남 15/여 17
2	원 함경남도 함흥군수	류병룡(柳秉龍)	함흥군	40	남 14/여 19
3	함경남도 함흥군 북천동면장	한장숙(韓章淑)	함흥군	38	남 17/여 17
4	원 함경남도 안변군수	김면필(金免弼)	함흥군	53	남 19/여 16
5	원 함흥군 면장	임백우(任百禹)	함흥군	76	남 12/여 19
6	홍원군 서퇴조면장	한준석(韓準錫)	홍원군	37	남 14/여 17
7	홍원군 신익면장	권태집(權泰集)	홍원군	36	남 13/여 17
8	홍원공립보통학교 교원	김병희(金秉熙)	홍원군	58	남 13/여 17
9	홍원군 주남면장	한효원(韓孝源)	홍원군	45	남 13/여 18
10	홍원군 유생유력자	권봉집(權鳳集)	홍원군	42	남 13/여 16
11	홍원군 보현면 군참사	이우섭(李佑涉)	홍원군	51	남 14/여 17
12	북청군 양천면 군참사	김홍국(金泓國)	북청군	54	남 11/여 17
13	북청군 지덕면장	김덕경(金悳逕)	북청군	58	남 16/여 18
14	북청군 지덕면 도참사	김한경(金韓逕)	북청군	41	남 11/여 16
15	북청군 대양북면 군참사	한인헌(韓仁憲)	북청군	60	남 19/여 18

함흥지방과 홍원지방, 북청지방에서 선조의 분묘와 묘지의 소유자를 어떻게 지정하는지 조사하였다. 이와 함께 묘지의 매매문기를 첨부하여 그 이해를 돕고 있다.

각 항에 따라 함흥, 홍원, 북청 등으로 조사지역을 표시하여 같은 주제에 대하여 3지역의 차이를 비교할 수 있도록 하였다.

[가치정보]

이 자료는 함흥군, 홍원군, 북청군이 조사지역에 대한 조사 자료로서 지역사례를 통한 분묘, 묘지, 화전 등의 물권 관련 법률 운영관계를 확인할 수 있다.

II-3-1-15. 화전에 관한 사항 등

관리기호	기록번호	자료명	
B-1-126	新調 第109(5-2)	火田二關スル事項 等	
작성자	생산기관	생산 연도	
-	조선총독부	-	
지역	언어	분량	소장기관
성천군, 강계군 삼수군	일본어	14면	수원박물관
기워드	화전, 입회, 소유권, 황무지 개간		

[기본정보]

조선총독부에서 화전, 산림임야의 소유권 등 물권 관련 사항을 조사하여 정리한 자료이다. 일본어로 작성하였으며, 총 14면으로 구성되어 있다. 작성자와 생산연도는 알 수 없다.

[내용정보]

자료의 목차는 아래와 같다.

화전에 관한 사항, 첨부로 인한 토지 소득, 진에 의한 토지의 소유권, 산림원야의 소유권, 입회에 관한 사항, 황무지 개간에 관한 사항이 기록되어 있다. 각 항목마다 조사지역을 명기하고 있는데, 평안도와 함경도 지역이다. 화전에 관한 사항은 평안남도 성천군, 평안북도 강계군, 함경남도 삼수군을 조사한 것이라고 밝혔다.

첨부로 인한 토지의 취득은 평안북도 강계군, 함경남도 삼수군, 함경북도 성진군을 조사하여 정리하였다. 진에 의한 토지의 소유권은 평안북도 강계군, 함경남도 삼수군을, 산림원야의 소유권은 평안북도 강계군, 자성군을, 입회에 관한 사항은 함경북도 성진군을, 황무지 개간에 관한 사항은 함경남도 삼수군을 조사하였다.

[가치정보]

이 자료는 평안남도 성천군, 평안북도 강계군, 함경남도 삼수군을 조사하여 화전, 산림

임야의 소유권 등 물권 관련 사항을 조사하여 정리한 자료로서 화전, 입회, 소유권, 황무지 개간 등에 대한 실체를 알 수 있다.

II-3-1-16. (물권) 제언, 사패지 등

	관리기호	기록번호	자료명	
	B-1-109	新調 第155호(8-1)	(物權) 堤堰, 賜牌地 等	
	작성자	생산기관	생산 연도	
	-	조선총독부	-	
	지역	언어	분량	소장기관
	-	일본어	26면	수원박물관
	키워드	임대차, 무상양도, 황무지 개간, 영소작		

[기본정보]

조선총독부에서 분묘·국유지·종중재산·제언 등에 대하여 조사한 자료이다. 26면으로 구성되어 있으며, 일본어로 작성되어 있다. 작성자와 생산연도는 알 수 없다.

[내용정보]

자료의 목차는 다음과 같다. 조선(祖先)의 분묘 및 묘위토의 소유·관리·처분, 국유지에 있는 사유분묘, 종중재산 문중재산의 주체·관리·처분, 종족설묘 채초의 목적으로 종가에서 임야를 매수하면 그 사용수익의 구역을 정하여 종족에서 관리할 때 그 처분권은 종가에 있는가, 동(垌) 및 보, 축보조사, 수확 전 매매한 토지에 있는 산출물의 귀속자 여하, 제언, 제언조사, 강락지(江落地), 입회지, 상하이 토지에 소유자가 다른 경우 그 사이에 있는 경사지는 누구에게 속하는가, 한광지의 기경 금양 기타의 이유로 소유권의 취득, 궁방의 소작관계 특히 영소작과 유사한 투탁, 폐절된 사원 사찰 등의 터에서 나온 유물의 소유권 귀속, 영년점유의 사실에 의하여 토지의 소유자라고 하는 것은 그 토지에 있는 고분 금석물에 대한 소유권도 인정하는가, 사패지, 폐절한 절의 재산을 다른 절에 이속하는 예이다.

<표> 분묘·국유지·종중재산·제언에 관한 지역별 응답자

순번	주소	직업	이름	연령
1	청송군 청송면 금곡동	수서기	윤기준(尹基俊)	60
2	청송군 현동면 인지리	면장	조성규(趙成奎)	61
3	청송군 부동면 지동	면장	윤성하(尹聖河)	45
4	영양군 영양면 하원동	군참사	안병우(安秉祐)	68
5	영양군 영양면 서부동	면장	주석열(朱錫烈)	46
6	영양군 석보면 원리	직원	이돈호(李敦浩)	49
7	봉화군 물야면 개단리	취암사 주지	장응파(張應波)	

목차에 제시한 내용에 대하여 묻고, 이에 대한 응답자들의 응답내용을 정리하였다. 각각의 분량은 1쪽 내외로 간략히다.

[가치정보]

이 자료는 분묘·국유지·종중재산·제언 등에 대하여 조사한 자료로서 토지임대차, 무상양도, 황무지 개간, 영소작에 관한 지역사례로 활용할 수 있다.

II-3-1-17. 포락지

관리기호	기록번호	자료명		
B-1-110	新調第146호 (10-3)	浦落地		
작성자	생산기관	생산 연도		
-	조선총독부	-		
지역	언어	분량	소장기관	
-	일본어	5면	수원박물관	
키워드	포락지(浦落地), 이생지(泥生地), 초하처(稍下處)			

[기본정보]

조선총독부에서 포락지를 조사하여 정리한 자료이다. 5면으로 구성되어 있으며, 일본어로 작성하였다. 작성자와 생산연도는 알 수 없다.

[내용정보]

이 자료는 포락지에 관한 간략한 사항을 정리한 것으로 내용은 매우 소략하다. 포락지는 그 하부 접경지가 이생지가 된 것으로 초하처에 이생지가 되었을 때에는 먼저 경작한 자의 소유로 귀속되는 것이 일반적인 관례이다.

[가치정보]

이 자료는 포락지, 이생지 일반에 대한 개념 및 일반적 관례를 확인해 볼 수 있다.

II-3-1-18. 공유지의 입회

관리기호	기록번호	자료명	
B-1-190	168호	公有地二於ケル入會	
작성자	생산기관	생산 연도	
-	조선총독부	-	
지역	언어	분량	소장기관
-	일본어	78면	수원박물관
키워드	공유지, 입회, 국유산림, 산판소유권		

[기본정보]

조선총독부에서 공유지의 입회에 관한 사항을 조사하여 정리한 자료이다. 일본어로 작성하였으며, 78면으로 구성되어 있다. 앞표지가 탈락하여 기록번호와 작성자, 생산연도 등을 알 수 없다.

[내용정보]

목차와 응답자 정리 등은 없으며 조사내용을 정리하고 있다. 자료의 내용을 살펴보면 다음과 같다.

이동 등과 같은 부락유 산림에 있어서 각 부락의 주민이 공동으로 채초를 위한 권리행사의 방법 및 행사자에 의해 수목을 채취하는 때에는 일정한 시기를 정한다. 동시에 부락 내 각호에서 1명씩 선출하여 공동 작업을 하고 이로써 이후 채취물을 평등하게 분할한다.

내용 서술 중 괄호에 조사지역을 표기하는 경우도 있는데, 여수, 순천, 광양, 제주도, 장진, 춘천, 양구, 인제, 청주, 진주, 울진, 영주, 영변, 의주 등 여러 지역이 등장한다. 전 지역을 조사한 이후 이를 주제에 따라 하나로 모은 원고형태인 것으로 보인다.

산림이용과 관련한 각 주민 간의 분쟁의 형태나 이와 관련하여 산판소유권 승명에 관한 이의신청서 등의 관련 서류를 첨부하여 이해를 돕고 있다. 국유산림의 경우 일정한 구역에 부락의 주민에 한하여 공동수익을 위하여 입회하였으며, 혹 동의 입회산에 다른 동민이 들어갔을 때에는 동민이 관에 소를 제기하고 관은 범죄자로 처분하였다.

[가치정보]

이 자료는 공유지의 입회에 관한 사항의 실질적 운영관계를 확인할 수 있다.

II-3-1-19. 입회권 각지에서의 실례

	관리기호	기록번호	자료명	
	B-1-213	-	入會權 各地に於ける實例	
	작성자	생산기관	생산 연도	
	-	조선총독부	-	
	지역	언어	분량	소장기관
	-	일본어	148면	수원박물관
	키워드	입회, 산림, 조합, 통첩, 조회, 진정서, 협의서		

[기본정보]

이 기록은 전라도, 경상도 지역의 입회권의 사례에 대해 정리하고 있다. 표제 외에는 서지정보가 전혀 기록되어 있지 않아서 언제 작성된 보고서인지 불분명하다. 다만 사례의 하나인 갑을령(甲乙嶺)에 대한 조사가 1927년(소화 2)에 이루어졌다는 기록이 있는 것으로 보아 그 이후에 작성된 자료로 볼 수 있다.

[내용정보]

주로 전라도와 경상도지역을 중심으로 조사된 입회권의 실례를 싣고 있다. 일제에 의해 1911년 시행된 〈삼림령(森林令)〉과 1918년의 〈임야조사령〉의 공포는 임야의 소유권의 정비라는 명분 속에 농민들이 기존에 허용되었던 시초(柴草) 및 땔감 채취 등의 입회권이 제한·제약되어 갔다. 이 기록은 그러한 가운데 입회권을 둘러싼 분쟁의 발생과 이를 해결하기 위한 과정에서 이루어진 각종 진정서, 협의서, 각서, 해당 면장, 군수, 관할관청에 대한 조회와 통첩, 청원(廳員) 파견조사 요청 등 해당 사실과 관련된 기록을 정리하고 있다.

여기에 실린 입회권의 분쟁양상은 해당 임야를 둘러싸고 옛부터 이를 이용해 온 인근 면인들 사이의 갈등에서 나타난 경우도 있으나 대부분은 기존의 임야가 국유지로 편입되면서 파생된 분쟁이 대부분이다. 회문산의 입회권 사례는 그러한 모습을 보여준다. 회문산은 순창, 정읍, 임실 삼군의 경계에 있고 그 일부는 순창군 구암리에 속했었다. 옛부터 순창군 구암면, 무리, 인계 팔덕 유등, 계창의 6면(面)과 임실군 덕치면의 일부 주민의 입회 관행이 있으나 1918년(대정 7) 구분조사에 의에 국유에 편입되었다. 이후 가도와키 시게오(門脇重雄), 사에키 분타로(佐伯文太郎) 2인이 조림을 목적으로 이 임야를 대부받았고, 1925년(대정 14) 3월 또 다른 사람에게 차지권(借地權)이 양도(讓渡)되었다. 이와 같은 과정에서 이들이 조합을 결성하고 조합원 외에는 입산을 금지하고, 입산료를 징수하게 되었다. 이에 기존 임야의 입회권을 지닌 인근 민인들이 여기에 대해 지속적인 문제제기를 하였다. 그러한 결과 식림사업의 지장이 없는 한에서 매우 제한적으로 원주민들의 관행을 인용(認容)하는 조치가 시행되었던 과정을 보여주고 있다.

이 자료는 이처럼 회문산을 비롯해 17개 사례를 싣고 있다. 여기에 실린 사례는 아래와 같다.

① 임실군과 전주군 경계에 있는 경각산(鯨角山) ② 전주군 소양면의 위봉산(威鳳山) ③ 남원군 수천면 용궁리의 영제봉(靈帝峰) ④ 장수군 반암면 국포리와 죽산리의 경계에 걸쳐 있는 대성산(大聖山) ⑤ 남원군 대산면 수정리와 임실군 삼계면 산수리의 경계에 걸쳐

있는 계관봉(鷄冠峰) ⑥ 순창·정읍·임실군의 경계에 있는 회문산(回文山) ⑦ 의성군 안평면(원래는 비안군 외북면) 금곡동의 금당산(金堂山) ⑧ 선산군 도계면에 소속되고 군위·의성군의 서부와 경계에 있는 청화산(靑華山) ⑨ 경상북도 청송군 파천면과 안덕면의 경계에 있는 노래산(老萊山) ⑩ 청송군 진보면 귀정동에 있는 대돈산(1925년(대정 14) 4월 조사) ⑪ 영덕군 영덕면 오포·화전·강구·삼계동의 공유산인 응암산(鷹岩山)(1925년(대정 14) 조사) ⑫ 울산군 온양면 내광리의 내대산(內大山) ⑬ 울산군 삼동면 둔기리에 위치한 보인산(普仁山)과 술리산(述理山) ⑭ 울산군 언양면 다개리에 위치한 연구산(蓮龜山) ⑮ 양산군 동면 금산리에 위치한 금정산(金井山) ⑯ 양산군 하서면 용당리의 점곡산(店谷山) ⑰ 경상남도 밀양군 청도면 두곡리(원래는 경상북도 청도군 외서면 두곡리)의 갑을령(甲乙嶺)(1927년(소화 2) 조사)

[가치정보]

수원박물관 소장 자료로 입회권의 사례를 보여주는 또 다른 기록으로는 부산, 마산, 대구의 사례를 담고 있는 『입회권권고』[B-1-422], 동래, 밀양의 사례인 『조사보고서』 [B-1-085, 신조제(新調第) 275호]가 있다. 이 자료는 위의 2건의 기록과 함께 입회권의 사례로서 검토한다면 당 시기 일제가 임야조사사업을 통해 이들 산림에 대한 소유권을 정비해 가는 과정에서 전통적인 입회권을 둘러싼 분쟁에 개입하여 어떠한 방식으로 이를 해결해 가고 있는지를 살펴볼 수 있는 자료로 생각된다.

II-3-1-20. 조선의 분묘 및 묘지의 소유 관리 처분 등

관리기호	기록번호	자료명	
B-1-121	141호 6-1	祖先ノ墳墓及墓地ノ所有管理處分 等	
작성자	생산기관	생산 연도	
-	조선총독부	-	
지역	언어	분량	소장기관
금산	일본어	40면	수원박물관
키워드	분묘(墳墓), 묘위토(墓位土), 제위토(祭位土), 고분(古墳), 사원(寺院)		

[기본정보]

조선총독부 중추원에서 조선(祖先)의 분묘, 묘지 등 여러 종류 토지의 소유관계 등을 조사하여 정리한 자료이다. 일본어로 작성하였으며, 분량은 40면이다. 작성자와 생산연도는 알 수 없다.

[내용정보]

자료의 목차는 다음과 같다.

조선의 분묘 및 묘지의 소유·관리·처분, 조선의 묘위토 및 제위토의 소유·관리·처분, 한광지에 있는 사유 분묘, 한광지의 기경 혹은 금양 기타로 인하여 토지소유권의 취득, 폐절된 사원·사찰의 터에 남아 있는 것들의 귀속 및 점유, 폐사지에 있는 고분·금석물 등의 소유권, 경사지, 강락지, 궁방전의 소작관계 및 토지의 투탁, 종가에서 종족의 설묘채초의 목적을 위해 임야를 매수하고 그 사용수익의 구역을 정하여 종족에서 관리할 때 그 처분권은 종가에 있는가, 수확전 매매한 전답에서 작물의 소유권 귀속, 보, 제언, 동, 면 및 이동의 인격, 조선의 분묘 및 묘지의 소유·관리·처분, 한광지에 있는 사유 분묘, 폐절한 사원·사찰의 그 터에 남아 있는 것의 귀속 및 점유, 경사지, 강락지, 궁방의 소작관계 및 토지의 투탁, 제언, 보, 수타와 답에 있어 물 사용의 관계에 관한 것이다.

〈표〉 전라북도 금산군 응답자 명단

순번	주소	직업	이름
1	금산군 금산면 상옥리	군참사	김진현(金晉鉉)
2	금산군 금산면 상옥리	전 군주사	김학기(金鶴騎)
3	금산군 금산면 상옥리	금산면조사원	김무현(金武賢)
4	금산군 금산면 상옥리	전 군주사	김한근(金漢根)
5	금산군 금산면 아인리	금산면조사원	정지두(鄭志斗)
6	금산군 금산면 중도리	면장	김행두(金洐斗)

각 항목에 대하여 응답형식으로 정리하였다. 내용은 다른 지역을 조사한 비슷한 문서와 대동소이하다. 금산군 내 전답을 소유한 동리명과 면적, 소작료를 조사하여 정리한 것이 특징이다.

[가치정보]

이 자료는 전라북도 금산군의 분묘, 묘지 등 여러 종류의 토지의 소유관계 등을 조사하여 정리한 자료로서 조선의 일반적인 묘지 운영 실태에 대해 알 수 있다.

II-3-1-21. 조선전제고

朝鮮は三韓以來農を以て國の本となし人民又農を以て本業とした。從つて商工漁獵其の他の業を以て職とするものは極めて尠く寒ら日耕すること依つて國家を維持しそれに依つて日常の生活資料を得て居た關係上耕地の多寡殆に之が制度の遺否は直に國政の治亂及國民經濟の消長を左右したのである。洵して是等の耕地を左右した田租即ち本書は斯くの如き朝鮮古來の土地制度に關して用ひ麻生武龜氏が三國史記高麗史李朝歷代實錄を始めとし本院囑託つた。記錄等凡ゆる文獻を涉獵すると共に、一面又實地踏査の上調査記述したるものであつて斯種研究の爲め好箇の參考資料と信じ上梓するに 序	관리기호	기록번호	자료명
	9112-1	1780	朝鮮田制考
	작성자	생산기관	생산 연도
	麻生武龜	조선총독부 중추원	1940
	지역	언어	분량	소장기관
	-	일본어	347면	연세대학교 원주캠퍼스 도서관(영인본)
	키워드	전제개혁, 토지의 종류, 양전과 결수, 토지매매		

[기본정보]

이 자료는 1940년(소화 15) 중추원 촉탁 아소 다케키(麻生武龜)가 삼한(三韓) 이래 1894년(명치 27)에 이르기까지 조선의 토지제도에 대해 각종 문헌과 실지조사 등을 바탕으로 정리한 것이다.

[세부목차]

서문

범례

제1장 총설

제1절 신라급기의 이전

제2절 고려시대

제3절 고려말년의 전제개혁과 이조의 창업

제4절 이조시대

제1항 이태조와 명종

제2항 선조와 일한병합

[내용정보]

이 책의 구성은 먼저 1장 총론으로 신라와 그 이전, 고려시대, 고려 말의 전제 개혁과 조선의 개국, 그리고 조선시대는 태조~명종, 선조~한일합방 시기에 이르기까지의 토지 제도를 기술하고 있다. 그리고 2장은 각론으로 들어가 토지의 종류에 대해 설명하고 있으며, 3장부터는 조선시대 양전(量田)과 결수, 토지에 관한 세법 등을 각 항목별로 나누어 기술하고 있다. 그리고 부록으로『탁지전부고』의 기록에 근거하여 1744(영조 20)~1883 (고종 20)년까지 각 도별 출세 실결, 급재면세결, 면세토지의 결수 통계 등 각종 통계표를 싣고 있다.

이 기록의 서두에 서기관장 오다케 주로(大竹十郎)가 쓴 서문에 따르면, 이 책은 조선고래 (朝鮮古來)의 토지제도에 관해 중추원 촉탁 아소 다케키(麻生武龜)가『삼국사기』,『고려사』, 『조선왕조실록』 등 각종 문헌자료를 바탕으로 실지답사를 통한 조사를 통해 기술하였음 을 밝히고 있다. 그 범례를 보면, 대상 시기는 삼한이래 1894년까지이며, 삼국시대는 주로『삼국사기』, 고려시대는『고려사』, 조선시대는『조선왕조실록』,『승정원일기』,『일 성록』과 기타 여러 서적, 기록, 고문서 등을 참고하여 기술하고 있음을 알 수 있다.

[가치정보]

이 책은 역대 토지제도에 대한 개괄은 물론 조선시대 토지제도에 대해 각종 기록을 근거로 하여 자세히 정리하고 있다는 점에서 토지제도사 연구에 유용한 자료가 될 수 있다. 그러나 결론에 "조선은 농업을 중요시하고 다른 산업[어·엽·공·상(漁·獵·工·商)]은 지극히 드물어 의복 및 기타 필수품은 자가(自家)에서 제작하는 자급경제였다."라는 서술 이 보인다. 짧은 서술이긴 하지만 이러한 서술에서 이 책을 편찬한 의도를 간취해 볼 수 있다. 따라서 이 책에 제시된 연구의 내용을 활용하기 위해서는 그 근거가 되는 원전의 출처를 면밀히 확인해 보는 작업이 선행될 필요가 있을 것 같다.

II-3-1-22. 지역권

관리기호	기록번호		자료명
B-1-417	-		地役權
작성자	생산기관		생산 연도
渡邊業志	조선총독부		-
지역	언어	분량	소장기관
-	일본어	27면	수원박물관
키워드	지역권, 인수, 급수, 인지사용권		

본문 좌측에 세로쓰기 일본어 원문 이미지

[기본정보]

이 자료는 서지정보가 전혀 기록되어 있지 않아서 언제 작성된 보고서인지 불분명하다. 다만 표지에 '도변(渡邊) 속(屬)'이라고 하여 작성자가 와타나베 교시(渡邊業志)임을 알 수 있다. 그는 중추원 직원록에 의하면 1920~1922년까지 중추원 조사과의 속(屬)으로 재직 중이었고, 따라서 이 기록은 이 시기에 작성된 것으로 볼 수 있다.

[내용정보]

이 기록은 관습조사의 보고서의 지역권에 관한 내용의 발췌, 그리고 각 지역 조사서에서 이와 관련된 내용을 싣고 있다.

먼저 인수(引水)를 목적으로 하는 지역권이라는 항목에 관습조사보고서의 제22의 토지에 관한 권리의 종류는 어떠한가의 지역권에 관한 내용을 발췌하여 기록하고 있고, 이어서 각 지역 조사보고서의 해당 내용을 아래와 같이 지역군으로 묶어 싣고 있다. (1) 여수, 순천, 광양 (2) 제천, 충주 (3) 춘천, 양구, 인제, 양양 (4) 성진 (5) 나주, 화순, 보성, 영암 (6) 신조사(新調査) 133호의 옛 능주 지방 조사서 (7) 깅계, 초산, 위원, 벽동 (8) 의주, 영변, 곽산 (9) 고령, 경주, 연일, 개령, 상주, 선산, 대구 (10) 광주, 여주, 이천 순으로 기록되어 있다.

다음으로 통행(通行) 및 급수(汲水)를 목적으로 하는 지역권에 대해서는 관습조사보고서 '제36의 지역권에 관한 관습은 어떠한가'의 내용을 발췌하여 기록하고 있으며 이와 관련된 내용의 각 지역조사보고서를 통행, 급수, 인지 사용을 목적으로 하는 지역권으로 나누어 정리하고 있다. 아울러 마지막에는 1907년 6월 부동산조사회에서 편찬한 『한국에 있어서 토지에 관한 권리 일반』이라는 내용에서 지역권에 관한 서술 부분을 발췌하고 있다.

자료의 서술 방식으로 볼 때, 수원박물관 소장의 또 다른 자료인 『채권의 양도』[B-1-099]와 『보증채무』[B-1-187]와 동일한 방식으로 정리되고 있다. 그리고 모두 작성자가 와타나베 교시(渡邊業志)라는 공통점을 볼 수 있다. 따라서 이 자료는 1920년 중추원에 자료 정리를 완료한 관습조사 항목 24종 가운데 하나인 지역권에 관한 기초 정리 자료가 아닌가 생각된다.

[가치정보]

이 자료는 지역권(地役權)에 관한 각 지역의 관습을 비교 정리해 볼 수 있는 자료가 될 수 있다는 점에서 가치가 있다.

2. 민사(친족)에 관한 자료

II-3-2-01. 경상남도·경상북도관내 계·친족관계·재산상속의 개황보고

관리기호	기록번호	자료명		
中B16BBC-7	제35호	慶尙南道·慶尙北道管內契·親族關係·財産相續／槪況報告		
작성자	생산기관	생산 연도		
金漢睦	조선총독부 취조국	1911		
지역	언어	분량	소장기관	
상주, 안동, 의성 부산, 울산, 진주 의령, 영산, 밀양	일본어	81면	국사편찬위원회	
키워드	계, 친족, 재산상속			

[기본정보]

이 자료는 1911년(대정 원)에 취조국 위원이었던 김한목(金漢睦)이 경상남도(6개군)와 경상북도(3개군) 관내의 계(契), 친족관계 및 재산상속에 대한 실례를 조사하고 이시즈카 에이조(石塚英藏)(취조국 장관)에게 보고한 복명서이다. 조사지역은 상주, 안동, 의성, 익산, 울산, 진주, 의령, 영산, 밀양 등 9개 군이다. 김한목은 조사항목인 계, 친족관계, 재산상속의 관습의 현황을 경상북도와 경상남도로 구분하여 조사하여 각 군의 관습의 차이를 알 수 있도록 기록하였다.

시문에 따르면, 조사자는 1911년 7월 4일 경성을 출발하여 경상남북도 관내를 조사하고 8월 1일 돌아왔다고 한다. 조사기간이 대략 한 달 정도 되는 셈이다. 이 자료는 세 가지 주제마다 조사결과를 간단하게 요약정리한 후, 각 군별(郡別) 실제 사례들을 수집하여 소개하는 형식으로 작성되어 있다. 보고일자는 명시되어 있지 않다.

보고서를 작성한 사람은 조선총독부 취조국 위원인 김한목(金漢睦)이다. 1931년 판 『조

선신사록(朝鮮紳士錄)』에는 나와 있는 그의 이력을 간단하게 정리하면 다음과 같다. 1872년 경상북도 안동군 안동면 법상동(法尙洞)에서 출생한 그는, 1895년 8월 경상북도 대구우체사주사(大邱郵遞司主事), 1901년 5월 중추원의관(中樞院議官), 1904년 4월 농상공부 광산국장, 1905년 3월 시흥(始興)군수, 1906년 10월 경기도관찰부 참서관(參書官), 1910년 11월 총독부 취조국 위원, 1912년 4월 구관조사에 관한 사무촉탁, 1920년 2월 중추원부참의, 1924년 중추원참의 등을 역임한 후, 1927년 2월부터는 충청북도 참여관(參與官)으로 근무하고 있다. 다양한 지방행정 경험을 쌓은 후, 총독부 하에서는 주로 취조국과 중추원 등에서 상당기간 근무한 것을 볼 수 있다. 구관조사사업에 실무적으로 상당히 많이 관여했을 것으로 추측된다.

[내용정보]

계(契)의 경우 경상남도 및 경상북도에서는 종래의 동계(洞契)는 동계라고 불렸지만, 이외에 송계(松契), 학계(學契), 농계(農契), 상포계(喪布契) 등이 있었고, 그 밖에도 이중(里中) 식리계(殖利契) 등 여러 가지 명칭이 있었다. 이들도 어느 정도 동계와 비슷한 성질을 가지고서 상호 계약 하에 공동 단합을 꾀하였고, 완전한 규칙은 없더라도 약간의 절목(節目)에 의해 꾸준히 실행된 것으로 조사되었다.

그러나 3, 4년 이래 관아에서 행한 공동재산 조사를 오해하여 공동재산이 관아에 귀속되어 빼앗길지 모른다는 우려 때문에 해산된 것이 있었고, 공·사립학교(公私立學校) 설립자들이 기부를 강하게 요청하여 결국 양여된 것도 있었다. 이러한 원인에 따라 이자를 놓지 않은 돈과 곡식 전액을 공사(公私) 비용(費用)으로 일시에 다 사용해서, 태반이 해산되고 현존하는 것은 얼마 남아있지 않다. 그리고 현존하는 것이라도 규범으로 할 만한 것이 거의 없는데, 경상남북 양도에서 조사된 것을 각 군별로 기재하였다.

생양가(生養家) 봉사(奉祀)에 대해서는 각 군의 다양한 사례를 기록하였다. 예컨대, 생가(生家)와 양가(養家)를 동시에 봉사한 실례, 서손(庶孫)이 있을 때 서손(庶孫)이 봉사한 실례, 출계자(出系者)가 봉사하지 않고 생가의 가장 가까운 친족이 봉사한 실례, 서자가 있는데 양자를 들인 경우, 서자가 승적(承嫡)한 경우, 생가에 과모(寡母)가 있어서 과모가 제사를 주관한 실례 등 다양하였다. 이 같은 각 군의 사례를 통해서 이 지역에서는 양자로 입양된 이후에 생가에 적당한 봉사자가 없을 경우에는 다양한 방법을 통하여 제사를 지내려 했다는 것을 알 수 있다. 그러나 상주군의 경우에는 일반적으로 생가 봉사(奉祀)는 임시로 받드는 것이기 때문에 신주를 만들지 않고, 생가 부모는 백숙부모(伯叔父母)와 같이 축문에도 종자(從子), 질자(姪子)로 칭한다고 한다. 생가 부모 상(喪)에 제사상은 생가가 폐가가 되었다면 양가의 협실에 설치하고, 서자가 있다면 승적시킨 후에 제사를 받들게 한다. 그렇지 않으면 출계자(出系者)가 제사를 받든다.

제사상속에 대해서는 현금 및 토지로 구분하여 상속의 비율이 나타나 있다. 그러나 각 지방마다 상속의 비율이 각각 다르고 또 같은 지방에서도 현금 및 토지의 분배 비율이 다르게 나타나 있다.

[가치정보]

이 자료는 경상북도와 경상남도 9개 군의 제사상속의 다양한 실례를 보여주고 있다. 근대 한국인들의 제사 관념이 어느 정도로 확고하였는지를 파악할 수 있게 해준다. 또한 재산상속에 대해서는 각 군 및 개인별로 상속의 비율이 구체적으로 기록되어 있어서 근대 한국인의 재산상속의 유형과 그 관념을 잘 이해할 수 있는 자료이다.

II-3-2-02. (친족) 특별조사사항

관리기호	기록번호	자료명	
B-1-382	新調 第6(6-1)	(親族) 特別調査事項	
작성자	생산기관	생산 연도	
安藤靜 朴宗烈	조선총독부	1912	
지역	언어	분량	소장기관
해주	일본어	13면	수원박물관
키워드	친족, 상속, 호주, 혼인, 입양, 파양, 제사상속		

[기본정보]

이 자료는 1912년(대정 1) 6월 10일부터 6월 23일까지 일본인 안도 시즈카(安藤靜)가 통역 박종렬(朴宗烈)을 대동하고 해주지역의 관습을 조사한 것이다.

[내용정보]

이 조사는 해주지역의 친족에 관한 8개 항목을 조사한 것이다. 첫째, 호주가 노쇠, 기타의 사정에 의하여 자식을 호주로 삼거나 또는 재산을 자식에게 모두 주는 관습이 있는지. 둘째, 호주가 된 과부가 조이[소사(召史)]로 칭하는 경우에는 그 본성(本姓)을 사용하는지, 장차 망부(亡夫)의 성을 사용하는지. 셋째, 혼인을 하기 위해서는 어떠한 의식을 행하는가. 넷째, 양자연조에는 어떠한 절차 또는 의식을 필요로 하는가. 다섯째, 서자가 있을 때는 양자를 하지 못하는 것이 보통인가. 여섯째, 수양자는 어떠한 자를 말하는가. 그리고 수양자로 하여금 가계를 계승하게 하는 경우가 있는가. 일곱째, 망호주의 유복자가 있을 때는 그 출생에 이르기까지 양자를 하지 않는 관습은 없는가(가족인 남자가 사망한 경우는 어떠한가) 여덟째, 첩의 유산은 남편과 자식이 있는 경우에는 남편의 소유로 귀속되는가, 장차 자식에게 승계하는가 또는 남편과 딸이 있을 때는 어떠한가, 자식이 없을 때는 남편의 친족이 처분하는가, 첩의 친족이 처분하는가 등이다. 이 중에서 첫 번째와 두 번째 질문에 대해서는 응답자의 성명, 주소, 나이가 기록되어 있다.

[가치정보]

이 자료는 해주지역의 친족에 관한 8개 항목을 조사한 조사 자료이다. 친족, 상속, 호주, 혼인, 입양, 파양, 제사상속의 내용을 파악할 수 있으며, 응답자의 성명, 주소, 나이가 기록되어 있어 구체적 사례분석에 활용될 수 있다.

II-3-2-03. 능력에 관한 사항

관리기호	기록번호		자료명
B-1-424	16		能力ニ關スル事項
작성자	생산기관		생산 연도
安藤靜	조선총독부		1912
지역	언어	분량	소장기관
함흥	일본어	13면	수원박물관
키워드	관례, 혼인, 호패, 추완, 재산관리		

[기본정보]

　조선총독부에서 능력에 관한 사항을 조사하여 정리한 자료이다. 총 13면으로 구성되어 있으며, 일본어로 작성하였다. 함경남도 함흥을 조사한 것으로 조사원은 안도 시즈카(安藤靜), 통역은 박종렬(朴宗烈)이다. 조사기간은 1912년(대정 1) 10월 19일부터 11월 11일까지 약 한달 간이다.

[내용정보]

　이 자료는 함경남도 함흥군 등지의 능력에 관한 풍습을 조사하여 정리한 것으로, 자료의 서술목차는 다음과 같다.

　목록
　·연령과 행위능력과의 관계
　·관례 및 계례와 행위능력과의 관계
　·혼인과 행위능력과의 관계
　·호패와 행위능력과의 관계
　·풍전자(瘋顚者)의 행위능력
　·백치자(白痴者)의 행위능력
　·아자(啞者)의 행위능력
　·농자(聾者)의 행위능력
　·맹자(盲者)의 행위능력
　·처의 행위능력
　·첩의 행위능력
　·방탕자의 행위능력
　·무능력자의 행위의 효력 및 기의 추완
　·무능력자의 행위의 효력의 추완
　·행위능력의 보충
　·무능력자의 행위의 대리
　·무능력자의 재산관리

<표> 능력에 관한 조사(함흥군)

순번	주소	직업	이름	연령
1	주남면 중리	전 주사	권재전(權在銓)	55
2	천서면	함흥군 문묘직	한국린(韓國璘)	63
3	주남면 상리	함흥군 참사	고경필(高敬必)	48
4	주남면 중하리	함흥군 참사	한기봉(韓基鳳)	37
5	주남면 동양리	정3품	송석인(宋錫麟)	65
6	주북면 오덕리	면장	임백우(任百禹)	75
7	주서면 팔리	농업, 전 군수	김면필(金勉弼)	53
8	주남면 부리	농업, 전 첨직	김호준(金鎬俊)	62
9	주남면 중리	정3품	조태기(趙台基)	62
10	주남면 중하리	전 교육	조하교(趙夏教)	66
11	주남면 하서리	전 주사	김인봉(金寅鳳)	61
12	주남면 동양리	전 주사	한승일(韓承逸)	65
13	남면 중리	의릉(義陵)참봉	한도선(韓道善)	60
14	도면 하서리	농업	권돈식(權敦植)	50
15	도면 하서리	정3품	도진삼(都鎭三)	49
16	도면 중리	함흥사립고등보통학교장	유승흠(柳承欽)	37
17	주북면 계양리	전 포천현감	황상훈(黃相薰)	63
18	주남면 향교리	학무위원	한동식(韓東植)	45
19	주서면 나촌	순릉(純陵)참봉	한필번(韓弼蕃)	61
20	주동면 대흥리	이왕직전례보	이찬재(李瓚在)	46
21	주동면 중하리	전 감역	김순학(金順鶴)	59
22	서점천면	전 주사	이국환(李國煥)	72
23	천서면 운동	농업	괴식선(槐植璿)	55
24	주남면 동양리	정평릉(定平陵) 참봉	이기헌(李基憲)	61
25	남면 중리	정2품	최일홍(崔日泓)	66
26	중하리	전 참봉	이봉임(李鳳林)	56

함흥에서 연령을 계산하는 법은 일본이나 경성·해주와는 달리 정월부터 12월까지를 1살이라 하지 않고, 입춘부터 입춘에 이르면 1살이 된다 하였다. 1살을 올리는데 반드시 12개월이 필요한 것이 아니어서, 극단적인 예로 입춘 전날 태어나 입춘 다음날이 되면 2살이라 계산한다 하였다.

관례 및 계례와의 행위능력 관계에서도 해주지역과 함흥지역을 비교하여 서술하였다. 혼인과 행위능력과의 관계에서는 남자가 혼인을 하면 행위능력자가 되고, 혼인을 하지 않은 사람은 행위무능력자로 본다고 하여 경성·해주와 다르다 하였다. 심신이 이상한 자의 행위능력은 풍전자, 백치자, 아자, 농자, 맹자 등으로 나누어 각각 간략히 설명하였는데, 모두 행위무능력자로 본다 하였다. 이는 경성 혹은 해주와 다르다고 하였다.

이 자료는 함흥지역의 관습에 대하여 설명하면서 대부분 해주 및 경성과의 차이를 비교하여 서술하였다.

[가치정보]
이 자료는 함경남도 함흥군 등지의 풍전자, 백치자, 아자, 농자, 맹자의 행위 능력 및 행위의 효력을 조사하여 정리한 자료로서 무능력자의 행위의 대리, 무능력자의 재산관리 방법에 대한 내용을 알 수 있다.

II-3-2-04. 능력에 관한 사항

目錄（세로쓰기）	관리기호	기록번호	자료명	
妻ノ行爲能力 三				
毒者ノ行爲能力 二	B-1-425	29	能力ニ關スル事項	
聾者ノ行爲能力 一	작성자	생산기관	생산 연도	
啞者ノ行爲能力 〇				
白痴者ノ行爲能力 九	有賀啓太郎	조선총독부	1912	
瘋癲者ノ行爲能力 九	지역	언어	분량	소장기관
瘂辟者ノ行爲能力ト關係 八				
婚姻ノ行爲能力トノ關係 八	대구	일본어	22면	수원박물관
冠禮及笄禮ト行爲能力トノ關係 六	키워드	연령, 관례, 혼인, 호패, 처첩		
年齡ト行爲能力トノ關係 二				
一頁				

[기본정보]
조선총독부에서 능력에 관한 사항을 조사하여 정리한 자료이다. 출장보고서를 첨부하여 조사의 기본사항을 알 수 있다. 조사지역은 대구이며, 조사원은 아리가 게이타로(有賀啓太郎), 통역은 김한목(金漢睦)이다. 1912년(대정 1) 12월 9일부터 12월 27일까지 약 20일간 조사하였다. 총 22면으로 구성되어 있으며, 일본어로 작성하였다.

[내용정보]
자료는 조사내용 기술 전 목록과 응답지의 목록을 정리히였다. 그 내용은 아래와 같다.

목록
· 연령과 행위능력과의 관계
· 관례 및 계례와 행위능력과의 관계

· 혼인과 행위능력과의 관계

· 호패와 행위능력과의 관계

· 풍전자(瘋癲者)의 행위능력

· 백치자의 행위능력

· 아자(啞者)의 행위능력

· 농자(聾者)의 행위능력

· 맹자(盲者)의 행위능력

· 처의 행위능력

· 첩의 행위능력

· 방탕자의 행위능력

· 무능력자의 행위의 효력

· 무능력자의 행위의 추완

· 행위능력의 보충

· 행위능력의 제한의 제각

· 무능력자의 행위의 대리

· 무능력자의 재산관리

〈표〉 능력에 관한 조사(대구)

순번	주소	이름	직업	연령
1	대구부 대구면	김태임(金泰林)	면장	76
2	대구부 대구면	이일양(李一兩)	부참사	43
3	대구부 대구면	백량휴(白亮烋)	전 이방	53
4	대구부 대구면	서홍균(徐興均)	전 오위장	61
5	대구부 대구면	서경순(徐畊淳)	전 위임	63
6	대구부 대구면	김기홍(金基洪)	전 군주사	47
7	대구부 대구면	김홍규(金洪奎)	전 군주사	40
8	하서면	서봉기(徐鳳錡)	전 주사	66
9	대구면	이교섭(李敎燮)	사족	62
10	대구면	장상철(張相轍)	사족	43
11	하서면	이근영(李根泳)	사족	34
12	하서면	박승동(朴昇東)	경학원강사	66
13	대구면	정해붕(鄭海鵬)	부참사	42
14	수현내면	진희채(秦喜蔡)	도참사	35
15	수동면	양재홍(楊在洪)	전 장의	45
16	동중면	최재익(崔在瀷)	협성학교장	43
17	선서촌면	최종윤(崔鍾允)	직원	34

18	개령군 부곡면	우상학(禹象學)	군참사	49
19	경주군 내남면	손병규(孫秉奎)	군참사	42
20	인동군 읍내면	장지구(張志求)	군참사	60

행위능력에 대한 관습에서는 성년과 미성년을 나누는 기준으로 관례를 그 표준으로 삼는다고 하였다. 관례를 하거나 혼인을 한 자는 성인이라 하는 데 연령은 보통 15세 이상이라 하였다.

여자의 계례는 백여 년 전까지 행해지던 것으로 최근 백년간은 1~2가문을 제외하고는 행하지 않고, 혼인을 하고 비녀를 꽂는다. 여자는 혼인의 효과로 부권(夫權)이 작용하여 그 능력을 제한받는다.

심신이 이상한 자의 행위능력에 관한 서술은 정신이상자와 백치자, 기타 청각 장애 혹은 시력장애 등의 장애를 가진 이들의 행위에 대하여 인정하는 범위를 기록하였다.

처의 경우 사소한 법률행위 외에는 남편의 허락을 얻어야 하며 독단적인 행동은 관습상 인정하지 않는다. 동산 혹은 부동산의 매매·증여·대차 등의 법률행위에는 남편의 허락이 필요하다. 첩의 경우 보통 남편의 허락을 필요로 하지만, 첩 개인의 재산에 관한 법률행위 및 자신의 신분에 관한 행위와 같은 소송에 대해서는 남편의 허락 없이도 스스로 결정할 수 있는 경우가 있다. 낭비자와 방탕자, 무능력자 등의 행위와 이들의 행위에 관한 보충, 재산관리 등에 대하여서 상세히 기록하였다.

[가치정보]

이 자료는 대구 지역을 조사한 자료로서 관례, 계례의 행위 능력 및 혼인, 호패, 풍전자, 백치자, 아자, 농자, 맹자의 행위 능력 및 행위의 효력을 조사하여 정리한 자료로서 법률행위에 대한 내용을 알 수 있는 자료이다.

II-3-2-05. 친족에 관한 사항

관리기호	기록번호	자료명	
B-1-023	新調第14호	相續ニ關スル事項	
작성자	생산기관	생산 연도	
安藤靜	조선총독부	1912	
지역	언어	분량	소장기관
춘천	일본어	59면	수원박물관
키워드	제사상속, 재산상속, 호주상속		

[기본정보]

　조선총독부에서 상속에 관한 사항을 조사하여 정리한 자료이다. 59면으로 구성되어 있으며, 일본어로 작성하였다. 춘천지역을 조사한 것으로 조사원은 안도 시즈카(安藤靜), 통역은 박종렬(朴宗烈)이다. 조사기간은 1912년(대정 1) 8월 30일부터 같은 해 9월 19일까지이다.

[내용정보]

　이 자료는 상속에 관한 사항을 제사상속, 재산상속, 호주상속 등의 순서에 따라 정리하고 있다.

　먼저 제사상속에 대하여 그 내용을 서술하고 있는데, 각각의 내용을 서술하기 전 응답자의 신분과 이름을 정리하였다. 춘천지방에서 관습상 제사상속의 개시원인과 이를 인정받게 되는 때를 몇 가지 상황을 들어 설명하였는데 이는 다음과 같다. 남자인 호주가 사망했을 때, 분가 등으로 일가를 이룬 자의 사망, 남자인 가족이 사망했을 때, 종적불명으로 생사가 불명인 자의 사망추정, 호주가 종가의 양자가 되었을 때, 호주가 된 양자의 파양 등이다. 이와 함께 제사 상속인이 되는 자와 그 순위, 생양자봉사 등이 그것이다.

　재산상속인의 순위를 살펴보면, 남자인 호주가 사망했을 때 재산상속은 장자에 한한다고 하였다. 아들, 손자의 순서로 상속을 하는데, 적자가 아닌 친아들과 양자가 있을 경우 양자가 실자(實子)보다 우선이며, 적자와 서자가 있을 경우 적자가 서자보다 상속에서 우선이다. 이외에 재산상속인에서 실격이 되는 경우, 재산상속의 효과 등에 대하여 자세히 조사하여 정리하고 있다.

호주상속은 호주상속의 개시원인부터 호주상속인의 순위, 실격, 폐제와 호주상속의 효과, 호주상속과 생양가봉사와의 관계를 조사하여 정리하였다.

상속과도 관련이 있는 분가, 폐가, 절가에 대해서도 정리하고 있는데, 일가의 창립부터 폐가 및 절가의 원인과 재흥(再興) 들에 대해서도 상세히 서술하고 있다.

자료의 마지막에는 제사에 대한 내용을 수록하고 있는데, 수제자(受祭子)와 제사집행자, 사제(祠祭), 묘제(墓祭), 제사의 의식까지 정리하였다.

[가치정보]

상속에 관한 다양한 문항들을 상세히 정리하여 한국의 상속문화를 이해하는데 도움이 되는 자료이다. 특히 조사지역 및 조사자, 조사일시 및 응답자까지 정확하게 작성하여 사료적 가치가 높다.

II-3-2-06. 상속에 관한 사항

관리기호	기록번호	자료명		
B-1-025	新調第31호	相續ニ關スル事項		
작성자	생산기관	생산 연도		
有賀啓太郞	조선총독부	1912		
지역	언어	분량	소장기관	
대구	일본어	55면	수원박물관	
키워드	제사상속, 재산상속, 호주상속			

[기본정보]

조선총독부에서 상속에 관한 사항을 조사하여 정리한 자료이다. 55면으로 구성되어 있으며, 일본어로 작성하였다. 대구지역을 조사한 것으로 조사원은 아리가 게이타로(有賀

啓太郎), 통역은 김한목(金漢睦)이다. 조사기간은 1912년(대정 1) 12월 8일부터 27일까지이다.

[내용정보]

이 자료는 상속에 관한 사항을 제사상속, 재산상속, 호주상속, 상속의 승인 및 포기 등의 순서에 따라 정리하고 있다. 내용기술 전 응답자의 신상을 정리하였다.

〈표〉 상속에 관한 응답자(대구)

순번	주소	이름	직업	나이
1	대구부 대구면	김태림(金泰林)	면장	76
2	대구부 대구면	이일우(李一雨)	부참사	43
3	대구부 대구면	백양휴(百亮烋)	전 이방	53
4	대구부 대구면	서흥균(徐興均)	전 오위장	61
5	내구부 대구면	서경순(徐畊淳)	전 위원	63
6	대구부 대구면	김기홍(金基洪)	전 군주사	47
7	대구부 대구면	김홍규(金洪奎)	전 군수사	40
8	대구부 하수서면	서봉기(徐鳳諽)	전 주사	66
9	대구부 대구면	이교섭(李教燮)	사족	62
10	대구부 대구면	장상철(張相轍)	사족	43
11	대구부 하서면	이근영(李根泳)	사족	34
12	대구부 하서면	박승동(朴昇東)	○학원 강사	66
13	대구부 대구면	정해붕(鄭海鵬)	부참사	42
14	대구부 수현내면	진희채(秦喜蔡)	도참사	35
15	대구부 수동면	양재기(楊在淇)	전 장의	45
16	대구부 동중면	최재익(崔在瀷)	협성학교장	43
17	대구부 선서촌면	최종윤(崔鍾允)	직원	34
18	개령군 부곡면	우상학(禹象學)	군참사	49
19	경주군 내남면	손병규(孫秉奎)	군참사	42
20	인동군 읍내면	장지래(張志來)	군참사	60

상속에 관한 사항 중 먼저 제사상속에 대하여 그 내용을 서술하였다. 제사상속의 개시 원인 중 가장 보통인 것은 호주가 사망하였는데, 그 호주가 남자일 때 제사상속이 개시된 다. 여호주의 사망은 개시원인이 되지 않는다. 혹 남호주가 있으나 미혼자일 경우 그 선대를 삼아 제사상속의 개시를 하고, 호주가 사망하지 않고 제사상속이 개시되지는 않고, 미혼의 남자가 호주가 되는 사례는 대구지방에 극히 드물다고 하였다.

제사 상속인이 되고자 하는 피상속인은 직계비속되는 남계혈족의 남자로 한정하고, 여자는 절대 제사상속인이 될 수 없다. 제사상속인의 순위는 적자, 서자의 순서가 있고, 연령의 장유가 있다. 적자와 서자, 양자의 경우, 양자연조 전후에 따라 다르며, 서자의 친모가 양처여부에 따라 다르다.

이외에 제사 상속인에서 실격이 되는 경우, 제사상속인의 폐제, 효과 등에 대하여 자세히 조사하여 정리하고 있다.

재산상속과 호주상속에 관한 사항도 조사하여 상세히 기록하고 있다. 재산상속의 경우 종중재산의 상속여부에 관한 사항도 포함하고 있다. 상속과도 관련이 있는 폐가, 절가, 분가에 대해서도 정리하고 있는데, 일가의 창립부터 폐가 및 절가의 원인과 재흥 등에 관해 기술하고 있다.

자료의 마지막에는 제사에 대한 내용을 수록하고 있는데, 수제자(受祭子)와 제사집행자, 사제(祠祭), 묘사, 제사의 의식까지 정리하였다.

[가치정보]

상속에 관한 다양한 문항들을 상세히 정리하여 한국의 상속문화를 이해하는 데 도움이 되는 자료이다. 특히 조사지역 및 조사자, 조사일시 및 응답자까지 정확하게 작성하여 사료적 가치가 높다.

II-3-2-07. 상속에 관한 사항

관리기호	기록번호	자료명		
B-1-026	新調第36호	相續ニ關スル事項		
작성자	생산기관	생산 연도		
安藤靜	조선총독부	1912		
지역	언어	분량	소장기관	
공주	일본어	44면	수원박물관	
키워드	제사상속, 재산상속, 호주상속			

[기본정보]

조선총독부에서 상속에 관한 사항을 조사하여 정리한 자료이다. 총 44면으로 구성되어 있으며, 일본어로 작성하였다. 공주지역을 조사한 것으로 조사원은 안도 시즈카(安藤靜),

통역은 박종렬(朴宗烈)이다. 조사기간은 1912년(대정 1) 12월 4일부터 24일까지이다.

[내용정보]

<표> 상속에 관한 응답자(공주)

순번	주소	직업	이름	나이
1	공주군 남부면 반죽리	도참사	김상두(金相斗)	39
2	공주군 남부면 반죽리	농(農)	오맹선(吳孟善)	37
3	공주군 남부면 반죽리	군참사	서한보(徐漢輔)	60
4	공주군 남부면 반죽리	변호사	권내훈(權內勳)	49
5	공주군 남부면 반죽리	농	성보영(成普永)	36
6	공주군 남부면 반죽리	농	최영택(崔榮澤)	58
7	공주군 고상가	상(商)	류복영(柳福永)	36
8	공주군	전 감역	배도순(裵度淳)	48
9	공주군	전 주사	육정균(陸政均)	50
10	공주군	변호사	류정현(柳靖鉉)	53
11	공주군 상봉촌	전 군주사	서병익(徐丙益)	29
12	공주군	전 군주사	이○현(李○鉉)	54
13	공주군	전 의관	양두현(梁斗炫)	48
14	공주군	도참사	서긍순(徐肯淳)	51
15	공주군 효동	농	서병호(徐丙浩)	48
16	공주군 목동면 갈수동	이장	이 석(李 鉐)	48
17	공주군 검상동	전 전사	이병홍(李秉洪)	57
18	공주군 남부면 교촌	면장	유병각(劉秉玨)	52
19	공주군 목동면 괴남리	농	한승명(韓昇命)	68
20	종주군 남부면 한산정	농	한 ○(韓○)	49
21	공주군 목동면 검상동	군참사	이 익(李 熤)	38
22	공주군 남부면 교촌	농	이상대(李象大)	44
23	공주군 동부면 강경동	전 의관	이한용(李漢容)	58

　　제사상속의 개시는 호주의 사망이 그 원인 중 가장 보통이 되는 경우이다. 그 호주가 남자일 때 제사상속을 개시하며, 호주가 미혼의 남자 혹은 여자인 경우 선대에서 제사상속을 개시한다.

　　제사상속인의 순위, 제사상속인에서 실격이 되는 경우, 제사상속인의 폐제, 효과 등에 대한 내용은 다른 지역의 내용과 대동소이하다.

　　재산상속과 호주상속에 관한 사항도 조사하여 상세히 기록하고 있다. 상속과도 관련이 있는 폐가, 절가, 분가에 대해서도 정리하고 있는데, 일가의 창립부터 폐가 및 절가의 원인과 재흥 등에 관해 기술하고 있다. 자료의 마지막에는 제사에 대한 내용을 수록하고 있는데, 묘제, 제사의 의식까지 정리하였다.

[가치정보]

공주지역의 상속에 관한 전반적인 내용을 조사한 자료로서 지역의 구체적인 상속사례를 확인할 수 있는 기회를 제공해 준다.

II-3-2-08. 유언에 관한 사항

관리기호	기록번호	자료명	
B-1-027	新調第37호	**遺言關スル事項**	
작성자	생산기관	생산 연도	
安藤靜	조선총독부	1912	
지역	언어	분량	소장기관
공주군	일본어	11면	수원박물관
키워드	유언, 유증, 태아, 승인, 효력		

[기본정보]

이 자료는 조선총독부에서 유언에 관한 사항을 조사하여 작성한 보고서이다. 1912년 (대정 1) 12월 4일부터 24일까지 공주군을 조사하였다. 총 11면으로 구성되어 있으며, 일본어로 작성하였다. 조사원은 안도 시즈카(安藤靜)이며, 통역은 박종렬(朴宗烈)이 맡았다.

[내용정보]

자료의 목록은 다음과 같다.

유언의 요건, 유언의 방식, 유언의 사항, 유언의 효력, 유언의 집행, 유언의 무효 및 취소, 유증의 종류, 유증의 제한, 유증의 효력, 유증의 승인 및 포기, 태아에 대한 유증에 대한 기록이 되어 있다.

<표> 유언에 관한 응답자(공주)

순번	주소	직업	이름	나이
1	공주군 남부면 반죽리	도참사	김상두(金相斗)	39
2	공주군 남부면 반죽리	농(農)	오맹선(吳孟善)	37
3	공주군 남부면 반죽리	군참사	서한보(徐漢輔)	60
4	공주군 남부면 반죽리	변호사	권병훈(權丙勳)	49
5	공주군 남부면 반죽리	농	성보영(成普永)	36
6	공주군 남부면 반죽리	농	최영택(崔榮澤)	58
7	공주군 고상위	상(商)	류복영(柳福永)	36
8	공주군	전 감역	배도순(裵度淳)	48
9	공주군	전 주사	육정균(陸政均)	50
10	공주군	변호사	류정현(柳靖鉉)	53
11	공주군 상봉촌	전 군주사	서병익(徐丙益)	29
12	공주군	전 군주사	이○현(李○鉉)	54
13	공주군	전 의관	양두현(梁斗鉉)	48
14	공주군	도참사	서긍순(徐肯淳)	51
15	공주궁 효동	농	서병호(徐丙浩)	48
16	공주군 목동면 갈수동	이장	이 석(李 鉐)	48
17	공주군 검상동	전 전사	이병홍(李秉洪)	57
18	공주군 남부면 교촌	면장	유병각(劉秉珏)	52
19	공주군 목동면 괴남리	농	한승명(韓昇命)	68
20	공주군 남부면 한산소	농	한 ○(韓 ○)	49
21	공주군 목동면 검상동	군참사	이 익(李 熤)	38
22	공주군 남부면 교촌	농	이상대(李象大)	44
23	공주군 동부면 강경동	전 의관	이한용(李漢容)	58

유언 및 유증에 관한 사항을 조사하여 정리한 자료이다. 각 항목에 따라 상세하게 서술하고 있다.

[가치정보]

이 자료는 공주군의 조사를 통해 유언의 방식, 그리고 유언의 효력과 상속에 있어서의 유언의 역할 등의 관습을 살펴보고 있어 재산상속의 문제 해결에 있어 하나의 단서를 제공했을 것으로 보여진다.

II-3-2-09. 친족에 관한 사항

관리기호	기록번호	자료명	
B-1-106	新調第4호	親族ニ關スル事項	
작성자	생산기관	생산 연도	
有賀啓太郎 金漢睦	조선총독부	1912	
지역	언어	분량	소장기관
광주	일본어	43면	수원박물관
키워드	친족, 본족, 호주, 가장, 호적, 혼인연령, 혼인, 이혼, 입양, 파양, 친족회		

(조사서 원문 이미지 — 세로쓰기)

應答者

住所　職業　氏名　年齡

光州郡寺礼坊面　前郡守　金壽玉　四十三
同　前郡守　崔相鎮　五十一
城内面　吏族　宋錫煥　四十五
古内廂面　儒族　崔東寬　六十一
不動坊面　道書記　朴鳳柱　四十四
同　前書記　林源奎　五十四
寺礼坊面　前洞長　金永奎　四十二
池漢面　面長　金敎琦　五十三
不動坊面　郡書記　鄭寶鉉　五十三

[기본정보]

이 자료는 일본인 아리가 게이타로(有賀啓太郞)가 조선인 통역 김한목(金漢睦)을 대동하고 1912년(대정 1) 7월 15일부터 8월 3일까지 광주지역의 친족에 관한 사항을 조사하고 작성한 출장조사서이다. 아리가 게이타로는 대한제국 법전조사국 시기부터 관습조사업무에 종사한 인물이었으며 김한목도 취조국, 중추원, 구관급제도조사위원회 위원 등으로 활동하였다.

[내용정보]

조사항목으로는 다음과 같다. 본종(本宗)에서의 친족의 범위, 모당(母黨)에서의 친족의 범위, 처당(妻黨)에서의 친족의 범위, 부당(夫黨)에서의 친족의 범위, 출가족(出嫁族)에서의 친족의 범위, 본종 및 외인(外姻) 이외에서의 친족, 호주와 가장과의 이동(異同), 가족의 범위, 가족 신분의 득상, 호주 및 가족의 권리 의무, 가족의 특유재산, 성(姓)의 계승 및 명(名)의 변경, 호적 식, 혼인연령, 혼인의 종류, 혼인 요건, 혼인 방식, 혼인의 제한, 혼인의 효과, 혼인의 무효 및 취소, 부부의 재산제도, 취첩(娶妾), 친자의 종별, 자(子)의 인지(認知) 및 부인, 양자의 종별, 양자연조의 요건, 방식, 효과, 양자연조의 무효 및 취소, 양자의 이연, 친자간의 권리 의무, 시양자, 부양권리자 및 의무자, 부양의 순위, 부양의 정도 및 방법, 친족회의 종류, 친족회의 조직, 친족회의 권한, 종장(宗長) 및 문장의 권한, 계식(葬式), 복(服)의 종별 등이다. 이 자료는 광주지역 응답자의 성명, 직업, 나이, 주소지 등을 기록하고 있는 특징이 있다. 주요 직업자는 군수, 참사, 서기, 면장, 참사 등 행정관료 출신이 가장 많은 수를 점하고 있다.

[가치정보]

이 자료는 친족의 범위 및 가족관계 및 재산집행의 효력에 대한 전반적인 상황을 기록해 놓은 자료로서 당시 친족에 관한 법률적 관계를 모두 확인할 수 있다.

II-3-2-10. 상속에 관한 사항

관리기호	기록번호	자료명	
B-1-030	新調第58호	상속에 관한 사항	
작성자	생산기관	생산 연도	
安藤靜 朴宗烈	조선총독부 취조국	1913	
지역	언어	분량	소장기관
광주	일본어	45면	수원박물관
키워드	제사상속, 재산상속, 호주상속, 광결(曠缺)		

[기본정보]

이 자료는 1913년(대정 2) 2월 23일부터 3월 9일까지 광주지방의 상속에 관한 관습을 조선총독부 취조국의 속(属) 안도 시즈카(安藤靜)와 통역촉탁 박종렬(朴宗烈)이 조사 기술한 것으로 총 45면으로 구성되어 있다. 그 내용은 제사상속, 재산상속, 호주상속, 상속의 승인과 포기, 상속의 정지, 상속인의 광결, 폐가·절가와 폐가·절가의 재흥, 일가 창립, 제사에 관한 것이다.

[내용정보]

광주(光州)의 상속 일반에 대한 것으로 제사상속, 재산상속, 호주상속에 관한 것을 조사하였다. 먼저, 제사상속의 개시원인은 호주 사망이 일반적인 원인이다. 따라서 호주가 제사자가 아니면 그 사망으로 제사상속이 개시되지 않는다. 호주가 여자이면 여자는 제사자일 수 없으므로 그 사망으로 특별히 제사상속의 개시를 볼 수 없다. 이 경우에도 여자호주의 사망으로 인하여 새로이 제사상속을 개시하지 않을 뿐, 그 가의 제사상속은 최후의 남자호주의 사망으로 이미 개시하고 상속인부존재의 상태에 있는 것이다. 또 분가 등으로 일가를 만든 사람은 제사자를 정하는 것이 필요하고 제사상속의 개시의 경우와 동일하다. 미혼자는 가통을 승계할 자격이 없어 그 가의 세대에 들지 않으므로 그 사망으로 개시되는 제사상속은 선대의 상속으로써 망호주의 상속이 아니다. 실종자의 제사는 마지막으로 연락한 날을 사망일로 하여 30년이 지난 후 사망한 것으로 추정하여 제사상속을 개시한다. 그 외에도 양자의 제사상속, 호주의 국적상실은 제사상속의 원인이 되지 않는 전통이 있다.

제사상속인의 자격은 직계비속의 남자에 한한다. 외손이 제사상속인이 되면 외손봉사로 칭한다. 제사상속인은 반드시 조선(祖先)의 제사를 받들고 신주의 방제에 효자 모(某)라고 쓰며 그 신주를 가족의 사당에 받들어야 한다. 제사상속인의 순위는 적자가 서자에 선순위이고 양자는 양자 이록 후에 태어난 실자와 이록 전의 태어난 서자보다 선순위이다. 서자와 첩의 자식은 서자가 선순위이다. 제사상속인의 실격은 장자가 미치광이, 자폐, 불구 등으로 배우자의 돌봄을 받아야 하는 경우에는 차자가 제사상속인이 되는데 이것이 유일한 제사상속인의 실격이다. 또 장자가 가문의 명예에 오욕을 끼쳤을 때에는 제사상속인에서 폐제되었다.

제사상속인은 호주이기도 하여 가장이라고 칭하였다. 또 피상속인의 유산은 전부 제사상속인에게 상속되어 다른 형제들에게 분급하는 책무도 주어졌다. 또 조선(祖先)의 분묘, 묘지, 제위전답과 묘지부속소 임야와 가옥, 사당, 신주, 계보, 제구, 주가(住家) 등이 주어졌다. 생양가봉사는 지가의 호주가 종가의 양자인 경우나 타가에 양자간 자가 생부 사망했을 때 생가와 양가의 제사를 지내는 것이다.

재산상속은 남자호주 사망이 보통이다. 또 여자호주 사망, 가족의 특정 재산을 가지고 있는 자의 사망에서 개시된다. 재산상속인은 남자계통의 직계비속에 한하고 여자는 절대 상속인이 될 수 없다. 재산상속인은 적지가 서지에 우선하고 서자도 첩생자보다 우선한다. 수양자는 유산 전부의 상속인이 된다. 단 그 가의 사람에 한하여 유산일부를 상속받을 수 있다. 직계존속과 방계친족이 비록 상속인이 아닌 경우는 그 유산을 관리하는 재산상속인이 된다. 또 호주의 과부와 직계비속의 과부 등도 망부(亡夫)의 사망을 원인으로 당연 재산상속인이 된다. 미혼의 여자는 동종 3촌 이내의 유복친이 없는 경우가 아니면

유산전부의 상속인 수상속인인 경우에 그 유산을 관리하는 재산상속인이 된다. 여자호주
사망의 경우 재산상속인은 자부가 된다. 가족 중 남자 사망의 경우에 재산상속인이 되는
자는 그 남자 직계비속에 한한다. 기혼자는 비속 또는 과부가 상속하고, 미혼자는 호주가
상속한다. 또 장자는 과부의 경우에 호주가 상속하고 차남 이하는 비속 또는 과부가
상속한다. 그리고 남자는 그 비속 또는 과부가 상속하고 여자는 부가 상속한다. 또 직계존
속은 호주가 상속하고 방계존속은 호주가 상속하고 순위에 따라 상속한다. 여자가 사망한
경우에 기혼이면 남편이 상속하고 미혼이면 부가 상속한다. 재산상속인의 순위는 남자호
주 사망의 경우 장자이고 이후 자와 손자 순서이다. 적자가 서자에 우선한다. 상속인이
이미 사망하였으면 그 아들, 그 과부에 이어진다. 태아는 출생하면 상속인이 되고 그
가에 남자가 없는 경우에는 여자 중 최고 존속이 이어받는다. 재산상속인의 실격과 폐제
는 세사상속인의 실격과 폐세와 같다. 상속재산의 분배는 장자에 한하고 장자는 나머지
형제에게 분급한다. 피상속인이 생전에 처분 또는 유언으로 상속분배를 정한 경우에는
피상속인의 유언에 따라 분배한다. 상속재산의 증여는 나머지 형제들이 유소년 시기에
행해지나 실제로는 분가할 때 분급하며, 상속재산과 고유재산은 구별된다. 또 생양가봉사
의 경우 생가의 재산은 그 봉사자에게 이어진다. 문중재산, 종중재산은 출자자의 장손이
이어받으며, 공동조선의 분묘, 묘지 등도 장손이 관리한다.

　호주상속의 개시는 보통 호주의 사망이나 호주의 종적불명, 생사불명 등의 경우에도
시작된다. 또 양자로 호주상속을 할 수 있다. 호주상속은 직계비속 남자이고 미혼 여자,
사위 등은 절대 호주상속인이 될 수 없다. 호주상속은 남자가 여자보다 우선하는데 상속
개시 전에 사망하면 그 처가 동생보다 우선한다. 호수상속인의 실격과 폐제는 제사상속인
의 실격과 폐제와 동일하다. 또 여자가 호주상속을 하면 그 가의 제사를 섭행(攝行)하는
관습이 있는데 다른 섭사자를 정하고 죽은 호주의 유산은 전부 그 자에게 이어진다.
물론 죽은 호주의 책무도 이어진다. 생양가봉사의 경우 생가의 그 봉사자의 존속의 호주
인 동시에 봉사자가 된다.

　제사상속은 장파(長派)에 상속되나 장파의 죽은 남자호주에 한하여 동렬의 가장 가까운
자가 의무로 한다. 재산상속은 채무부담을 덜기 위해 포기할 수 있다. 여자가 호주상속을
할 경우 포기할 수 있다. 또 제사상속, 재산상속을 정지할 수 있다. 한편, 제사상속인이
광결(曠缺) 중에 제사 집행은 삼촌의 유복친이 제사를 집행한다. 재산상속인의 광결시에는
형이 관리하거나 형제간에 협의하여 관리인을 정한다. 또 상속인의 사망시 유산은 형제,
백숙부, 4~8촌의 친족의 순선대로, 여자, 수양자 순으로 관리한다. 제사상속과 재산상속,

128

호주상속은 회복할 수 있다.

폐가, 절가가 될 수 있는데, 폐가는 장파가 단절된 경우로 양자를 들여 재흥할 수 있다. 절가는 미혼의 여자가 양자를 들이지 않는 경우, 큰 죄로 자손이 사형 당한 경우 등이 있는데, 양자를 들여 재흥할 수 있으나 수년이 지난 후에 가능하였다. 일가 창립은 분가로 인한 창립, 수양자의 창립, 사생자의 창립, 초서혼, 이혼 등에 의한 창립 등이 있다.

제사의 수제자(受祭者)는 혼인하고 죽은 자로 그 제사는 비속의 장자가 하는 것이 일반적이고 조선의 제사는 봉사자 주제로 유복친의 자손은 다 참여한다. 이외에도 사제(祠祭), 묘제 등이 있으며 그에 따른 의식이 정해져 있었다.

[가치정보]

광주지방 상속에 관한 관습은 제사상속, 재산상속, 호주상속이 어떻게 전개되었는지에 대한 지역적 특징을 보여주는 것이다. 이를 통해 일반적인 상속에 관한 관습이 지역적으로 어떠한 공통점과 차이점이 있는지를 파악할 수 있다. 이 자료는 일제의 조사자료이기는 하지만 근대 시기 상속에 관한 관습의 양상과 특징을 보여준다는 점에서 의미가 있다.

II-3-2-11. 상속에 관한 사항

관리기호	기록번호	자료명	
B-1-029	55	相續ニ關スル事項	
작성자	생산기관	생산 연도	
有賀啓太郎	조선총독부	1913	
지역	언어	분량	소장기관
진주	일본어	44면	수원박물관
키워드	제사상속, 재산상속, 호주상속, 제사		

[기본정보]

조선총독부에서 상속에 관한 사항을 조사하여 정리한 자료이다. 44면으로 구성되어 있으며, 일본어로 작성하였다. 진주지역을 조사한 것으로 조사원은 아리가 게이타로(有賀啓太郎), 통역은 김한목(金漢睦)이다. 조사기간은 1913년(대정 2) 2월 25일부터 3월 8일까지이다.

[내용정보]

〈표〉 상속에 관한 응답자(진주)

순번	주소	직업	이름	나이
1	진주군 봉곡면	전 면장	강두○(姜斗○)	58
2	진주군 봉곡면	전 군서기	강치은(姜致殷)	44
3	진주군 봉곡면	전 군서기	강순○(姜舜○)	43
4	중안면	군참사	손진휴(孫振休)	52
5	중안면	도참사	정희협(鄭禧協)	49
6	솔내면	전 면장	윤정원(尹貞元)	50
7	솔내면	향원	윤필원(尹弼源)	55
8	솔내면	신문기자	장지연(張志淵)	50
9	금동송면	직원	하긍호(河兢鎬)	68
10	조동면	전 진사	정인석(鄭麟錫)	40
11	금동송면	금동송면장, 성을산면장	하종호(河宗鎬)	52

제사상속, 재산상속, 호주상속 등 상속에 대한 여러 사항을 정리하였다. 제사상속의 개시는 호주의 사망이 그 원인 중 가장 보통이 되는 경우이다.

제사상속인의 순위, 제사상속인에서 실격이 되는 경우, 제사상속인의 폐제, 효과, 생양자봉사 등에 대한 내용은 다른 지역의 내용과 거의 대동소이하다.

재산상속과 호주상속에 관한 사항도 조사하여 상세히 기록하고 있다. 상속과도 관련이 있는 폐가, 절가, 분가에 대해서도 정리하고 있는데, 일가의 창립부터 폐가 및 절가의 원인과 재흥 등에 관해 기술하고 있다. 자료의 마지막에는 제사에 대한 내용을 수록하고 있는데, 묘제, 제사의 의식까지 정리하였다.

[가치정보]

이 자료는 진주지역의 상속에 관한 다양한 문항들을 상세히 정리하여 한국의 상속문화를 이해하는 데 도움이 되는 자료이다. 특히 조사지역 및 조사자, 조사일시 및 응답자까지 정확하게 작성하여 사료적 가치가 높다.

II-3-2-12. 유언에 관한 사항

관리기호	기록번호	자료명	
B-1-028	新調第49호	遺言ニ關スル事項	
작성자	생산기관	생산 연도	
安藤靜	조선총독부	1912	
지역	언어	분량	소장기관
청주	일본어	13면	수원박물관
키워드	유언, 유증, 양자, 파양		

[기본정보]

이 자료는 조선총독부에서 유언에 관한 사항을 조사하여 작성한 보고서이다. 1913년 (대정 2) 1월 21일부터 2월 12일까지 청주군을 조사하였다. 13면으로 구성되어 있으며, 일본어로 작성하였다. 조사원은 안도 시즈카(安藤靜)이며, 통역은 박종렬(朴宗烈)이 맡았다.

[내용정보]

자료의 목록은 다음과 같다.

유언의 요건, 유언의 방식, 유언의 사항, 유언의 효력, 유언의 집행, 유언의 무효 및 취소, 유증의 종류, 유증의 제한, 유증의 효력, 유증의 승인 및 포기, 태아에 대한 유증에 대한 내용이다.

〈표〉 유언 관습에 대한 응답자(청주)

순번	주소	직업	이름	나이
1	동주내면 문외리	군참사	신광식(申迁植)	45
2	서주내변 운천리	전 부사	곽임도(郭林道)	69
3	서주내면	면장, 전 참금	민영령(閔泳宰)	38
4	북주내면 능서리	전 주사	신설우(申說雨)	62
5	북주내면 능서리	이장	윤익수(尹益秀)	56
6	북주내면 원리	전 주사	박종구(朴宗九)	60
7	남부내면 석교리	전형법대전 기초위원	신석우(申奭雨)	51
8	북주내면 원리	전 오위장	신형우(申亨雨)	47

9	북주내면 서리	도참사	민영은(閔泳殷)	44
10	남주내면 석교리	농(農)	신명구(申命求)	60
11	동천내면 문외리	농(農)	이병훈(李秉勳)	62

유언을 위해서는 몇 가지 요건이 필요하다. 남자는 15세 이상이 되어야 하며, 여자는 기혼자여야 한다. 양자를 정하거나 파양을 하는 사항에 대해서는 부모 혹은 호주의 동의를 필요로 한다.

유언서는 유언자의 사망 직후 개봉하며, 다만 유언자가 이 개봉의 시기를 정할 때에는 그 시기에 도달하여 개봉한다.

[가치정보]

이 자료는 정주군의 조사를 통해 유언의 방식, 그리고 유언의 효력과 상속에 있어서의 유언의 역할 등의 관습을 살펴볼 수 있는 자료이다.

II-3-2-13. 능력에 관한 사항

관리기호	기록번호	자료명	
B-1-426	46	能力ニ關スル事項	
작성자	생산기관	생산 연도	
安藤靜	조선총독부	1913	
지역	언어	분량	소장기관
청주	일본어	13면	수원박물관
키워드	연령, 관례, 혼인, 호패, 처첩		

[기본정보]

이 자료는 조선총독부에서 능력에 관한 사항을 조사하여 작성한 보고서이다. 출장보고서가 첨부되어 있어 조사관련 기본사항을 알 수 있다. 조사원은 안도 시즈카(安藤靜), 통역은 박종렬(朴宗烈)이다. 조사지역은 청주이며, 1913년(대정 2) 1월 21일부터 2월 12일까지

조사하였다. 13면으로 구성되어 있으며, 일본어로 작성하였다.

[내용정보]

자료는 먼저 서술 목록과 응답자를 정리하고 있다.

목록

· 연령과 행위능력과의 관계

· 관례 및 계례와 행위능력과의 관계

· 혼인과 행위능력과의 관계

· 호패와 행위능력과의 관계

· 풍전자(瘋顚者)의 행위능력

· 백치자의 행위능력

· 아자(啞者)의 행위능력

· 농자(聾者)의 행위능력

· 맹자(盲者)의 행위능력

· 처의 행위능력

· 첩의 행위능력

· 방탕자의 행위능력

· 무능력자의 행위의 효력

· 무능력자의 행위의 추완

· 행위능력의 보충

· 행위능력의 제한의 제각

· 무능력자의 행위의 대리

· 무능력자의 재산관리

〈표〉 능력에 관한 응답자(청주)

순번	주소	직업	이름	나이
1	남주내면 석교리	전 형법대전 기초 위원	신석우(申奭雨)	51
2	남주내면 석교리	농(農)	신명구(申命求)	60
3	북주내면 서리	도참사	민영은(閔泳殷)	44
4	북주내면 서리	전 오위장	신형우(申亨雨)	47

5	동주내면 문외리	농	이병묵(李秉黙)	62
6	남주내면 옹성리	농	김전환(金田煥)	70
7	서주내면 상리	농	남규원(南奎元)	37
8	남주내면 석교리	약상	곽상묵(郭尙黙)	54
9	동주내면 동주리	전 영장	신승우(申升雨)	52
10	북주내면 동리	농	민영필(閔泳弼)	40

15세 이상이 되는 사람은 완전하게 법률행위를 인정받을 수 있다고 하였다. 여자는 연령에 상관없이 혼인에 따라 행위능력 문제를 판단한다고 하여 남녀의 차이가 크다고 하였다. 이와 관련하여 관례 및 계례, 혼인 등에 의해 발생하는 행위능력의 인정 유무를 기록하였다.

처는 관습 상 행위무능력자로 보고 남편의 허락을 얻어야 법률행위로 인정받을 수 있다. 첩도 치의 행위능력과 동일하다 하였다.

[가치정보]

이 자료는 청주지역을 조사한 자료로서 관례, 계례의 행위 능력 및 혼인, 호패, 풍전자, 백치자, 아자, 농자, 맹자의 행위 능력 및 행위의 효력을 조사하여 정리하였으며 법률행위에 대한 내용을 알 수 있다.

II-3-2-14. 능력에 관한 사항

관리기호	기록번호	자료명		
B-1-427	53	能力二關スル事項		
작성자	생산기관	생산 연도		
有賀啓太郎	조선총독부	1913		
지역	언어	분량	소장기관	
진주	일본어	19면	수원박물관	
키워드	연령, 관례, 계례, 혼인, 처첩			

[기본정보]

이 자료는 조선총독부에서 진주지역의 능력에 관한 풍속을 조사하여 작성한 보고서이다. 1913년(대정 2) 2월 25일부터 3월 8일까지 조사하였다. 조사원은 아리가 게이타로(有賀啓太郎)이며, 통역은 김한목(金漢睦)이다. 19면으로 구성되어 있으며, 일본어로 작성하였다.

[내용정보]

자료의 목록과 응답자는 다음과 같다.

목록
· 연령과 행위능력과의 관계
· 관례 및 계례와 행위능력과의 관계
· 혼인과 행위능력과의 관계
· 호패와 행위능력과의 관계
· 풍전자(瘋顚者)의 행위능력
· 백치자의 행위능력
· 아자(啞者)의 행위능력
· 농자(聾者)의 행위능력
· 맹자(盲者)의 행위능력
· 처의 행위능력
· 첩의 행위능력
· 방탕자의 행위능력
· 무능력자의 행위의 효력
· 무능력자의 행위의 추완
· 행위능력의 보충
· 행위능력의 제한의 제각
· 무능력자의 행위의 대리
· 무능력자의 재산관리

<표> 능력에 관한 응답자(진주)

순번	주소	직업	이름	연령
1	진주군 봉곡면	전 면장	강두환(姜斗煥)	58
2	진주군 봉곡면	전 군서기	강치은(姜致殷)	44
3	진주군 봉곡면	전 군서기	강순환(姜舜煥)	43
4	진주군 중안면	군참사	손진휴(孫振休)	52
5	진주군 중안면	도참사	정희협(鄭禧恊)	49
6	진주군 성내면	전 면장	윤정원(尹貞元)	50
7	진주군 성내면	향원	윤필원(尹弼源)	55
8	진주군 성내면	신문기자	장지연(張志淵)	50
9	진주군 금동어면	직원	하경호(河鏡鎬)	68
10	진주군 금동어면	금동어면장, 수을산면(首乙山面)장	하종호(河宗鎬)	52
11	진주군 조동면	전 면장	정인석(鄭麟錫)	40

행위능력에 따른 관습 상 성년과 미성년으로 나누어 설명하는데, 보통 15세 이상인 자는 완전하게 법률행위를 인정받고, 15세 이하인 자는 완전하게 인정을 받지 못한다. 연령의 계산은 입춘을 기준으로 한다. 실제 이 지역에서 행해지는 관례의식을 간략히 정리하였는데 다음과 같다.

1. 정혼을 한 다음 택일하여 관례의 식을 치른다.
1. 관례식을 치르는 당일 술과 안주는 준비하여 친척과 친구들을 맞는다.
1. 식은 유복자(有福者)의 손으로 머리를 빗고 머리에 관을 씌우고 사당에 예배하여 축문을 읽고 다시 양친 및 친족에게 예배하고 마지막으로 주연을 즐긴다.

서술 목록에 따라 관습들을 상세히 기록하고 있다. 특히 무능력자의 행위 능력과 추완, 보충, 대리, 재산관리 등은 다른 지역에 비하여 많은 분량을 할애하였다. 내용의 차이는 크게 없으나 이를 상세히 기록하였다.

어린이의 법률행위는 부모 혹은 기타 보호자에 의해 대리하는데, 그 순위는 어머니, 할머니, 큰아버지 등의 순이다. 정신이상자의 경우 그의 아들, 손자의 순으로 대리를 하며 자손이 없을 경우 할머니, 어머니, 처의 순으로 보호자를 정한다.

어린이 및 정신이상자의 재산은 보호자가 대신 관리한다. 보호자의 관리권한은 자기의 재산을 관리하는 것과 같다. 불구자의 재산은 불구자 스스로 관리하며, 중요한 재산은 보호자가 대신 관리하는 경우도 있다. 처와 첩의 재산은 남편이 관리한다.

이 자료는 진주지역을 조사한 자료로서 관례, 계례의 행위 능력 및 혼인, 호패, 풍전자, 백치자, 아자, 농자, 맹자의 행위 능력 및 행위의 효력을 조사하여 정리한 것으로 법률행위에 대한 내용을 알 수 있는 자료이다.

II-3-2-15. 상속에 관한 사항

관리기호	기록번호	자료명		
B-1-386	新調第61号	相續ニ關スル事項		
작성자	생산기관	생산 연도		
有賀啓太郎 金漢睦	조선총독부	1913		
지역	언어	분량	소장기관	
해주, 재령	일본어	42면	수원박물관	
키워드	제사상속, 호주상속, 재산상속			

[기본정보]

이 자료는 속(屬) 아리가 게이타로(有賀啓太郎)가 통역(通譯) 김한목(金漢睦)을 동행하여 1913년(대정 2) 3월 18일부터 30일까지 12일간 황해도 해주, 재령에서 상속과 관련된 관습 조사를 시행한 뒤 그 내용을 정리한 출장조사서이다.

[내용정보]

조선에서의 제도 및 관습조사는 법전조사국 이후 취조국을 거쳐 1912년(대정 1) 3월 18일 조선민사령의 공포와 함께 조선총독부 관제 개정에 따라 취조국이 폐지되고 참사관을 두어 담당하게 되었다. 이 기록은 바로 그러한 시기에 작성된 출장조사보고서였다. 이 기록에 보이는 조사항목은 10항 51문으로 그 내용은 다음과 같다.

1. 제사상속 [① 제사상속의 개시원인, ② 제사상속인, ③ 제사상속인의 순위, ④ 제사상속인의 실격, ⑤ 제사상속인의 폐제(廢除), ⑥ 제사상속의 효과, ⑦ 생양가(生養家)의 봉사(奉祀)]

2. 재산상속 [① 재산상속의 개시원인, ② 재산상속인, ③ 재산상속인의 순위, ④ 재산상속인의 실격, ⑤ 재산상속인의 폐제(廢除) ⑥ 상속재산의 분배, ⑦ 유류분(遺留分), ⑧ 재산상속의 효과, ⑨ 상속재산과 고유재산의 분별, ⑩ 재산상속과 생양가(生養家)봉사와의 관계, ⑪ 종중재산 및 문중 재산]

3. 호주상속인 [① 호주상속의 개시원인, ② 호주상속인, ③ 호주상속인의 순위, ④ 호주상속인의 실격, ⑤ 호주상속인의 폐제(廢除) ⑥ 호주상속인의 효과, ⑦ 호주상속과 생양가(生養家) 봉사의 관계]

4. 상속의 승인 및 포기 [① 제사상속의 승인 및 포기, ② 재산상속의 승인 및 포기, ③ 호주상속의 승인 및 포기]

5. 상속의 정지 [① 제사상속의 정지, ② 재산상속의 정지]

6. 상속인의 광결(曠缺) [① 제사 상속인의 광결 ② 제사상속의 광결 중에 제사의 집행, ③ 재산상속인 광결(曠缺), ④ 재산상속인의 광결 중에 재산의 관리, ⑤ 상속인 광결의 경우에 유산의 귀속]

7. 상속의 회복 [① 제사상속의 회복, ② 재산상속의 회복, ③ 호주상속의 회복]

8. 폐가절가 및 폐가절가의 재흥 [① 폐가의 원인, ② 폐가의 재흥, ③ 절가의 원인, ④ 절가의 재흥]

9. 일가 창립 [① 분가로 인한 일가 창립, ② 수양자 및 유기아의 일가 창립, ③ 사생자(私生子)의 일가 창립, ④ 초서혼(招婿婚)·이혼·양자의 이연(離緣) 기타의 경우에 있어서 일가 창립]

10. 제사(祭祀) [① 수제자(受祭者), ② 제사집행자, ③ 사제(祠祭), ④ 묘제(墓祭), ⑤ 제사의 의식]

당시 참사관실에서 조선의 상속에 관한 실지조사를 위해 10항 51문의 조사항목을 작성하고 있는데, 위의 항목은 바로 그에 따른 조사가 이루어졌음을 보여준다.

기존의 법전조사국의 상속에 관한 조사를 통해 상속에 관하여 우선적으로 가독상속(家督相續)의 개시원인 여하에 관한 조사를 실시하면서 한국인의 상속 종류의 그 특징에 대해 파악하고자 했다.

그 결과 한국에서의 상속을 제사, 호주, 재산의 3가지 상속으로 정리하게 되었고, 이 가운데 제사상속이 가장 중요하다고 규정했다.

법전조사국을 통한 조사 단계에서는 민사 및 상사의 전반을 조사할 필요가 있었다. 그러나 참사관실의 단계에서는 민사령의 규정에 의해서 관습의 적용을 인정한 사항의 범위를 벗어날 필요가 없기 때문에 (1) 조선인의 능력 및 무능력자의 대리에 관한 관습 (2) 조선인의 친족에 관한 관습 (3) 조선인의 상속에 관한 관습 (4) 조선내 부동산에 관한 권리의 종류, 효력 및 그 취득상 변경에 대한 특별한 관습 (5) 조선인과 관계가 없는 사건에 대해서 공공의 질서에 관계없는 규정과는 다른 관습 등 5가지 사항으로 조사의 범위가 축소되었다.

이 조사는 그러한 기존의 법전조사국의 조사 결과를 바탕으로 3가지 상속의 유형에 따라 참사관실의 단계에서 주요 조사 항목의 하나였던 조선에서의 상속 관습의 조건, 자격, 역할 등에 더욱 구체적인 추가 조사를 시행한 기록이었다. 응답자는 해주군 주내면 김규현(金奎鉉, 道參事, 56세)을 비롯해 18명, 재령군 좌리면 최영주(崔永周, 학무위원, 70세)외 3명 등 모두 22명이다.

[가치정보]

이 기록은 법전조사국을 통한 조선의 상속관습에 대한 조사 이후 조선민사령의 시행과 함께 조선의 상속 관습이 법적 효력을 갖게 되면서, 이루어졌던 측면이 있다. 따라서 그러한 법적 적용과 해석을 위한 3가지 상속의 종류를 더욱 분명히 하여 각각 세분화된 조사의 내용을 담고 있다는 점에서 가치가 있다.

II-3-2-16. 친족에 관한 사항

관리기호	기록번호	자료명		
B-1-031	新調第64호	親族ニ關スル事項		
작성자	생산기관	생산 연도		
中里伊十郎 朴宗烈	조선총독부	1913		
지역	언어	분량	소장기관	
춘천	일본어	59면	수원박물관	
키워드	친족, 혼인, 이혼, 입양, 양자, 호주			

 이 자료는 나카자토 이주로(中里伊十郎) 조사원이 한국인 통역 박종렬(朴宗烈)을 대동하고 1913년(대정 2) 4월 17일부터 30일까지 강원도 춘천지역을 출장 조사한 후에 제출한 출장조사서류이다. 이 자료에는 생산기관이 표기되어 있지 않으나 1913년 구관조사를 조선총독부 참사관실이 수행했기 때문에 참사관실에서 작성한 것으로 추정된다. 나카자토 이주로는 1913년 조선총독부 참사관실에서 근무한 이래로 1919년까지 구관조사 등의 업무에 종사하였다.

 [내용정보]

 이 자료는 춘천지역의 친족에 관한 사항 중에서 친족의 범위, 출가(出嫁) 후의 친족의 범위, 호주와 가족과의 차이, 가족의 범위, 가족 내에서 신분의 득상(得喪), 호주 및 가족의 권리와 의무, 가족의 특유재산의 여부, 성(姓)의 계승 및 이름의 변경, 호적식(戶籍式), 혼인(연령, 종류, 요건, 방식, 제한, 효과 등) 이혼, 부부재산제도, 친자의 종류, 양자의 권리, 입양요건 및 방식, 입양의 효과, 입양의 무효 및 취소, 시양자(侍養子), 수양자, 부양권리자 및 의무자, 부양의 순위, 친족회의 종류와 조직 등 46개 항목을 실지 조사한 것을 기록하였다.

 특히, 이 자료는 춘천지역의 응답자 40여 명의 성명과 주소를 기록하고 있어서 추후 사회사적 분석도 가능할 것으로 생각된다. 이와 함께 조사서류 후반부에 민적부를 첨부하였다. 당시 여호주(女戶主)가 있으며 여호주의 성명이 기록되지 않았을 뿐만 아니라 딸도 성씨만을 표기하고 이름을 표기하고 있지 않다. 이는 성씨만을 표기하고 법률상의 이름이 아직 정착하지 않은 당시의 상황을 반영하는 것이 아닌가 생각된다.

 그리고 춘천지역의 혼인연령도 조사하고 있어서 매우 흥미롭다. 남성과 여성 모두 조혼이 일반적이라는 점을 알 수 있으며 대체로 여성의 연령이 높다는 점도 특징이다. 예컨대 남편이 연장자인 경우는 5명, 처(妻)가 연장자인 경우가 23명, 부부가 동년배인 경우가 2명이다. 남자의 경우 결혼을 위한 연령이 11~12세이고, 여자의 경우는 13~14세이며, 보통 남녀 모두 15~17세에 결혼한다.

 [가치정보]

 이 자료는 사회사적으로 연구가치가 있는 자료이다. 현재까지의 연구에 따르면 식민지 전반기에 조혼이 성행하였다고 알려져 있는데 춘천지역에서도 조혼이 일상적으로 행해지고 있음을 구체적으로 알 수 있다. 특히, 남성보다 여성이 연장자인 경우가 훨씬 많으며 평균 연령도 10대 중반에 머물러 있다. 이 같은 실지조사 결과는 1910~1920년대 혼인에 관한 민사판결에서 지속적으로 나온 '관습'의 실체를 이해하는 데 도움이 될 수 있다.

II-3-2-17. 친족에 관한 사항

관리기호	기록번호	자료명	
B-1-374	39	親族ニ關スル事項	
작성자	생산기관	생산 연도	
有賀啓太郎 金漢睦	조선총독부	1913	
지역	언어	분량	소장기관
평양	일본어	115면	수원박물관
키워드	친족, 혼인, 이혼, 입양, 파양, 상속		

[기본정보]

이 자료는 1913년(대정 2) 1월 26일부터 2월 17일까지 아리가 게이타로(有賀啓太郎)가 통역 김한목(金漢睦)을 대동하고 평양지역의 친족에 관한 사항을 조사한 것이다. 『친족에 관한 사항』(B-1-106)과 동일한 성격의 자료로 볼 수 있다.

[내용정보]

조사항목으로는 다음과 같다. 본종(本宗)에서의 친족의 범위, 모당(母黨)에서의 친족의 범위, 처당(妻黨)에서의 친족의 범위, 부당(夫黨)에서의 친족의 범위, 출가족(出嫁族)에서의 친족의 범위, 본종 및 외인(外姻) 이외에서의 친족, 호주와 가장과의 이동(異同), 가족의 범위, 가족 신분의 득상, 호주 및 가족의 권리 의무, 가족의 특유재산, 성(姓)의 계승 및 명(名)의 변경, 호적식, 혼인연령, 혼인의 종류, 혼인요건, 혼인 방식, 혼인의 제한, 혼인의 효과, 혼인의 무효 및 취소, 부부의 재산제도, 취첩(娶妾), 친자의 종별, 자(子)의 인지(認知) 및 부인, 양자의 종별, 양자연조의 요건, 방식, 효과, 양자연조의 무효 및 취소, 양자의 이연, 친자간의 권리 의무, 시양자, 부양권리자 및 의무자, 부양의 순위, 부양의 정도 및 방법, 친족회의 종류,

친족회의 조직, 친족회의 권한, 종장(宗長) 및 문장의 권한, 장식(葬式), 복(服)의 종별 등이다. 조선인 응답자의 성명, 주소, 직업, 연령 등이 기록되어 있다. 모두 34명이며, 주로 종전 행정 관료들이 다수를 점하고 있다. 이 자료의 뒷면에는 민적부가 함께 합철되어 있다.

[가치정보]

자료는 평양지역의 친족에 관한 사항을 조사한 것으로 지역내 친족에 대한 법률이 어떻게 반영되었는지 알 수 있다.

II-3-2-18. (친족 상속 기타) 친족, 상속, 물권 특별사항 고사자료

관리기호	기록번호	자료명		
B-1-036	新調第98호	(親族 相續 其他) 親族, 相續, 物權 特別事項 考事資料		
작성자	생산기관	생산 연도		
魚允迪	조선총독부	1914		
지역	언어	분량	소장기관	
공주, 무주 전주, 금구	국한문	34면	수원박물관	
키워드	친족, 상속, 고사자료, 어윤적, 실지조사			

[기본정보]

이 자료는 공주, 무주, 전주, 금구 등 4개 지역의 친족, 상속, 물권 등의 사항을 실지조사하고 특별문제로서 조선 재래의 고사자료를 기록한 보고서이다. 촉탁 어윤적(魚允迪)이 1914년(대정 3) 3월 18일부터 31일까지 조사하였다. 어윤적은 1910년 부찬의로 조선총독부 중추원에서 근무하면서 구관조사에 종사하였으며 조선사편수업무에도 참여하였다.

[내용정보]

이 자료는 공주, 무주, 전주, 금구 등 4개 지역의 관습 중에서 가족의 특유재산, 이혼, 부부재산제, 양자의 종류, 상속재산과 고유재산의 분할, 종중재산 및 문중재산, 호주상속과 생양가봉사(生養家奉祀)의 관계, 소유권의 취득 등 일반 사항을 조사하였고, 특별문제로서는 적상산성, 사고 및 선원각, 안국사의 사적, 호국사의 사적, 후백제의 성지(城址), 이조(李朝)의 구적(舊蹟) 등 11건의 고사자료를 수록하였다.

고사자료를 제외한 친족 및 상속에 관한 조사는 조선인에게 질문하고 그 응답을 기록하는 방식으로 진행되었는데, 보고서 앞 부분에 조선인 응답자의 성명과 주소, 직업, 연령을 기록하고 있는 특징이 있다. 피조사자는 전라북도 2명, 충청남도 6명이고 주요 직업은 면장, 서기, 참사 등이다. 연령은 34세부터 62세 등으로 40~50대가 다수이다.

[가치정보]

이 자료를 통해서 조선총독부가 어떠한 방법으로 관습조사를 시행하였고, 실지조사 대상인 조선인들의 인적정보까지도 파악할 수 있다는 점에서 의미가 있다. 특히, 실지조사 사항 중 일부를 조선인이 직접 수행하였고, 응답자도 조선인이었다는 점에서 기록된 정보와 관행과의 관계를 이해할 수 있는 단초를 제공한다.

II-3-2-19. 친족, 상속에 관한 사항

관리기호	기록번호	자료명	
B-1-039	新調 第124호	親族, 相續ニ關スル事項	
작성자	생산기관	생산 연도	
鄭丙朝	조선총독부 중추원	1915	
지역	언어	분량	소장기관
밀양, 동래, 양산, 창원 친주, 합천, 상주	일본어	76면	수원박물관
키워드	혼인, 친권, 둔토, 제사상속, 포락지, 입양, 상속		

이 자료는 경상남북도 지역의 친족 및 상속에 관한 사항을 정병조(鄭丙朝)가 1915년(대정 4) 6월 12일부터 7월 2일까지 조사한 실지조사보고서류이다. 정병조는 본관은 동래(東萊), 자는 관경(寬卿), 호는 규원(葵園), 판관 기우(基雨)의 아들이며, 만조(萬朝)의 아우이다. 1882년(고종 19) 진사시에 합격하였고, 1894년 동궁시종관이 되었다. 1896년 명성황후 시해의 음모를 미리 알고서도 방관하였다는 탄핵을 받아 제주도로 종신 유배되었고, 위도(蝟島)에 이배되었다가 1907년 특사로 풀려났다. 그 뒤 중추원의 촉탁으로 『조선사(朝鮮史)』의 편찬에 참여하였다.

[내용정보]

조사지역으로는 밀양군, 동래군, 양산군, 창원군, 진주군, 합천군, 상주군에서 무능력자의 행위능력, 호주권, 혼인의 종류, 혼인의 요건, 양자연조의 요건, 양자이연, 친권, 제사상속인, 상속분의 분배, 역토(驛土)의 종류, 둔토의 종류, 포락지(浦落地), 경사지의 소유권, 전답면적의 칭호, 연명채무 등을 조사하였다. 이 자료의 특징으로는 각 군별로 조사문제를 조사하고 응답자의 성명도 기록하고 있다. 이 지역의 조사도 조선인에게 질문하고 그 응답을 기록하는 실지조사 방식으로 진행되었으며 각 군별로 조선인 응답자의 성명과 주소를 기록하고 있다.

[가치정보]

이 자료를 통해서 조선총독부가 어떠한 방법으로 관습 조사를 시행하였고, 실지조사 대상지역인 경상남북도 지역의 친족 및 상속에 관한 관습을 파악하는 데 도움을 받을 수 있다.

II-3-2-20. 입후에 관한 사항

관리기호	기록번호	자료명		
B-1-208	68	立後ニ關スル事項		
작성자	생산기관	생산 연도		
金榮漢	조선총독부 중추원	1915		
지역	언어	분량		소장기관
-	일본어	13면		수원박물관
키워드	입후, 삼국사절요, 동국사략, 동국통감			

[기본정보]

이 기록은 1915년(대정 4) 3월 31일 중추원 촉탁 김영한(金榮漢)이 입후(立後)에 관한 전적조사의 일환으로 옛 문헌에서 발췌한 기록을 정리한 것이다.

[내용정보]

이 자료는 『삼국사절요』, 『동국사략』, 『동국통감』의 3개 기록에 보이는 고구려, 백제, 신라 왕위 계승과정에서 이루어진 입후(立後)와 관련된 기록을 발췌하고 있다.

『삼국사절요』에서는 대무신왕이 죽고 어린 태자 해우(解憂)를 대신하여 왕제(王弟)인 해읍주(解邑朱)로 계승한 기록, 신라왕 아달라가 죽고 아들이 없자 탈해왕의 손자 벌휴(伐休)를 왕으로 삼은 사례를 비롯해 삼국에서 왕의 계승과정에 입후(立後)가 이루어진 내용과 관련된 40여 개의 기록을 싣고 있다. 『동국사략』의 기록 역시 동일한 내용이지만, 『삼국사절요』에 비해 간략히 입후 내용만을 기록하고 있다. 『동국통감』은 권1 외기(外記)에 보이는 남해왕 사후 유리와 탈해가 번갈아가며 왕위를 계승한 기록을 비롯해 20여개 기록을 발췌하여 정리하고 있다.

[가치정보]

이 기록은 입후(立後)에 관한 『삼국사절요』, 『동국사략』, 『동국통감』의 전적조사보고서로, 고대 삼국의 왕의 계승과정에서 이루어진 입후(立後)의 사례를 한 번에 살펴볼 수 있는 자료가 될 수 있다.

II-3-2-21. 친족관계 발생 및 소멸원본

관리기호	기록번호	자료명	
中B13IF-17	-	親族關係ノ發生及消滅原本	
작성자	생산기관	생산 연도	
-	조선총독부 중추원	1917	
지역	언어	분량	소장기관
-	한문	153면	수원박물관
키워드	조선총독부 중추원, 친족, 혼척, 서자, 양자, 적모		

[기본정보]

자료명은 '친족관계 발생 및 소멸원본'이다. 조선왕조실록에 기록된 친족관계를 기술하고 있다. 분량은 153면이다. 각 왕조별 친족관계 기록을 옮겨 놓은 것이다. 한문으로 표기되어 있다.

[내용정보]

친족관계의 발생과 소멸의 경우를 각각의 자료를 기술하고 있다. 서자, 적모, 양자, 양친 등의 관계를 통해 새롭게 발생하거나, 소멸되는 친족관계의 특징을 알 수 있다. 또한 친족관계 간의 예(禮)에 대해서도 알 수 있는 문서이다.

[가치정보]

이 자료는 조선왕조실록에 기록된 친족관계를 조사 정리한 것으로 새롭게 발생하거나 소멸되는 친족관계의 특징을 알 수 있다는 점에서 의미가 있다.

II-3-2-22. 입지·입안·상속·호적이동·서자분가·생모입가·상속인의 폐지 등에 관한 건

관리기호	기록번호	자료명	
B-1-443	新調第212	立旨立案相續戶籍異動庶子分家生母入家 相待人廢止等ニ關スル件	
작성자	생산기관	생산 연도	
金顯洙	조선총독부 중추원	1924	
지역	언어	분량	소장기관
전주, 정읍 군산	일본어	12면	수원박물관
키워드	입지, 입안, 차지, 소유권, 상속, 재산상속		

[기본정보]

이 자료는 1924년(대정 13) 3월 5일부터 11일까지 전라북도 3개 지역으로 구관조사를 한 후에 작성한 실지조사서이다. 중추원 참의 김현수(金顯洙)가 작성하였다. 이 자료는 표지 우측 상단에 조사지역이 기록되어 있다.

[내용정보]

주요 내용은 입지 입안의 효력, 가옥과 부지와의 관계, 차지에서 과수의 재배, 상속개시의 장소, 상속개시에 의한 호적의 이동 및 상속재산의 명의 변경, 서자분가의 경우에 친모의 입가, 서자 및 그 소생모에 대한 복(服), 상속인의 폐제 등을 조사하였다. 이 자료에도 응답자의 성명이 기록되어 있다. 모두 6명이 응답자로 활약하였다. 질문에 대한 응답이 매우 짧아서 내용을 알기가 어렵게 되어 있다. 이 중에서 상속이 개시되는 장소에 관한 관습에 대해서는 상속 개시 장소는 피상속인의 주소지이고 피상속인의 본적지 혹은 상속인의 주소지가 아닌 것으로 기록되어 있다. 그리고 상속 개시에 의한 호적의 이동(異動) 등에 대한 관습은, 호주가 사망했을 때는 식년(式年)에 그 호주 이동의 호적을 경정하도록 하였다. 상속재산의 명의변경의 절차를 이행하지 않은 납세도 피상속인 명의(奴名)로 납세하도록 한 것으로 조사되었다. 또한 서자가 분가한 경우에는 소생모(所生母)[부(父)의 첩]가 당연히 그 분가에 들어가고, 혹은 아버지가 생존하고 적모(嫡母)가 없을 때는 서자의 분가로 들어가지 않은 것으로 한다.

이 자료는 전라북도 3개 지역 전주, 정읍, 군산입지, 입안, 차지, 소유권, 상속, 재산상속에 대한 내용을 질의응답을 통해 작성된 조사 기록으로써 지역에서의 실행 과정을 확인할 수 있다.

II-3-2-23. 친족범위에 관한 건

관리기호	기록번호	자료명	
B-1-068	新調第317호	親族範圍ニ關スル件	
작성자	생산기관	생산 연도	
兪鎭贊	조선총독부 중추원	1929	
지역	언어	분량	소장기관
옥천, 보은 연기, 천안	국한문	35면	수원박물관
키워드	친족 범위, 친족 명칭, 인지, 양자연조(養子緣祖), 이연(離緣), 차양자 및 수양자, 혼인, 절가재흥(絶家再興)		

[기본정보]

이 자료는 조선총독부 촉탁 유진찬(兪鎭贊)이 1929년(소화 4) 11월 8일부터 11월 17일까지 옥천, 보은, 연기, 천안 등 4개 지역을 출장조사한 후에 작성한 실지조사서이다.

[내용정보]

표제목은 '친족범위에 관한 건'으로 표기되어 있으나 이 표제목이 조선총독부가 편철하면서 작성한 것인지, 혹은 이 자료를 수집한 이후에 나중에 작성한 것인지 확실하지 않다. '친족범위에 관한 건'이 다른 식민지 자료와 같이 붓 또는 펜으로 기술한 것이 아니라 현대 이후에 붉은색 색인필로 작성한 것으로 보이기 때문이다. 더구나 속지에는 '복명서'라는 표제로 4개군의 관습을 조사한 후에 중추원 서기관장에게 제출하였다. 그리고 실제 조사항목은 친족의 범위, 친족의 명칭, 인지, 양자연조, 이연, 차양자 및 수양자, 혼인, 절가재흥, 서자의 분가 등 친족 일반적 사항이 포함되어 있다.

[가치정보]

이 자료는 충청북도 옥천, 보은, 충청남도 연기, 천안 등 4개 지역의 주요 친족과 관계된 관습을 기록하고 있으므로 각 지역 간의 관습의 차이를 파악할 수 있으며 또 1910년에 편찬된 관습조사보고서와 비교하면 각 지역의 관습 및 조선총독부에 의해 법원(法源)으로 인정된 관습과의 차이를 일부 확인할 수 있다.

II-3-2-24. 분가·양자·파양 및 이이의 경우 배우자·직계비속 등의 전적

관리기호	기록번호	자료명	
B-1-693	-	分家·養子·罷養及離異ノ場合ニ於ケル 配偶者·直系卑屬等ノ轉籍	
작성자	생산기관	생산 연도	
-	조선총독부 중추원	1916-1917	
지역	언어	분량	소장기관
-	일본어	35면	수원박물관
키워드	분가, 파양, 양자, 전적, 이혼		

[기본정보]

이 자료는 분가, 양자, 파양과 이혼의 경우 배우자, 직계비속 등의 전적에 대해 각 지역에서 행해지고 있던 현황을 정리하고 이를 바탕으로 관습조사보고서 초록을 수록한 것으로 총 35면으로 구성되어 있다.

[내용정보]

가족이 분가하는 원인은 일기의 창립, 호주가 양자로 타가에 들어간 경우, 파양으로 양자가 실가에 복적한 경우이고 그 자의 처자는 당연히 분가, 양가 또는 실가에 들어가는 관습이 있다. 초서(招婿) 이혼의 경우 그 자녀는 초서를 따라 실가에 들어간다. 이를 바탕으로 분가, 양자, 파양에 따른 처, 직계비속, 직계비속의 배우자의 전적에 대해 전국 주요 도시를 중심으로 조사하였다. 또한 이에 대한 관습조사보고서초록을 수록하였다.

이 자료는 분가, 양자, 파양, 이혼 등으로 호적에 변동이 생길 때 그 처, 직계비속 등의 전적에 대해 파악할 수 있다는 점에서 의미가 있다.

Ⅱ-3-2-25. 부부간 재산관계

관리기호	기록번호	자료명		
B-1-055	179호	夫婦間財産關係		
작성자	생산기관	생산 연도		
金榮漢	조선총독부 중추원	1917.12.25		
지역	언어	분량	소장기관	
-	국한문	12면	수원박물관	
키워드	부부			

[기본정보]

이 자료는 부부의 재산관계에 관한 관습을 1917년(대정 6) 12월 25일 중추원 찬의 김영한(金榮漢)이 조사 기술한 것으로 12면으로 구성되어 있다.

[내용정보]

조선의 관습에서 부모의 노비, 전지를 자녀에게 분급할 때 여자에게는 분급할 때도 있고 하지 않을 때도 있어 일정한 규례가 없다. 여자에게 준 재산일부는 성년 이후 출가하면 남편의 명으로 혼동 보관하다가 부인이 사망한 후 자녀가 있으면 부(夫) 재산으로 일체 상속한다. 자녀가 없다 할지라도 실가(實家)로 반환하는 관례는 없다. 실가의 채무로 집행에 이르러도 그 중에 혼입되어 있고, 국고로 몰수되더라도 면제받지 못한다. 실재[夫財]는 정재(正財)고 부재(婦財)는 사재(私財)로 인식한다. 부부의 재산이 불감대치(不敢對峙)하고 행권(行權) 바꾸는 것을 용납하지 않는다. 그 이재(理財) 일정일사(一正一私)하여 수제치평에 실재는 유력하고 부재는 일신의 생활과 자녀의 양육에 이용한다. 조선 중하류의 부부는 혹 재산관계로써 반목상힐(反目相詰)의 폐로 이혼하는 지경에 이르고 상류부부는 비록 천만금을 견탈(見奪)하더라도 헐뜯지 못한다.

부모의 자손이라도 감히 별립(別立) 재산하지 못하고 부모상에 형제가 감히 별립 호적하여 재산분리를 못하였다. 하물며 부(夫)는 부(婦)의 소천(所天)이라도 감히 구별하여 사재로 특립(特立) 명의하지 않았다. 첩은 부가(夫家)의 재앙이 있어도 그것이 미치지 않는다. 부부간에 재산관계가 특이하다 할 일이다. 과부가 부를 축적하고 개가한 경우에는 모(某) 조이[소사(召史)]로 수적(修籍)하여 종신천명(終身擅名)하는 고로 일향(一鄕)이 모(某) 소사(召史)로 칭하고 그 후 부(夫)의 성명은 은닉한다. 과부의 재산에 간섭하지 않는다.

왕실 공주, 옹주가 하가(下嫁) 이전에 특사(特賜)하신 재산은 하가(下嫁) 이후에는 호조의 례로 당해 공주, 옹주의 명의로 획급한 후 장부에 기록한다. 해당 공주, 옹주 부부 사후에 대진(代盡) 이후에는 환수한다.

조선인의 상중하류를 물론하고 부부간에 재산관리를 별립(別立)하는 관례는 희박하고 부부간에 생활의 비용이니 자녀의 양육비라고 칭하고 부인이 남편에게 청구하지 않는다. 만일 부인의 재산이 암중식리(暗中殖利)하다가 거액에 이르러 토지를 매수하거나 상리(商利) 확장할 경우에는 반드시 가군(家君)이나 실자(實子)의 명의로 시설(施設)해야 한다. 근년에 이르러서는 부부간에 재산관리를 특립(特立)하는 풍속이 간간이 실행되어 부인 명의로 각 은행에 저축식리(儲蓄殖利)하는 풍속이 있으나 성행하지는 않는다.

[가치정보]

부부간의 재산관계에 대한 관습이 어떻게 전개되었는지를 알 수 있는 자료이다. 특히, 조선의 왕실을 비롯한 전 계층에서 부인의 재산을 어떻게 관리했는지를 파악할 수 있는 자료이다. 이 자료는 조선총독부 중추원의 조사자료이기는 하지만 근대 시기로 전화되는 시점에서 부부재산관계에 관한 관습의 양상과 특징을 보여준다는 점에서 의미가 있다.

관리기호	기록번호	자료명	
B-1-072	368	親族ニ關スル事項	
작성자	생산기관	생산 연도	
金顯洙	조선총독부	-	
지역	언어	분량	소장기관
-	일본어	8면	수원박물관
키워드	호주, 촌수, 양자, 가족의 특유재산		

[기본정보]

이 자료는 김현수(金顯洙)가 작성한 것이고 중추원이 발행기관이다. 김현수는 1920년대 조선총독부 중추원 참의였으며, 구관급제도조사위원회의 위원으로도 활동하였다.

[내용정보]

이 자료는 친족에 관한 사항만을 조사, 기록한 것으로, 세부적으로 촌수의 계산방법, 촌수 계산도, 호주의 권리와 관계가 있는 사항(혼인, 양자, 가족의 거소), 호주의 의무와 관계가 있는 사항(가족을 부양할 의무 및 그 범위), 가족의 특유재산 등을 조사하였다. 이 중에서 재산관계에 관한 것을 소개하면 다음과 같다. 호주는 당연히 가족을 부양할 의무가 있기 때문에 가족은 대체로 재산을 보유하지 않는 것으로 기록하고 있다. 다만, 가족이 얻은 재산이라도 그것을 호주에게 귀속시키는 것이 통례이지만 가족이 특별히 재산을 보유하는 경우에는 그것을 호주의 재산과 구별하고 호주는 가족이 독립의 생계에 도달하기까지 그것을 관리하는 것으로 조사되었다. 여기에서는 가족의 특유재산으로 인정할 수 있는 것을 모두 6가지 들고 있다. 즉 가족의 사적인 재산(私錢), 자식이 분가하기 이전에 부모로부터 얻은 재산, 친가로부터 가져온 재산, 독립생활을 한 재산의 전부, 처 첩 기타 가족이 직업상 얻은 재산의 전부 또는 일부, 증여로 받은 재산, 분가해야 하는 가족이 취득한 상속 또는 유증으로 인해 얻은 재산 등이다.

이 자료는 친족에 대한 전반적인 상황을 기록해 놓은 자료로서 당시 친족에 관한 법률적 관계를 모두 확인할 수 있다.

II-3-2-27. (능력) 성년 및 무능력자의 법정대리

관리기호	기록번호	자료명	
B-1-393	-	(能力) 成年及無能力幷ニ法定代理	
작성자	생산기관	생산 연도	
-	조선총독부	-	
지역	언어	분량	소장기관
-	일본어	8면	수원박물관
키워드	성년, 유자, 무능력자, 호패, 후견		

[기본정보]

이 자료는 성년에 대한 능력과 무능력자의 기준과 그들의 행위를 대리하는 일반적인 관습을 조사 정리한 것으로 조선시기 성인의 기준과 그들의 능력에 대해 파악할 수 있다. 총 8면으로 구성되어 있다.

[내용정보]

남자는 15세가 되면 호패를 차고 과거에 응할 수 있고 군병(軍兵)에 징모됨으로써 15세를 성년으로 보았다. 그리고 그 능력에 있어 부모, 형, 백숙부 등이 보호자가 되고 그 재산을 관리 또는 행위를 대리한다. 20세가 되면 부모의 보호감독에서 일정행위는 자유다. 관례, 계례(笄禮)를 한 자는 대우에서 관동(冠童)의 차이가 있다. 그러나 실제 행위능력에 있어서는 차이가 없다. 유자도 10세 이하의 행위는 무효이다. 즉 10세 이상 15세 이하의 행위는 취소할 수 있다.

풍나자(瘋癩者)는 무능력자로 본다. 이 같은 자는 광한(狂漢)이라 한다. 백치, 천치 또한 무능력자로 본다. 아자(啞者)도 무능력자로 보고 보호자가 그 행위를 대리한다. 재산상의 행위와 신분상의 행위 사이에 차이가 있다. 농아자도 그렇다. 농자(聾者)는 무능력자로 간주하고 보좌인은 그 행위를 취소할 수 있다. 맹자(盲者)의 행위능력은 상인(常人)과 차이가 있다. 보증인이 필요하다. 농(聾)·아(啞)·맹자(盲者)는 무능력자로 처부(妻夫)의 허락을 얻어 독단적으로 할 수 있다. 법률행위는 한계가 있다.

소송행위에서 처가 소송을 하거나 신분상의 행위를 할 때에는 절대 남편의 허가를 요한다. 재산상의 중대한 것 이외는 부의 허가를 요하는 것을 행한다. 부가 유자일 때도 처에 대한 차이가 있다. 정신병자 등일 때 처가 대리한다. 방탕자, 주색, 심약자는 호주 또는 부모가 금제(禁制)한다.

무능력자의 행위대리에서 유자의 법률행위는 보호자가 대리한다. 보호자의 순위는 유자가 호주이면 그 가(家)의 모(母)인 조모(祖母)가 대리한다. 유자가 가족이면 부와 모가 대리하고 부가 행위무능력자면 부의 보호자가 대리한다. 행위능력자의 보호자의 관습상의 명칭은 통상 간사(看事), 차지(次知), 후견(後見), 주장(主張) 등의 호칭이다.

[가치정보]

이 자료는 15세 이상 성년의 능력과 그들의 행위와 무능력자의 대리에 대한 관습을 정리한 것으로 일반적인 무능력자의 종류와 그들의 행위능력, 신분상의 능력, 대리자의 역할 등에 대해 파악할 수 있다. 조선총독부 중추원에서 정리한 자료이지만 근대 이행기 성년과 무능력자에 대한 관습을 보여준다는 점에서 의미가 있다.

II-3-2-28. 제위전답은 장손의 소유를 보통으로 하는가, 장지손의 공유를 보통으로 하는가

관리기호	기록번호	자료명	
B-1-122	3호 4-2	祭位田畓ハ長孫ノ所有ナルヲ普通トスルヤ 特ヲ長支孫ノ共有ナルヲ普通トスルヤ	
작성자	생산기관	생산 연도	
-	조선총독부	-	
지역	언어	분량	소장기관
-	일본어	18면	수원박물관
키워드	제위전(祭位田), 장손, 장지손(張智孫), 재산상속인, 전답매매		

[기본정보]

조선총독부에서 제위전답의 소유 등 여러 종류의 소유관계를 조사하여 정리한 자료이다. 일본어로 작성하였으며, 분량은 총 18면이다. 작성자와 생산연도는 알 수 없다.

[내용정보]

자료의 목차는 다음과 같다.

제위전답은 장손의 소유인가 장지손의 공유인가. 보통의 도지 혹은 병작과 같은 특종의 소작관계, 입회산의 실례, 토지 혹은 가옥의 점유를 채권자에 옮긴 전당의 예, 재산상속인은 당연책무도 승계하는가, 전답매매문기의 예시 사항이다. 이 지역에는 보통의 도지혹은 병작 이외에 중작인이라는 것이 있다. 중작인은 중답주라 칭하기도 하는데, 타인의 토지를 무기한 빌려 사실경작을 하는 소작인이라 하여 당시 소작관례의 모습을 설명하였다.

각 항목에 관한 간략한 내용을 서술하고 자료의 절반 이상은 전답매매문기의 실례를 수록하여 이해를 돕고 있다. 이를 통해 당시 토지매매의 한 단면을 살펴볼 수 있다.

[가치정보]

이 자료는 제위전, 장손, 장지손, 재산상속인, 전답매매에 대한 소개 및 실제 사례를 수록하여 당시 상황을 추정해 볼 수 있는 자료이다.

II-3-2-29. (친족, 상속) 종회 및 문회 등

관리기호	기록번호	자료명	
B-1-510	新調第141	(親族, 相續) 宗會及門會 等	
작성자	생산기관	생산 연도	
-	조선총독부	-	
지역	언어	분량	소장기관
-	일본어	57면	수원박물관
키워드	종회, 문회, 여호주, 분가, 첩, 파양, 이혼, 혼인, 상속, 차양자, 생양가봉사(生養家奉祀)		

[기본정보]

이 자료의 표 제목은 표기되어 있지 않다. '(6-4)(친족, 상속) 종회 및 문회 등'은 수원박물관이 해당 자료를 수집한 후에 목록을 작성하는 과정에서 표제로 붙인 것이다.

[내용정보]

이 자료는 종회 및 문회, 여호주, 분가의 시기, 첩은 절대로 정처(正妻)의 지위를 얻을 수 없는가, 양자의 이연, 당사자가 부모의 동의를 얻지 아니하고 행한 협의이혼의 효력, 혼폐금(婚幣金)과 혼인위약과의 관계, 혼인의 경우에 예식 후 신부가 부가(夫家)로 들어가기까지의 기간 및 부(夫)의 처가(婦家)로 체재하는 기간, 양자의 연조 및 이연의 경우에 의사의 결정자, 차양자, 수양자의 분가 및 상속, 친권의 상실 및 제한의 관례가 있는가, 보호자가 될 수 있는 자의 순위 및 보호자의 보호범위, 절가의 재흥, 가족의 이적 및 상속인의 폐제, 상속인 광결의 경우의 유산의 처분, 생양가봉사, 전가(傳家) 등을 조사하였다.

[가치정보]

이 자료는 친족 및 종회, 문회 등 가족관계 및 혼인에 대한 규정과 재산집행의 효력에 대한 전반적인 상황을 기록해 놓은 자료로서 가치가 있다.

II-3-2-30. (친족) 친족회 및 친족 조합

관리기호	기록번호		자료명
B-1-511	新調 第142호(8-4)		(親族) 親族會及親族組合
작성자	생산기관		생산 연도
-	조선총독부		-
지역	언어	분량	소장기관
-	일본어	59면	수원박물관
키워드	친족회, 문중, 종중, 분가, 첩, 여호주, 차양자, 입양, 양자		

[기본정보]

이 자료의 표제목은 표기되어 있지 않다. '(친족)친족회 및 친족 조합'은 수원박물관이 해당 자료를 수집한 후에 목록을 작성하는 과정에서 표제로 붙인 것이다.

[내용정보]

친족회 및 친족조합, 문중 종중의 범위, 분가의 시기, 출가와 호주의 지위 및 가적의 관계, 여호주, 예부(預婦), 혼폐금, 첩은 정처(正妻)가 이혼 또는 사후에도 정처의 지위를 얻을 수 없는가, 혼인의 경우에 예식 후 처가 부가(夫家)로 들어가기까지의 기간 및 남편이 처가에서 머무는 기간, 장남이 타가로 양자가 될 수 있는가, 당사자가 부모의 동의를 얻지 아니하고 행한 협의이혼의 효력, 연조 및 이연의 경우에 의사결정자 여하, 차양자의 경우에 남자가 출생했을 때는 차양자는 복적해야 하는가, 만약 출생하지 않았을 때는 어떠한가, 수양자의 분가 및 상속, 친권의 상실 및 제한, 절가재흥의 유무, 전가(傳家), 관습상 법인격을 인정하는 종류, 양자, 사생자, 수양자, 차양자, 예부의 가적 및 신분관계 어하, 첩과 서자와의 가적 및 신분관계, 민적법 시행전 당연히 입적하는 경우 외의 입적 절차 여하, 부녀(婦女)만이 있는 경우 호주가 되는 자의 순위, 여호주의 실례, 호주가 양자가 된 경우에 직계존속의 가적 이동 여하, 가족의 특유재산의 실례 등이다. 후단에는 민적부가 첨부되어 있다.

이 자료는 친족 및 친족 조합 대한 규정과 혼인 이후 상속 및 호주에 관한 전반적인 상황을 기록해 놓은 자료로서 가치가 있다.

II-3-2-31. 능력에 관한 사항

관리기호	기록번호	자료명		
B-1-423	10	能力ニ關スル事項		
작성자	생산기관	생산 연도		
有賀啓太郎	조선총독부	1912		
지역	언어	분량		소장기관
경성	일본어	23면		수원박물관
키워드	처, 첩, 무능력자, 행위능력			

[기본정보]

조선총독부에서 함경북도 경성지방을 조사하여 정리한 자료이다. 총 23면으로 구성되어 있으며, 일본어로 작성하였다. 1912년(대정 1) 8월 23일부터 같은 해 9월 24일까지 조사하였다. 조사원은 아리가 게이타로(有賀啓太郎), 통역은 촉탁 김한묵(金漢睦)이다.

[내용정보]

자료는 함경북도 경성지방을 1개월간 출장하며 조사한 내용을 정리하였다. 자료의 서두에 출장보고서를 첨부하여 조사관련 사항을 명확히 파악할 수 있다.

내용 서술 전 서술목차와 응답자를 정리하였다. 서술목차는 실제 자료의 목차와는 일부 다른 점도 있다. 그 내용은 아래와 같다.

목차
· 처의 행위능력

· 첩의 행위능력

· 낭비자의 행위능력

· 방탕자의 행위능력

· 무능력자의 행위의 효력과 그 추완(追完)

· 무능력자의 행위의 효과의 추완

· 행위능력의 보충

· 행위능력의 제한의 제각(除却)

· 무능력자의 행위의 대리

· 무능력자의 재산관리

〈표〉 능력에 관한 응답자(경성)

순번	주소	직업	이름	연령
1	경성군 오촌면	감찰	정약순(丁若淳)	71
2	경성군 오촌면	직장	장헌수(張憲洙)	49
3	경성군 동면	참봉	이능규(李菱珪)	32
4	경성군 오촌면	영장(營將)	최우남(崔羽南)	65
5	경성군 오촌면	통정	김긍섭(金亘燮)	65
6	경성군 오촌면	통정	이중호(李仲鎬)	48
7	경성군 오촌면	군참사	한관석(韓灌錫)	53
8	경성군 오촌면	통정	장원규(張元奎)	62
9	경성군 오촌면	첨사	최기만(崔基萬)	56
10	경성군 오촌면	향인	한병연(韓秉淵)	38
11	경성군 오촌면	향인	이봉호(李鳳鎬)	47
12	경성군 오촌면	출신(出身)	박창주(朴昌柱)	42
13	경성군 오촌면	학무위원	현상학(玄商鶴)	53
14	경성군 오촌면	학무위원	김진억(金振億)	52
15	경성군 오촌면	위원	홍재웅(洪在雄)	52
16	경성군 오촌면	위원	이철호(李哲鎬)	57
17	경성군 오촌면	좌수(座首)	이헌규(李憲奎)	53
18	경성군 오촌면	오촌면장	이규섭(李圭燮)	54
19	경성군 오촌면	향인	현두욱(玄斗郁)	68
20	경성군 용성면	경학원강사	이의석(李義錫)	64
21	경성군 주을온면	재임	최동명(崔東明)	58
22	경성군 주을온면	주사	이좌면(李佐冕)	47

　자료는 먼저 유자(幼子)의 행위능력에 대하여 서술하고 있다. 연령과 행위능력과의 관계, 관례 및 계례와 행위능력과의 관계, 혼인과 행위능력과의 관계, 호패와 행위능력과의 관계 등을 응답자의 응답 형식으로 정리하였다.

다음으로 심신에 이상이 있는 자의 행위능력은 풍전자(瘋癲者), 백치자(白痴者) 등 정신적인 문제가 있는 이들의 행위를 어떻게 판단할 것인가에 대하여 간략하게 서술하였다. 불구자의 행위능력에서는 아자(啞者), 농자(聾者), 맹자(盲者)의 행위능력에 대하여 정리하였다.

처와 첩의 행위능력에서는 처와 첩을 각각 구별하여 서술하였다. 처의 경우 남편에게 절대복종하며 외부의 일은 남편의 허락이 있어야 한다고 하였다. 첩은 신분상 양인인가 천인인가에 따라 그 차이가 있고, 남편과 함께 거하는지 따로 사는지에 따른 차이가 있다고 하였다.

낭비자는 난봉 혹은 부랑자라 한다 하여, 낭비자 혹은 방탕자의 행위능력에 대하여 언급하였다. 방탕자가 아들일 경우 친권을 작용하여 아버지 혹은 어머니가 집에 가두어 외출을 하지 못하도록 하기도 한다고 하였다.

무능력자의 행위의 효력 및 그 추완에서는 무능력자의 행위의 효력과 무능력자의 행위의 효력의 추완을 나누어 설명하였다.

행위능력의 보충과 제한의 제각에서는 나이가 어린 사람의 법률행위에 대한 보호자의 동의 등 행위 이후 특별히 보충하는 방법을 정리하였다. 이와 함께 무능력자의 행위의 대리, 무능력자의 재산관리 등을 상세히 서술하였다.

[가치정보]
이 자료는 함경북도 경성지방의 처, 첩, 무능력자의 행위의 효력을 조사하여 정리한 자료로서 무능력자의 행위의 대리, 무능력자의 재산관리 방법에 대한 내용을 알 수 있다.

II-3-2-32. 모의 친권에 대해 유언으로써 제한을 가할 수 있는가 없는가

관리기호	기록번호	자료명		
B-1-219	24	母ノ親權ニ對シ遺言ッ以テ制限シ加ヘ得ルヤ否ヤ		
작성자	생산기관	생산 연도		
金教獻 賀啓太郎	조선총독부	-		
지역	언어	분량	소장기관	
동래, 부산 경성	국한문 일본어	7면	수원박물관	
키워드	친권, 모(母), 문중, 유언, 재산			

[기본정보]

이 자료는 모의 친권에 대한 유언으로써 제한을 가하지 아니하는 건에 대한 동래, 부산, 경성에서의 관습을 조사 정리한 것으로 총 7면으로 구성되어 있다.

[내용정보]

자(子)가 어리고 그 처가 그 재산을 처리치 못할 때에는 망부(亡夫)가 유언하여 문중가신인(門中可信人)을 관리인으로 선정하는 일이 있다. 이는 하등인가(下等人家)에서는 없는 일이다. 상등인가(上等人家)는 그 처가 그 재산을 능히 처리할 만하고 망부의 유언이 없다하더라도 문중가신인을 지정하여 관리케 한다.

이와 같은 유언은 관습상에 보통으로는 없는 것이며, 혹 있다고 하더라도 그 처가 그 아들에 대한 고유한 친권을 제한함이 아니라 그 자(子)를 위하는 동시에 그 처를 위하는 마음으로 문회에 관리자를 선정하는 것으로 그 처의 친권에 대하여 보좌하는 것이지 제한하는 것이 아니다.

부산 동래에서는 모(母)가 가명(家名)을 보호하기 불충분하다고 사료될 경우 부(父)가 유언으로 자(子)의 재산관리인을 지정한다. 또 일설에서는 모(母)의 능력에 관하여 우려되어도 모의 권리는 유언으로써 제한되지 아니한다. 부(夫)가 사후 관리자로 백숙(伯叔) 또는 기타 친속을 지정했다고 해도 그들은 지도보익(指導補翼)하는 것이지 모의 친권에 대해서 제한을 가는 것이 아니다. 모가 천치(天痴) 또는 광인(狂人)이 아닌 이상 모의 친권에 대해 유언으로써 제한을 가지하지 못한다.

[가치정보]

이 자료는 부산 등지에서 모(母)의 친권 제한에 관련된 관습을 정리한 것으로 지역적 사례를 통해 일반적인 모의 친권에 대한 관습을 파악할 수 있다. 조선총독부 중추원에서 정리한 자료이지만 근대 이행기 모의 친권이 특별한 경우가 아니면 보호된다는 관습을 보여준다는 점에서 의미가 있다.

II-3-2-33. 제7 부모가 유언으로써 보호자를 지정할 수 있는지의 유무

관리기호	기록번호	자료명		
B-1-022	新調第5호	第七 父母ガ 遺言ヲ以テ 保護者ヲ 指定スルコトノ有無		
작성자	생산기관	생산 연도		
-	조선총독부	-		
지역	언어	분량	소장기관	
-	일본어	4면	수원박물관	
키워드	유언, 민법, 친족, 실지조사, 보호자			

[기본정보]

이 자료는 조선총독부가 조선인의 친족 관습의 조사항목 중에서 민법상의 유언(遺言) 관습의 존재 여부를 확인하기 위하여 조사, 기록한 것이다. 조사방법으로는 실지조사 방식을 취하고 있으며 조사자가 질문하고 응답자가 답변한 것을 기록하였다. 언제 조사가 이루어졌는지 알 수 없으나, 해당 자료의 판심(版心)에 조선총독부 중추원이 표기되어 있는 것으로 볼 때, 중추원이 구관조사 업무를 인계받은 1915년 이후에 생산된 자료로 추정된다.

[내용정보]

이 자료에서는 보호자를 지정하는 관습에 대하여, 미성년자 또는 기타 무능력자의 보호자가 될 수 있는 자는 해당 가(家)에 있는 부모 또는 조부모가 정하지만, 만약에 이러한 자가 없을 때는 백숙부 기타의 친척[親屬]이 보통 행하는 것으로 기록되어 있다. 이 경우에 부모는 유언으로 미리 백숙부 또는 기타 친척 중에서 적당한 자를 보호자로 지정할 수 있는 것으로 되어 있다.

이 자료는 1910년 조선총독부가 발행한 관습조사보고서 중에서 내용이 소략하여 민사 분쟁의 기준으로 활용하기 어려운 관습을 상세히 조사한 것으로 보인다. 예컨대, 관습조사보고서는 유언으로 정할 수 있는 것을 규정하면서 양자선정, 유산분배의 비율 및 방법, 후견인의 선정을 기술하였다. 그러나 후견인을 누구로 정할 수 있는지 또 어떻게 정할 수 있는지에 대한 부분이 빠져있다. 따라서 조선총독부는 식민지 후에 추가적으로 조사한 것으로 생각된다.

[가치정보]

이 자료를 통해서 유언의 방식, 그리고 유언의 효력과 상속에 있어서의 유언의 역할 등의 관습을 살펴보고 있어 재산상속의 문제 해결에 있어 하나의 단서를 제공했을 것으로 보여진다.

II-3-2-34. 상속

관리기호	기록번호	자료명	
B-1-057	204호	相續	
작성자	생산기관	생산 연도	
趙義聞 등 21명	조선총독부	-	
지역	언어	분량	소장기관
-	국한문	35면	수원박물관
키워드	양자, 증여, 호주, 재산		

[기본정보]

이 자료는 양자가 호주된 사이에 증여 받은 재산은 양자가 그 가를 떠날 경우에 이를 자기의 특유 재산으로 하여 가지고 떠나야 할지에 대한 관습을 조희문(趙羲聞)을 비롯한 중추원 찬의 21명이 조사 기술한 것으로 총 35면으로 구성되어 있다.

[내용정보]

양자가 호주된 사이에 증여 받은 재산은 양자가 그 가를 떠날 경우에 이를 자기의 특유 재산으로 하여 가지고 떠나야 할지에 대한 관습에 각종의 경우를 상세히 조사하여 보고하였다. 조희문의 처가나 생가로 증여된 재산을 가지고 떠날 수 있고 양가친족 중에서 증여한 것은 특유재산으로 인정치 못한다고 하였다는 보고를 비롯하여 유맹(劉猛), 박승봉(朴勝鳳), 유정수(柳止秀), 어윤적(魚允迪), 김한목(金漢睦), 송지헌(宋之憲), 이항직(李恒稙), 정병조(鄭丙朝), 이만규(李晩奎), 김현수(金顯洙), 박이양(朴彝陽), 현은(玄檃), 박종렬(朴宗烈), 김돈희(金敦熙), 김명수(金明秀), 심종순(沈鍾舜), 정봉시(鄭鳳時), 김용하(金龍河), 송범하(趙範河), 조한극(趙漢克), 김정현(金定鉉) 등 총 22명이 조사하여 보고하였다.

[가치정보]

양자가 그 가문을 떠날 때 양자가 증여받은 재산에 대한 관습이 어떻게 전개되었는지를 알 수 있는 자료이다. 이 자료는 조선총독부 중추원의 조사자료지만 근대 시기로 전화되는 시점에서 떠나는 양자의 재산에 대한 관습의 양상과 특징을 보여준다는 점에서 의미가 있다.

II-3-2-35. 상속에 관한 사항

<table>
<tr><td rowspan="4">[고문서 이미지]</td><td>관리기호</td><td>기록번호</td><td colspan="2">자료명</td></tr>
<tr><td>B-1-038</td><td>123호</td><td colspan="2">相續ニ關スル事項</td></tr>
<tr><td>작성자</td><td>생산기관</td><td colspan="2">생산 연도</td></tr>
<tr><td>魚允迪</td><td>조선총독부</td><td colspan="2">-</td></tr>
<tr><td></td><td>지역</td><td>언어</td><td>분량</td><td>소장기관</td></tr>
<tr><td></td><td>경성</td><td>국한문</td><td>14면</td><td>수원박물관</td></tr>
<tr><td></td><td>키워드</td><td colspan="3">제사상속, 재산상속, 호주상속</td></tr>
</table>

[기본정보]

이 자료는 경성(京城)의 상속에 관한 관습을 중추원 부찬의 어윤적(魚允迪)이 조사 기술한 것으로 총 14면으로 구성되어 있다. 그 내용은 제사상속, 재산상속, 호주상속에 관한 것이다.

[내용정보]

경성(京城)에서 제사상속의 개시원인은 호주 사망이 일반적인 원인이다. 분가 등으로 일가 창립자는 제사자를 정하는 것이 필요하다. 일가 창립자가 미혼자, 여자인 경우에 그 사망과 함께 폐한다. 실종자의 제사는 집을 나간 날로 하고 연한은 예문(禮文)에 준한다. 호주가 종가로 출가한 때에도 제사상속이 개시되고 폐가의 예는 없다. 호주가 되었던 양자의 이연(離緣)도 또한 제사상속 개시의 원인이 된다. 제사상속인의 순서는 장자, 차자, 삼자, 서자, 첩생자, 양자, 초서, 외손, 수양자 등이다. 직계존속이 제사는 행하는데 제사상속이라고 칭하지 아니하고 방계친족은 입후가 아니면 제사상속이 아니고 배우자는 각기 배우관계로 제사를 행하고 남계의 혈족이 아닌 직계비속도 역시 같다. 적자 이외에 제사상속인이 되는 경우는 봉사 또는 승적이라 칭한다.

제사상속인의 순위는 적자가 서자에 선순위이고 양자는 양자 이록 후에 태어난 실자와 이록 전에 태어난 서자보다 선순위이다. 서자와 첩의 자식은 서자가 선순위이다. 제사상속인의 실격은 장자가 미치광이, 자폐, 불구 등으로 배우자의 돌봄을 받아야 하는 경우에는 차자가 제사상속인이 되는데 이것이 유일한 제사상속인의 실격이다. 또 장자가 가문의 명예에 오욕을 끼쳤을 때에는 제사상속인에서 폐제되었다. 또 피상속인의 유산은 전부 제사상속인에게 상속되어 다른 형제들에게 분급하는 책무도 주어졌다. 생양가봉사는 지가의 호주가 종가의 양자인 경우나 타가에 양자간 자가 생부가 사망했을 때 생가와 양가의 제사를 지낸다.

재산상속은 남자호주 사망이 보통이다. 또 여자호주 사망, 가족의 특정 재산을 가지고 있는 자의 사망에서 개시된다. 재산상속인은 남자계통의 직계비속에 한하고 여자는 절대 상속인이 될 수 없다. 재산상속인은 적자가 서자에 우선하고 서자도 첩생자보다 우선한다. 수양자는 유산전부의 상속인이 된다. 단 그 가의 사람에 한하여 유산일부를 상속 받을 수 있다. 직계존속과 방계친족이 비록 상속인이 아닌 경우는 그 유산을 관리하는 재산상속인이 된다. 또 호주의 과부와 직계비속의 과부 등도 망부(亡夫)의 사망을 원인으로 당연 재산상속인이 된다. 미혼의 여자는 동종 3촌이내의 유복친이 없는 경우가 아니면 유산전부의 상속인 수상속인인 경우에 그 유산을 관리하는 재산상속인이 된다. 여자호주 사망의 경우 재산상속인은 자부가 된다. 가족 중 남자 사망의 경우에 재산상속인이 되는 자는 그 남자 직계비속에 한한다. 기혼자는 비속 또는 과부가 상속하고, 미혼자는 호주가 상속한다. 또 장자는 과부의 경우에 호주가 상속하고 차남 이하는 비속 또는 과부가 상속한다. 그리고 남자는 그 비속 또는 과부가 상속하고 여자는 부가 상속한다. 또 직계존속은 호주가 상속하고 방계존속은 호주가 상속하고 순위에 따라 상속한다. 여자가 사망한 경우에 기혼이면 남편이 상속하고 미혼이면 부가 상속한다. 재산상속인의 순위는 남자호주 사망의 경우 장자이고 이후 자와 손자 순서이다. 적자가 서자에 우선한다. 상속인이 이미 사망하였으면 그 아들, 그 과부에 이어진다. 태아는 출생하면 상속인이 되고 그 가에 남자가 없는 경우에는 여자 중 최고 존속이 이어받는다. 재산상속인의 실격과 폐제는 제사상속인의 실격과 폐제와 같다. 재산상속하는 자가 여러 명이면 제사상속인은 제사를 받들고 있기에 지분을 더 많이 차지하고 나머지는 평균하여 분급한다. 피상속인이 생전에 처분 또는 유언으로 상속분배를 정한 경우에는 피상속인의 유언에 따라 분배한다. 상속재산의 증여는 나머지 형제들이 유소년 시기에 행해지나 실제로는 분가할 때 분급하며, 상속재산과 고유재산은 구별된다. 또 생양가봉사의 경우 생가의 재산은 그 봉사자에게 이어진다. 문중재산, 종중재산은 출자자의 장손이 이어받으며, 공동조선의 분묘, 묘지 등도 장손이 관리한다.

호주상속의 개시는 보통 호주의 사망이나 호주의 종적불명, 생사불명 등의 경우에는 그 호주의 연령이 80세 혹은 100세부터 사망한 것으로 인정하여 제사를 지내는 예문에 의하여 그 제사를 행하는 때부터 개시한다. 호주가 다른 가문에 양자가 된 경우에 그 가가 초대이면 그 호는 양자에게 가고 초대가 아니면 그 가에 출가한 때부터 그 가를 승계한 자에게 호주상속을 개시한다.

[가치정보]

경성지방 상속에 관한 관습은 제사상속, 재산상속, 호주상속이 어떻게 전개되었는지에 대한 지역적 특징을 보여주는 것이다. 이를 통해 일반적인 상속에 관한 관습이 지역적으로 어떠한 공통점과 차이점이 있는지를 파악할 수 있다. 이 자료는 일제의 조사 자료이기는 하지만 근대 시기 상속에 관한 관습의 양상과 특징을 보여준다는 점에서 의미가 있다.

II-3-2-36. 상속에 관한 사항

관리기호	기록번호	자료명	
B-1-043	135호	相續ニ關スル事項	
작성자	생산기관	생산 연도	
-	조선총독부	-	
지역	언어	분량	소장기관
영암, 장흥	일본어	18면	수원박물관
키워드	제사상속, 재산상속, 호주상속		

[기본정보]

이 자료는 상속에 관한 관습을 조사 기술한 것으로 총 18면으로 구성되어 있다. 편찬연대 및 편찬자를 파악할 수 없으나 중추원의 공문서를 사용한 것에 미루어 중추원에서 기술한 것으로 보인다. 그 내용은 영암과 장흥에서 조사한 제사상속에 관한 것이다.

[내용정보]

　제사상속인의 순위는 연령의 장유에도 불구하고 적자가 서자보다 선순위이고 양자는 이록 후에 태어난 실자보다 선순위이다. 영암에서는 그 실자가 적자로 양자를 파양하고 그의 자를 상속한다. 양자는 양자 연조(緣組) 전에 태어난 서자보다 선순위이고, 서자는 첩의 자식보다 선순위이다. 첩생자는 모(母)의 가에서 절대 상속인이 될 수 없다. 피상속인이 먼저 사망한 경우에는 직계비속이 그 다음 순위이다. 사망자가 미혼일 경우 형망제급(兄亡弟及)의 승계법을 행한다. 그런데 제사상속인이 서자뿐일 때는 장자가 차자보다 후순위가 된다. 영암에서는 그 장자와 차자의 모가 다를 경우에는 차자는 선순위를 잃게 된다. 복적한 자는 순위를 회복한다. 양자연조(養子緣組) 이전에 희태(懷胎)한 태아가 출생하면 양자보다 선순위다. 단, 장흥에서는 양자가 그 지위를 잃지만 태아의 상속자격을 인정하지는 아니한다. 그 상속인도 정하여 둔다. 생앙가봉사는 보통 형세간에 행하여신다. 또 당내의 사이에서 행해지는데 최근 친자를 봉사자로 한다. 생양가봉사자는 동시에 생가와 양가의 호주이다. 단 장흥에서는 그 존속이 양가에 들어가 생활하기 곤란하면 양가에 들어간 때에 생가의 호적은 절가와 동일하게 취급한다. 또 타군에서 동시에 양가와 생가의 호주이면 생모는 생가의 호주가 되는 관습이 있다. 또 생양가봉사자는 차남으로 생가를 계승하고 후일 차남이 태어나면 자연 그렇다. 단 영암에서는 차남이 생가를 계승하는 관습이 아니다.

　재산상속은 남자호주가 사망한 경우 그 직계 비속으로 남계의 자에 한한다. 첩생자와 수양자는 재산상속인이 될 수 있다. 단 장흥에서는 첩생자 역시 상속인이 되고 수양자는 적자, 서자, 첩생자가 없을 때에 한해 상속인이 된다. 상속인은 그 집안사람으로 한한다. 직계존속과 방계친족과 호주의 과부와 직계비속의 과부와 미혼녀도 모두 상속인이 될 수 있다. 여자 가장이 사망한 경우에는 남호주의 경우와 동일하다. 수양자는 다른 자식이 없을 때 한해 상속인이 된다. 가족인 남자사망의 경우 재산상속인은 그의 직계비속의 남자에 한한다. 장흥에서 배우자는 상속인이 된다. 가족인 여자사망의 경우는 호주가 상속하고 기혼여성은 남편이 상속하고 미혼여성이 부모가 없을 때에는 형제가 상속인이 된다.

　재산상속인의 순위는 남호주 사망의 경우 자(子)가 손(孫)보다 우선하고, 자는 동순위에서 분배받는 수량의 차이가 있다. 상속인이 사망하고 그 아들도 없는 경우에 그 과부가 사자(死者)의 재산을 상속받고, 사자가 장남이 되는 경우에 역시 그렇게 하고 그 자가 태아 되는 때에도 과부가 사자의 재산을 상속받는데, 이 수취하는 분을 장래 후계자의

168

지분으로 인정한다. 가족인 기혼 남자 사망의 경우는 남자호주 사망의 경우와 동일하다. 만약 사자의 장남이 혼인 후에 사망하고 자식 없는 과부면 그 상속분은 과부가 승계하고 사자가 미혼남인 경우는 부모가 승계한다. 호주의 처 또는 가족의 처가 사망한 경우 직계비속이 상속하고 직계비속이 없는 경우 남편이 승계하고 후주가 승계하는 관례는 없다. 가족인 과부가 사망한 경우에는 비속이 승계하고 비속이 없는 경우에는 존속이 승계한다.

　장자는 반을 상속하고 동생들은 체감한다. 상속분은 제사상속인 또는 제사자의 특권에 속한다. 상속분을 피상속인이 생전의 처분 또는 유언으로 정한 경우에는 그 피상속인의 의사에 따른다. 피상속인 상속분을 정하지 못한 경우에 장자가 이를 정하고 하등의 제한을 받지 않는다. 상속인의 상속분은 상속개시와 동시에 확정되고 분할전에는 장자의 소유로 본다.

　재산상속을 한 자는 피상속인의 책무를 다하는 것은 물론 제사상속인 또는 제사자와 기타의 재산상속인이 있는 때에는 제사상속인 또는 제사자가 이를 부담하고 기타의 재산상속인은 부담치 아니하나 만약 전자가 상속분을 소비하고 빈궁한 경우에 있어서는 후자가 부담한다. 여자 사망의 경우도 재산상속의 효과는 남자 사망의 경우와 차이가 없다. 재산상속인이 1인인 경우에 제사상속인 또는 제사자가 아닌 경우에라도 피상속인의 책무는 당연 상속인으로서 부담하는데 그 상속인이 비속, 존속을 이유로 구별되지 않는다.

　종중 또는 문중에 속한 재산은 관습상 종중 또는 문중의 공유로 간주한다. 종산(宗山), 종전(宗田), 종답(宗畓), 종계전답(宗契田畓), 종계전(宗契錢), 종중물건 등의 명칭을 사용하는 것은 종중의 공유에 공한 것이다. 종중재산은 호주 등이 관여치 아니한다. 종중재산의 관리는 종장, 종유사 또는 문장, 문유사가 한다. 공동조선의 분묘, 묘지는 관습상 자손 전체의 공유에 속한다. 제위전답, 묘위전답, 묘직전답 등은 종중전체의 공유로 하고 관리 수익과 수익의 사용은 장파자손에 속하되 이를 처분은 종중의 동의를 필요로 한다.

　호주상속에서 남자는 여자보다 우선한다. 남자간의 제사상속의 순위에 따른다. 여자의 경우는 처, 모, 조모의 순에서 그 선후를 정한다. 재산상속의 광결(曠缺)이 생기는 경우는 보통 상속인의 사망, 징역, 정배, 승려, 도망 등의 경우이다. 재산상속인 광결의 경우에 그 재산은 최근친이 관리하고 관리자는 재산보호 목적 외에는 하지 못한다. 상속인이 없이 사망한 자의 유산은 그 가에 친족이 있을 때에는 그 친족에게 돌아가고 이자는 매년 제사를 지내는 관습이 있다.

　기혼 남자는 수제자(受祭者)가 되고 미혼자는 연령의 다과(多寡)에 불구하고 수제자가 될 수 없다. 여자도 미혼자는 수제자가 될 수 없다. 수제자가 되지 못한 자는 부제(祔祭)하지 못한다. 제사자가 유소(幼少)한 경우에는 유자의 명의로 근친의 남자가 행사(行祀)한다. 조선의 제사는 봉사자가 주제자(主祭者)가 되고 다른 자손전체가 참가한다. 존속은 절대 비속의 제사를 행하는 예가 없다. 모족(母族), 처족(妻族), 출가족(出嫁族) 등의 제사를 행하는 예가 없다. 비복(婢僕) 등이 제사를 행하는 예는 없다.

사제(祠祭)는 조선 4대까지 봉사하고 4대 이외라도 고관이거나 국가에 공로가 있는자는 영구히 사제한다. 사제의 시각은 자정 즉 밤 12시이다. 묘제는 수제자가 행하고 기타의 자에 부(付)하여 동시에 제사를 행하는 일은 없다. 묘제는 사제 중에라도 이를 행한다. 묘제의 시기는 정월 원일, 한식, 단오와 추석에 행한다. 면례(緬禮)와 계찬(啓欑)시에는 임시 묘제를 행한다.

[가치정보]

상속에 관한 관습은 제사상속, 재산상속, 호주상속이 어떻게 전개되었는지에 대한 일반적인 특징과 전라도 지방인 영암과 장흥의 관습을 비교해 볼 수 있다. 이 자료는 일제의 조사 자료이기는 하지만 근대 시기 일반적으로 행해지고 있던 상속에 관한 관습의 양상과 특징을 보여준다는 점에서 의미가 있다.

II-3-2-37. 상속에 관한 사항

관리기호	기록번호	자료명	
B-1-046	153호	相續ニ關スル事項	
작성자	생산기관	생산 연도	
-	조선총독부	-	
지역	언어	분량	소장기관
전주 임실, 남원	일본어	11면	수원박물관
키워드	재산상속인, 유언, 유서, 유증		

[기본정보]

　이 자료는 전주, 남원, 임실지역의 상속에 관한 관습 중 재산상속에 있어 유언의 방식, 집행, 유언서의 보관, 유증의 집행 등에 대해 조사 기술한 것으로 총 11면으로 구성되어 있다. 편찬연대 및 편찬자를 파악할 수 없으나 중추원의 공문서를 사용한 것으로 미루어 중추원에서 기술한 것으로 보인다.

[내용정보]

　재산상속의 광결(曠缺)이 생기면 재산의 관리는 최근친족이 하고 그 권한은 보통관리인의 경우와 다르다. 상속인이 없이 사망한 자의 유산은 그 가에 친족이 있을 때에는 그 친족에게 돌아가고 그 가에 친족이 없을 때에는 다른 친족에게 귀속된다. 그 친족의 범위는 보통 당내친족(8촌)이다. 9촌 이상에게 분급할 때는 문회의 결의에 따른다. 유산을 받을 만한 친족이 없을 때는 사자(死者)의 유산을 이동(里洞)에서 관리하여 매장, 수분(守墳), 제사 등에 설비(設備)한다. 재산상속인의 폐제는 제사상속인 폐제와 같다. 상속인이 강상의 죄를 범하였으면 자연 폐제된다.

　유언의 방식은 구두와 서면이 있는데, 구두는 가족 또는 최측근이 입회하고 만약 유언의 집행자가 입회를 유구하면 와야 한다. 유서는 자필이 많은데 가끔 대필 유서는 유서의 전문보감자(全文保監者), 집행자, 일부(日附), 성명도장하고 보증인을 대필유서에 2명이상 증필(證筆)한다. 유언의 집행 전에 유서를 재판소 또는 기타 관청에 제출하여 검증을 요구하거나 유서의 확증을 요구하는 관습이 있다. 유언 또는 유서의 집행자를 명시하는 것이 보통이다. 집행자는 보통 1인이나 간혹 2인 이상일 경우 협의해서 집행한다. 유언의 집행 방법과 집행 시기는 유언의 취지에 따라 집행한다. 집행자가 유언을 집행할 경우에 재산목록을 조제(調製)한다. 집행자가 여행, 병기(病氣) 등일 경우 타인이 대신해서 집행의 임무를 행하는 관습이 있다. 유언서의 보관은 유서에 명시하는 것이 보통이다. 유언서의 보관자는 유언의 집행자와 일치하는 것이 보통이다. 제사상속인, 재산상속인이 어릴 경우 과부에게 보관하는 예가 있다. 유언에 의해 무능력자의 보호자를 지정할 수 있다. 보통 유언의 내용 시항은 재산상속, 분묘 제사, 장례, 일가화합, 자손의 훈육·교육, 친족의 화합, 상속재산관리, 처의 개가, 양자의 지정·파양, 호후인(護後人) 지정 등에 관한 것이다. 피상속인이 재산의 전부 또는 일부를 재산상속인에 유임(遺留)하는 관습이 있다. 이 관습은 제사상속인 또는 제사자가 다른 재산상속인보다 비교적 다수의 재산을 상속하는 관습에서 나왔다. 유증의 효과가 발생하는 시기는 유언자가 망한 때이다. 수유자(受遺者)의 권리

획득 시기는 유언자 사망의 때이고 만약 조건 또는 기간 등이 있으면 기한이 도래, 조건을 성취한 때이다. 이 모든 것은 전주, 임실, 남원이 동일한 양상이다.

[가치정보]

재산상속의 관습이 유언, 유서를 통해 어떻게 전개되었는지에 대한 일반적인 특징과 전라도지방인 전주, 임실, 남원의 관습을 비교해 볼 수 있다. 이 자료는 일제의 조사자료이기는 하지만 근대시기 일반적으로 행해지고 있던 유언, 유서를 통한 재산상속에 관한 관습의 양상과 특징을 보여준다는 점에서 의미가 있다.

II-3-2-38. 상속에 관한 사항

관리기호	기록번호	자료명		
B-1-051	155호	相續二關スル事項		
작성자	생산기관	생산 연도		
-	조선총독부	-		
지역	언어	분량	소장기관	
-	일본어	9면	수원박물관	
키워드	생양가봉사, 제사상속, 상속인 광결, 상속인 폐제			

[기본정보]

이 자료는 상속에 관한 관습을 조사 기술한 것으로 9면으로 구성되어 있다. 편찬연대 및 편찬자를 파악할 수 없으나 중추원의 공문서 사용한 것으로 미루어 중추원에서 기술한 것으로 보인다.

[내용정보]

호주와 제사상속의 순위는 연령의 장유에도 불구하고 적자가 서자보다 선순위이고 양자는 양자 이록 후에 태어난 실자보다 선순위이다. 양자는 양자 연조(緣組) 전에 태어난 서자보다 선순위이고, 서자는 첩의 자식보다 선순위이다. 피상속인이 먼저 사망한 경우에는 직계비속이 그 다음 순위이다. 서자와 서자 간에는 연장자가, 여자는 남자 명의로서 섭행(攝行)한다. 상속인이 피상속인보다 먼저 사망하면 차자 혹은 차양자가 임시로 호주를 한다. 가족 사망 시에는 제사는 호주가 하고 재산 역시 호주가 관리한다. 상속인의 폐제는 형 죽은 동생, 양자파양의 경우는 상속인 폐제로 보고 가족의 이적(離籍)은 출계, 분가, 출가(出嫁), 개가 등이고 사망 시에는 자연 이적된다.

상속분은 피상속인의 지정 혹은 장자의 분배에 의해 이뤄지고 보통 장자가 제사상속자의 분으로 3분의 2를 상속받는다. 피상속의 책무는 제사상속인의 부담에 귀속된다. 가족 피상속인 때에는 그 정당한 채무는 호주가 부담한다. 상속인이 없는 자의 채무는 유산에 한하여 부담한다.

상속인이 없이 사망한 자의 유산은 호주에 귀속된다. 가족인 출가녀 혹은 근친속이 귀속하고 없으면 양자, 수양자가 귀속한다. 이들도 없으면 혼척과 친속에게 귀속된다. 원근의 친척도 없을 때에는 사자(死者)의 유산을 이동(里洞)에서 관리하여 매장, 부분(守墳), 제사 등에 설분(設備)한다.

생양가봉사는 보통 형제간에 행하여진다. 지가의 독자로 호주인 자가 종가 백부의 양자로 갈 때에 생가 장자를 정하고 생가의 제사를 섭행(攝行)한다. 생부생가의 가족이 상속인이 없을 때 그 제사는 출계자가 지낸다. 사망한 남자호주의 손자가 있는데 생양가 봉사자가 사망하면 그 자손이 또 생양가의 봉사를 한다. 생양가봉사자는 동시에 생가와 양가의 호주이다. 그 존속이 양가에 들어간 때에 생가의 호적은 폐호된다. 양가와 생가의 호주이면 생모는 생가의 호주가 되는 관습이 있다. 또 생양가봉사자는 차남으로 생가를 계승하고 후일 차남이 태어나면 자연 그렇다.

[가치정보]

상속에 관한 관습은 제사상속, 상속인 폐제, 상속인 광결, 생양가봉사 등이 어떻게 전개되었는지에 대한 일반적인 특징을 알 수 있는 자료이다. 이 자료는 일제의 조사자료이기는 하지만 근대 시기 일반적으로 행해지고 있던 상속에 관한 관습의 양상과 특징을 보여준다는 점에서 의미가 있다.

II-3-2-39. 상속에 관한 사항

第三部
相續ニ關スル事項
第一 祭祀相續
一(一六五) 祭祀相續ノ開始原因
恭祀先ノ奉祀者タル地位ヲ承卽テ祭祀相續ノ開始原因ハ七ノ場合因ト為ス第二ハ家其他ノ一男子ヨリ祭祀相續ヲ開始スルコトヲ要ス第四男子ノ家ヲ創立シタル場合第三男子タル家族ノ死亡シ婚姻者タルコトヲ要ス第四男子合ハ一家ヲ創立シタル者ノ失踪ヲ為ス三十年以上ヲ経過スルモ尙ホ在不明ノ場合ヲ合第五戶主カ本家ヘ養子トナリタル養子ヲ寵養セシタ第六戶主ト為リタル養子ヲ寵養セシタ

관리기호	기록번호	자료명		
B-1-375	131	相續ニ關スル事項		
작성자	생산기관	생산 연도		
渡邊業志 金敦熙	조선총독부 중추원	1925		
지역	언어	분량	소장기관	
통천, 회양 김화, 철원	일본어	88면	수원박물관	
키워드	상속, 사망, 양자, 파양, 호주			

[기본정보]

이 자료는 통천, 회양, 김화, 철원 등지에서 상속에 관한 일반적인 관습을 조사 정리한 것으로 지역적 사례를 파악할 수 있다. 총 88면으로 구성되어 있다.

[내용정보]

제사상속의 개시원인은 첫째, 남자호주의 사망 둘째, 분가 등으로 일가 창립 셋째, 남자인 가족의 사망, 단 기호자인 경우 넷째, 남자호주 또는 일가 창립자가 실종된 지 30년 이상 지난 경우 다섯째, 호주인 양자가 파양한 경우 등이다.

따라서 호주가 제사자가 아니면 그 사망으로 제사상속이 개시되지 않는다. 호주가 여자이면 여자는 제사자일 수 없으므로 그 사망으로 특별히 제사상속의 개시를 볼 수 없다. 이 경우에도 여자호주의 사망으로 인하여 새로이 제사상속을 개시하지 않을 뿐, 그 가의 제사상속은 최후의 남자호주의 사망으로 이미 개시하고 상속인부존재의 상태에 있는 것이다. 또 분가 등으로 일가를 만든 사람은 제사자를 정하는 것이 필요하고 제사상속의 개시의 경우와 동일하다. 미혼자는 가통을 승계할 자격이 없어 그 가의 세대에 들지 않으므로 그 사망으로 개시되는 제사상속은 선대의 상속으로써 망호주의 상속이 아니다. 실종자의 제사는 마지막으로 연락한 날을 사망일로 하여 30년이 지난 후 사망한 것으로 추정하여 제사상속을 개시한다. 그 외에도 양자의 제사상속, 호주의 국적상실은 제사상속의 원인이 되지 않는 전통이 있다.

제사상속인의 자격은 직계비속의 남자에 한한다. 외손이 제사상속인이 되면 외손봉사로 칭한다. 제사상속인은 반드시 선조의 제사를 받들고 신주의 방제에 효자 某라고 쓰며 그 신주를 가족의 사당에 받들어야 한다. 제사상속인의 순위는 적자가 서자에 선순위이고 양자는 양자 이록 후에 태어난 실자와 이록 전에 태어난 서자보다 선순위이다. 서자와 첩의 자식은 서자가 선순위이다. 장자가 미치광이, 자폐, 불구 등으로 배우자의 돌봄을 받아야 하는 경우에는 차자가 제사상속인이 되는데 이것이 유일한 제사상속인의 실격이다. 또 장자가 가문의 명예에 오욕을 끼쳤을 때에는 제사상속인에서 폐제되었다.

제사상속인은 호주이기도 하여 가장이라고 칭하였다. 또 피상속인의 유산은 전부 제사상속인에게 상속되어 다른 형제들에게 분급하는 책무도 주어졌다. 또 선조의 분묘, 묘지, 제위전답과 묘지부속 임야와 가옥, 사당, 신주, 계보, 제구, 주가(住家) 등이 주어졌다. 생양가봉사는 지가의 호주가 종가의 양자인 경우나 타가에 양자로 간 자가 생부가 사망했을 때 생가와 양가의 제사를 지내는 것이다.

재산상속은 남자호주 사망이 보통이다. 또 여자호주 사망, 가족의 특정 재산을 가지고 있는 자의 사망에서 개시된다. 재산상속인은 남자계통의 직계비속에 한하고 여자는 절대 상속인이 될 수 없다. 재산상속인은 적자가 서자에 우선하고 서자도 첩생자보다 우선한다. 수양자는 유산전부의 상속인이 된다. 단 그 가의 사람에 한하여 유산일부를 상속받을 수 있다. 직계존속과 방계친족이 비록 상속인이 아닌 경우는 그 유산을 관리하는 재산상속인이 된다. 또 호주의 과부와 직계비속의 과부 등도 망부(亡夫)의 사망을 원인으로 당연 재산상속인이 된다. 미혼의 여자는 동종 3촌 이내의 유복친이 없는 경우가 아니면 유산전부의 상속인 수상속인인 경우에 그 유산을 관리하는 재산상속인이 된다. 여자호주 사망의 경우 재산상속인은 자부가 된다. 가족 중 남자 사망의 경우에 재산상속인이 되는 자는 그 남자 직계비속에 한한다. 기혼자는 비속 또는 과부가 상속하고, 미혼자는 호주가 상속한다. 또 장자는 과부의 경우에 호주가 상속하고 차남 이하는 비속 또는 과부가 상속한다. 그리고 남자는 그 비속 또는 과부가 상속하고 여자는 부가 상속한다. 또 직계존속은 호주가 상속하고 방계존속은 호주가 상속하고 순위에 따라 상속한다. 여자가 사망한 경우에 기혼이면 남편이 상속하고 미혼이면 부가 상속한다. 재산상속인의 순위는 남자호주 사망의 경우 장자이고 이후 자와 손자 순서이다. 적자가 서자에 우선한다.

상속인이 이미 사망하였으면 그 아들, 그 과부에 이어진다. 태아는 출생하면 상속인이 되고 그 가에 남자가 없는 경우에는 여자 중 최고 존속이 이어받는다. 재산상속인의 실격과 폐제는 제사상속인의 실격과 폐제와 같다. 상속재산의 분배는 장자에 한하고 장자는 나머지 형제에게 분급한다. 피상속인이 생전에 처분 또는 유언으로 상속분배를 정한 경우에는 피상속인의 유언에 따라 분배한다. 상속재산의 증여는 나머지 형제들이 유소년 시기에 행해지나 실제로는 분가할 때 분급하며, 상속재산과 고유재산은 구별된다. 또 생양가봉사의 경우 생가의 재산은 그 봉사자에게 이어진다. 문중재산, 종중재산은 출자자의 장손이 이어받으며, 공동조선의 분묘, 묘지 등도 장손이 관리한다.

호주상속의 개시는 보통 호주의 사망이나 호주의 종적불명, 생사불명 등의 경우에도 시작된다. 또 양자로 호주상속을 할 수 있다. 호주상속은 직계비속 남자이고 미혼 여자, 사위 등은 절대 호주 상속인이 될 수 없다. 호주상속은 남자가 여자보다 우선하는데 상속개시 전에 사망하면 그 처가 동생보다 우선한다. 호수상속인의 실격과 폐제는 제사상속인의 실격과 폐제와 동일하다. 또 여자가 호주상속을 하면 그 가의 제사를 섭행(攝行)하는 관습이 있는데 다른 섭사자를 정하고 죽은 호주의 유산은 전부 그 자에게 이어진디. 물론 죽은 호주의 책무도 이어진다. 생양가봉사의 경우 생가의 그 봉사자의 존속의 호주인 동시에 봉사자가 된다.

제사상속은 장파(長派)에 상속되나 장파의 죽은 남자호주에 한하여 동렬의 가장 가까운 자가 의무를 진다. 재산상속은 채무부담을 덜기 위해 포기할 수 있다. 여자가 호주상속을 할 경우 포기할 수 있다. 또 제사상속, 재산상속을 정지할 수 있다. 한편, 제사상속인이 광결(曠缺) 중에 제사 집행은 삼촌의 유복친이 제사를 집행한다. 재산상속인의 광결 시에는 형이 관리하거나 형제간에 협의하여 관리인을 정한다. 또 상속인의 사망 시 유산은 형제, 백숙부, 4촌~8촌의 친족의 순서대로, 여자, 수양자 순으로 관리한다. 제사상속과 재산상속, 호주상속은 회복할 수 있다.

폐가, 절가가 될 수 있는데, 폐가는 장파가 단절된 경우로 양자를 들여 재흥할 수 있다. 절가는 미혼의 여자가 양자를 들이지 않는 경우, 큰 죄로 자손이 사형 당한 경우 등이 있는데, 양자를 들여 재흥할 수 있으나 수년이 지난 후에 가능하였다. 일가 창립은 분가로 인한 창립, 수양자의 창립, 사생자의 창립, 초서혼, 이혼 등에 의한 창립 등이 있다.

제사의 수제자(受祭者)는 혼인하고 죽은 자로 그 제사는 비속의 장자가 하는 것이 일반적이고 조선의 제사는 봉사자 주제로 유복친의 자손은 다 참여한다. 이외에도 사제(祠祭), 묘제 등이 있으며 그에 따른 의식이 정해져 있었다.

이 자료는 부산 등지에서 모(母)의 친권에 대한 제한에 관련된 관습을 정리한 것으로 지역적 사례를 통해 일반적인 모의 친권에 대한 관습을 파악할 수 있다. 조선총독부 중추원에서 정리한 자료이지만 근대 이행기 모의 친권이 특별한 경우가 아니면 보호된다는 관습을 보여준다는 점에서 의미가 있다.

II-3-2-40. 상속에 관한 사항, 유산의 방식, 승려의 유산상속

관리기호	기록번호	자료명	
B-1-049	154호	相續ニ關スル事項, 遺産ノ方式, 僧侶ノ遺産相續	
작성자	생산기관	생산 연도	
-	조선총독부	-	
지역	언어	분량	소장기관
-	일본어	19면	수원박물관
키워드	재산상속, 생양가봉사, 유언, 유산, 승려		

[기본정보]

이 자료는 상속에 관한 관습 중 생양가봉사, 유산의 방식, 승려의 유산상속 등에 대해 조사 기술한 것으로 총 19면으로 구성되어 있다. 편찬연대 및 편찬자를 파악할 수 없으나 중추원의 공문서를 사용한 것으로 미루어 중추원에서 기술한 것으로 보인다.

[내용정보]

남자호주가 사망한 경우 여솔(女率)은 가족에 한하여 상속인이 가능하다. 여자호주가 사망한 경우도 남자호주의 사망한 경우와 동일하다. 집안의 상속자인 경우에 가적(家籍)에 있는 자의 재산상속을 인정하고 그 집안이 절가된 경우에는 인정 범위를 백부·숙부, 형제는 유복친의 범위로 한정한다.

생양가봉사는 지가의 호주가 생가의 양자인 경우에 생긴다. 타가의 양자인 자가 생가의 무후(無後)로 인하여 생양가봉사를 하는 경우도 있다. 지가와 생가의 관계가 형제 또는 사촌의 범위이다. 생양가봉사의 개시 이전에 존속이 생가에 있으면 생양가봉사에 관계된다. 그 생가의 호적은 절가와 동일하게 취급되는 관습이 있다. 생양가봉사의 경우 생가에서 생양가봉사자의 선대에 양자로 그 가를 계승한다. 양자를 정하는 생양가봉사자는 봉사자의 차남으로 생가를 계승한다. 생가의 재산은 생자에 둔다. 봉사자가 승계한 다음 다시 생가를 계승하는 것은 없다.

상속인으로 사망한 자의 유산은 상속인이 정해져 있으면 그 유산은 귀속되고 아니면 그 가의 친족에게 돌아가고 친족이 없을 때에는 다른 친족에게 귀속된다. 재산상속인의 폐제를 인정하는 관습이 있다. 상속인이 강상의 죄를 범하였으면 자연 폐제된다.

유언의 방식은 구두와 서면이 있는데, 구두는 가족 또는 최측근이 입회하고 만약 유언의 집행자가 입회를 요구하면 와야 한다. 유서는 자필이 많은데 가끔 대필 유서는 유서의 전문보감자(全文保監者), 집행자, 일부(日附), 성명도장하고 보증인을 대필유서에 2명이상 증필(證筆)한다. 유언의 집행 전에 유서를 재판소 또는 기타 관청에 제출하여 검증을 요구하거나 유서의 확증을 요구하는 관습이 있다. 유언 또는 유서의 집행자를 명시하는 것이 보통이다. 집행자는 보통 1인이나 간혹 2인 이상일 경우 협의해서 집행한다. 유언의 집행 방법과 집행 시기는 유언의 취지에 따라 집행한다. 집행자가 유언을 집행할 경우에 재산목록을 조제(調製)한다. 집행자가 여행, 병기(病氣) 등일 경우 타인이 대신해서 집행의 임무를 행하는 관습이 있다. 유언서의 보관은 유서에 명시하는 것이 보통이다. 유언서의 보관자는 유언의 집행자와 일치하는 것이 보통이다. 제사상속인, 재산상속인이 어릴 경우 과부에게 보관하는 예가 있다. 유언에 의해 무능력자의 보호자를 지정할 수 있다. 피상속인이 재산의 전부 또는 일부를 재산상속인에 유임[遺留]하는 관습이 있다. 이 관습은 제사상속인 또는 제사자가 다른 재산상속인보다 비교적 다수의 재산을 상속하는 관습에서 나왔다. 유증의 효과가 발생하는 시기는 유언자 사망한 때이다. 수유자(受遺者)의 권리 획득 시기는 유언자 사망의 때이고 만약 조건 또는 기간 등이 있으면 기한이 도래, 조건을 성취한 때이다.

승려 개인의 의식(衣食)에 관련된 것은 사찰 재산과 구별된다. 그 처분은 개인의 자유에 있다. 보통 승려의 유산은 장례식 비용을 제외하고 사찰에 기부한다. 유산상속분이 정해진 경우 유산상속에 관한 상우선자는 자손의 근친자이고 그 후 친족에 관련된 부모형제의 자손이다. 그 상속분은 장례비, 경작전 등을 제외하면 소액이다.

상속에 있어 일반적인 재산상속의 관계와 생양가봉사가 어떻게 전개되었는지 파악할 수 있으며, 유산이 유언·유서 등을 통해 상속되는 과정을 알 수 있다. 특히, 승려의 유산이 어떻게 상속되는지를 파악할 수 있는 자료이다. 이 자료는 일제의 조사자료이기는 하지만 근대 시기 일반적으로 행해지고 있던 재산상속에 관한 관습의 양상과 특징을 보여준다는 점에서 의미가 있다.

II-3-2-41. 여호주에 관한 사항

	관리기호	기록번호	자료명	
	B-1-037	新調第109호 (5-1)	女戶主ニ關スル事項外	
	작성자	생산기관	생산 연도	
	-	조선총독부	-	
	지역	언어	분량	소장기관
	성천, 삼수, 자성, 갑산 원창 등 5개 지역	일본어	39면	수원박물관
	키워드	여호주, 혼인, 첩, 양자, 재산상속		

[기본정보]

이 자료의 표제목은 '여호주에 관한 사항'으로 되어 있으나, 후면에 갑오개혁 이전의 구호적, 혼인에 관한 사항, 첩에 관한 사항, 양자에 관한 사항, 장식(葬式)에 관한 풍습, 재산상속의 순위에 관한 사항도 조사하였다. 생산연도, 조사자, 생산기관 모두 미상이다. 다만, 판심(版心)에 조선총독부로 표기되어 있는 것을 볼 때 취조국 또는 참사관실 단계에서 조사된 것으로 추정된다.

[내용정보]

여호주에 관한 사항은 평안남도 성천군, 함경남도 삼수군에서 조사하였다. 갑오개혁 이전의 구호적에 관해서는 평안북도 자성군, 함경남도 갑산군에서 조사하였고 주로 단자

(單子)에 관한 사항을 기술하였다. 혼인에 관한 사항은 평안남도 성천군, 평안북도 원창군, 함경남도 삼수군에서 조사하였고 세부사항으로는 혼인연령, 혼인의 종류, 혼인의 요건, 혼인의 방식, 혼인의 제한, 혼인의 효과, 혼인의 무효 및 취소 등을 조사하였다. 첩에 관한 사항은 평안북도 자성군에서 조사하였다. 양자에 관한 사항은 평안북도 강계군에서 조사하였고, 세부사항은 양자의 종류, 양자연조의 요건, 양자연조의 방식, 양자연조의 효과, 양자연조의 무효 및 취소, 양자의 이연 등을 조사하였다. 장식(葬式)의 풍습에 대해서는 함경남도 갑산군, 평안북도 자성군에서 조사하였고, 재산상속(財産相續)의 순위는 평안북도 자성군에서 조사하였다.

[가치정보]

1912년(대징 1) 조선총독부 중추원에서 행한 관습조사에 대한 보충조사로서 전주지역 각면 지역에서 행해진 친족과 상속에 관한 각종 관습의 절차와 내용에 대해 상세하게 알 수 있다.

II-3-2-42. 유자(유자의 의의, 유자의 능력, 유자의 성년)

관리기호	기록번호	자료명	
B-1-094	-	幼者 (幼者の意義, 幼者の能力, 幼者の成年)	
작성자	생산기관	생산 연도	
-	조선총독부	-	
지역	언어	분량	소장기관
-	일본어	88면	수원박물관
키워드	유자(幼者), 노자(老子), 성년, 관례		

[기본정보]

이 자료는 유자(幼者)의 의지(意義), 유자의 능력, 성년에 관한 관습을 조사하여 기술한 것으로 총 88면으로 구성되어 있다.

[내용정보]

유자(幼者)의 의의에서 성년, 미성년의 기준은 15세이다. 15세 미만자를 유자라고 칭한다. 3세는 소아(小兒), 10세는 동자(童子), 15세는 성동(成童), 16세는 정(丁)이라 한다. 조선에서 연령계산법은 소위 수년(數年)의 법에 의해 계산한다. 예를 들어 1912년(대정 1) 12월에 태어난 자는 1926년(대정 15) 1월에 15세가 된다. 평양, 함흥 등지에서 연령의 계산은 입춘으로서 기초를 삼는다.

관습상 보통 15세 이상은 성년으로 보고 그 능력은 사법(私法)상의 능력, 공법(公法)상의 능력, 형법(刑法)상의 능력으로 나눠진다. 사법상의 능력은 다시 재산상의 능력, 친족법상의 능력, 상속법상의 능력으로 분류한다. 유자의 재산관리와 처분, 기타에 관련된 것은 유자의 후견인인 부모, 기타의 친족이 대리한다. 유자의 법률행위의 효력을 보면 유자가 후견인의 동의를 얻어 단독으로 행한 법률행위는 무효이다. 유자에 대한 행위 의사표시는 무효로 보는 것이 원칙인데 13, 14세에 의식이 있는 자에 대한 의사표시는 전연 무효는 아니다.

남자는 15세에 관례(冠禮)를 시작하고 호패(號牌)제도에서 정년(丁年)을 15세로 하고 관습상 행위능력의 성년은 15세부터이다. 단 관례와 호패제도에 근거하여 행위능력상의 성년을 정한다. 15세 이상이라도 행위능력을 인정한 보호자에 의해 대표한 자는 15세로써 행위능력자로 인정하는 것이 표준이다. 그런데 일면에서 연령을 표준으로 하고 동시에 다른 일면에서 보호자의 유무를 표준으로 한다. 즉, 15세 이하의 자와 15세 이상의 보호자가 있는 자는 행위무능력자이다. 15세 이상으로 보호자가 어는 자는 행위능력자로 본다. 단 소송행위에 대해서는 1908년(융희 2) 법률 제13호 민형소송 규칙 제67조에 의해 재판소의 권한으로 경우에 따라 무능력자의 계약, 기타 법률행위를 위한 필요에 따라 보호자를 대리할 수 있다. 만약 스스로 행위할 수 있는 자는 보호자에게 그것을 취할 수 있다. 그 보호자는 부(父), 조모(祖母), 모(母)이고 없으면 백숙부(伯叔父), 기타 근친(近親)이 된다. 여자는 기혼자로 행위능력에 붙여 성년자 관례는 부권(夫權)의 작용에 인하여 그 능력을 제한을 받는다.

노자(老者)의 의의를 보면, 60세는 기지시(耆指使)라고 말하고, 70세는 노이전(老而傳)이라고 말하고, 80세·90세는 노모(老毛)라고 말한다. 16세에 정(丁)을 시작하여 60세에 끝난다. 형사상에서 70세 이상의 자를 노자라고 한다. 노자의 공법상의 능력은 병역과 요역에서 60세 이상인 자는 면역된다. 또 노자는 임관(仕官), 기타 공직에 취임할 수 있다. 형사법상의 능력으로 70세 이상의 자에 대한 규정이 형법대전 등에 나타나 있다.

이 자료는 미성년에 대한 기준과 미성년에 대한 사법상의 능력, 공법상의 능력, 형법상의 능력에 대해 조사를 통해 미성년자의 권한과 그 대리에 대해 알 수 있다. 또한 노자(老者)에 대한 기준과 노자의 공법상, 형사법상의 능력을 통해 그들의 사회적 관계를 파악할 수 있는 자료이다. 조선총독부 중추원의 조사자료이지만 근대 시기로 전화되는 시점에서 유자(幼者), 노자의 기준과 능력을 보여준다는 점에서 의미가 있다.

II-3-2-43. 재산상속인의 폐제

관리기호	기록번호	자료명		
B-1-054	163호	財産相續人ノ廢除		
작성자	생산기관	생산 연도		
-	조선총독부	-		
지역	언어	분량		소장기관
청송, 영양 봉화	일본어	11면		수원박물관
키워드	재산, 상속, 유언, 유증			

[기본정보]

이 자료는 재산상속인의 폐제, 유언의 방식, 유유분 등에 관한 관습을 조사 기술한 것으로 총 11면으로 구성되어 있다. 편찬연대 및 편찬자를 파악할 수 없으나 중추원의 공문서를 사용한 것으로 미루어 중추원에서 기술한 것으로 보인다.

[내용정보]

재산상속인의 폐제는 상속인이 강상의 죄를 범한 경우, 폭도에 가입하여 거소불명인 경우, 악질풍전백치(惡疾瘋癲白痴)인 경우 등이다. 또 가문의 명예를 더럽히거나 죄에 의해 형벌에 처해진 자도 재산의 상속을 폐제한다. 호주상속인의 폐제를 인정한 다음 제사상속인을 정할 때 광인(狂人), 천치(天痴), 악질, 불구자 등과 강상의 죄를 범한 자, 간음한

자는 상속인의 자격을 상실한다.

유언은 구두와 서면이 있다. 서면은 자필증서, 대필증서, 비밀증서로 나뉜다. 유언은 2명 이상 함께한 동일의 증서로서 한다. 광인 등의 유언은 의사의 진찰 또는 입회한다. 비밀증서에 의한 유언의 경우 필적 또는 수압(手押)에 의해 신뢰를 인정받는다. 유언은 근친(近親), 이해관계인이 입회한다. 유언이 유효하기 위해서는 유언의 확인을 받아야 한다. 그 방법으로 근친이 그 사실을 확인하고, 유언서는 그 필적 등을 통해 신뢰한다. 유언의 집행은 부모, 처자, 형제, 백중숙부가 협의한다. 유언의 집행시기는 장의가 끝난 후 또는 졸곡(卒哭) 후에 한다. 집행방법은 협의에 의해 정한다. 유언자 보관은 특별히 명한 경우에는 그 사람이 보관하고 그렇지 않으면 가까운 친족이 보관한다. 유언에 의해 무능력자의 보호자를 지정할 수 있다. 피상속인이 재산의 전부 또는 일부를 재산상속인에 유임하는 관습이 있다. 이 관습은 제사상속인 또는 제사자가 다른 재산상속인보다 비교적 다수의 재산을 상속하는 관습에서 나왔다. 유증의 효과가 발생하는 시기는 상의(喪儀)가 끝나거나 졸곡(卒哭) 3년의 상기(喪期) 종료 후에 집행한다. 수유자(受遺者)의 권리획득은 유증집행한 때에 획득한다.

[가치정보]

상속에 관한 관습은 중 재산상속인의 폐제, 유언의 방식, 집행, 유증의 집행 등이 청송, 영양, 봉화 지역에서 어떻게 전개되었는지를 알 수 있는 자료이다. 이 자료는 일제의 조사자료이기는 하지만 근대시기 일반적으로 행해지고 있던 상속에 관한 관습의 양상과 특징을 보여준다는 점에서 의미가 있다.

관리기호	기록번호	자료명	
B-1-137	-	朝鮮祭祀相續法論序說 原稿(二)	
작성자	생산기관	생산 연도	
野村調太郎	조선총독부	-	
지역	언어	분량	소장기관
-	일본어	439면	수원박물관
키워드	제사, 상속, 종법, 제주, 종중		

[기본정보]

노무라 조타로(野村調太郎)가 작성한 1939년(소화 14) 조선총독부 조사과에서 간행된 도서인『조선제사상속법론서설(朝鮮祭祀相續法論序說)』의 후반부 3장 제(祭) 이후에 대해 정리한 원고이다.

[내용정보]

1939년 조선총독부 조사과에서는 조선의 제사와 상속에 관한 439면에 달하는 연구서 『조선제사상속법론서설』이라는 도서를 간행하고 있다.

이 책은 서론과 함께 1장 총설, 2장 상(喪), 3장 제(祭), 그리고 부록으로 구성되어 있다. 이 자료는 필사본으로 쓰여진 제3장 제(祭)로부터 시작되고 있다. 장의 제목 이후에는 구체적인 목차의 구성 대신 서술내용에 일련번호를 붙여서 기술하여 작은 제목을 상단에 적어두거나, 군데군데 별지를 덧붙여 첨언하는 등 가필(加筆)하거나 오탈자나 문맥을 수정한 흔적이 기록 전체에 걸쳐 이루어지고 있다. 따라서 이 자료는 1939년 간행된 도서의 초고 필사본 원고가 아닌가 생각된다. 이 기록은 1939년 중추원 조사과의 이름으로 간행되었으나 그 집필자는 노무라 조타로(野村調太郎)로 알려져 있다. 그는 조선총독부 판사, 중추원 촉탁을 역임하며 조선총독부의 법제정책에 적극적으로 참여한 인물이다. 1914년 4월 조선총독부 판사로 전임된 이후 지방법원, 복심법원, 고등법원 판사와 경성지방법원장 등을 두루 거친 사법관료였다. 그런 가운데 조선총독부 중추원의 위촉을 받아 촉탁으로 활동하며 1933년에는『민사관습회답집』을 편찬하였고, 1939년『조선제사상속법론서설』을 저술하였다.

또한, 그는 1937년 4월 관습을 기초로 한 친족 및 상속관계법을 개정한다는 명목으로 설치된 사법법규개정조사위원회의 위원으로도 참여하여 1939년 조선민사령 개정에 중요한 역할을 했던 인물이기도 하다. 이때의 조선민사령 개정의 주요내용 가운데 하나가 일본식의 씨명제를 사용하는 창씨개명제였다. 그와 같은 사실에 근거해 보면, 이 기록이 이러한 시기에 간행되고 있었던 것은 단순한 학술서적이 아니었음을 어느 정도 알 수 있게 해준다.

[가치정보]

이 기록은 1939년 중추원 조사과에서 간행한『조선제사상속법론서설』의 집필 원고이다. 따라서 최종 간행된 서적에서 누락되거나 첨가된 부분의 내용을 살펴볼 수 있다는 점에서 이 책의 집필내용을 좀 더 자세히 알 수 있게 해주는 자료라고 볼 수 있다.

II-3-2-45. 친족에 관한 사항

관리기호	기록번호	자료명	
B-1-040	新調第128호 (4-2)	相續ニ關スル事項	
작성자	생산기관	생산 연도	
-	조선총독부	-	
지역	언어	분량	소장기관
-	국한문	30면	수원박물관
키워드	친족, 호주, 입양, 혼인, 이혼, 친족회		

[기본정보]

이 자료는 작성자, 출판연도, 지역이 미상이다. 다만, 내용을 국한문으로 작성한 것으로 미루어 볼 때 조선인 조사자가 작성한 것으로 추정된다.

[내용정보]

　이 자료의 조사내용은 다음과 같다. 출가족(出嫁族)에서의 친족의 범위, 본종 및 외인(外姻) 이외의 친족, 호주와 가장의 이동(異同), 가족의 범위, 가족이 되는 신분의 득상, 호주 및 가족의 권리 의무, 가족의 특유재산, 성(姓)의 승습(承襲) 및 명(名)의 변경, 호적식(戶籍式), 혼인의 연령, 혼인의 방식, 이혼, 부부재산제, 취첩, 자(子)의 인지 및 부인, 양자연조의 요건, 양자연조의 방식, 양자의 이연, 친자간의 권리 의무, 친족회의 종류, 장식(葬式), 복(服)의 종별 등이다. 이 중에서 이혼에 관한 관습을 소개하면 다음과 같다. 해당 지역에서는 매우 드물지만 결코 칠거지악 법칙을 엄수하는 것은 아니라고 한다. 그 원인은 부부간의 정의(情誼)가 소박(疏薄)한 데서 생긴 것이니 만약 정의가 없으면 칠거지악이 있거나 부모의 명령이 있어도 이혼하기 어렵다고 보았다. 다만 이러한 관행은 하류사회의 관례이고, 중류이상의 가정에서는 처 또는 처의 친가(親家)가 이혼을 요구하지 못하고, 또 서가 학대를 참지 못한 경우와 남편이 중혼을 하는 때, 유기상태에 있는 경우와, 남편의 생사가 불명한 것도 이혼의 원인이 되지 못하는 것으로 조사되었다.

[가치정보]

　이 자료는 친족에 대한 전반적인 자료, 혼인 가능여부, 처첩의 구별 등과 관련된 자료로서 혼인 가능여부, 처첩의 인식, 이혼 등 전반적인 풍습을 살펴보고 있다. 이를 바탕으로 친족에 대한 인식과 또한 유복친과 무복친의 혼인관계 등을 바탕으로 실지조사가 시행되어졌을 것으로 생각된다.

II-3-2-46. 친족에 관한 사항

관리기호	기록번호	자료명		
B-1-050	新調第155호 (8-4)	親族ニ關スル事項		
작성자	생산기관	생산 연도		
-	조선총독부	-		
지역	언어	분량	소장기관	
-	일본어	31면	수원박물관	
키워드	문중, 종중, 친족회, 여호주, 분가, 파양, 입양, 차양자, 친권, 양자			

[기본정보]

이 자료는 작성자, 생산연도, 지역 등이 표기되어 있지 않다. 다만 판심(版心)에 조선총독부 중추원이 표기되어 있는 것으로 볼 때, 1915년(대정 4) 중추원이 구관조사 업무를 인계받은 후에 작성된 것으로 추정된다. 본문의 해당 조사사항에 대한 답변의 형식으로 기술된 것으로 보아서 특정 지역에서 인터뷰를 기록한 실지조사서로 추정된다.

[내용정보]

조사사항으로는 문중·종중의 범위, 친족회 및 친족조합, 종회 문회 종계, 여호주, 분가 시기, 혼폐금(婚幣金), 혼인의 경우에 예식 후 처가 부가(夫家)에 들어가기까지의 기간 및 처가(妻家)의 체재기간, 장남이 타가에 양자가 될 수 있는지 여부, 당사자가 부모의 동의를 얻지 아니한 협의이연의 효력, 연조 및 이연의 경우에서의 의사 결정자 여하, 차양자의 경우에 남자가 출생했을 때는 차양자는 복적해야 하는지, 수양자의 분가 및 상속실례, 친권의 상실 및 제한, 절가재흥의 유무, 서자가 양자가 되는 절차, 전가(傳家), 사생자, 수양자, 차양자의 가적 및 신분관계 여하, 및 첩과 서자와의 가적 및 신분관계, 민적법 이행 전 당연히 입적한 경우 외 입적의 절차 여하, 부녀만이 있는 경우에 호주가 되는 순위, 종족의 특유재산 실례, 구시(舊時) 호주계출의 시기 및 수속여하, 분가와 혼인 및 행위능력과의 관계 등이다.

[가치정보]

이 자료는 문중·종중의 범위, 친족회 및 친족조합, 종회 문회 종계, 여호주, 분가시기, 혼폐금, 혼인 등의 관행이 어떠하였는지를 살펴보고 있다. 즉 친족과 관련된 전반적인 상황을 추정해 볼 수 있는 자료였을 것으로 보여진다.

II-3-2-47. 친족에 관한 사항

관리기호	기록번호	자료명	
B-1-048	新調第154호 (6-4)	親族ニ關スル事項	
작성자	생산기관	생산 연도	
-	조선총독부 중추원	-	
지역	언어	분량	소장기관
-	일본어	25면	수원박물관
키워드	가장, 호주, 여호주, 차양자, 이혼, 입양, 친족회		

[기본정보]

이 자료는 조선총독부 중추원이 생산하였으나 작성자, 생산연도, 조사지역 등이 표기되어 있지 않다.

[내용정보]

이 자료는 호주 및 가장(家長)의 의의(호주와 가장은 동일한가), 여호주의 실례, 유학학생의 의의, 폐적례(廢嫡例), 차양자의 관습의 실례, 양자의 친부가 양자의 후견인이 될 수 있는지, 이혼의 관례, 이혼의 방식 여하, 친족회의 조직 및 권한, 후견인, 분가의 시기, 승려와 친족과의 관계, 승려와의 혼인 등이다.

[가치정보]

이 자료는 가장, 호주, 여호주, 차양자, 이혼, 입양, 친족회 등의 일반사항을 파악할

188

수 있을 것이다.

II-3-2-48. 친족관계의 발생 및 소멸

관리기호	기록번호	자료명	
B-1-063	214	親族關係ノ發生及消滅	
작성자	생산기관	생산 연도	
西山篤郎	조선총독부 중추원	1918	
지역	언어	분량	소장기관
-	일본어	152면	수원박물관
키워드	친족, 혼인, 양자연조, 차양자, 수양자, 시양자, 입양		

[기본정보]

이 자료는 조선총독부 속(屬) 니시야마 아쓰로(西山篤郎)가 1918년(대정 7) 조선인의 친족관계에 대해서 조사한 보고서이다. 니시야마는 1916년(대정 5) 조선총독부 고등토지조사위원회에서 서기로 근무하다가 토지조사사업이 종료되면서 중추원에서 속(屬)으로 근무하면서 관습조사에 종사하기도 하였다.

[내용정보]

조사사항으로는 친족관계에 대한 총설, 혈연으로부터 발생한 친족관계(혈족관계의 발생, 혈족관계의 소멸), 혼인으로부터 발생한 친족관계, 양자연조로부터 발생한 친족관계(차양자, 수양자, 시양자, 양자연조) 등이다. 친족의 범위에 대한 사항은 대명률, 형법대전 등에서 규정하고 있는 사항을 정리하였다. 또한 결혼, 양자연조 등으로 인하여 파생되는 친족관계를 상세히 기술하고 있다.

[가치정보]

이 자료는 혼인에 대한 전반적인 자료를 수록하고 있다. 그러나 혼인에 대한 새로운 사실을 기록하기 보다는 혼인과 관련된 자료들을 모아두었다.

II-3-2-49. 친족친자관계자료(각종문헌)

관리기호	기록번호	자료명	
설송 345.6 J773c	3894	親族親子關係資料(各種文獻)	
작성자	생산기관	생산 연도	
-	조선총독부	-	
지역	언어	분량	소장기관
-	일본어	341면	서울대학교 도서관
키워드	친족, 친자, 가례, 복제, 적서		

[기본정보]

이 자료는 별도의 표지 없이 첫 장에 '친족 명칭에 관한 자료(親族名稱關資料)'라는 표제가 붙어있다. '친족친자관계자료 : 각종문헌(親族親子關係資料 : 各種文獻)'이라는 문서제목은 소장 도서관 목록자가 본문에 의거해 임의로 제(題)한 것이다.

[내용정보]

1915년(대정 4) 중추원에서 관습조사의 소관을 담당하면서 각종 조사활동에서 전적조사(典籍調査)에 집중하고 있었던 모습이 나타난다. 그 결과 1919년(대정 8)에는 279건에 대한 전적조사를 완료하고 있다.

이 기록 역시 그러한 전적조사 활동의 일환으로 각종 문헌을 통해 친족의 명칭, 친족의 범위, 친족관계의 소멸 등, 친족친자관계에 관한 중요한 항목에 관한 자료를 정리한 것으로 볼 수 있다.

인용된 자료의 종류를 보면, 법전으로는 『대전회통』, 『형법대전』, 문헌으로는 『상변통고(常變通考)』, 『가례원류(家禮源流)』, 『가례집람(家禮輯覽)』, 『의례문해(疑禮問解)』, 『예의유집부록(禮疑類輯附錄)』 등 조선시기 여러 학자들의 예론(禮論), 가례(家禮), 예제(禮制) 등 예학(禮

學)에 관련된 문헌에서 필요한 부분을 발췌하고 있다. 이 밖에도『조선왕조실록』(연산군일기, 세종실록, 태종실록, 숙종실록, 명종실록),『비변사등록』,『승정원일기』,『일성록』등 관찬연대기 기록에서도 친족친자와 관련한 기록을 필사하여 싣고 있다. 광범위한 전적조사를 통해 한국에서 존재하는 것으로 인정되는 친족관련 관습에 대해 가능한 모든 분야를 포괄하고자 했던 양상을 살필 수 있다.

[가치정보]

이 자료는 중추원 단계에서 관습조사가 실지조사와 함께 방대한 전적조사가 뒷받침되어 가고 있음을 보여주는 자료로서 가치가 있다.

II-3-2-50. 친족혼인상속관계자료(대전회통 기타)

관리기호	기록번호	자료명	
설송 345.6 J773ch	3900	親族婚姻相續關係資料 大典會通 其他	
작성자	생산기관	생산 연도	
-	조선총독부	-	
지역	언어	분량	소장기관
-	일본어	239면	서울대학교 도서관
키워드	혼인, 상속, 대전회통, 니이다 노보루(仁井田陞), 덕천시대		

[기본정보]

이 자료는 별도의 제목 없이 첫 장에 대전회통에 있는 재산상속 규정의 해석 '대전회통의 재산상속에 대한 규정의 의석(부원문(附原文)'이라는 표제가 붙어있다. 그러나 이외에도 중국, 일본의 이와 관련된 기록을 함께 편철하여 구성되어 있다. 따라서 '친족혼인상관계자료 : 대전회통 기타(親族婚姻相續關係資料 : 大典會通 其他)'는 소장 도서관 목록자가 본문에 의거해 임의로 제(題)한 것이다.

[내용정보]

이 기록은 지역조사 아닌 친족혼인상속과 관련된 문헌기록에 대한 조사자료라고 할 수 있다. 먼저 『대전회통』의 재산상속과 관련된 내용은 친부모에게서 상속받는 경우, 상속받는 이가 서자인 경우, 친모가 죽고 계모의 재산을 상속받는 경우, 양부모에게서 상속받는 경우 등으로 나누고 해설을 하고 후반부에는 여기에 과한 대전회통의 기록을 초록하였고, 이 밖에 참고할만한 다른 자료들로 『사송류취』, 『수교집록』의 봉사조 내용도 수록하고 있다.

다음으로 중국의 친족 및 상속과 관련된 자료는 1942년에 나온 니이다 노보루(仁井田陞)의 『지나신분법사(支那身分法史)』 제4장 가족법 325항, 제5장 혼인법 537항, 제8장 부곡(部曲)·노비법(奴婢法) 859항을 발췌하여 싣고 있다. 마지막으로 일본에서의 혼인상속에 과한 내용에 대해서는 1926년 나온 나가타 가오루(中田薰)의 『법제사논집(法制史論集)』제1권(第1卷)에 실린 도쿠가와 시대(德川時代)의 혼인법(婚姻法)과 가독상속법(家督相續法)을 전재하고 있다.

1942년에 간행된 저서를 필사 발췌하여 다른 기록과 함께 필사하여 편철된 것으로 보아 생산연도는 1942~1945년 사이로 추정된다.

[가치정보]

이 자료에는 『대전회통』에 실린 친족혼인상속과 관련된 기록과 함께 당 시기 일본인 학자에 의해 연구된 중국과 일본의 혼인상속에 관한 논문이 함께 편철되어 있다. 따라서 동아시아 삼국의 관련 제도를 비교하여 볼 수 있는 자료로 이용될 수 있다.

3. 민사(혼인)에 관한 자료

II-3-3-01. 혼인에 관한 사항

관리기호	기록번호	자료명	
中B13IF-25	-	婚姻ニ關スル事項	
작성자	생산기관	생산 연도	
-	조선총독부 중추원	1917	
지역	언어	분량	소장기관
-	일본어	73면	국사편찬위원회
키워드	혼인, 이혼, 취첩(娶妾), 대전회통, 조선휘보, 고려사		

[기본정보]

이 자료는 조선총독부 중추원이 기록한 것으로 자료명은 '혼인에 관한 사'로 표기되어 있으며 1917년(대정 6)에 작성되었고 작성자는 알 수 없다. 이 자료는 총 73면이며 일본어로 기록되어 있다. 혼인의 전반과 관련된 문헌조사자료로 『대전회통』, 『관습조사보고서』, 『고려사』, 『신조사보고서』 등을 참고한 자료이다.

[내용정보]

조선총독부 중추원이 혼인에 관한 전반을 정리한 자료이다. 목차는 다음과 같다.
1. 혼인(婚姻)의 요건(要件), 2. 혼인의 종류(種類), 3. 혼인의 방식(方式), 4. 혼인의 제한(制限), 5. 혼인의 효과(效果), 6. 혼인의 무효(無效)와 취소(取消), 7. 이혼(離婚), 8. 혼약(婚約), 9. 부부재산제(夫婦財産制), 10. 취첩(娶妾) 인용한 서목을 나열하고 있다. 인용서목(引用書目)은 관습조사보고서, 『대전회통』, 『조선휘보(朝鮮彙報)』, 『고려사』, 『신조사보고서(新調査

報告書)』 등이다.

혼인과 관련한 요건에서는 혼인의 연령, 연령의 제한, 재혼의 허용 등을 적고 있다. 혼인 연령에 대해서는 『경국대전』의 예전의 규정에 따라 남자는 15세, 여자는 14세에 혼인을 허용하는 것으로 파악하고 있으며 만약 양가 부모 가운데 1인에게 숙질(宿疾)이 있거나 50세 이상인 경우, 자녀가 12세 이상이면 관에 신고하여 혼인을 할 수 있는 것으로 파악하고 있다. 그러나 1894년 의안(議案)에 의하여 남녀 조혼을 즉시 금지하되, 남자는 20세 여자는 16세 이후에 혼인을 허가한다고 파악하고 있으며 대부분의 지방에서 여자가 남자보다 2~5세 연장이 상례로 파악하고 있다.

재혼의 경우는 남자는 축첩의 풍습이 개선되지 않아 재혼을 하는 자가 적게 파악하고 있으며 여자의 경우 세종대부터 재혼이 금지되었으며 1894년 이후 재혼이 허용되었으나 재혼을 천시하여 성행하지 않고 있는 것으로 파악하고 있다.

혼인의 방식에 있어서는 주혼자(主婚者)의 존재를 파악하고 본인의 승낙이 아닌 주혼자의 의사가 혼인에 영향을 미치고 있음을 파악하고 있다. 혼인은 가례에 따라 매파(媒婆)가 왕래하여 말을 전하고, 납채, 납폐, 친영의 단계로 혼인이 이루어지며 혼인 이후 혼인 이튿날 신부를 시부모께 인사드리고 3일 후 사당에 알현시키는 것 또한 혼인의 단계로 파악하고 있다.

[가치정보]

이 자료는 혼인의 전반과 관련된 문헌조사자료로서 조선시대의 혼인의 관행이 어떠하였는지를 살펴보고 있다. 이를 통하여 혼인의 전반을 파악하고자 하였던 것으로 보인다.

관리기호	기록번호	자료명		
中B13IF-28	-	婚姻年齡調査表		
작성자	생산기관	생산 연도		
-	조선총독부 중추원	1917		
지역	언어	분량	소장기관	
-	일본어	293면	국사편찬위원회	
키워드	혼인, 혼인연령, 중추원, 구관조사			

[기본정보]

이 자료는 1917년(대정 6)에 조선총독부 중추원에서 조선인의 친족 상속에 관한 관습을 조사하고 새로운 관습법 정책을 수립하기 위하여 추진한 혼인연령에 관한 전국적 조사표이다. 현재 국사편찬위원회에는 함경남도, 함경북도, 충청남도, 충청북도 등 4개도에서 조사한 혼인연령표가 남아 있다.

[내용정보]

1912년(대정 1) 조선총독부는 조선민사령을 제정하여 친족, 상속에 관해서는 일본 민법이 아니라 조선관습으로 규율할 것을 규정하였다. 따라서 조선인의 혼인에 관해서도 조선 재래의 관습에 의거하였는데, 특히 조선인의 혼인연령에는 제한이 없는 것으로 인정되었다. 따라서 1910년대 조혼이 매우 많았는데 조선총독부는 이 같은 조혼 현상에 대해서 일부 행정적인 단속을 통하여 제재를 가하려고 하였다. 예컨대 1915년에 〈관통첩 제240호〉를 발하여 미성년자의 혼인신고를 접수하지 말 것을 각 민적담당자에게 통지하였다. 이후 조선총독부는 구관심사위원회 및 구관급제도조사위원회를 설치하여 조선인의 혼인관습을 재심사하고 더 나아가 조선민사령 제11조 개정에 참고하기 위하여 전국적인 규모로 혼인연령을 조사하였다. 이 조사는 1916년(대정 5) 11월 12일에 〈조추발(朝樞發) 제257호〉로 각도로 공문을 보내어 관련 조사를 중추원으로 통보하도록 한 것에서 비롯되었다. 이 조사는 1910년부터 1917년까지의 혼인연령을 남녀별로 구분하여 통계화한 것으로 면단위로 편철되어 있다.

이 조사는 1910년대 조선총독부의 행정적 단속의 효과와 더불어 관습상의 변화를 파악하고, 또 조선민사령 개정에 필요한 자료로 활용될 수 있었다.

[가치정보]

이 자료는 1910년대 조선인의 혼인연령의 변동양상 및 조혼율의 변화추이를 파악할 수 있다는 점에서 사회사적인 면에서 참고할 가치가 있다. 따라서 각도, 각군, 각 면별로 혼인의 양상의 특징을 알 수 있다.

II-3-3-03. 혼인에 관한 건

관리기호	기록번호	자료명	
B-1-146	新調第181	婚姻ニ關スル件	
작성자	생산기관	생산 연도	
-	조선총독부	-	
지역	언어	분량	소장기관
서천, 광주, 북청 이원, 성진, 명천	국한문	42면	수원박물관
키워드	혼인, 이혼, 부부재산제, 칭호, 취첩		

[기본정보]

수원박물관에서 제공한 목록에는 표제목이 '혼인에 관한 건'으로 되어 있으나, 이 표제목이 조선총독부가 편철하면서 작성한 것인지, 혹은 이 자료를 수집한 후 나중에 작성한 것인지 확실하지 않다. '혼인에 관한 건'이 다른 식민지 자료와 같이 붓 또는 펜으로 기술한 것이 아니라 현대 이후에 푸른색 색연필로 작성한 것으로 보이기 때문이다. 이와 유사한 자료군의 다수가 표제목이 없이 기록번호만 표시되어 있다는 점도 고려할 필요가 있다. 이 자료의 작성자, 생산연도는 알 수 없다. 다만, 해당 내용이 국한문으로 기술되어 있어 일본인 조사자가 아닌 조선인이 조사 기록한 것으로 추정할 수 있다.

[내용정보]

이 자료의 조사는 서천, 광주, 북청, 이원, 성진, 명천 등 6개 지역의 혼인의 연령, 혼인의 종류, 혼인의 요건, 혼인의 방식, 혼인의 제한, 혼인의 효과, 혼인의 무효 및 취소, 이혼, 혼약(婚約), 부부재산제, 칭호, 취첩 등이다. 이 자료는 각 지역별로 조선인 응답자 성명, 주소, 직업을 모두 기술하고 있다. 서천군 9명, 광주군 7명, 북청군 8명, 이원군 7명, 성진군 7명, 명천군 10명이다.

이 중에서 혼인 연령에 관하여 독특한 자료가 삽입되어 있다. 예컨대, 북청공립보통학교와 서천공립보통학교 아동연령 및 기혼 미혼자를 조사한 도표이다. 북청공립보통학교 사례는 1920년(대정 9) 6월 25일에 조사한 것인데 총 재학생 219명 중에서 24명이 기혼자였고 여학생은 미혼자였다. 서천공립보통학교 사례는 1920년 6월 18일에 조사한 것인데, 재학생 185명 중에서 16명이 기혼자이고 169명이 미혼자로 분류되었다.

[가치정보]

이 자료 중에는 혼인 후의 친족에 대한 칭호가 한글로 표기하고 있어서 국어사, 사회사적으로 의미가 있다. 이외에도 노비가 상전에 대하여 부르는 표현 등도 있다. 현대에는 잘 사용하지 않는 칭호가 상당히 많이 나타나고 있어서 참고할 가치가 있는 것으로 보인다.

II-3-3-04. 혼인

관리기호	기록번호	자료명	
B-1-056	202	婚姻	
작성자	생산기관	생산 연도	
金漢睦	조선총독부	-	
지역	언어	분량	소장기관
-	국한문	16면	수원박물관
키워드	재산상속, 입회, 화전, 혼인, 산림소유권		

[기본정보]

이 자료는 작성자, 생산연도, 지역 등이 표기되어 있지 않다. 다만 판심(版心)에 조선총독부 중추원이 표기되어 있는 것으로 볼 때, 1915년(대정 4) 중추원이 구관조사 업무를 인계받은 후에 작성된 것으로 추정된다. 작성하는 김한목(金漢睦)이다. 김한목은 1872년 6월 9일에 태어나서 1941년 8월 13일에 사망한 대한제국과 일제 강점기의 관료이다. 한국병합 이후인 1910년 11월부터 1912년 3월까지 조선총독부 취조국 위원으로 근무했으며 구관조사에 관한 사무 촉탁(1912년 4월), 조선총독부 중추원 촉탁(1914~1920년), 조선어사전 심사위원(1918년 1~12월), 구관심사위원회 위원(1918년 10월), 고적조사위원회 위원(1919년 6월~1927년), 구관급제도조사위원회 위원(1921년 6월~1924년)을 역임했다. 1920년 2월 16일부터 1921년까지 조선총독부 중추원 부찬의, 1921년 4월 28일부터 1927년 4월 26일까지 조선총독부 중추원 참의를 역임했다.

[내용정보]

이 자료에는 혼인 외에도 재산상속 분량, 입회에 관한 건, 산림소유권 관계, 주거, 화전 등이 조사되어 있다. 이 중에서 혼인연령은 남자 17~18세, 여자 16~17세가 보통이고, 조혼은 남자 11~12세, 여자 12~13세에 성혼하는 것을 일컬었는데 최근에는 비교적 조혼이 적은 것으로 조사되었다. 재산상속의 경우에는 종래 재산을 상속하는 분량은 대략 장자가 반분(半分) 또는 2/3 이상을 상속하고 차자 이하는 1/3 이하를 상속하는 것이 보통이었고 경우에 따라서는 차이가 있었다고 한다. 가령 100석(石) 재산을 가진 자가 자식이 2인이 있을 때 장남은 75석, 차남은 25석을 상속하고 자식이 3인인 경우에는 장자는 60석, 차자 이하는 각 20석을 상속하고 남자가 4인 이상인 경우에는 장자는 50석, 차남 이하는 약 10석 내외를 상속하는 것이 보통인 것으로 조사되었다.

[가치정보]

이 자료는 혼인의 형식상요건 및 재산상속 분량, 입회에 관한 건, 산림소유권 관계, 주거, 화전 등 조사에 관련한 자료를 수록하였다. 특히 혼인의 절차 등을 수록하고 있다. 이 자료들을 통하여 사람들이 인식하고 있던 혼인, 그리고 절차와 실질적인 거행 등을 알 수 있을 것으로 파악된다.

4. 제도조사에 관한 자료

II-3-4-01. 민상사에 관한 구시의 법제

관리기호	기록번호	자료명	
-	0016	民商事ニ關スル舊時ノ法制	
작성자	생산기관	생산 연도	
-	조선총독부	1908	
지역	언어	분량	소장기관
-	일본어	58면	국립중앙도서관
키워드	민법, 상법, 문헌비고, 대전회통, 형법대전, 대명률		

[기본정보]

이 자료는 조선총독부에서 기록한 자료로 자료명은 '민상사에 관한 구시의 법제(民商事ニ關スル舊時ノ法制)'로 표기되어 있으며 1908년(융희 2)에 생산되었다. 조선총독부 관방토목국에서 조선의 부동산용어를 설명해 놓은 자료이다. 총 58면으로 구성되어 있으며, 일본어로 작성되었다.

[내용정보]

『문헌비고』 및 『대진회통』, 『형법대전』, 『대명률』에 기록된 민법과 상법이 법제에 관한 내용을 옮겨 적어 놓은 것이다. 예를 들어보면 성년, 범죄자, 망자, 군사, 노비, 호주, 권리, 토지 및 건물 소유자의 권리, 부동산, 지상권, 이율, 채권 및 채무, 계약, 기탁, 혼인, 친인척, 양자, 가독상속인, 법정추정가독상속인 등에 대한 내용을 중심으로 기록해 놓았다.

조선총독부 관방토목국에서 조선의 부동산용어를 설명해 놓은 자료로서 당시 상용되던 부동산 전반에 대한 용어를 한눈에 확인할 수 있는 자료이다.

II-3-4-02. 사색에 관한 조사

관리기호	기록번호	자료명	
-	제5호	四色ニ關スル調査	
작성자	생산기관	생산 연도	
石塚英藏	조선총독부 취조국	1911	
지역	언어	분량	소장기관
-	일본어	147면	국립중앙도서관
키워드	동인, 서인, 노론, 소론, 붕당		

[기본정보]

조선총독부 취조국에서 사색(四色) 즉 조선의 붕당에 대하여 조사한 책으로 147면으로 구성되어 있다. 조선총독부 취조국장관 이시즈카 에이조(石塚英藏)가 데라우치 총독에게 올린 보고서로 1911년(대정 원) 12월 23일에 작성하였다.

[내용정보]

자료는 조사에 참고한 자료 목록부터 소개하고 있다. 『삼국사기』·『문헌비고』·『고려사』 등을 참고하고 있다.

내용은 먼저 동·서의 분당의 원인과 분당 후의 상황에 대해 정리하였다. 그 다음은 남·북으로의 분당 원인 및 이후의 상태에 대해 서술하고 있다. 또 노론과 소론의 분당에 대해서도 살펴보면서 당시 산림으로 가장 큰 영향력을 끼친 송시열의 태도를 따로 정리하였다.

결론에서는 '당쟁으로부터 받은 영향'이라는 소제가 붙어 있듯이 350여 년간의 당쟁을 정리하기 위해서 일람표를 만들어 조선의 붕당에 대해 정리하고 있다.

부록에는 사색의 분포 및 성쇠에 대해 지역별로 정리하고 있으며 갑오개혁 이후 조정에 대신으로 있는 사람들의 출신을 노론·소론·남인·북인 등으로 나누어 수록하였다.

[가치정보]

이 자료는 조선의 붕당에 대하여 일반적인 기술을 해놓은 자료로서 당시 분당의 배경 및 경과를 확인해 볼 수 있는 자료이다.

II-3-4-03. 학교관제의 제정 폐지, 학교장 특별임용령 제정의 건

관리기호	기록번호	자료명		
B-1-654	-	學校官制ノ制定廢止, 學校長特別任用令制定ノ件		
작성자	생산기관	생산 연도		
-	조선총독부	1911		
지역	언어	분량	소장기관	
-	일본어	42면	수원박물관	
키워드	전수학교, 실업학교, 대만총독부, 성균관, 법학교, 고등보통학교			

[기본정보]

이 자료는 칙령으로 경성전수학교관제 등 경성, 평양 등지의 6개 학교의 관제와 그곳의 학교장 특별 임용에 관한 것, 법학교관제, 성균관관제, 학부직할학교와 공립학교관제폐지의 건 공포 등에 대해 정리한 것으로 총 42면으로 구성되어 있다.

[내용정보]

칙령으로 발표된 경성전수학교관제, 경성고등보통학교관제, 평양고등보통학교관제, 경성여자고등보통학교관제, 조선공립실업학교관제, 조선공립보통학교관제에서 교육내용, 직원, 학교장의 권한, 교원의 권한, 서기의 임무 등과 설립 이유에 대해 밝히고 있다.

또 경성전수학교장, 경성고등보통학교장, 평양고등보통학교장, 경성여자고등보통학교장의 특별임용에서 임용자격, 방법, 이유 등에 대해 밝히고 있다. 그리고 법학교관제, 성균관관제, 학부직할학교와 공립학교관제는 인천실업학교를 제외한 폐지에 관한 것이 칙령으로 기재되어 있다. 참조사항으로 신관제에 의한 학교정원, 학교수 조사와 정원계상 표준, 법학교관제, 학부직할학교직원정원분, 성균관관제, 대만총독부국어학교관제 등이 실려 있다.

[가치정보]

이 자료는 조선총독부에서 실시한 신교육관제에 대해 알 수 있으며, 대만의 신교육관제를 비교해 볼 수 있어 식민지초기 총독부가 추구한 식민지교육에 대해 파악할 수 있다는 점에서 의미가 있다. 구체적으로는 1910년, 1912년, 1913년에 편찬된 관습조사보고서의 내용과도 비교하여 분석할 수 있는 자료이다.

II-3-4-04. 특수의 세, 동 및 둔에 관한 사항

관리기호	기록번호	자료명		
B-1-024	新調第26호	特殊ノ税, 垌及屯ニ關スル事項		
작성자	생산기관	생산 연도		
有賀啓太郎	조선총독부	1912		
지역	언어	분량	소장기관	
의주,용천	일본어	30면	수원박물관	
키워드	신축세, 덕대동, 어의궁, 임상옥, 제언둔			

[기본정보]

조선총독부에서 신축세 등의 특수세와 동, 둔 등에 관하여 정리한 자료이다. 총 30면으로 구성되어 있으며, 일본어로 작성하였다. 출장조사서가 첨부되어 조사관련 기본사항을 알 수 있다. 조사지역은 의주와 용천이며, 1912년(대정 1) 11월 25일부터 12월 2일까지

조사하였다. 조사원은 아리가 게이타로(有賀啓太郞)이며, 통역은 김한목(金漢睦)이다.

[내용정보]

자료의 목록은 아래와 같다.

신기세의 연혁, 신축제의 연혁, 덕대동 및 장윤동의 연혁, 어의궁 대 임상옥의 토지관계, 해구둔 및 제언둔, 민간향둔, 순둔, 양둔, 호고둔, 민고둔, 관둔, 세마위, 민삼동으로 구성되어 있다.

〈표〉 의주부 관내 특수 세·동 및 둔에 관한 사항의 응답자

순번	주소	직업	이름	나이
1	광성면	면장	백봉엽(白鳳燁)	35
2	광성면 감외동	서민	임승명(任承明)	57
3	광성면 감외동	서민	최윤복(崔潤福)	64
4	광성면 풍서동	서민	조수근(趙秀根)	45
5	주내면	면장	이의린(李義麟)	56

신기세는 압록강 연안의 주내면, 수진면, 고성면의 지세로, 이생지에 과세되는 세목이라 하였다. 각 지방에 홍수 등의 피해를 입은 땅을 복구하여 경지가 되었을 때 그 수확은 불확실하므로 수확이 일정불변의 성질을 가진 보통의 경지와는 다른 별종의 토지세가 필요할 때 부윤이 신기세라는 명목으로 징세를 하였다. 새로운 땅은 신기세·신축세 등의 세목 이외에 보통 결세를 부과한다고 설명하며 광성동의 관련 절목을 첨부하였다.

덕대동과 장윤동은 광성면, 성외면 내에 있다고 하며 그 연혁을 설명하였다. 어의궁과 임상옥의 토지관계에서는 의주지방에서 토지경영을 하던 임상옥에 대한 내용이 있다. 의주부 위원면 등지에 압록강의 홍수피해를 막기 위하여 임상옥이 개인사비를 내어 거대한 동을 세우고 토지경영하였는데 이후 어의궁의 토지로 되었다. 후에 임상옥의 손자 임병원이 위의 연혁을 내세워 토지환급을 요구하며 제출한 청원서가 수록되어있다.

〈표〉 용천군 각종 둔에 관한 응답자

순번	주소	이름	직업	나이
1	내하면	이태운(李泰運)	면장	49
2	부내면	장세규(張世奎)	서민	23
3	부내면	오경린(吳慶麟)	향인	45

민간 향둔은 신도진 둔토라 한다고 부기하였다. 용천지역의 여러 둔토에 대하여 그 연혁과 위치 등을 정리하였다.

[가치정보]

이 자료는 의주와 용천지역의 각종 토지와 관련 세목을 정리하였다. 특히 둔전에 대한 연혁과 관련 문서들을 상세히 첨부하여, 일제시기 이 지역의 토지운영을 이해하는 데 많은 도움을 준다.

II-3-4-05. 영시에 관한 조사(대구)

관리기호	기록번호	자료명		
B-1-032	新調第76호	令市ニ關スル調査(大邱)		
작성자	생산기관	생산 연도		
有賀啓太郞	조선총독부	1913		
지역	언어	분량	소장기관	
대구	일본어	5면	수원박물관	
키워드	영시, 진상, 약재, 개시			

[기본정보]

조선총독부 중추원에서 영시를 조사하여 정리한 자료이다. 총 5면으로 구성되어 있으며, 일본어로 작성하였다. 출장조사서가 있어 기본사항의 파악이 가능하다. 조사지역은 대구이며, 1913년(대정 2) 11월 23일부터 12월 25일까지 조사하였다. 조사원은 아리가 게이타로(有賀啓太郞)이며, 통역은 김한목(金漢睦)이다.

[내용정보]

영시 창설의 연대는 알 수 없으나, 진상의 필요에 의해 자연히 시장을 설치하게 되었다. 영시는 2월령, 10월령에 개시하고 매년 2·4·6·7·8·10·12월에 약재진상을 한다. 약재진상은 대개 춘추에 채취하는 것으로서 2·10월에 개시 매매하여 약재 주요품을 월령 진상함으로써 영시라 칭하였다.

<표> 영시에 관한 응답자(대구)

순번	주소	이름	직업	나이
1	대구부 대구면 ○정	이교섭(李教燮)	송업(送業)	63
2	대구부 대구면 남산동	서기하(徐基夏)	전당포업	45

영시의 비용은 상인 각자가 부담하였다. 영시에서 진공삼을 취급하는 방법은 각부에 현품으로 도청에 바치고, 도청에서 수집하여 진상하였다. 또 복령·복신 기타의 약종은 영시에서 매수 진상하였다. 영시는 강원도 원주와 충청남도 공주에 창설되었고, 경상도와 충청도가 남북으로 나누어지면서 이후 진주 및 청주에도 영시가 설치되었다.

[가치정보]

이 자료는 대구지역의 조사자료이다. 영시의 창설을 비롯해 진상, 약재, 개시 등의 자세한 사항이 기록되어 있어 일제시기 영시에 관한 일반적인 상황을 추정해 볼 수 있다.

II-3-4-06. 판목에 관한 조사사항

관리기호	기록번호	자료명		
B-1-154	新調第75호	版木ニ關スル調査事項		
작성자	생산기관	생산 연도		
有賀啓太郎	조선총독부	1913		
지역	언어	분량		소장기관
함천, 고령, 영천, 경주 개령, 상주 선산, 대구	일본어	15면		수원박물관
키워드	해인사, 동화사, 은해사, 옥산서원			

[기본정보]

조선총독부에서 판목에 관하여 조사한 자료이다. 일본어로 작성하였으며, 15면으로 구성되어 있다. 출장보고서가 있어 자료의 자세한 사항을 알 수 있다. 조사지역은 합천군, 고령군, 영천군, 경주군, 개령군, 상주군, 선산군, 대구부이다. 조사기간은 1913년(대정 2) 11월 23일부터 12월 25일까지이며, 조사원은 아리가 게이타로(有賀啓太郎), 통역은 김한목(金漢睦)이다.

[내용정보]

이 자료는 특별조사로 조사지역에 소장되어 있는 판목에 대하여 정리하였다. 내용 기술 전 목록을 작성하였는데 아래와 같다.

판목조사

경남 합천군 해인사, 경북 고령군 학교의 방에 있는 창고 내, 경북 대구부 농업전습고 방에 있는 창고 내, 경북 대구부 동화사, 경북 대구부 용연사, 경북 영천군 은해사, 경북 영천군 관내, 경북 경주군청, 경북 경주군 옥산서원, 경북 개령군내, 경북 선산군내, 경북 상주군내의 목록이 기록되어 있다.

〈표〉 판목에 관한 응답자(합천, 고령, 영천, 경주, 개령, 상주, 선산, 대구)

순번	주소	직업	이름	나이
1	합천군 각사면 해인사	감사	곽예운(郭禮雲)	52
2	합천군 각사면 해인사	법무	정혼원(鄭混元)	35
3	합천군 각사면 해인사	감무	김우운(金友雲)	54
4	고령궁	군수	김구현(金龜鉉)	
5	대구부 대구면 상정	신문기자	장상철(張相轍)	44
6	대구부 대구면 수정	의사	이교섭(李教燮)	63
7	대구부 하남면 남산동	도서기	양춘장(揚春章)	50
8	대구부 선북촌면 동화사	주지	김남파(金南坡)	52
9	영천군 북습면 은해사	주지	박회응(朴晦應)	53
10	영천군 북습면 은해사	법무	김일하(金一何)	55
11	영천군 내서면 구호동	전 이방	이돈흥(李敦興)	48
12	영천군 내서면 구호동	전 이속	이상원(李尙遠)	56
13	영천군 하천면 양○동	유생	이병일(李秉鎰)	47
14	영천군 운천동	면장	이압일(李鴨一)	36
15	경주군	군수	양홍훈(梁弘勳)	
16	경주군 부내면 좌리	전 사과	김홍준(金洪駿)	70
17	경주군 강동면	유생	이기헌(李紀憲)	65
18	경주군 부내면	면장	이정구(李正久)	46

19	개령군	군수	이용한(李容漢)	
20	선산군 동내면	면장	김상기(金相基)	46
21	선산군 서내면	전 주사	심정택(沈鼎澤)	62
22	선산군 신당면	유림	정관섭(鄭寬燮)	38
23	상주군 내서면	전 군수	정동철(鄭東轍)	50
24	상주군 내서면	도참사	강석희(姜奭熙)	49
25	상주군 내서면	전 의관	박○유(朴○有)	61
26	상주군 내남면	유생	성 욱(成 稶)	56
27	상주군 내동면	전 의관	황지선(黃芝善)	50

목록에 따라 각 지역에 소장하고 있는 판목의 목록을 나열하였다. 당시 이 지역에서 소장하고 있는 목판본이 무엇이 있는지를 알 수 있게 해준다.

[가치정보]

이 자료는 합천, 고령, 영천, 경주, 개령, 상주, 선산, 대구의 판목에 관하여 조사한 자료로서 지역별 판목의 경향성을 확인해 볼 수 있다.

II-3-4-07. 민적예규집

관리기호	기록번호	자료명		
-	-	民籍例規集		
작성자	생산기관	생산 연도		
-	조선총독부 사법부 법무과	1917		
지역	언어	분량	소장기관	
-	일본어	227면	국회도서관	
키워드	민적법, 민적부, 호주변경, 성명개칭			

[기본정보]

조선총독부 사법부 법무과에서 민적예규를 정리한 책으로 227면으로 구성되어 있다. 1917년(대정 6) 7월 13일에 발행하였다.

[내용정보]

이 자료는 1917년(대정 6) 6월 20일 시행되고 있는 민적과 관련한 법령·통첩 및 질의회답을 모아서 정리한 것으로 행정집무자의 참고자료로 간행되었다. 1916년 11월 조선총독부에서 개최한 도부군도(道府郡島)의 서기강습회에 참석한 사무관의 민적강연록을 부록으로 싣고 있다.

이 자료는 부령·훈령·관통첩·사법부장관의 통첩 및 회답의 순으로 정리되어 있다. 자료 전반부에 사항별 색인이 있어 관련 사항을 쉽게 찾아볼 수 있다. 주요 내용의 분류는 민적의 편제, 기대 및 제적의 취급에 관한 사항·신고·출생·사망 및 실종·호주변경·혼인·이혼·양자·파양·분가·일가창립·입가(入家)·폐절가(廢絶家)·폐절가재흥(廢絶家再興)·부적(附籍)·이름·첩(妾)·승려·거주·열람 및 등초본 교부에 관한 사항·성명개칭 등으로 나누어져 있다.

[가치정보]

이 자료는 민적과 관련한 법령, 통첩 및 질의회답을 모아 정리한 것으로 당시 민적 사무에 대해 알 수 있다는 점에서 의미가 있다.

II-3-4-08. 입체권 청구서

관리기호	기록번호	자료명	
B-1-758	-	立替權請求書	
작성자	생산기관	생산 연도	
-	경성공업전문학교	1918	
지역	언어	분량	소장기관
-	일본어	16면	수원박물관
키워드	중앙시험소, 입체권, 내국운운주식회사, 남만주철도주식회사		

[기본정보]

이 자료는 중앙시험소의 입체권 청구서 등 1910년대 각종 청구서와 영수증을 모아둔 것으로 총 16면으로 구성되어 있다.

[내용정보]

이 자료는 육송운비(陸送運費) 등과 관련된 중앙시험소의 입체권청구서, 내국통운주식회사 경성지부의 청구서 2건, 논산군 김운성(金雲成)의 청구서, 경성부 최봉서(崔鳳瑞)의 청구서, 남만주철도주식회사 청구서 2건, 고양군 김춘식(金春植), 주식회사 일본전보통행 청구서 등의 청구서와 장병영의 영수증 등 영수증 4건으로 구성되어 있다.

[가치정보]

이 자료는 1910년대 철도운송 등과 관련한 청구서, 영수증 등으로 당시 운송비용 등을 파악할 수 있다는 점에서 의미가 있다.

II-3-4-09. 제3자가 한 변제는 유효한가 그렇지 않은가

관리기호	기록번호	자료명	
B-1-394	129호 3	第三者カナシタル辨濟ハ有效ナルヤ否ヤ	
작성자	생산기관	생산 연도	
-	조선총독부	-	
지역	언어	분량	소장기관
-	일본어	31면	수원박물관
키워드	채권, 채권자, 채무, 변제		

[기본정보]

조선총독부에서 채무변제에 관한 사항을 정리한 자료이다. 일본어로 작성하였으며, 총 31면으로 구성되어 있다. 작성자 및 생산연도 등은 알 수 없다.

[내용정보]

문답형태로 내용을 정리하였다. "제3자가 한 변제는 유효한가 유효하지 않은가"라는 질문에 응답자는 유효하다고 밝혔다. 친자, 우인은 물론 이해관계인에 대해서도 인정한다고 하였다. 자료는 이와 비슷한 질문을 여러 응답자에게 하고 각각의 문답을 여러 차례 정리하였다. 채무의 변제는 본인 이외의 경우 주로 가족 간에 이루어진다는 응답도 나왔다. 거의 비슷한 내용이다.

조사자가 관련내용을 상세히 묻고 응답자는 단답형의 대답을 하는 경우가 대부분이다.

[가치정보]

이 자료는 조선민사령의 일반사항을 확인할 수 있다.

II-3-4-10. 백정에 관한 관습

관리기호	기록번호	자료명	
B-1-053	158호 9-7	白丁二關スル慣習	
작성자	생산기관	생산 연도	
-	조선총독부	-	
지역	언어	분량	소장기관
전주	일본어	11면	수원박물관
키워드	백정(白丁), 민적부		

[기본정보]

조선총독부에서 백정에 관하여 조사·정리한 자료이다. 총 11면으로 구성되어 있으며, 일본어로 작성하였다. 작성자와 생산연도는 알 수 없다.

[내용정보]

자료는 백정의 연원과 사회적인 지위 등을 기술하고 있다. 백정은 원래 어떤 종족에 속한다고 하거나, 예부터 이 지역에서 살아오던 사람이 되었다거나, 다른 지역에서 이주해온 자라는 등 잘 알 수 없다. 백정은 사회적으로 가장 천한 지위를 가지며, 그 직업은 도축판매·제피(製皮)를 주로 한다. 기타 농업·주식(酒食)·상업을 하는 것은 금지한다.

주소는 읍부의 일정한 지역에 거주하며 보통 인민과 잡거하는 것은 허락하지 않는다. 고성에는 동명외동, 사천은 서성 아래의 한 곳에 거주한다고 하였다. 이외에 거주하는 가옥의 모습, 혼인, 묘지 등 백정의 생활 전반을 기술하고 있다.

민적부 상 표기에 대해서 조사 당시에는 보통민과 동일하게 기재하고 있다고 하면서, 고성에는 도(屠)자를 기입하고 사천에는 농(農)이라 한다고 하였다. 자료 말미에 고성과 하동지역 민적부를 첨부하였다.

[가치정보]

이 자료는 백정의 일반적인 인식과 그들의 거주 지역 확인을 통해 일제시기 백정의 특정을 규정해 볼 수 있다.

II-3-4-11. (제도) 지방제도 등(전라도)

관리기호	기록번호	자료명	
B-1-178	新調第135호 (7-6)	(制度) 地方制度 等[全羅道]	
작성자	생산기관	생산 연도	
-	조선총독부	-	
지역	언어	분량	소장기관
나주, 보성, 화순 영암, 장흥	일본어	9면	수원박물관
키워드	면동비(面洞費), 부역, 결세부담, 도진관례(渡津慣例)		

[기본정보]

수원박물관 소장 자료로 조사 시기 및 조사자는 알 수 없으며 전라도 지역을 대상으로 이루어진 조세, 부역을 비롯한 제도에 관한 조사 내용을 담고 있다. 표제에는 제목이 없으며 자료명인 '(제도) 지방제도 등 (전라도)'는 목록에 보이는 항목을 소장 기관의 작성자가 목록에 의거해 임의로 제(題)한 것이다.

[내용정보]

조사 내용은 전라도 지역의 지방제도에 관한 것으로 면동비(面洞費)의 부담, 부역 고래(古來)의 관례, 결세 부담 및 할당, 도진관례(渡津慣例)에 대해 기록되어 있다.

면동비 부담에 관한 내용을 보면, 나주는 군수가 약간의 비용을 내고 나머지는 면동(面洞)의 각 호(戶)에서 부(富)의 정도에 따라 분담하였다. 영암에서는 면동 각 호의 정도에 따라 부담하였고 면(面)은 금전(金錢), 동(洞)은 때에 따라 혹은 곡물로 분담하였다. 장흥에서는 면비(面費)를 면임(面任)이 이를 우선 입체(立替)한 후 백성의 부의 정도에 따라 그 부담을 할당하여 충당하였고 동비(洞費)는 동임(洞任)이 동일하게 납낭하고 있다. 상성은 구폐(救弊)[부호가에서 면동을 위한 구휼을 목적으로 기부한 재산과 여기에 관찰사 또는 군수 역시 이를 보조하는 예]의 이자로 면동을 비(費)로 충당하는 관습이 있었다. 화순은 면동비를 계금(契金)으로 충당하거나 불효자 또는 부랑한(浮浪漢)에게서 받은 벌금(罰金)으로 충당하기도 했다.

부역 고래(古來)의 관례에 대해서는 나주는 각 공해(公廨), 성첩(城堞), 교량(橋梁), 도로 등의 개수에 부근의 동리(洞里)의 각 호(戶)에서 초집하여 역에 종사하고 부역에 종사하면 결세(結稅)를 면해준다. 영암은 지역상 제주로부터 올라온 진상품을 운송하기 위한 부역이 존재했고 이를 거부하면 태형에 처해졌으며, 부역을 지게 되면 호세(戶稅)를 면해줬다. 보성은 직역(賦役) 또는 운역(運役)이라고도 하며 부역에 종사하면 읍외(邑內)는 호세(戶稅)를 면해주었다. 그리고 대역(大役)의 경우는 읍외의 사람들이 동원되기도 했으며 이들에게도 면세의 혜택이 주어졌다. 도로의 수선은 인접의 지주가 이를 행하는 관습이 있고, 교량은 동 혹은 리(里)에서 이를 수축하고, 많은 인부를 필요로 하는 대역(大役)의 경우에는 관에서 보조원을 주고 부역의 현장을 감독하기도 했다. 그리고 노유(老幼)의 남자로 부역에 할당되었을 때 집에 부역에 종사할만한 자가고 없으면 인부(人夫)를 고용하여 이를 대신하거나 혹은 이를 약간의 금전(金錢)을 내어 대신하였다. 장흥은 공해(公廨) 등의 부역에 참여하게 되면 환상미(還上米) 등을 면제받기도 했다. 화순은 부역에 종사하면 호세, 결세, 잡세의 일부를 감해주었고, 읍내 사람들은 호세를 전면(全免)해주는 관례가 있었다.

결세의 부담은 소작관계 여하와 지역에 따라 소작인이 이를 부담하거나 지주가 부담하는 등 차이가 있었다. 나주나 장흥은 종래의 소작관습상 결세는 모두 소작인이 부담했고,

영암은 소작인이 부담하거나 그 소작관계가 병작(竝作)일 경우에는 지주도 이를 부담했다. 결세의 할당에 대한 내용을 보면, 나주는 1결(結)에 백미(白米) 6두(斗) 5승(升)을 납부했으며 갑오이후에는 금(金) 6엔(円)을 납부했고, 보성은 1결에 고래(古來)에는 28두였으나 지금은 10두(斗) 5승이었다. 영암은 매결(每結) 백미 31두 3승이며, 화순은 매결(每結) 미(米) 3두, 두(豆) 2두(斗), 대동목 20척(尺)을 납부했다는 내용을 볼 수 있다.

마지막으로 도진관례(渡津慣例)에 조사 내용에는 도진용(渡津用) 배는 관선(官船)과 사선(私船)이 있었고 관선은 군수가 왕래하기 위해 군청에서 제조하고 영산포, 제포진의 2개소에 이를 두었다. 일반인민들이 이를 이용할 때는 도진(渡津)에 1푼을 징수하되 우마 또는 하물(荷物) 등이 있으면 5푼이었다. 사선은 면에서 공동으로 이를 제작하고 소속 면인(面人)들은 무임(無賃)으로 도진했고, 사공은 봄·가을 미(米) 약간을 받고 있었다.

[가치정보]

이 자료는 분량은 많지 않지만 조선후기 이래 전라도 지역에서 행해진 결세(結稅)운영을 비롯한 지방제도의 일면을 살필 수 있다는 점에서 조선후기 연구자들이 참고해 볼만한 가치가 있는 기록이다.

II-3-4-12. 관습법에 관한 민사령개정조문(대정7년 이후)

관리기호	기록번호	자료명		
B-1-198	-	慣習法ニ關スル民事令改正條文 (大正七年以後)		
작성자	생산기관	생산 연도		
-	조선총독부	-		
지역	언어	분량	소장기관	
-	일몬어	16년	수원박물관	
키워드	조선민사령, 부동산, 개정			

[기본정보]

조선총독부에서 관습법에 관한 민사령개정조문을 정리한 자료이다. 일본어로 작성하였으며, 총 16면으로 구성되어 있다. 작성자 및 생산연도 등은 알 수 없다.

[내용정보]

먼저 1912년(대정 1) 3월 〈제령 제7호〉에 의해 제정된 조선민사령의 내용 중 일부를 수록하였다. 그 내용은 다음과 같다.

〈제10조 조선인 상호간의 법률행위에 대하여〉는 법령 중 공공의 질서에 관한 규정과 다른 관습이 있을 때에는 그 관습에 의한다.

〈제11조 제1조의 법률 중 능력, 친족 및 상속에 관한 규정〉은 조선인에게 적용하지 않는다. 조선인에 관한 전항의 사항에 대해서는 관습에 의한다.

〈제12조 부동산에 관한 물권의 종류 및 효력〉에 대하여서는 제1조의 법률에 정하는 물권을 제외하고 관습에 의한다.

이외에 제13조~제15조, 제17조, 제81조, 제82조를 정리하였다. 1918년 6월 11일 제령 제8호에 의해 조선민사령 개정의 건으로 제9조의 일부가 개정되고, 1922년(대정 11) 11월 14일 제령 제14호에 의해 다시 개정이 이루어진다. 이후 몇 차례에 걸쳐 이루어진 조선 민사령 개정 관련 내용을 정리하고 말미에 개정 기간 동안 개정되지 않은 조항들을 정리하였다.

[가치정보]

이 자료는 조선민사령의 일반사항을 확인할 수 있다.

II-3-4-13. 관습회답목록

관리기호	기록번호	자료명	
B-1-162	238	慣習回答目錄	
작성자	생산기관	생산 연도	
吳在豊	조선총독부 중추원	1927	
지역	언어	분량	소장기관
-	일본어	17면	수원박물관
키워드	법전조사국, 취조국, 참사관실, 중추원, 조회		

[기본정보]

이 자료는 1908~1918년까지 관습조사 사항에 대한 조회의 건과 조회자 및 연·월·일, 회답의 연·월·일에 대한 목록이다.

[내용정보]

내용은 법전조사국, 취조국, 참사관실, 중추원 등 역대 구관조사사업 담당기관에서 민사관습을 조회한 건명을 정리한 목록이다.

법전조사국 시기의 조회의 건에 대한 사항을 보면 1909년 2월 9일[18일 회답] 경성공소원(京城控訴院) 민사부(民事部)에서 '소비대차(消費貸借) 외 5건에 관한 조회'를 비롯해 1910년 5월 19일[7월 1일 회답] 평양공소원(平壤控訴院)에서 '사립학교 입격(入格)에 관한 건'까지 15건의 조회건 목록이 기록되어 있다.

취조국 시기의 조회 건에 대한 사항은 모두 43건이다. 1910년 11월 7일[16일 회답] 경성지방재판소에서 조회한 '장자가 있으나 부재(不在)시 부친(父親) 재산의 관리권에 관한 건'으로부터 1912년 3월 2일[14일 회답] '세대의 계산 및 가장이 양자(養子)의 파양(罷養) 건'까지 정리된 목록을 볼 수 있다.

참사관실 시기의 조회 건은 1912년 5월 8일[6월 1일 회답, 정무총감] 평양복심법원에서 '분묘의 소유 및 이전에 관한 건'을 비롯해 1915년 3월 1일[4월 30일 회답] 평양지방법원 정주지청에서 조회한 '첩(妾)과 미성년자의 행위능력에 관한 건'까지 110건의 목록이 있다.

중추원 시기를 보면 1915년 5월 13일[6월 24일 회답] 경성지방법원에서 조회한 '동사원 (同事員)의 책임에 관한 건'을 비롯해 1918년까지 98건의 조회 목록이 정리되어 있다.

[가치정보]

비록 구체적인 조회의 내용 및 회답안을 볼 수 없으나 1909~1918년까지 260여 건의 조회건명을 통해 당시 주로 어떠한 사항들이 관습상의 문제로 제기되고 있었는가에 대한 대략적인 경향성을 파악해 볼 수는 자료가 될 수 있다.

II-3-4-14. 민법, 상법의 부

관리기호	기록번호	자료명		
B-1-153	-	民法商法ノ部		
작성자	생산기관	생산 연도		
吳在豊	조선총독부 중추원	1927		
지역	언어	분량	소장기관	
-	일본어	85면	수원박물관	
키워드	민법, 상법, 조회, 소유권, 호주권			

[기본정보]

이 자료는 각 관서의 조회 문제에 따라 관습조사의 여러 항목에서 민법, 상법, 그리고 특별문제라고 생각되는 것을 분류한 기록이다.

[내용정보]

내용의 구성을 보면, 크게 2부분으로 나뉜다. 먼저 첫 번째는 '각 관서의 조회 문제(問題) : 민법·상법에 해당되는 것으로 생각되는 관습'을 모아 정리하고 있다. 각 항목은 다음과 같다.

능력, 과실(果實), 부재자(不在者)의 재산관리, 호주(戶主)와 가족, 호주권의 상실, 혼인, 부권(夫權), 처, 첩, 이혼, 공유, 소유권, 영소작권(永小作權), 전당권, 채권, 보증채권, 매매, 임대차, 기탁, 조합, 부당이득, 양자연조(養子緣組), 양자선정권(養子選定權), 이연(離緣), 차양자(次養子), 수양자(收養子), 친권의 효력, 친권 상실 및 제한, 보호자의 보호대리의 범위, 보호자가 되는 순위와 그 선정방식, 친족회, 부양의무, 상속인, 지정상속인, 섭사(攝祀), 유산상속인(遺産相續人), 상속분(相續分), 상속인의 광결(曠缺), 생양가(生養家)의 奉祀, [상사(商事)]매매, 문옥(問屋), 수형(手形), 해상(海商), 파산으로 구성되어 있다.

두 번째, '각 관서 조회의 문제'는 특별문제라고 생각되는 관습의 항목을 나열하고 있으며 각 항목은 다음과 같다.

계한(界限)에 관한 문제, 소유권의 득실(得失)과 소송의 당사자, 계자(啓字), 리(里)의 능력, 국유지, 둔토, 서원토(書院土), 사판(祀板), 가묘, 사당, 서원, 능원묘내에 해자(垓字)로 편입된 민유지, 사패지, 서교도(西敎徒)의 재산, 산척(山尺), 사찰, 하수(河水), 관청의 권한, 사환미(社還米) 창고의 부지, 토세권(土稅權)이 작성되어 있다. 대개의 관습은 민정(民情)에 따라 발달한 것이었기 때문에, 법전조사국을 통한 관습조사 이후에도 그러한 민사는 관습에 의존하는 경우가 많았다. 따라서 수시로 재판소나 기타관청에서 필요한 내용의 관습조사 조회의 의뢰가 발생하였다. 이 자료는 그와 같은 관서의 조회의 문제에 따라 민사의 관습을 민법, 상법, 그리고 특별문제라고 생각되는 것으로 분류하여 정리한 기록으로 볼 수 있다.

[가치정보]

이 자료는 그 작성 시기를 정확히 알 수 없어 아쉽지만, 해당 항목을 통해 당 시기 민사관습을 일제가 어떠한 방식으로 이해하고 이용하고자 했는가를 살필 수 있다.

II-3-4-15. 민사관습회답휘집(속편고)

관리기호	기록번호	자료명	
설송 345.01 C456m	-	民事慣習回答彙集(續編稿)	
작성자	생산기관	생산 연도	
平木勘太郎	조선총독부 중추원	-	
지역	언어	분량	소장기관
-	일본어	163면	서울대 도서관
키워드	민사관습, 사법, 행정, 민사부, 이혼		

[기본정보]

이 자료는 1934~1945년까지 11개의 항목에 대한 민사관습의 질의와 회답을 기록하고 있는데, 정확한 발행 시기는 알 수 없으나 작성자는 히라키 간타로(平木勘太郎)임이 확인된다.

[내용정보]

1909년(융희 3) 2월 경성공소원(京城控訴院) 민사부(民事部)로부터 관습조사 조회가 있었던 것을 시작으로 재판소의 판결, 기타 여러 관청의 행정 운영과 관련하여 지속적인 조회가 이루어져 왔다. 그 결과 조선총독부 취조국, 참사관실, 중추원에 이르기까지 각종 조회에 대한 회답이 1933년(소화 8) 9월까지 324건에 달했다. 1933년 12월 이를 한 책으로 만들어 『민사관습회답휘집』을 편찬하였다.

『민사관습회답휘집[속편고]』는 제목에서 알 수 있는 바, 『민사관습회답휘집』 편찬 이후 1934년부터 민사관습에 대한 질의 회답을 정리한 자료이다. 목차에는 '자삼이오심(自 三二五番)'이라는 표시가 보이며 이를 통해 앞선 자료에 실린 324번 이후의 질의와 회답을 정리했던 것임을 분명히 알 수 있다. '325번 1934년 10월 5일 고등법원장 조회, 동년(同年) 11월 4일 중추원의장회답'~'341번 1944년 12월 23일 부산지방법원 마산지청 조회', '1945 년 2월 20일 중추원의장 회답'까지 11개의 항목이 보이며 조회 건명은 다음과 같다. '325. 가족(家族)인 양모(養母)의 유산상속에 관한 건', '326. 분묘의 기지(基地)에 관한 건', '327. 신주체천(神主遞遷)에 관한 건', '328. 유산상속에 관한 건', '329. 절가(絕家)의 유산귀속에 관한 건', '330. 이혼에 관한 관습조사의 건', '331. 전주최씨의 시조 및 혼인에 관한 건', '332. 종중재산관리 대표자선정에 관한 건', '333.영구존속 차지권(借地權)에 있어서 소작료에 관한 건', '334. 종중 또는 문중에 관한 건', '335. 승려재산상속에 관한 관습조사의 건', '336. 종중과 제위사(祭位土)에 관한 건', '337. 조선인의 호주상속의 건과 재산상속에 관한 건', '338. 소종중(小宗中)의 시조 및 기 칭호에 관한 건', '339. 환관가(宦官家)의 양자에 관한 관습의 건', '340. 유산상속에 관한 건', '341. 시양자(侍養子)의 상속자격 및 단신여호주(單身女戸主)의 유산상속에 관한 건'으로 구성되어 있다.

또한 각 건의 구성은 의뢰를 조회한 기관에 대한 회답내용이 먼저 기록되어 있고, 답신을 요구한 조회건의 공문이 뒤에 편철되어 있다. 그리고 이와 관련된 각종 자료들을 발췌해서 모아놓은 참고자료 등이 첨부되어 있기도 하다. 예를 들면, '339. 절가(絶家)의 유산귀속에 관한 건'의 내용을 살펴보면, 1936년 6월 8일 공주지방법원에서 절가(絶家)의 유산을 귀속할 때 필요한 행정절차에 대해 문의하고 있고, 이에 대해 "조선의 관습에서는 절가(絶家)의 유산이 리동(里洞)에 귀속되는 경우에 어떤 수속도 필요하지 않고, 그 유산의 승계자가 분명히 없을 때는 절가의 사실 발생과 동시에 해당 유산은 당연히 그 리동의 소유로 귀속된다."라는 회답을 보내고 있다. 그리고 여기에 대한 자세한 이유를 다양한 사례와 근거를 들어 설명하고 있다. 『태종실록』에 보이는 관련 기사, 『관습회답휘집(慣習回答彙集)』[大正 5년 3월 10일 내무부장관(內務部長官) 조회, 동년(同年) 4월 6일 중추원서기관장(中樞院書記官長) 회답(回答) 관습회답휘집(慣習回答彙集), 268쪽] 판결 사례 등을 제시하고 있다. 그리고 본래 토지와 가옥 같은 중요재산의 득상(得喪)변경이 있는 경우에도 반드시 기간내 관에 신고하여 입안(立案)을 받는 것이 본래의 규정이었지만 입안을 받는 자가 점차 감소하며 순조(純祖) 이후에는 입안을 받는 자가 완전히 사라지게 되었다. 그로 인해 이후에는 토지 또는 가옥과 같은 부동산에 관한 소유권의 득상 변경이 있는 경우에도 공증수속이 필요하지 않게 되었고, 따라서 절가의 유산이 리동에 귀속되는 수속에서도 특별한 관습은 사라지게 되었다고 회답하고 있다.

[가치정보]

이 자료는 1933년에 발행된 『민사관습회답휘집』 이후의 관습에 대한 조선총독부의 회답안을 묶은 것으로서 1930년대 중후반의 조선총독부의 관습법 정책을 이해할 수 있는 자료이다. 또한 비록 10여 년간 11건의 소수이긴 하나 일제 말기까지도 조선의 관습법의 해석과 판결, 적용에 명확하지 않은 사안들이 지속적으로 발생하였던 점도 간접적으로 간취해 볼 수 있는 기록이 될 수 있다.

II-3-4-16. 사회법(기2)

관리기호	기록번호	자료명	
B-1-192	-	社會法(其二)	
작성자	생산기관	생산 연도	
渡邊業志	조선총독부	-	
지역	언어	분량	소장기관
-	일본어	100면	수원박물관
키워드	노동법, 노동협약, 노동조합, 노동입법, 실업		

[기본정보]

이 자료는 사회법에 관한 목록이 정리된 기록이다.

[내용정보]

이 기록은 사회법과 관련된 법령, 보고서, 연구서, 논문 등에 대한 목록집으로 보인다. 목차는 ① 노동입법, ② 노동법(사회법, 사회입법), ③ 노동계약·노동협약, ④ 노동조합·노동조합법, ⑤ 노동쟁의·조정, ⑥ 전(轉)·실업문제, ⑦ 실업·실업구제법, ⑧ 직업소개, ⑨ 공제조합, ⑩ 후생법·후생사업, ⑪ 공장법, ⑫ 취업제한, ⑬ 부인·소년노동, ⑭ 도제(徒弟), 임시공(臨時工), ⑮ 사용(使用)·고입(雇入)제한, ⑯ 임금(賃金)·임쟁(賃爭)통제, ⑰ 가족수당으로 구성되어 있다. 이중 목차에 달리 본문에는 ② 노동법 뒤에 사회법, 사회입법이라는 항목이 별도로 제시되고 있다.

내용은 목차에 따라 관련법과 관계된 여러 문헌목록을 제시하고 있다. 예를 들면 노동입법의 경우 '합중국전국노동입법회의(세로(世勞) 14.3) (법시(法時) 8-9)', '최근노동입법(647)', '노동입법과 공장감독제도(諸家回答)', '아국노동(俄國勞動) 신(新)입법의 개관(사사(社事) 25-10)' 등 9개의 목록이 있으며 노동법의 경우 '나치[ナチ し]노동법(소(昭) 11, 협조회

(協調會))’, ‘노동법(1-5종(完))(신법학제 6-10회 배본(配本))(기구치 이사오(菊池勇夫))’, 소화 11년(일본평론사), 노동보호법 『해석법령총서(解釈法令叢書)』(기무라 기요시(木村淸司)) 저, 소화 11년(일본평론사), 『국가총동원법노동관계명규집(國家總動員法勞動關係令規集)』(협조회), 소화 14년 『노동입법시대정신(勞動立法時代精神)』(고토 기요시(後藤淸)) 저, 소화 14년 『현대노동정책』(에모리 모리야(江森盛彌)) 저, 소화 16년 『삼립서(三笠書)』를 비롯해 60여 개의 목록이 보인다. 목록에는 일본뿐만 아니라 미국, 영국, 프랑스, 독일, 이태리 등 유럽국가의 관련법에 대한 내용을 싣고 있는 목록을 다수 포함하고 있다. 목록 가운데 소화 13년 상반기 노동쟁의 성과라는 보고서가 있는 것으로 보아 작성 시기는 1938년이 아닌가 생각된다.

[가치정보]

자료 자체로써 인용할 만한 기록은 없으나 1938년까지 일본의 노동과 관련된 사회법에 대한 참고할 만한 문헌기록으로 생각된다.

II-3-4-17. 조선총독부 임시토지조사보고서

관리기호	기록번호	자료명		
-	-	朝鮮總督府臨時土地調査報告書		
작성자	생산기관	생산 연도		
-	조선총독부 임시토지조사국	1918		
지역	언어	분량	소장기관	
경성	일본어	655면	국립중앙도서관	
키워드	토지조사사업, 임시토지조사국, 토지조사령, 장적조제, 조선임야조사령			

[기본정보]

이 자료는 조선총독부 임시토지조사국이 기록한 것으로 자료명은 ‘조선총독부 임시토지조사보고서(朝鮮總督府 臨時土地調査報告書)’로 표기되어 있으며 작성자는 조선총독부 임시

토지조사국이며 출판년도는 1918년이다. 이 자료는 일본어로 기록되어 있으며 상, 하 2권으로 이루어져 있다.

　이 자료는 1910년부터 1918년까지 시행된 조선토지조사사업에 관한 자료로 토지제도, 지세제도의 연혁과 사업을 시행하는 조직, 조사방법 등 토지조사사업의 전반을 기록하고 있다. 토지조사사업의 성과와 자료 등은 오늘날 일본의 식민통치와 관련하여 현재까지도 논쟁이 되고 있는 부분이다. 이 자료는 1차 자료로서 토지조사사업의 전반을 살펴볼 수 있다.

[내용정보]

　발문에 토지조사사업에 대한 전반적인 것을 약술하고 있다. 이 사업은 1910년부터 1918년에 걸쳐 2,040여만 원의 경비를 들여 시행되었으며, 조선의 토지제도, 지세제도 및 지도제도를 완전히 수립하여 일반시정의 근기를 이루는 것이고 신영토에 대한 제국의 시설이라는 것이다. 이것은 "조선의 토지제도와 지세제도가 수백년간 문란이 극에 달하여……토지소유권 확인과 지세부과 정리는 하루라도 등한하게 해서는 안되는 상태라서 토지조사를 급히 서둘러 실시했다."는 것이다.

이 책에서 제시한 당시 조선토지제도의 문제점은 다음과 같다. 첫째, 조선 건국 후에 공전제도를 설치하는 동시에 사전도 공인하였는데, 조선의 공전과 사전은 고려의 공전과 사전과는 달리 무세지를 공전, 수세지를 사전으로 불렀으며, 이것이 후세에 전하는 국유지, 후자는 민유지로 변해갔다는 것이다. 그런데 『경국대전』에서 공사전의 구별이 명확한 성문이 없고 이매하게 취급되어 모순된 결과를 초래하게 되었으며, 직전제 폐지 이후 공전이 개인소유가 되고 사전이 공유지로 편입되는 등 폐해가 백출하였다는 것이다. 둘째, 토지를 약탈당해도 권리를 회복할 증빙서류가 없고 양전도 실시하지 않아 양안으로 실재 토지를 알 수가 없었으며, 광무양전지계사업 등을 실시하였으나 옛 방법을 답습하여 실패하였다는 것이다. 셋째, 지세제도 역시 전제가 문란하여 정확한 토지대장이 없어 폐해를 교정할 수 없었으며, 지세제도를 개혁하려는 시도도 하였으나 정확성이 부족한 결가와 정리가 안 된 양안, 깃기, 작부장과 같은 장부를 기초로 하였기 때문에 미봉책에 불과하였다는 것이다. 지세제도의 근본적 조사를 시급히 시행해야 했다는 것이다.

그리고 본문에서 일제가 토지조사사업을 수행하면서 특별한 것으로 언급한 국민유분쟁을 다룬 분쟁지조사 항목에서 분쟁의 원인을 다음과 같이 정리하고 있다. 첫째 토지소속이 뒤섞여 불명확하다는 점이다. 제실유지, 국유지, 민유지 등이 명확하지 않아 정부에서 국유로 인정하기도 하고 때로는 민유로 인정하기도 하였는데, 광무사검의 경우는 모든 역둔토를 공토로 조사하여 도조를 강제로 징수하여 소요가 발생하였다는 것이다.

둘째, 역둔토와 궁장토의 민결면세지를 민유라 인정하지 않고 모두 역둔토라 불렀으며, 둔세의 차이에 따라 소속을 구별해야 하는데, 모두 일률적으로 같은 액의 둔세를 징수하여 소요가 일어났다는 것이다. 그리고 민유지에 지세징수권을 부여하였는데 이를 자기소유라 주장하거나 다른 곳에 증여 매각하여 분의를 일으켰다는 것이다.

셋째, 세제의 결함이다. 세율은 분쟁지의 인정에 중요한 요건인데, 납세가 국유지의 소작료인지 민유지의 결세인지가 불명하여 양자 사이에 분쟁이 계속되었다는 것이다. 한쪽은 소작료, 다른 한쪽은 결세라 주장한 것이다. 그리고 조선에서는 소유권의 소재에 관계없이 과징하는 것을 수세라 칭하였으며, 대한제국에서는 호조에서 징수하는 것은 결세라 칭하고 내장원 기타 관청 궁방에서 수세하는 것을 모두 도조라고 했는데, 이 도조를 국유지의 소작료와 같은 것으로 오용하였다는 것이다. 나아가 지세를 과징하여 지주납세액과 국유지 소작료를 거의 구별할 수 없었다고 하였다.

넷째, 무주한광지는 법적으로 기간자를 지주로 인정하였지만, 여기서도 분쟁이 발생했다는 것이다. ① 기간 후 지주라고 주장하는 자가 나오는 경우 ② 국유미간지를 자기 것이라 주장하고 매도한 다음 매득자가 기간한 다음, 관할 관청에서 임의 기간으로 문제를 삼아 관민이 분쟁한 경우 ③ 제언내 모경지에서 발생한 관민분쟁 등이 그것이다.

다섯째, 증명제도의 불비와 관련된 분쟁이다. 조선에서 매매후 입지를 받아야했으나 문기만으로도 거래가 자유롭게 이루어졌기 때문에 입안이 효력이 없었고, 증명이나 사증은 등기제도와 견줄 수 있는 동일한 규정을 두었으나 매매후 진정한 소유자가 나오면 효력이 없게 되었다는 것이다. 그리고 토지소유권에 대한 상세한 조사가 없었기 때문에 증명제도는 권리를 보장할 수 없었다는 것이다.

여섯째, 권리서류와 서식의 불비에서 연유한 것이다. 토지소유권 매매의 경우, 문기에 표기된 소재, 사표, 면적 등이 불분명하여 인접지와 강계분쟁이 일어나기 쉽다는 것이다. 그리고 소유권 매매와 소작권 매매의 경우, 문기로는 서의 같아 서로 구별할 수가 없었다는 것이다. 나아가 관료들의 부패와 비정, 민전 침탈과 민전의 양여, 투탁 등도 거론하고 있다.

이 보고서는 조선의 토지제도와 지세제도의 이같이 극에 달한 문란, 그리고 자기들이 들어와 시행한 증명제도 등의 문제점을 해결하기 위해 실시한 것이 토지조사사업이라고 그 실시의 정당성과 새로 만든 제도의 완결성을 주장하고 있다. 일제가 그동안 각지에서 시행한 토지조사의 경험과 조선의 관습조사에 기초하여 식민지 조선에 마련한 '근대적' 토지제도였다는 것이다. 그런데 이것은 지적측량의 기점이 일본의 연장선에 기초한 것이라는 점에서 보듯, 조선의 전근대제도를 '근대적'으로 개혁하여 구래의 잘못된 것을 바로 잡기 위한 사업이라고 강조하고 있지만, 일본제국이 이를 실시한 본질은 조선을 식민지로 통치하기 위한 제도정비 작업이었던 것이다.

조선토지조사사업보고서는 토지조사사업을 크게 토지소유권조사, 토지가격조사, 지형지모조사 등 셋으로 분류하여 작성하였다. 이에 앞서 제2장과 제3장에서 사업조직, 사업계획의 변천과정, 부대사업 등을 기술하고, 제4장에서 토지소유권조사를 다루었다.

첫째, 토지소유권조사는 준비조사, 일필지조사, 분쟁지조사로 나눠 기술하였다. 준비조사에서는 면동리 명칭과 강계조사, 토지신고서의 수집과 처리, 지방의 경제와 관습조사 등을 기술하였다. 일필지조사에서는 조사지와 불조사지, 지주, 강계, 지목, 지번, 각종 권리관계조사, 장부조사 등을 기술하고, 마지막 분쟁지조사에서는 분쟁의 종류를 기술하고, 이를 크게 대국유지분쟁과 그 이외의 분쟁으로 나누어 항목별로 기술하였다. 전자는 제실, 궁장토, 능원묘, 역토, 둔토, 목장, 삼림임야 및 미간지, 제언과 보 등이고, 후자는 향교와 서원, 종중재산, 면동리유 재산과 게, 사(寺)유재산, 분묘지, 기간지, 포락지, 니생지,

정부출자지 등으로 나누어 이를 정리하였다. 이어서 조사방법과 소송관계지의 처리 등을 기술하였다. 이같이 토지소유권 조사는 토지의 소재, 지목, 지번, 지적, 소유권자를 조사하고, 지적도에 각 필지의 위치, 형상 및 경계를 표시하여 수백 년간 계속된 토지분쟁을 해결하고, 토지소유권과 경계를 사정하여 소위 지적을 명확히 하는 한편 이를 근거로 토지등기제도를 창설하였다고 언급하고 있다.

둘째, 지형지모조사는 지형측량을 통해 지형도를 제조하고, 지상에 있는 자연 또는 인공 지물과 그의 고저, 맥락, 분포 등을 표시한 다음, 이것을 지도상에 명료하게 표시하는 작업이다. 이는 제5장 측량부분에서 다루었는데, 삼각측량, 도근측량, 일필지측량, 면적 계산, 지도 등으로 구분하여 정리하였다. 삼각측량은 기선측량, 대삼각본점측량, 대삼각 보점측량, 소삼각측량, 험조, 수준측량, 도표조정 등이다. 다음의 도근측량은 보통도근측 량과 특별도근측량, 그리고 시가지도근점과 표석설치 등이다. 마지막의 일필지 측량에서 는 도곽과 도근점, 보조점측량, 일필지 경계와 기타측량, 원도와 일람도 조제, 지목별 필수표와 등사도 조제, 특별측량 등으로 나누어 기술하고 있다. 그리고 제도부분에서는 지적도, 지적약도, 역둔토도 등의 제작에 관해 서술하였다. 지적도의 축척은 시가지, 서북 선 지방의 산간부, 일반 지방이 다 달랐다고 했다.

셋째, 토지가격 조사는 시가 또는 임대가격 및 기타 토지의 수익을 사정하고 곡가와 금리관계 등을 고려하여 통일적으로 조선 전토의 지가를 조사하고, 지세의 부과표준을 전정(銓定)하여 지세제도를 확립함으로써 재정의 기초를 수립하고 부담의 균형을 시도하 기 위한 것이라고 하였다. 이것은 제6장 지위등급조사에서 다루었다. 구래의 결부제를 해체하고, 지가에 기초한 지세제도를 수립하기 위해 실시한 것이었다. 각 지목별 지위등 급 구분과 조사방법 지목별 표준지선정, 도서와 시가지의 지위등급과 결정, 지가산정, 수확고, 곡가, 공제금, 환원율, 지가정률표 등에 관한 것이었다.

다음은 이러한 조사작업의 성과에 기초하여 작성한 장부에 대해 다루었다(제7장). 이때 작성한 장부는 토지조사부, 토지대장, 토지대장 집계부, 지세명기장 등이고, 여기서 제조 방법과 용도 등을 기술하였다. 작업의 성과는 지적도 81만 2,930매, 토지조사부 28,357책, 분쟁지 심사서 1,385책, 토지대장 109,998책, 지세명기장 2만 50책, 각종 지형도 925엽 등이었다.

마지막으로 토지조사사업과정에서 행한 주요 절차와 조직에 대하여 다루었다. 제8장 작업감독, 제9장 지방토지조사위원회, 제10장 사정, 제11장은 고등토지조사위원회 등이었 다. 고등토지조사위원회의 항목은 아직 종결되지 않은 시점에 작성된 것이다. 더 자세한 것은 조선총독부편, 『고등토지조사위원회사무보고서』(1920)가 참고된다. 그리고 제12장 이동지정리에서는 사정 이후 토지대장을 군청에 이관할 때까지의 이동사항을 신고 조사한 것을 기술하였다. 제13장에서는 지형측량을 다루었다. 지상의 지형지물을 지도상에 명료하게 그리는 작업이다. 축척은 전도를 통하여 5만분의 1로 하였다. 특별히 부제 시행지와 이에 준한 지방 33개소는 1만분의 1, 기타 도읍부근 13개소는 2만5천분의 1의 축척을 사용하여 지형도를 조제하고, 또 금강산 경주 부여와 개성 등은 별도로 사용의 편을 기도하여 특수지형도를 조제하였다고 하였다. 14장에서는 서무 인사 회계 문서 통계 도부 인계 등을 다루었다. 인사부분에서는 직원구성이 주목된다. 여기에 참여한 고등관은 93명, 판임관 이하는 7,020명인데, 이중 조선인은 고등관 3명, 판임관 이하 5,666명이었다. 이들 직원은 토지조사국에서 양성한 것인데, 토지조사사업 이후 일제의 통치기구에 어떻게 배치되었는지 그 역할이 주목된다. 제15장은 잡무이고 마지막은 부표로 구성되었다.

토지조사사업보고서는 일제가 대단한 치적으로 내세우기 위해 작성한 때문인지 구래의 조선제도와 정치에 대해서는 부정적 평가를, 반면 행정적 기술적 측면에서의 성과와 제도적 우월성은 크게 내세우고 있다. 그리고 '사업'초기에는 '폭도'의 출몰, 신정치에 대한 의구심, 조세부담과 권리의 소장과 밀접한 관계가 없으면서도 인민이 오해하여 반항하는 등 여러 우려가 있었지만, 외적으로 아무런 일 없이 사업을 예상이상으로 종료할 수 있었으며, 그것은 직원일동의 열성과 일반 관민의 동심노력과 사업계획이 잘 수행된 덕이라고 결론을 맺고 있다.

[가치정보]

토지조사사업은 일제가 주장하는 바와 같이 구래의 제반 문제를 해결하고 토지제도·지세제도·등기제도·지형도 등의 작성을 완료하였지만, 그것이 조선 구래의 제도, 그리고 일제의 그것과 어떠한 측면에서 선이 닿아있는지 이 보고서를 넘는 더 많은 실증적 차원의 분석이 필요할 듯하다. 예를 들면, 여기서는 오직 소유권만 언급하고 다른 물권에 대한 언급이 전혀 없다는 점, 그들이 가장 중요하게 분쟁지를 취급하며 그 유형과 그 내용 등을 언급하면서도 국유론과 민유론의 양측 주장만 언급할 뿐 그 심사결과와 기준 등에 대한 언급은 후폭풍을 우려한 때문이지 전혀 하지 않았다는 점, 더 근원적으로는 그들이 부정적으로 인식하고 비판한 구래의 토지제도·지세제도 등을 우리의 역사적 입장에서 다양하게 분석하여 우리의 실 모습을 그려내어 이 보고서가 주장하고 있는 내면의 본질을 추출해 내야 할 것이다.

5. 구관조사에 관한 자료

II-3-5-01. 민사관습조사항목

관리기호	기록번호	자료명		
B-1-200	-	民事慣習調査項目		
작성자	생산기관	생산 연도		
渡邊業志	조선총독부	1908		
지역	언어	분량	소장기관	
-	일본어	23면	수원박물관	
키워드	민사관습, 사권, 상속권, 영소작, 특종 소작, 친족			

[기본정보]

조선총독부에서 민사관습조사사항에 대한 조사항목 목차를 기록한 자료이다. 당시 중추원 조사과에 근무하고 있던 와타나베 교시(渡邊業志)가 1930년대에 작성한 자료로 보인다.

[내용정보]

민사관습조사항목을 각장, 절, 관, 항, 목 별로 제목을 나열한 자료이다. 목차를 상세하게 나열하면 제2편 민사(民事)로 제1장 사권(私權)의 주체, 1절 인(人)을 규정하는 인격의 향유, 상실, 권리 행사 등의 항목을 제시하였으며, 제2절 인(人)이외의 권리 주체로서 사단, 재단 등을 소개하고, 제2장 사권의 개체로서 물(物), 동산과 부동산 등에 대한 법률행위에 상세한 항목을 소개하였다. 제3장은 사권의 득상변경(得喪變更)에 대해서는 소개하고 있으며, 제4장 물권에 대해서는 제1절 소유권에 대해 동산과 부동산의 취득과 소유권의 연혁 등을 소개하고 소유권의 제한과 지역권(地役權), 입회권(入會權), 유치권(留置權), 선취특권(先取特權), 전당권(典當權) 등의 항목을 소개하였다. 특히 제7절 영소작 유사의 특종 소작의 경우에는 의주 및 용천의 원도지(原賭地), 대동군과 강서군의 전도지(轉賭地), 중화군의 도지(賭地), 봉산 재령 신천 안악 등지의 중도지(中賭地), 신천 안악의 영세(永稅), 전주 화리부 전답(禾利付田畓)의 소작(小作), 진주 고성의 병작(竝作) 등의 항목이 보인다. 제5장 채권으로는 목적, 급부의 요건, 특정물급부와 불특정급부의 채권, 금전, 이식 등 항목을 소개하고 채권의 효력과 보전, 양도, 채무인계, 소멸 등에 대해 소개하였다. 제9절에는 계약으로 성립의 요건, 시기, 효력, 해제 등을 제시하고 증여, 매매, 환퇴, 상환, 소비대차, 사용대차, 임대차 등을 소개하였다. 특히 소작의 종류와 기간에 대해서는 특종 소작으로 원도지(原賭地), 진도지(陳賭地), 개간소작, 중간소작, 삼포 소작, 묘위토, 제위토 소작 등을 소개하였다. 그밖에 소작이외 임대차로 고용, 노급, 위임 등을 소개하였다. 제6장 친족에 대해서는 친족의 명칭과 종류, 가의 설립과 폐절(廢絶), 재흥(再興) 등의 현상과 호주, 가족, 성명 및 본관, 관, 다양한 혼인제도 등을 소개하였다. 또한 가족관계로서 친자, 수양자, 대양자, 차양자, 친권 등을 소개하고 제7장 상속에 대해 제사상속, 재산상속, 호주상속, 상속의 승인과 포기, 유언 등을 소개하였다.

[가치정보]

와타나베 교시는 조선총독부 관방 조사과에 근무하면서 1929년 발행된 『조선의 소작관습』을 편찬한 바 있으며, 1934년 4월부터 시작된 민사관습조사보고서 작업에 참여하여 구관조사기술을 위해 상법편을 담당하였다. 이 책은 와타나베 교시가 민사에 관한 관습조사항목을 재정리하기 위한 편찬항목으로 보인다. 1930년대 조선총독부에서 행한 민사관습조사의 상세한 항목과 편차를 알 수 있는 자료이다.

II-3-5-02. 규장각도서관계서류철

관리기호	기록번호	자료명	
奎26764	-	**奎章閣圖書關係書類綴**	
작성자	생산기관	생산 연도	
-	조선총독부 취조국	1912	
지역	언어	분량	소장기관
-	일본어	261면	규장각
키워드	규장각, 취조국, 도서정리, 조선전적, 조선도서		

[기본정보]

1912년(대정 1) 조선총독부 취조국에서 규장각 도서의 인수·정리·보관과 관련된 여러 서류를 모아 편찬한 책이다. 조선총독부 취조국은 구관 및 제도조사 뿐만 아니라 대한제국 정부로부터 인계받은 각종 책자를 정리하는 작업을 수행하였다.

[내용정보]

취조국(取調局)에서 규장각 도서를 인수한 1911년(대정 원) 4월부터 참사관분실(參事官分室)이 설치된 1912년 2월 사이에 작성된 60종의 문서로 이루어져 있으며, 각 문서의 제목은 다음과 같다. (1) '조선도서정리(朝鮮圖書整理)에 관한 건', (2) '규장각 사용도서 전부를 취조국(取調局)에 인계(引繼)한 것에 관하여 이왕직장관(李王職長官)으로부터 정무총감(政務總監)에 보낸 의견서', (3) '구관내부도서과(舊宮內府圖書課) 장서(藏書)에 관한 정무총감(政務總監)의 품신(稟申)의 건', (4) '평창군사고(平昌郡史庫)의 인계(引繼)에 관한 정무총감(政務總監)으로부터의 통첩(通牒)의 건', (5) '강화사고(江華史庫) 소장도서(所藏圖書)에 관한 품신(稟申)의 건', (6) '구관내부도서과(舊宮內府圖書課) 장서(藏書) 진부(全部) 인계(引繼)에 관한 상신(上申)의 건', (7) '오대산사고(五臺山史庫) 소장도서(所藏圖書)와 강화사고(江華史庫) 소장도서(所藏圖書)에 관한 건', (8) '오대산사고(五臺山史庫) 소장도서(所藏圖書)를 대신한 강화사고(江華史庫) 장서(藏書) 인계(引繼)에 관한 건', (9) '오대산사고(五臺山史庫) 소장도서목록(所藏圖書目錄) 반각(返却)의 건', (10) '집옥재(集玉齋) 및 춘방(春坊)의 서적인계(書籍引繼)에 관한 건', (11) '좌(左)에 관한 이왕직장관(李王職長官)으로부터 정무총감(政務總監)에게 올린 규장각기록(奎章閣記錄) 및 도서(圖書) 인계(引繼)에 관한 건', (12) '규장각서적(奎章閣書籍) 강화사고(江華史庫) 보관(保管)과 관련하여 서고사용(書庫使用)에 대해 정무총감(政務總監)에 상신(上申)한 건', (13) '조선도서(朝鮮圖書) 정리(整理)에 관한 품신(稟申) 중 구학부(舊學部)에 올린 반려(返戾) 방법에 대하여 장관(長官)으로부터 정무총감(政務總監)에 품신(稟申)한 건', (14) '구관내부 도서관(舊宮內府圖書館) 및 기록과(記錄課) 장서(藏書) 수수기일(受授期日)의 건', (15) '조선 전적(朝鮮典籍) 양도(讓渡)에 관한 건', (16) '조선전적(朝鮮典籍) 양도(讓渡)에 관한 건', (17) '규장각도서기록(奎章閣圖書記錄) 수령(受領)의 건', (18) '기록발초(記錄拔抄)의 건', (19) '기상(氣象)에 관한 기사(記事) 발초(拔抄)에 대한 조회문(照會文)', (20) '도서대출(圖書貸出) 에 관한 조회문(照會文), 도서차람(圖書借覽)에 관한 조회문(照會文)', '도서인계보고(圖書引 繼報告)', '구관내부도서과(舊宮內府圖書課) 서고사용(書庫使用)의 건', '서고사용(書庫使用)의 건', '서고차용(書庫借用)의 건', '서고차용승낙(書庫借用承諾)의 건', '구관내부서고(舊宮內府 書庫) 사용(使用) 방법의 건', '서고숙직(書庫宿直)의 건', '조선서적인계(朝鮮書籍引繼)에 관 한 건', '인계서적(引繼書籍) 수령(受領)에 관한 건', '중외(中外) 연표(年表)의 분여(分與)에 관한 회답문(回答文)', '서적분여(書籍分與)에 관한 조회문(照會文)', '도서대출(圖書貸出)의 건', '도서차용(圖書借用)에 관한 조회문(照會文)', '서적정리(書籍整理)에 관한 건', '도서해제 용지(圖書解題用紙) 조장(調裝)에 관한 조회문(照會文)', '일성록(日省錄) 및 참고서(參考書) 수령(受領)의 건', '사고도서(史庫圖書) 반각(返却) 방법에 관한 건', '사고도서(史庫圖書) 반각 (返却) 방법 조회(照會)', '조선서적목록(朝鮮書籍目錄) 조장(調裝)에 관한 조회(照會)', '도서차 용(圖書借用)에 관한 조회(照會)', '도서대출(圖書貸出)의 건', '도서차용(圖書借用)에 관한 조 회(照會)', '도서대출(圖書貸出)에 관한 건', '도서차용증서(圖書借用證書) 도서차용방(圖書借 用方) 조회(照會)에 대한 회답(回答)의 건', '승정원일기(承政院日記)와 일성록(日省錄) 차입(借 入)에 관한 조회(照會)', '서적반납(書籍返納)의 건', '기상(氣象)에 관한 기사(記事) 발췌(拔萃) 를 위한 사자생파견의뢰(寫字生派遣依賴)의 건', '도서반각(圖書返却)에 관한 최고(催告)의 건', '도서차람(圖書借覽)에 관한 조회(照會)의 건', '도서차람(圖書借覽)에 관한 조회(照會)의 건', '도서차람증(圖書借覽証)', '서적(書籍) 송장(送狀)', '제잡구(諸雜具) 송장(送狀)', '연와(煉 瓦) 및 석재(石材) 운반(運搬)에 관한 통첩(通牒)', '서고건(書庫鍵) 송부(送付)에 관한 통첩(通 牒)', '사령서(辭令書) 송부(送付)에 관한 건', '우사령교부(右辭令交付)에 관한 보고(報告)', '사령서사(辭令書寫)'에 대한 내용이 기술되어 있다.

이상의 서류들은 일제가 규장각 도서에 대한 정리 작업을 시작하던 1910년대 초반의 작업 과정을 기록한 중요한 자료들로서, 특히 전 통감부(統監府)와 한국 내각(內閣) 각부 및 관내부(宮內府)로부터 취조국(取調局)이 접수한 규장각 도서의 수합 및 인수 과정, 도서의 보관·인계·정리의 구체적인 과정과 원칙을 보여주고 있다.

II-3-5-03. 108 특별임시조사사항(전주)

관리기호	기록번호	자료명	
B-1-020	新調第3호 (4-1)	特別臨時調査事項(全州)	
작성자	생산기관	생산 연도	
有賀啓太郎	조선총독부	1912	
지역	언어	분량	소장기관
전주	일본어	9면	수원박물관
키워드	전주, 친족, 상속, 호주, 수양자		

[기본정보]

조선총독부에서 수행한 관습에 관한 출장조사서로서 특별조사사항(1문부터 14문까지)에 대해 전라북도 전주에서 조사한 내용이다. 조사일시는 1912년(대정 1) 6월 12일에서 6월 23일까지이며, 조사원은 조선총독부 취조국 직원이었던 아리가 게이타로(有賀啓太郎)와 통역 촉탁 김한목(金漢睦)이었다. 조사에 응한 사람들은 전주지역에 살고 있었던 전승지, 전군수 등 관료를 비롯하여 도참사, 군참사, 감찰 등과 진사, 사인 및 상인 등 다양한 지역유지들이었다.

[세부목차]

출장조사서 표지
목차

응답자
임시조사사항

[내용정보]

내용으로는 목차에는 친족과 상속에 관한 9개의 질문에 대해 나열하고 있으며, 응답자에 대해 상세한 신상, 즉 직업, 연령, 거주지 등을 파악하고 있다. 이때 응답자로는 정석모(鄭碩謨, 진사, 42세), 박기순(朴基順, 전군수, 56세), 박영래(朴榮來, 전참봉, 62세), 이강원(李康元, 학무위원, 50세), 이중익(李重翼, 전군수, 67세), 김영철(金永哲, 전승지, 37세), 김종진(金鍾振, 전승지, 49세), 신언태(申彦兌, 전참봉, 57세), 김병욱(金秉旭, 군참사, 55세), 박봉래(朴奉來, 전주사, 50세), 박영근(朴永根, 도참사, 42세), 김성규(金性珪, 진사, 39세), 이영선(李英善, 전주부, 72세), 유두환(柳斗煥, 도참사, 30세), 신명언(申明彦, 전의관, 45세), 백호(白皓, 전도사 45세), 김치경(金致敬, 상인, 50세), 김창섭(金昌燮, 전감찰, 55세), 김우현(金禹鉉, 진사, 58세), 서상목(徐相睦, 사인, 50세), 김도홍(金道弘, 사인, 44세), 문창석(文昌錫, 전군수, 51세), 이원상(李元相, 군참사, 35세) 등 23명이었다. 임시조사사항은 주로 친족과 상속에 대한 질의사항으로 (1) 호주가 노쇠하고 기타의 사정으로 인하여 아들이 호주로 되고 또한 재산을 들어 아들에 주는 것과 같은 관습이 있는가 라는 질문에 대해, 호적상 자식을 호주로 하는가 아닌가를 판명하고 부가 가정을 담당하기 어렵거나 다른 사정이 있는 경우 그 아들에게 가의 재산 및 기타 가족에 관한 일체의 사항을 관리하게 하는 것을 전가(傳家)라고 한다. 또한 (2) 호주로 과부, 소사 등의 명칭을 사용하는 경우, (3) 혼인이라는 의식에 대해서는 상세하게 진술하였다. 우선 매작인이 양가사이에 쌍방의 의사를 통하여 약속하는 것, 구두로 약속하는 것, 여자가 이에 거식(擧式)의 날을 정하는 택일단자를 남자의 집에 보내는 것, 남자의 집으로부터 납폐를 주는 것으로 혼인의 서식을 첨부하는 것, 거식 당일에는 신랑이 가지고 오는 전안(奠雁)의 예를 하며, 그 후에 신랑 신부는 서로 절한 후에 3번의 합근례(合졸禮)를 행하는 것 등 혼인 예식의 절차에 대해 상세하게 답변한 내용을 싣고 있다. (4) 양자연조에대해 어떤 수속과 의식이 필요한가에 대해서도 상세한 세부 의식을 진술하고 있다. (5) 서남자(庶男子)들은 양자가 되는 것이 보통인가, (6) 수양자(收養子)들은 어떻게 되며 수양자는 가계를 계승하는가, (7) 망호주의 유복자인 경우 출생에 이르러 양자가 되는 관습이 있는가 또는 가족들이 남자의 사망한 경우에 부치는가 여부, (8) 첩의 유산은 아버지인가, 아들인가의 경우에도 아버지에게 돌아가는가, 장차 아들이 승계하는가, 또는 아버지와 여자가 없는 경우에는 여자가 호주가 되는가 여부, 호주 1인이 여하기 모두 없다면 아버지의 친족에게 처분하는가, 첩의 친족에 처분하는가, (9) 조상의 분묘는 장파(長派)의 소유인가, 장지파(長支派)의 공유인가 등에 대한 질문과 대답을 수록하고 있다. 특히 (6)번 수양자에 관해서 조정식(趙正植)이라는 자가 김씨의 수양자가 된 후에 김우식(金宇植)으로 개명하여 태인군의 군수가 된 일이 있다는 지역사례 등을 특별히 소개하기도 하였다.

[가치정보]

1912년 조선총독부 중추원에서 행한 관습조사에 대한 보충조사로서 전주지역 각 면지역에서 행해진 친족과 상속에 관한 각종 관습의 절차와 내용에 대해 상세하게 알 수 있다.

II-3-5-04. 특별조사사항(광주)

관리기호	기록번호		자료명
B-1-021	新調第5호 (4-1)		特別調査事項(光州)
작성자	생산기관		생산 연도
有賀啓太郎	조선총독부		1912
지역	언어	분량	소장기관
광주	일본어	6면	수원박물관
키워드	친족, 은거, 전가, 상속, 광주		

[기본정보]

조선총독부에서 수행한 관습에 관한 출장조시서로서 특별조사사항에 대해 전라남도 광주에서 조사한 내용이다. 조사일시는 1912년(대정 1) 7월 15일에서 7월 23일까지이며, 조사원은 아리가 게이타로(有賀啓太郎), 통역 촉탁 김한목(金漢睦)이었다. 조사에 응한 사람들은 광주지역에 살고 있었던 전장례원경, 전판사 등 중앙관료를 비롯하여 군참사, 면장, 이족(吏族) 등 다양한 지역유지들이었다.

[내용정보]

임시조사사항은 민법 친족관련 질문 사항의 제 127의 질문인 은거(隱居)의 유무(有無)에 관한 것이다. 이에 답변을 맡은 사람들은 각면에 있는 유세자로서 주소지, 직업, 씨명, 연령 등을 자세히 기록하였다. 응답자로는 김형옥(金衡玉, 전군수, 45세), 최상진(崔相鎭, 군참사, 61세), 박봉주(朴鳳柱, 전장례원경, 44세), 최교일(崔敎一, 전서기, 56세), 전방률(全邦律, 이족, 53세), 최동식(崔東寔, 도서기, 54세), 박원규(朴源奎, 도참사, 61세), 송태환(宋台煥, 전판사, 45세), 김영규(金永奎, 두방 면장, 46세), 정현진(鄭賢珍, 지한 면장, 53세), 김치주(金致疇, 군참사, 55세), 강장술(姜章述, 서양면장, 49세), 정병현(鄭丙鉉, 향교직원, 59세), 노문규(盧汶奎, 전주사, 68세), 김헌수(金憲洙, 전장의, 59세), 하석규(河錫奎, 두방 면장, 59세), 조명석(趙明錫, 전 수형리, 52세), 정지영(鄭志榮, 전장의, 71세), 박기준(朴箕駿, 사인, 35세), 정교성(鄭喬誠, 전군서기, 55세), 정락교(鄭洛敎, 전참봉, 49세), 최관홍(崔寬洪, 이족, 53세), 최원택(崔元澤, 이족, 51세), 방혼성(房混惺, 住職, 33세) 등 24명이다.

답변은 고래 조선에는 은거라는 말이 없고 은거와 유사한 것은 전가(傳家)라고 하는데, 전가는 부가 노쇠한 가정을 담당하기 어렵거나 혹은 다른 사정이 있는 경우 그 아들이 20세 이상이고 확실한 자라면 그 아들에게 가의 재산 및 기타 가족에 관한 일체의 사항을 관리하게 하는 것이라고 하고 단 이 경우에는 부는 가장으로 되고 그 아들은 일가족이 되는 것으로 한다고 하였다. 즉 전가는 사실상 상속인으로 하여금 가사를 담당시키는 데 불과하고 호주를 대리하는 것으로 보아 호주의 변경을 가져오지는 않는 것이었다. 결국 이러한 전라남도 광주 지역의 관습은 은거로 인정하지 않는 것을 말하는 것이었다.

[가치정보]

1912년(대정 1) 중추원에서 행한 관습조사에 대한 보충조사로서 광주지역 각면 지역에서 행해진 은거의 유무에 대한 조사인데, 결국 전통적인 전가의 관습을 확인하고 있는 자료이다.

II-3-5-05. 관습조사보고서

관리기호	기록번호	자료명	
-	0989~1003	**慣習調査報告書**	
작성자	생산기관	생산 연도	
-	조선총독부	1913	
지역	언어	분량	소장기관
-	일본어	446면	국립중앙도서관
키워드	관습조사, 민법, 상법, 친족, 상속		

[기본정보]

이 자료는 조선총독부가 기록한 것으로 자료명은 '관습조사보고서(慣習調査報告書)'로 표기되어 있으며 1913년(대정 2)에 생산되었다. 조선총독부 관방토목국에서 조선의 부동산용어를 설명해 놓은 자료이다. 총 446면으로 구성되어 있으며, 일본어로 작성되었다.

[내용정보]

이 자료의 구성은 크게 1편 민법으로 총칙, 물권, 채권, 친족, 상속으로 되어 있으며, 2편 상법으로 회사, 상행위, 수형(手形), 해상(海商)의 내용으로 기록되어 있다. 예를 들어 민법의 경우 태아의 권리, 성년, 정신병자, 행위능력, 주소, 실종, 법인, 과실, 의사표시, 대리, 기간, 물권과 채권의 구별, 시효, 토지관계 권리, 권리설정 및 이전, 소유권, 공유, 영소작권관계, 지역권, 유치권, 선취득권, 질권, 저당권, 이식, 채무 불이행, 채권자 권리, 다수 당사자의 채권, 보증채무, 채권의 양도, 변제, 상살(相殺), 면제, 계약, 증여, 매매, 교환, 소비대차, 사용대차, 고용, 청부, 위임, 기탁, 조합, 사무관리, 부당이득, 불법행위, 친족범위, 친족 계산법 여하, 양자 및 양친급기혈족 여하, 계친자급적모, 인족관계급전이항, 가족범위 여하, 입부혼인, 전적, 호주, 은거, 폐가, 타가상속, 분가 및 폐절가, 호주 및 가족의 거소, 친권, 후견인, 가독상속, 추정가독상속, 직계존속, 유산상속, 하인, 유언 등에 대한 간략한 내용을 기재해 놓았으며, 상법의 경우는 상호, 상업장부, 상업사용인, 대리상, 교호계산, 익명조합, 중립영업, 문옥(도매상), 운송취급영업, 물품운송, 여객운송,

기탁물, 창고영업, 수형, 해상, 선박, 선장, 해원, 해운, 해손, 선박채권자 등에 대한 내용을 기재해 놓았다.

[가치정보]

조선총독부 관방토목국에서 조선의 부동산용어를 설명해 놓은 자료로서 1913년 상용되던 부동산 전반에 대한 용어를 한눈에 확인할 수 있는 자료이다.

Ⅱ-3-5-06. 관습에 관한 조회 회답안

관리기호	기록번호	자료명	
B-1-372	-	慣習ニ關スル照會回答案	
작성자	생산기관	생산 연도	
-	조선총독부 중추원	1916	
지역	언어	분량	소장기관
-	일본어	143면	수원박물관
키워드	관습, 조회, 사패지(賜牌地), 민사관습, 토지제도		

[기본정보]

이 기록은 1916년(대정 5) 재판소의 판결, 기타 여러 관청의 행정 운영과 관련하여 필요한 민사관습에 대한 조회와 이에 대한 회답안이다. 일련번호는 16~54번까지 되어 있으나 동일 번호로 2개의 조회 건이 있는 항목을 포함하여 모두 60건의 조회회답을 싣고 있다.

[내용정보]

각 건의 구성은 의뢰 건에 대한 회답내용이 먼저 보이며, 그 뒤에 답신을 의뢰한 해당 건에 관한 공문이 실려 있다. 필요에 따라 조회 건과 관련된 각종 자료를 첨부하기도 했다.

이중 첫 번째 기록인 일련번호 16번은 대구복심법원 민사 제2부 재판장 조선총독부 판사 아사다 겐스케(淺田賢介)가 대정 4년 12월 9일 사패지의 관습에 관한 건에 대한 조회와 이에 대해 대정 5년 2월 15일 정무총감이 보낸 회답이다. 그 내용을 보면, (1) 사패지의 종류와 특성 (2) 사패의 기간 (3) 구한말 탁지부의 전부고(田賦考) 가운데 '사패(賜牌)에 관한 기재사례가 어떠한가'에 대해 조회에 대해 6개의 항목으로 회답을 보낸 사실을 기록하고 있다.

16번 이후 54번의 조회건의 내용은 이처럼 일본과는 다른 토지제도 운영의 관습을 비롯해 채권, 친족, 상속, 상사(商事) 등 다양한 조회 내용을 담고 있으며 이중 친족관계와 연계된 재산상속에 대한 조회 건이 가장 많은 비중을 차지하고 있다. 일제의 구관조사의 목적은 행정상 여러 시설에 자료를 제공하고, 사법재판의 근거가 될 만한 구관을 제시하며 아울러 조선인에게 적합한 법령을 제정할 기초를 확립하는 것에 있었다. 이 기록에 보이는 다양한 회답은 바로 그러한 목적 하에 진행된 구관조사의 결과를 통해 이루어진 것이었고, 반대로 개개의 조회 건에 대한 회답은 이후 지속된 구관조사의 과정에서 하나의 전거가 되는 것이기도 했다.

[가치정보]

이 기록은 1916년(대정 5) 한 해 동안 이루어진 60건의 민사관습 조회회답의 내용을 빠짐없이 담고 있다. 이와 유사한 자료로 1917년(대정 6) 관습에 관한 조회 회답안 [B-1-139], 1918년(대정 7), 1919년(대정 8), 1920년(대정 9) 관습에 관한 조회 회답안 [B-1-140]이 있다. 이를 통해 1916년(대정 5)의 조회회답에 대한 내용은 물론 1920년(대정 9)까지 5년간의 조회회답 내용을 분석한다면, 이 시기 조선에서의 구래(舊來)관습을 일제가 어떻게 해석하고 이해하며, 적용하고자 했는가를 살필 수 있는 좋은 자료가 될 수 있다.

II-3-5-07. 대정 6년 관습에 관한 조회 회답안

관리기호	기록번호	자료명		
B-1-139	-	大正六年 慣習ニ關スル照會回答案		
작성자	생산기관	생산 연도		
-	조선총독부 중추원	1917		
지역	언어	분량	소장기관	
-	일본어	158면	수원박물관	
키워드	관습, 조회, 호주, 양자, 소유권			

[기본정보]

이 기록은 1917년(대정 6) 재판소의 판결, 기타 여러 관청의 행정 운영과 관련하여 필요한 민사관습에 대한 조회와 이에 대한 회답안이다. 일련번호는 55~89번까지 되어 있으나 동일 번호로 2개의 조회 건 항목을 포함하여 모두 46건의 조회 회답안을 싣고 있다.

[내용정보]

각 건의 구성은 의뢰 건에 대한 회답내용이 먼저 실려 있고, 그 뒤에 해당 건에 대한 답신을 의뢰한 공문의 내용이 보인다. 그리고 경우에 따라 조회 건과 관련된 각종 자료를 첨부하여 모아 놓기도 했다. 예를 들면 55번 협의 이연(離緣)에 관한 건의 내용을 살펴보면, 1917년 12월 25일 대구복심법원 민사 제2부의 재판장은 양자가 호주가 된 이후 양모(養母)와 협의를 통해 이연 할 수 있는가의 여부에 대해 조회를 요청하고 있다. 중추원에서는 1917년 1월 18일 의뢰한 건에 대해 "양자가 호주가 된 후 양모(養母)와 협의하여 이연을 하고 실가(實家)[생가]로 복귀하더라도 그 이연은 효력이 없다."는 회답을 보내었다.

이 기록은 이처럼 55번의 조회 건을 시작으로 89번까지 1917년 한 해 동안 이루어진 민법, 물권, 채권, 친족 등에 관한 민사관습 46건에 대한 조회 내용을 담고 있다. 다양한 조회 건 가운데는 당 시기 일제의 임야 소유권의 정비라는 명분 속에 임야의 국유화를 위해 구래의 각종 문기가 지닌 효력을 인정하지 회답의 내용도 확인해 볼 수 있다. '89번 입지(立旨) 및 문기의 효력에 관한 건'의 내용은 그와 관련된 조회의 건이다.

그 내용을 살펴보면, 1917년 10월 3일 농상공부 장관이 기존의 몇 건의 입지 및 문기(文記)를 첨부하여 이 문서가 임야의 처분과정에서 효력을 지닌 것인가에 대해 조회하고 있다. 즉 별지(別紙)로 첨부한 1호의 입지에 기재된 임야의 소유권을 인정하는가의 여부, 2호 이하 각 문기에 기재된 임야를 금양(禁養)하는 사실을 입증할 수 있는가, 또 그 소유권을 입증하는데 부족함이 없는가를 문의하고 있다. 여기에 대한 회답은 묘소의 금양(禁養)와 수호를 관으로부터 증명 받아 타인의 침범을 방지하는 효력을 지녔지만 이러한 문서들이 소유권을 인정하는 문서가 될 수 없다는 회답을 보내고 있다.

[가치정보]

이 기록은 1917년 한 해 동안 이루어진 46건의 민사관습 조회회답의 내용을 빠짐없이 담고 있다는 점에서 일제가 이와 관련된 구래(舊來)의 관습을 어떻게 해석하고 이해하는가를 살필 수 있는 자료가 될 수 있다.

II-3-5-08. 특별조사

관리기호	기록번호	자료명		
B-1-044	142호	特別調査		
작성자	생산기관	생산 연도		
米內山震作 金漢睦	조선총독부 중추원	1917		
지역	언어	분량	소장기관	
담양, 곡성 구례	일본어	35면	수원박물관	
키워드	분묘, 국유지, 종중재산, 문중재산, 향교재산, 서원재산			

一
第一段
祖先ノ墳墓及墓位土ノ所有管理處分
祖先ノ墳墓及墓位土ノ所有
第一説ニ曰ク祖先ノ墳墓及墓位土ノ所有權ハ
其ノ宗孫ニ付ク八
三説アリ大二韓律ニ係ラレ此等ノ説ノ
ヲ以テ其ノ所有權ハ何レニ屬スルカ
ヲ果示シタルヤ穩當トスルカヲ窺知セント
ス
第一説ニ曰ク祖先ノ墳墓及墓位土ノ所有權ハ宗孫ノ所有
及支孫ノ共同所有ニ屬ス(年號)

[기본정보]

이 자료는 1917년 1월 28일부터 2월 16일까지 담양, 곡성, 구례에서 행해지고 있던 분묘의 소유관리, 국유지, 보, 제언 등 토지 관리와 종중재산, 향교재산, 서원재산 등의 소유와 관리에 대한 관습을 속(屬) 요나이야마 신사쿠(米內山震作), 통역촉탁 김한목(金漢睦)

이 조사 기술한 것으로 총 35면으로 구성되어 있다.

[내용정보]

조선의 분묘와 묘위토의 소유, 관리, 처분에 있어 그 소유는 첫 번째, 종손에게 있다(담양, 구례). 두 번째, 종손과 지손의 공동소유이다(담양). 세 번째, 4대 이하의 조선의 분묘, 묘위토는 종손의 소유에 속하고 5대 이상의 조선의 분묘, 묘위토는 자손 전체의 소유이다. 단 필요에 따라 종손에게 속한다(곡성). 이중 제1의 경우가 가장 많다.

조선의 분묘와 묘위토의 관리는 종손이 하는데, 분묘가 자손전체의 공동소유인 경우는 유사를 지정해 관리한다. 또 분묘의 관리방법은 묘직(墓直)을 두고 관리하는 것이 보통이다. 묘직은 전답의 경작을 통해 보수를 충당하고, 그 소유권은 종손에게 있다. 또 시초(柴草)채취권으로 보수를 하는 경우도 있다. 묘직전답의 수확물은 많을 때에는 일부를 묘직의 보수로 충당하고 나머지는 제사료에 충당한다. 적을 때에는 전부 묘직의 보수로 충당한다. 제사를 행하는 건물은 제각 또는 재각이라고 칭한다. 분묘를 이전하는 경우는 묘지가 불길하다고 인정하는 경우나 불량한 자손이 그 묘지를 매각한 경우에만 가능하다. 조선의 분묘와 묘위토는 종손과 지손의 협의에 의하여 처분할 수 있다. 처분할 때에는 처분명의는 종손의 명으로 한다.

국유지에서 사유의 분묘가 설치되면 그 부근에 식송금양(植松禁養)하여 자기의 소유지로 하였다. 또 곡성지방에서는 그 분묘 부근에 동민의 채초(採草) 구역을 청구하여 일부분을 양도받았다.

종중재산과 문중재산은 자손의 공동소유에 속하고 그 소유명의는 종중 또는 문중으로 하여 매도시에 문장, 종손, 문유사 등 기명한 문기를 작성한다. 지금은 종중 또는 문중재산의 주체는 종손의 명으로 한다. 또 이 같은 재산의 관리처분은 종중 또는 문중의 협의에 의해 정한다. 또한 동(洞)은 전연 없다. 보(洑)는 이 지방에 많은데 특히 곡성지방은 매우 많다. 답(畓)에 물을 대는 수로는 봇덜 또는 봇덜앙이라고 칭한다. 보의 설치연혁은 옛날 설치된 것을 수시로 수선해 온 것이다. 보는 관개지의 공동소유에 속한다. 보의 수선은 각 소작인이 하고, 보의 사용자는 보세 등을 낸다. 사용자 중 보직 또는 보주를 정하여 보의 관리자로 하고 답주는 1년 1두락에 엽전 23문을 징수하고 관리자의 보수로 충당한다. 보의 순위는 수류의 상하 순이다. 구례에서는 특이하게 최대의 보를 지수보(支殊洑)라고 한다. 이 보는 마산면과 토지면의 답에 관개를 위해 설치되었다. 토지면의 답은 그 보 부근에, 마산면의 답은 원거리에 있어 낮에는 마산면에서 관개하고 밤에는 토지면에서 관개하는 관습이 있다. 또 천빈보(泉憑洑)는 남원 소의면과 구례 방광면의 관개를 위해 동곡과 서곡으로 나눠 관개하여 공평한 관개를 위해 표석을 설치하였다. 구례군에서는 보감고(洑監考)를 임명하여 관개의 순조(順調)를 돕는다. 보감고에 관한 방침도 수립되어 있다.

수확 전 매매한 토지의 산출물에 대한 귀속은 서면 또는 구두로서 계약하는 것이 통례이고 그 기준은 백로(白露)가 기준이다. 제언은 담양과 곡성 지방에 많다. 제언은 답주 등의 경영에 속한다. 혹 특별히 관에서 경영하고 인민이 수축하여 관개에 공동으로 사용한다. 감독은 관에서 사용자가 균등하게 사용하도록 감관을 정하고 인수(引水)의 분쟁을 조정한다. 도와 군에서 보조금을 얻어 제언을 다시 수축 개전하여 지금 사용하는 것은 국유에 편입한다.

강락지(江落地)에서 이생지(泥生地)가 생겨 모래가 쌓여 경작할 수 있게 되면서 소유권문제가 발생하였고 그 소유권은 강락지주에게 있다. 강락의 경우 지세를 면제하였는데 백지징세(白地徵稅)라고 한다.

입회지는 국유지에서 부근 인민 등이 구역을 지정하여 채초채신방목(採草採薪放牧)을 하고(담양), 곡성에서는 각동리 각기 구역을 정해 입회권이 있었다. 또 개인의 소유, 동(洞) 소유의 산, 초생지에는 타인이 입회권을 가진 문제는 말할 것도 없다.

국유지의 상하에 경사지는 국유에 속한다. 간광지(間曠地)의 소유권 취득은 간광지를 관에 입안한 후 기경하고 기경 후 3년이 경과하면 세금을 납부한다. 또 간광지(間曠地)를 금양(禁養)함으로써 그 소유권을 취득한다. 폐절(廢絶)한 사원사찰 등의 기지와 유물의 소유권은 해당 기지를 기경함으로써 소유자가 되고 유물은 그 소유에 귀속된다. 장기점유로 그 토지의 소유자가 된 자는 그 토지에 있는 고분 금석물 등의 소유권을 가진다.

향교와 서원의 재산, 담양함교의 재산 중 전답, 대, 산림은 향교를 건축할 시에 한광지(閑曠地)였다. 또 전답은 사림 등의 의거(義擧)로 납답(納畓)한 것이 대부분이다. 어사와 군수 등이 흥학을 위해 금액을 지원하거나 식리하여 전답을 매수한 것은 일부이다. 향교부근에 양사재를 설치하고 그 유지경비로 전답 약 8두락이 있다. 또 그 부근에 사마재를 설치하고 그 유지경비로 전답 40여 두락이 있다. 또 모 군수가 그 부근에 관어대를 건축하고 사림의 휴식소로 하고 그 유지경비로 답 78두락이 있다. 이는 전부 향교재산에 편입되었다. 창평향교는 진사 안월헌(安月軒)이 기지(基地)와 전답괴 노비를 헌납하고 18개 성씨가 고서면에 학구당을 건축하였다. 그러나 창평군이 담양군에 병합되면서 창평향교재산은 담양향교재산에 합쳐지고 창평향교는 폐지되었다. 구례향교와 곡성향교도 담양향교와 유사한 재산 형태를 가지고 있다. 다만 곡성향교의 흥학계와 향음주례계는 사림의 조직으로 그 재산은 공립보통학교에 기부되었다.

서원재산은 향사비(享祀費)와 유지경비로 각 전답이 약간 있다. 46년 전 조령(朝令)으로 서원이 철폐되면서 그 재산은 향교로 이속되고, 건물은 군청에 귀속되었다.

[가치정보]

담양, 곡성, 구례에서 행해지고 있던 분묘, 국유지, 보, 제언, 강락지 등에 대한 소유 및 관리와 종중재산, 향교재산, 서원재산 등의 소유와 관리 등을 파악하고, 당시 어떻게 활용되고 있었는지를 이해할 수 있는 자료이다. 이 자료는 일제의 조사자료이기는 하지만 근대시기 일반적으로 행해지고 토지소유와 관리에 관한 관습의 양상과 특징을 보여준다는 점에서 의미가 있다.

II-3-5-09. 특별조사

관리기호	기록번호	자료명		
B-1-078	-	**特別調査**		
작성자	생산기관	생산 연도		
葛城末治	조선총독부 중추원	1917		
지역	언어	분량	소장기관	
충청남도, 전라남도 경상남도 관내	일본어	61면	수원박물관	
키워드	특별조사, 문화재, 유물, 유적지, 지역현황			

[기본정보]

이 자료는 조선총독부 중추원 촉탁(囑託) 가쓰라기 스에하루(葛城末治)가 충청남도, 전라남도, 경상남도 관내에 조사 지역의 현황 및 관내 유적지, 유물에 대해 1917년(대정 6) 9월 28일부터 10월 9일까지 조사하여 보고했던 출장조사서이다.

[내용정보]

이 자료는 공주를 시작으로 전라도 목포, 여수 등을 거쳐 경상도 진주, 함안, 마산,

통영에 방문하여 관내 지역 현황 및 유적지, 유물 등 56개의 항목에 대한 조사기록을 싣고 있다. 조사대상 지역 및 지역내 유물, 유적은 다음과 같다.

(1) 공주 : 공산성, 산성내 삼비(三碑)와 조선인조주필사적비(朝鮮仁祖駐蹕事蹟碑), 부소산성, (2) 부여 : 부소산성, 사비외성, 주류성, 평백제탑(平百濟塔)과 미륵석상, 평백제탑과 그 소재지, 유인원기공비(劉仁願紀功碑), 부여군청소장 고와(古瓦)와 옹기(甕器), 가증리(佳增里)의 토성 및 석곽, 능산리 전백제왕릉(傳百濟王陵)과 노출고분군(露出古墳群), (3) 논산 : 관촉사의 미륵석불상, (4) 목포진(木浦鎭), (5) 우수영 성채(城砦)와 영청(營廳)터, (6) 완도, (7) 나로열도(羅老烈島), (8) 여수 : 이순신영당, 노량진의 해전, (9) 진주 : 진주성, 촉석루, (10) 함안 : 함안읍성, 가야리 산성터와 고분군, 주리사의 석탑, (11) 마산포, (12) 진해만, (13) 거제도 : 내만(內灣)과 거제읍, (14) 지세포, (15) 통영 : 통영읍성, 세병관과 태합굴(太閤堀), 충렬사, 한산도의 전(戰), 귀선, (16) 웅천 : 웅천성지, 남문리 산성, (17) 제포에 관한 내용이 기술되어 있다.

[가치정보]

이 기록은 일제의 관습조사의 영역이 문화재 및 지역에 관한 조사로까지 확대되어 가고 있음을 보여주는 자료로서 가치가 있다.

II-3-5-10. 특별조사

관리기호	기록번호	자료명		
B-1-460	166	特別調査		
작성자	생산기관	생산 연도		
有賀啓太郎 金漢睦	조선총독부 중추원	1918		
지역	언어	분량	소장기관	
간도 함경남북도	일본어	201면	수원박물관	
키워드	풍속, 제도, 동간도, 관습			

[기본정보]

이 자료는 1918년 11월 3일부터 11월 25일까지 조사원 아리가 게이타로(有賀啓太郞)가 통역을 맡은 촉탁 김한목(金漢睦)을 대동하고 동부 간도 및 함경남북도의 풍속 및 제도에 관해 조사한 특별조사보고서이다.

[내용정보]

이 자료의 조사목차에 따르면 총 조사항목은 33가지이다. 이중 30번째 항목인 '함경북도관내의 제언보(堤堰洑)', 31번째인 '회령군내에 있어서 관습', 32번째 '석왕사(釋王寺)', 33번째 '재가승(在家僧)의 특종부락(特種部落)'의 4가지 항목을 제외하고 나머지는 모두 간도에 관한 조사내용을 담고 있다. 그 조사항목은 다음과 같다.

간도의 구역 및 면적 (간도내의 주요한 시읍(市邑), 간도에 있는 도윤(道尹) 공서관제(公署官制)·현제(縣制)·현재관제(縣佐官制), 교통상황, 통신기관, 간도의 사적(史的)조사, 선인(鮮人)의 이주 원인과 이주인원과 민국인(民國人) 이주자, 경지 및 농업, 경지 미경지 면적의 지방별, 토지의 명칭과 구별, 경지면적의 단위, 경지의 가격, 선인의 농업경영 상태, 중화민국인의 농업경형 상태, 선인(鮮人)의 토지소유권과 귀화, 지조(地租) 및 전묘(田畝)에 부과된 세(稅), 과세(課稅), 선인(鮮人)의 소작관습, 간도의 주요농작물의 총 수확고와 작부총(作付總) 및 별수(別數), 주요농작물의 용도, 농가의 금융기관과 금리율, 축산, 간도에 있어서 일반의 상관습(商慣習), 간도의 제조공업, 간도에서의 통용화(通用貨), 도량형, 교육, 종교)이 일본관서와 공공단체에 관하여 기록되어 있다.

일제는 1900년 초부터 간도지역이 경제, 외교적인 측면에서 일본이 중국으로 진출하는 데 그 영유권을 확보해야 할 지역이라는 점을 명확히 인식하고 있었다. 그에 따라 통감부 시기 1907년 통감부 임시 간도파출소를 설치하여 운영하게 된다. 그리고 2년 뒤인 1909년 9월 남만주 철도부설권과 무순 탄광개발 등 4대 이권을 얻는 대가로 간도를 청나라에 넘겨주는 간도협약을 체결하게 된다. 이로써 일본은 중국에 간도의 관할권을 넘겨주게 되었으나 통감부 임시 간도파출소는 업무를 마감하며 잔무정리소에서『간도산업조사서』라는 상세한 조사보고서를 작성하게 된다.

'특별조사'라는 제목 하에 여기에 담긴 동부간도에 대한 조사는 잔무정리소의『간도산업조사서』이후 일제가 표면적으로는 청에 간도를 넘겨주었음에도 여전히 이 지역의 변화와 동향에 대해 관심을 갖고 있음을 잘 보여주는 것이라고 할 수 있다.

한편, 30번째 조사항목은 함경북도 관내의 제언과 보에 관한 간략한 설명과 함께 이중

10개소의 연혁과 현황에 언급하고 있다. 31번째 항목인 회령군내에 있어서 관습에 대한 조사는 ① 전세(傳貰) ② 토지면적계량의 호칭 ③ 화리(禾利) ④ 소작(小作) ⑤ 입회 ⑥ 관례 ⑦ 혼인 ⑧ 장례 ⑨ 종손가의 묘제(墓祭)·묘위토(墓位土)와 체천(遞薦)방식 ⑩ 상속 ⑪ 호적 등에 대해 간략한 내용을 담고 있다. 32번 항목은 조선 태조 이성계와 관련이 깊은 석왕사 (釋王寺)의 유래와 경내 비석, 동인(銅印), 소장 책판(冊版)의 소개, 석왕사의 말사(末寺), 재산에 대해 언급하고 있다. 33번째 재가승(在家僧)의 특종부락(特種部落)에 대한 내용은 함경북도 온성군 미포면 탄월사리에 있는 60여 호의 재가승 부락에 대한 소개와 함께 별첨 문서로 함경북도장관에 의해 조사된 보고서를 첨부하고 있다.

[가치정보]

이 자료는 조사대상은 두 지역이지만 거의 대부분 동간도에 관한 조사내용을 담고 있으며, 함경북도에 관한 항목은 동간도와 인접한 지역에 대한 부속조사로 첨부된 것으로 파악할 수 있다. 간도에 관한 유사한 또 다른 조사보고서로는 『간도산업조사서』(1910) 이외에도 1927년 무렵 작성된 『혼춘급간도사정(琿春及間島事情)』(국사편찬위원회 소장) 등이 있다. 이러한 자료들은 일제가 지속적으로 간도에 관심을 갖고 있음을 보여주는 자료로서 시기적으로 약간의 차이가 있기 때문에 상호 비교해가며 살펴볼 만한 가치가 있다.

Ⅱ-3-5-11. 대정 7년·대정 8년·대정 9년 관습에 관한 조회 회답안

	관리기호	기록번호	자료명
	B-1-140	-	大正七年·大正八年·大正九年 慣習ニ關スル照會回答案
	작성자	생산기관	생산 연도
	-	조선총독부 중추원	1920
	지역	언어	분량	수장기관
	-	일본어	226면	수원박물관
	키워드	관습, 조회, 소유권, 재산상속		

이 기록은 1918(대정 7)~1920년(대정 9)까지 3년간 재판소의 판결, 기타 여러 관청의 행정 운영과 관련하여 필요한 민사관습에 대한 조회와 여기에 대한 회답을 모아두고 있다. 1918년의 일련번호는 90~107번[조회건수로는 26건], 1919년(대정 8)은 108~121번[조회건수로는 11건], 1920년(대정 9)은 122~139번[조회건수로는 12건]까지 모두 49건의 조회회답을 싣고 있다.

[내용정보]

표제의 제목과 별도로 각 연도를 구분하는 표제가 별도로 달려 있다. 그러므로 각 연도의 조회 회답안을 하나로 편철한 것으로 생각된다. 각 건의 구성은 의뢰 건에 대한 회답내용이 먼저 실려 있고, 그 뒤에 해당 선에 대한 답신을 의뢰한 공문의 내용이 보인다.

1918년(대정 7)의 조회건은 '90번 1917년(대정 6) 11월 21일 경성지방법원 민사 1부 판사 노무라 조타로(野村調太郎)가 유산상속 문제'에 대한 조회와 1918년(대정 7) 1월 21일 중추원의 회답을 시작으로 '107번 1918년 11월 1일 경성지방법원 판사 김태영(金泰榮)이 보세(洑稅)의 지불에 관한 조회와 12월 13일의 그 회답까지 26건'의 조회회답의 내용을 볼 수 있다.

1919년(대정 8)의 조회건은 '108번 1918년 9월 12일 대구복심법원 민사 제2부 판사 쓰모리 만키치(津守萬吉)가 이방(吏房)과 검독(檢督)의 직무권한에 대한 조회와 대정 7년 12월 26년 중추원의 회답'을 시작으로 '121번 1919년(대정 8) 10월 25일 평양지방법원 민사부 판사 데라카와 산조(寺川三藏)가 양자(養子)의 연조(緣組)에 대해 문의'와 '1919년 10월 30일 중추원의 회답'까지 11건의 조회회답의 내용을 담고 있다.

1920년(대정 9) 경우 '122번 1919년 12월 17일 유산상속에 대한 대구지방법원 민사부 판사의 조회와 이에 대한 회답'을 시작으로 '139번 해빈(海濱)과 해상(海上)의 소유권과 어업권의 관습에 관한 1920년 11월 25일 외사과장(外事課長)의 질의'와 '12월 7일 서기관장의 회답'까지 12건의 조회 회답안을 싣고 있다.

이러한 기록들에는 재판상 필요로 법학자에게 관습의 해석을 의뢰한다거나 임야의 소유권, 재산상속에 관한 해석, 제1회 국세(國勢)조사 결과 조사된 조선 특유 직업의 종류를 첨부하고 그 외에 직업 종류가 있는가를 문의하는[119번] 등 1917~1920년까지 이루어진 다양한 내용의 민사관습과 관련된 조회회답의 내용과 절차를 확인할 수 있다.

이 자료는 '1917년(대정 6)의 조회 회답안[B-1-139]'이라는 자료와 함께 1918~1920년 3년간 이루어진 49건의 민사관습 조회 회답의 내용을 빠짐없이 담고 있다는 점에서 일제가 이와 관련된 구래(舊來)의 관습을 어떻게 해석하고 이해하며, 적용하고자 했는가를 살필 수 있는 좋은 자료가 될 수 있다.

II-3-5-12. (제도) 구관조사보고서(달성·동래·양산·밀양)

관리기호	기록번호	자료명		
B-1-177	新調第250	(制度) 舊慣調査報告書 (達城·東萊·梁山·密陽)		
작성자	생산기관	생산 연도		
鄭丙朝	조선총독부 중추원	1925		
지역	언어	분량		소장기관
달성, 동래 양산, 밀양	일본어	14면		수원박물관
키워드	족징, 국세미납, 재판불복, 노비			

[기본정보]

이 자료는 중추원 참의 정병조(鄭丙朝)가 1925년(대정 14) 9월 28일부터 10월 12일까지 조사대상인 4개 군현에서 족징(族徵), 전세, 재판권에 관한 사항을 비롯한 6가지 제도에 대한 조사를 마치고 돌아와 보고한 복명서이다.

[내용정보]

조사항목은 ① 부채의 족징(族徵)에 관한 사실, ② 국세(國稅)[전세(田稅)·대동(大同) 등] 미납자의 미납액을 다른 재산으로부터 징수하는가, ③ 재판에 대한 불복의 경우 재소(再訴) 의 방법, ④ 토지·전택·산림에 관한 소송을 한성부에서 재판한 사례가 있는가, ⑤ 수부(水 夫), 수군(水軍)으로 산간(山間)에 거주한 자 또는 경군(京軍)이라 칭해지면서도 지방에 산재 (散在)하고 서울에 초집(招集)된 자들의 의무에 대한 것, ⑥ 구시(舊時)의 호적부에 노비(奴婢)

는 군정(軍丁)이라 칭해지는 자와 차이가 있는가 6가지 항목이다.

보고서의 서술방식은 각 지역에서 이러한 항목에 대한 질문과 여기에 대한 답변으로 이루어진 문답형식이다. 이 중 달성군에서의 조사내용을 보면, 족징(族徵)은 환상(還上)에 한해서만 이루어지는 것이고 국세(國稅)의 미납자에 대해서 다른 재산이 있으면 징수한다는 답변을 볼 수 있다. 군수의 재판에 대한 불복이 있을 경우는 관찰사에게 재소(再訴)하며 직접 당사자가 서울에 재소하는 것은 월소(越訴)가 되어 오히려 처벌을 받게 된다. 지방에서 토지나 전택 등에 관한 소송은 한성부의 의결을 받아 완문, 입지 등 판결사항을 교부한다. 수부(水夫)나 수군(水軍)에 대한 조사는 해당사항이 없고, 옛적에 노비는 보통민인 군정(軍丁)과는 분명한 차별이 있다는 답변을 하고 있다. 다른 지역에서의 조사 내용도 거의 유사한 내용을 담고 있으나 족징(族徵)의 경우는 달성군과 달리 환곡(還穀) 외에 일반 공납에도 이루어지고 있다는 언급을 볼 수 있다. 달성군에서는 해당사항이 없는 수부(水夫)나 수군(水軍)에 대한 다른 지역에서의 답변은 군안상에 이름이 올라 있는 경우 초집대상이며 때로는 대립(代立)한다는 내용 등을 볼 수 있다.

조사시기와 응답자를 보면 달성군은 9월 30일 응답자 전진사(前進士) 박민동(朴民東), 성북면장(城北面長) 이돈의(李墩儀)이며, 동래군은 10월 3일 응답자 동래면장(東萊面長), 추봉찬(秋鳳璨), 전주사(前主事) 변상길(邊相吉), 양산군의 경우 10월 7일 응답자 시장의(時掌議) 박천○(朴天○), 양산면장 권목(權穆), 밀양군은 10월 11일 응답자 면협의원(面協議員) 박수억(朴壽億), 밀양면장 이성희(李誠熙)가 조사에 응하고 있다.

[가치정보]

이 자료는 조선시대 이래 구시(舊時)의 몇 가지 제도운영에 관한 세부조사항목을 설정하여 지역별 조사를 시행하고 있다. 구관(舊慣)에 대한 조사과정에서 특정제도 운영상의 모습을 지역별로 알 수 있다는 점에서 참고해 볼 만한 자료가 될 수 있다.

관리기호	기록번호	자료명	
B-1-166	新調第252	**舊慣調査** (靈光·潭陽·務安·扶餘·公州)	
작성자	생산기관	생산 연도	
韓永源	조선총독부 중추원	1926	
지역	언어	분량	소장기관
영광, 담양, 무안 부여, 공주	일본어	18면	수원박물관
키워드	삼공형, 요역미[결역가], 좌수, 군보		

[기본정보]

이 자료는 1926년(대정 15) 중추원 참의 한영원(韓永源)이 1926년 2월 22일부터 3월 2일까지 전라남도 관내의 영광, 담양, 무안군과 충청남도 관내 부여, 공주군에서 구관조사를 목적으로 출장하여 그 결과를 3월 25일에 보고한 복명서이다.

[내용정보]

조사항목은 각군 공통으로 5가지이며 영광군에 한해 2가지를 추가하고 있다. 각군 공통의 조사항목은 다음과 같다.

1. 삼공형(三公兄)이라 칭하는 것은 언제부터였고, 군수의 부재시 어떤 사람이 대리하는가, 또 좌와 군수, 삼공형의 관계에서 직무(職務)의 동이(同異)는 어떠한가.

2. 옛적에 있어서 도로 또는 교량수리의 방법과 오가작통절목에 기재되어 있는 산림, 도로, 교량 등에 관한 계(契)의 운용의 어떠한가.

3. 각 읍의 사례의 의함은 군보(軍保) 이외 다른 보명(保名)으로써 동일인으로부터 군포(軍布)를 징수하고 있는가.

4. 요역미(徭役米) 곧 결역가는 언제쯤부터 창설되었고, 그 창설연혁, 방법 및 실시상황은 어떠한가.

5. 송계(松契)의 절목과 공동 관리에 속하는 임야의 상황은 어떠한가.

그리고 영광군에 대한 추가 조사 항목은 1. 옛적에 진개부전(陳介部曲) 대안향(大安鄕)[지금의 진량면 대안리]의 성질, 향청약(鄕廳若)은 향리조직과의 관계있는가 2. 영광군수와 법성포 수군첨사와는 관계가 어떠한가. 또 첨사는 그 진내(鎭內)의 행정을 위해 그 구역내의 인민은 진민(鎭民)으로 칭하고, 군민과 다름이 있는 행정치하에 있는가 아니면 그 관계를 상세히 알아보라고 기술되어 있다.

여기에 대한 조사내용을 영광군의 경우를 보면, 1. 삼공형은 호장, 이방, 승발을 칭하고 호장은 민호(民戶)를 관장(管掌)하여 유인(鍮印)[호장지인(戶長之印)]을 사용함. 이방은 서무에 종하하고 목각의 방위(防僞)[작청방위(作廳方僞)]를 사용함. 승발(承發)은 관의 명을 받들어 관자(關字)[당시의 감사(監司) 또는 군수 관인(官印)의 일종으로 상관(上官)의 훈령 또는 대등관(對等官)의 조회 등의 경우에 압날(押捺)된 문서를 말함], 기타 여러 문서를 발송수리(發送受理)함. 좌수는 아관(亞官)이라고 하여 군수를 보좌하고 삼공형을 지휘 감독함 그리고 군수의 부재 시에는 좌수는 군수의 관인(官印)을 보관하고 그 직무를 대리하는 제도가 있으나 사실은 인근의 군현에서 겸관하며 좌수는 그 관인을 겸관에게 면정(面呈)하고 겸관하는 군수의 명을 받아 서무에 종사한다. 2. 구시에 있어서 도로 또는 교량의 수리방법은 관비의 부담, 이후 관의 명령에 의해 인민의 부담이 됨, 오가작통절목에 기재되어 있는 산림, 교량 등에 관한 계라는 것은 당군(當郡)에는 전례(前例)가 없음. 3. 군보(軍保) 이외의 각종 보명(保名)이 있고 당군에서는 이를 민호에 총괄징수하고 각 종류별로 상납함 4. 결역가는 당군에서는 결작미(結作米)라 칭하며 미(米)를 정공(正供) 이외에 징수하여 균역청에 상납하고 언제부터 창설되었는지는 상세히 알지 못함. 5. 송계는 각 동리에 있어 임야를 보관하기 위한 계를 만들고 절목을 작성 인민상호간에 유지한 송림의 남벌을 엄금하였다.

영광군의 추가 사항 2가지의 조사 내용은 1. 옛적에 있어 진개부곡은 역촌을 지칭, 대안향(大安鄕)은 고석군(古昔郡)의 영현(領縣)이었고, 그 부전(部曲)과 향(鄕)은 전부 행정구역을 지칭함. 향청약(鄕廳若)은 향리(鄕吏)의 조직과는 관계없음 2. 영광군수와 법성포 수군첨사의 관계는 평시에는 대등하고 전시에 군수는 첨사의 지휘명령을 받으며 첨사는 진내에서 독립행정을 하고 그 구역 내의 인민을 진민이라고 칭하고 군민과는 다른 행정치하에 있음을 기술하였다.

공통조사 항목 5가지에 대한 나머지 군현에서의 조사내용은 영광군과 비슷하지만 몇몇 내용에 약간의 차이를 보인다. 담양군에서는 삼공형이라는 명칭의 유래를 조선초에 불복신(不服臣)을 복역(服役)케 하고 이를 존칭하기 위해 부여한 것, 공주에서는 공형이 일읍의 공(公), 만민(萬民)의 형(兄)이라는 데서 왔다는 명칭에 대한 설명이 보인다. 부여군에서는 호장에 대해, 민호의 장으로서 예조에서 임명의 교지를 하부하고 임기는 3년으로 식년(式年)에 매번 고쳐 임명하는 향관(鄉官)으로 민호를 관장하며 부여호장지인(扶餘戶長之印)을 사용한다. 이방은 아전으로 기관(記官)이라고도 하고 관찰사로부터 임명할 시에는 차첩(差帖)을 부여받고 이를 현감의 임기에 따라 만 6년간을 과기(瓜期)한다.

그리고 결역가의 명칭은 각 군현마다 조금씩 달라서 담양은 결전(結錢), 부여는 팔결작미(八結作米)라 칭하고 1결에 1두 4승을 징수, 무안군은 균역미(均役米)라 칭하고 민결에 부가하여 징수, 공주는 수백 년 전 창설된 민역고, 보역고에서 담당하고 있다. 한편, 도로 또는 교량의 수리방법에서 무안군은 예 적에 인근부락민이 분담구역을 정해서 춘추 2기(期)에 수리를 행하며 다른 지역과 달리 공주에서는 오가작통절목에 기재된 계를 운용하여 매년 계금(契金)의 이자로써 이를 수선하는 데 충용(充用)하였다. 각 지역의 응답자 수를 보면, 영광은 조희원외 3명, 담양은 황석하외 2명, 부여는 조종위외 1명, 공주는 서한보외 1명이었고 무안군은 확인되지 않는다.

[가치정보]

이 기록은 조선후기 군현의 행정을 담당했던 공형, 좌수의 역할, 그리고 지역별로 다소간의 차이가 있었던 군역, 부세, 요역의 운영방식에 대해 개략적으로 살펴볼 수 있는 자료가 될 수 있다.

II-3-5-14. 조사보고서

관리기호	기록번호	자료명	
B-1-085	新調第275호	調査報告書	
작성자	생산기관	생산 연도	
渡邊業志	조선총독부 중추원	1927	
지역	언어	분량	소장기관
밀양,동래	일본어	144면	수원박물관
키워드	동래, 밀양, 청원서, 협약서, 임야		

[기본정보]

이 기록은 조선총독부 중추원 촉탁 와타나베 교시(渡邊業志)가 경상도 밀양과 동래 두 지역의 입회사례에 관한 관습조사를 마치고 1927년(소화 2) 6월 중추원 의장에게 보고한 보고서이다.

[내용정보]

본 자료의 조사대상은 밀양군의 화악산(華岳山), 갑을령(甲乙嶺), 구천황산(舊天皇山), 구만산(九萬山), 은곡봉(銀谷峰), 안장봉(鞍張峰)과 동래군의 운봉산(雲峰山), 철마산(鐵馬山), 금정산(金井山)이다. 이들 산림에서의 입회관행에 대해 조사하고 그 과정에서 수집한 각종 관련 자료를 함께 수록하고 있다.

밀양군의 상기 산림을 둘러싸고 밀양군과 청도군, 밀양군과 양산군의 해당 군민 사이에 이루어진 입회의 사례를 기록하고 있다. 이때 이루어진 입회협약서, 청원서, 서약서, 판결문 등을 각종 자료를 수집하여 첨부하고 있다.

동래군의 상기 임야는 동래군과 기장군, 양산군 사이에 이루어진 입회의 사례를 기록하고 있다. 관련 자료로는 1868년 9월 27일 동래와 기장 지역 사이에 입회의 경계를 정한 〈동래기장양읍초봉정계절목(東來機長兩邑草峰定界節目)〉과 두 지역에서 여기에 동의한 감결(甘結), 양산과 기장군민 사이의 분쟁으로 인한 청원서, 판결문, 기장군수와 양산군수에 보내는, '시초등예취청원(柴草等刈取請願)에 관한 조회 건' 등 관련 문서가 포함되어 있다.

[가치정보]

이 기록은 당 시기 일제가 임야조사사업을 통해 이들 산림에 대한 소유권을 정비해 가는 과정에서 전통적인 입회권을 둘러싼 분쟁에 개입하여 어떠한 방식으로 이를 해결해 가고 있는지를 살펴볼 수 있는 자료로 생각된다.

II-3-5-15. 조사복명서

	관리기호	기록번호	자료명	
調査事項目錄 一 僧尼ノ種別及ビ其ノ名稱 一 僧尼ノ親族相續ニ關スル事項 一 師僧尼ノ種別及其ノ名稱 一 徒弟ノ種類及其ノ稱呼 一 恩師ト上佐トノ關係 一 法師ト法弟トノ關係 一 懺悔師及授戒師ト弟子トノ關係 一 法類 一 門會 一 僧尼ノ財産相續 一 法畓ノ承繼 一 祭位及佛糧位	B-1-167	300	**調査復命書**	
	작성자	생산기관	생산 연도	
	渡邊業志 權炳壽	조선총독부 중추원	1928	
	지역	언어	분량	소장기관
	협천, 동래, 양산 문경, 수원	일본어	37면	수원박물관
	키워드	승니, 사승, 상좌, 재산상속		

[기본정보]

이 자료는 속(屬) 와타나베 교시(渡邊業志)가 고원(雇員) 권병수(權炳壽)를 동행하여 1928년 (소화 3) 11월 1일부터 11일까지 열흘간 경상남도 협천, 동래, 양산, 경상북도 문경, 경기도 수원에서 구관조사를 시행한 뒤 그 내용을 정리하여 12월 10일에 보고한 복명서이다.

[내용정보]

조사사항은 12개 항목에 걸친 승니(僧尼)의 명칭 및 친족상속에 관한 사항이다. 12개의 항목은 사승니(師僧尼)의 종별(種別)과 그 명칭은 승니의 종류에 따라 출가하여 양육시켜준 승려를 말하는 은사(恩師)를 비롯해 다른 승려에게 불법을 전하는 법사(法師), 수계사(授戒師), 참회사(懺悔師)가 있고, 도제(徒弟)의 종류에는 상좌(上佐), 법제(法弟), 제자(弟子)가 있음을 기술하고 있다. 이어서 은사(恩師)와 상좌와의 관계, 법사와 법제와의 관계, 참회사 및 수계사와 제자와의 관계, 법류(法類), 문회(門會) 등 승려간의 관계에 대해 정리하고 있다. 그리고 승니의 재산 및 상속에 관한 사항에 대한 내용을 싣고 있다.

승니의 재산상속은 오직 은사와 상좌 사이에 있고 그 니머지 사제 간에는 없는 것이 통례이지만 유일하게 법사와 법제 사이에 법답(法畓)을 상전(相傳)하는 관습이 있다고 한다.

사찰의 재산으로는 사찰에 소속된 토인 법전(法典), 승니 사망후 매년 기일에 제사비용을 충당하기 위해 설정된 재산인 제위(祭位) 그리고 불공양(佛供養)의 재원으로 충당하기 위한 불량위(佛糧位)가 있었다. 제위와 불량위는 모두 문회의 자문을 받아 그 결의에 따라 유산 가운데 일정액수를 설정하였다.

한편, 승니의 유산상속에 관해서는 특별조사 내용으로 예를 들면, 제1 상좌, 제2 상좌 두 명의 상좌가 있을 때 제1 상좌가 먼저 죽고 그 후 사승(師僧)도 사망했을 경우 제사의 봉사 관계를 묻고 답하는 등 문답형식을 통해 여러 가지 세부적인 내용에 대한 추가 조사를 하고 있다.

마지막으로 승려의 유산상속과 관련된 세종실록의 기사 2건, 1917년(대정 5) 11월의 관통첩(官通牒) 제184호 승려민적에 관한 건,『조선불교통사』하편에 실린 조선승려법의 범위를 발췌하여 참고자료로 싣고 있다.

이 기록의 조사응답자는 해인사[합천] 주지 백경하(白景霞)를 비롯해 범어사[동래], 통도사[양산], 금룡사[문경], 용주사[수원]의 주지, 감무, 승려 등 모두 13명이다.

[가치정보]

이 자료는 당시의 승려의 조직 및 재산상속관계를 상세히 살필 수 있는 자료로서 의미가 있다.

II-3-5-16. 구관심사위원회 의안원고

관리기호	기록번호	자료명	
中B6B-41	-	舊慣審査委員會 議案原稿	
작성자	생산기관	생산 연도	
小田幹治郞	구관심사위원회	1918-1919	
지역	언어	분량	소장기관
-	일본어	101면	국사편찬위원회
키워드	구관심사위원회, 소작, 분가, 양자, 친족의 범위		

[기본정보]

이 자료는 1918년(대정 7)에 설치된 구관심사위원회의 각종 의안과 그 결의 내용을 수록하였다. 종전의 관습조사는 법전조사국, 취조국, 참사관실에서 수행하였는데, 한국병합 이후에 관습법의 정립 필요성이 증대되어서 구관심사위원회를 설치하여 조선총독부가 별도로 구관을 심사하였다. 1918년과 1921년에 각각 설치된 구관심사위원회(舊慣審査委員會)와 구관급제도조사위원회(舊慣及制度調査委員會)는 기존의 관습조사기관과는 성격을 달리하고 있었다. 과거 취조국·참사관실·중추원 등은 조선관습을 조사하는 기관이었으나, 위원회는 기존에 조사했던 조선관습을 새롭게 심의(審議)·결정할 것을 목적으로 설치되었다. 따라서 위원회에서 심의·의결한 내용은 그대로 관습법으로서 채택될 가능성이 매우 높았다고 할 수 있다. 이 자료는 중추원 서기관이면서 구관심사위원회 위원으로 활약하고 있던 오다 미키지로(小田幹治郎)가 직접 작성하였다.

[내용정보]

1918년 9월 26일 중추원(中樞院)에서 종래 행해오던 구관조사의 내용을 심의하기 위해 구관심사위원회를 설치하게 되었다. 구관심사위원회 계획으로는 모두 14회를 개최하기로 예정하였지만 제8회까지만 열렸다. 제1회부터 제4회까지는 조선민사령 제12조 부동산 물권에 관한 조선의 관습을 확정하기 위한 것이었는데 1919년 2월 13일에 의안을 모두 심의·의결하였고 소작에 관한 결의사항은 중추원이 발행한 『소작(小作)에 관(關)한 관습조사서(慣習調査書)』에 수록되어 있다.

1919년(대정 8) 3월 13일 제5회 위원회를 개최하여 친족의 범위에 대해서 심의하였다. 여기에서는 대체로 유복친을 친족의 범위로 결정하고 그 취지에 의해서 원안(原案)을 만들려 했지만 심의를 마치지 못하였다. 형법대전이나 형법대전을 그대로 인용했던 관습조사보고서와는 달리 친족의 범위를 축소하려 했음을 알 수 있다. 1919년 4월 10일 제6회 위원회에서는 '분가(分家), 양자(養子), 파양(罷養) 및 이이(離異)의 경우에 배우자 직계비속 등의 전적(轉籍)'과 함께 재판소 조회·회답을 심의하고 가결하였다.

1919년 5월 19일 제7회 위원회를 개최하여 상혼(相婚)의 제한을 의안으로 하였는데 제5회 위원회에서 완료하지 못한 친족의 범위에 대해서 심의하기로 하고 곧바로 심의에 들어갔지만 또 다시 결정을 보지 못하고 상혼 제한의 문제는 논의하지 못하고 다음 회의로 넘기기로 하였다. 이렇게 1921년 4월까지 완료한 사항은 9개 항목이었고 구관심사위원회는 폐지되었다. 구관심사위원회는 1921년 4월까지 존속하기는 하였지만 심의는 1919년 5월 19일까지 진행되었다. 따라서 구관심사위원회가 상정했던 양자, 친족회, 가(家), 재산상속, 폐절가(廢絶家) 등의 사항에 대해서는 심의하지 못하고 중단되었다.

[가치정보]

이 자료는 1918년에 설치된 구관심사위원회의 각종 의안과 그 결의 내용을 수록한 자료로서 한국병합 이후에 관습법의 정립 필요성이 증대와 함께 조선총독부의 구관심사 방법을 알 수 있다.

II-3-5-17. 관습조사보고서(서산, 보령)

관리기호	기록번호	자료명		
360.911관 58ㅈ	-	慣習調査報告書(瑞山, 保寧)		
작성자	생산기관	생산 연도		
-	조선총독부	-		
지역	언어	분량	소장기관	
서산, 보령	일본어	122면	경상대 도서관	
키워드	염전, 지상권(地上權), 전당(典當), 환퇴(還退)			

[기본정보]

이 기록은 '관습조사보고서(서산, 보령)'이라는 표제를 달고 있으며 작성자, 작정 시기와 목적을 보여주는 내용은 보이지 않는다. 따라서 언제 누가 작성했는지 정확하게 알 수 없다. 서산과 보령 지역에서 이루어지는 각종 매매관습에 관한 사항에 대한 조사 내용을 담고 있다.

[내용정보]

먼저 서산·보령 지역에 위치한 염전(鹽田)의 현황과 운영방식에 대해 언급하며, 그러한 염전의 운영 매매와 관련된 다양한 관습에 대해 조사하고 있다. 즉 매매의 사례, 염전의 전당유무와 전당은 토지나 가옥의 경우와 동일한가, 타인 소유의 염막(鹽幕), 염전을 빌려서 제염(製鹽)하는 경우, 염전 운영을 위해 동사(同事)를 조직할 경우 그 운영과 수익은 분배에 관한 사항 등에 대해 조사하고 있다. 그리고 조사 내용의 말미에는 사례로써 각종 관련 매매문기나 문서 등을 참고자료로 첨부하였다.

염전에 대한 항목 다음에는 서산과 보령지방에서 이루어진고 있는 전답 소유권 이전의 방식에 대한 조사와 17개의 매매 문기 사례를 싣고 있다. 이와 함께 가옥(家屋)·죽목(竹木)·분묘(墳墓) 소유로 인한 지상권에 관한 사항, 부동산·권리의 전당(典當), 환퇴(還退)·화리(禾利)매매의 관습, 가옥대차(家室貸借)에 관한 관습 등에 대해 조사한 내용을 정리하고 있다. 마찬가지로 이와 관련 문기(文記), 수표(手票), 계약서, 소장(訴狀) 등 다양한 사례를 싣고 있다. 이 자료의 마지막에는 참고자료로 보이는 각종 토지매매 증명 입안과 매매 문기 등 14개의 사례를 별도로 모아서 첨부하고 있다.

[가치정보]

이 기록은 주로 서산과 보령 두 지역의 염전(鹽田)을 비롯한 토지, 가옥 등의 매매 관습에 관한 조사내용을 담고 있다. 서산과 보령은 기존 법전조사국 당시 조사 대상지가 아니었다는 점에서 해당 조사항목에 대한 새로운 내용들을 살펴볼 수 있는 자료가 될 수 있다.

II-3-5-18. 관습조사항목

관리기호	기록번호	자료명	
B-1-199	-	慣習調査項目	
작성자	생산기관	생산 연도	
-	조선총독부	-	
지역	언어	분량	소장기관
-	일본어	161면	수원박물관
키워드	관습조사, 사회조사, 제도조사		

[기본정보]

이 기록은 표제 없이 관습조사항목이라는 제목으로 시작으로 편성된 각각의 항목들을 정리한 기록을 담고 있다.

[내용정보]

이 자료는 맨 처음 관습조사항목, 다음으로 제도조사항목, 사회조사강목(社會調査綱目) 다시 관습조사항목이 반복되어 편철되어 있다. 이중 마지막에 반복되어 실린 관습조사항목은 깨끗하게 정서되어 기록되어 있는 반면 처음에 보이는 관습조사항목은 가필이나 첨삭으로 수정된 사항들이 상당한 많이 보이는 것으로 보건대, 초고본이 아닌가 생각된다.

제도조사항목은 제1편 국제(國制)를 시작으로 왕실, 관청, 구역 등 각각의 항목을 제시하고 있으며 항목간의 많은 첨삭과 수정이 이루어진 모습을 그대로 보여주고 있다. 사회조사강목은 제1부 조선회의 기초, 제2부 조선인의 생활 제3부 조선에 있어서 사회문제라는 세 가지 제목 하에 각각의 항목을 나열하고 있다. 이를 제시해 보면 다음과 같다. 제1부 조선사회의 기초 : 제1항 토지 , 제2항 생물(生物), 제3항 인종(人種), 제4항 인구(人口), 제5항 제도(制度), 제6항 역사(歷史)(사회의 역사(歷程), 사회적 유전(遺傳)) 제7항 외국관계, 제2부 조선인의 생활 : 제1항 협동생활, 제2항 경제생활, 제3항 사상생활(思想生活), 제4항 일상생활, 제5항 위생, 제6항 범죄 , 제3부 조선에 있어서 사회문제 : 인구, 보건, 직업, 노동, 도시, 농총 산업, 교통, 식료(食料), 구제, 교육, 종교, 사상, 언어, 통혼(通婚), 이주(移住), 형사(刑事) 등 17개 문제로 구성되어 있다. 법전조사국이 폐지되고 1910년 이후 민사·상사 관습의 조사는 조선종독부내 취조국으로 이관되고 참사관실을 거쳐 1915년부터 중추원 소관이 된다. 이 과정에서 합방으로 인해 구제도와 관습에 대한 조사가 더욱 상세한 조사가 필요해지면서 이전보다 조사의 범위를 확장해 갔다. 1912년 4월 총독부 관제개정으로 폐지된 취조국을 대신하여 조사업무를 담당하게 된 참사관실은 관습조사세목을 작성하여 우선 민사에 관한 관습을 조사하기로 했다. 이는 법전조사국 때 만들어진 조사 문제에 대한 그 동안의 실무경험과 검토를 반영하여 조사항목을 새롭게 재정리한 것이다. 이때 결정된 조사문제 要目의 대강을 보면, (1) 능력(能力), (2) 친족(親族), (3) 상속, (4) 유언(遺言), (5) 물권(物權), (6) 채권(債權), (7) 기타사항 등 65항 247문이었다.

조선의 구관 및 제도에 관한 조사업무는 1915년 5월에 참사관실에서 중추원으로 이관되었다. 이즈음의 구관제도조사의 상황은 사법에 관한 조사는 거의 완료단계에 있었다. 따라서 사법에 관한 관습의 조사를 완결, 이를 편찬하고 널리 구래의 제도를 조사하며, 행정상 및 일반의 참고가 될 풍속 ·습관을 조사 편성하는 조사방침을 세우게 되었다. 이 같은 방침에 따라 이전의 조사를 보완해 갔고 1921년부터는 민사관습 상사관습, 제도, 풍속의 4분야로 나누어 각각의 조사항목을 편성하여 분립 조사를 시행해 나가게 된다.

이중 제도조사는 1923년부터 민사, 제도, 풍속과 더불어 따로 조사항목을 편성하여 독립적으로 조사하게 되었다. 그리고 풍속조사는 민사·상사제도의 참고사항으로 조사되다가 1921년 새로운 계획을 세워 구관제도 외 풍속조사를 독립하여 시행하였다. 나아가 풍속조사의 부속사업으로 조선통치상의 제반시설을 적절히 하기 위해『조선사회사정조사』의 필요성을 인식하여 1919년부터 무라야마 지준(村山智順)을 촉탁으로 임명하여 토지, 생물, 인종, 외관(外觀), 협동생활, 경제생활, 사상생활, 일상생활, 위생, 범죄 사회문제를 설정하고 있다.

이 기록은 이처럼 중추원 시기 민사·상사, 제도, 풍속의 4분야로 분립되어 조사가 이루어지며, 그러한 조사를 위해 설정된 조사항목을 보여주는 기록이라고 할 수 있다.

[가치정보]

이 자료는 중추원 시기 관습조사항목이 민사, 상사, 제도, 풍속으로 분립되어 조사가 이루어지면서 이와 관련된 조사항목의 구성을 목차별로 자세히 볼 수 있는 기록이다. 당시 조사사업에 관한 각 항목들의 최종정리 내용은 총독부에서 1938년 출간한『조선구관제도조사사업개요』를 통해 알 수 있다. 따라서 필사된 기록으로 수정사항들이 첨삭되고 있는 이 자료는 그 같은 조사사업의 과정에서 설정된 여러 항목들의 수정과 변화모습을 비교해 볼 수 있다는 점에서 가치가 있다.

II-3-5-19. 구관에 관한 조회 회답안 내용 목록

관리기호	기록번호	자료명		
B-1-204	-	舊慣ニ關スル照會回答案內容目錄		
작성자	생산기관	생산 연도		
-	조선총독부	-		
지역	언어	분량	소장기관	
-	일본어	5면	수원박물관	
키워드	법전조사국, 취조국, 참사관실, 중추원, 조회, 회답 목록			

[기본정보]

이 자료는 1908년(융희 2)~1929년(소화 4)까지 관습조사 사항의 조회 건의 제목과 회답의 연·월을 정리한 목록이다.

[내용정보]

기록에 보이는 목록의 정리 방식은 법전조사국, 취조국, 참사관실, 중추원단계로 구분하여 정리하고 있다. 수원박물관 소장 자료로서 이와 유사한 『관습회답 목록』[B-1-162]이 있는데, 목록의 작성 방식과 기간에 차이가 있다. [*편의상 이 자료를 A로 표시]

목록의 작성 방식을 보면, 〈자료 A〉는 1918년 평양관제묘에 관한 건까지 기록되어 있다. 그러나 이 자료는 이후 1929년 12월까지 조회 건을 기록하고 있다. 기록 방식을 보면, 〈자료 A〉는 조회의 건명과 조회자 및 조회 연·월·일과 회답의 연·월·일을 표시하였으나 여기서는 건명 및 회답 연월만을 기록하고 있다. 그러나 건명에 대한 기록은 〈자료 A〉의 기록에 비해 자세히 적고 있다. 예를 들면 목록상 2번째 조회 건에 관한 기재방식을 보면, 여기서는 동일한 번호 아래 '초생지의 소유권에 관한 건', '초생지의 입회에 관한 건', '초생지 매매에 관한 건', '문기의 효력에 관한 건', '초생지와 납세에 관한 건', '황무지의 개간과 납세에 관한 건' 6개의 조회 건명을 기재하고 있다. 반면에 〈자료 A〉에서는 '초생지에 관한 건'이라는 건명 하나로 적고 있다. 아마도 6개의 조회 건을 모두 포괄하는 대표 제목을 조회의 건 목록에 기록했던 것으로 같다. 따라서 이 자료는 하나의 건에 대한 관련 조회의 내용을 좀 더 상세히 기록하고 있는 특징이 있다.

이 기록은 중추원 시기 135번 조회건까지는 정서(正書)되어 있으나 그 이후 조회건은 필기체로 적고 있으며 220이후의 조회건은 일련번호도 붙어있지 않다. 이로 미루어보면, 기존에 작성되어 있던 목록에 더하여 후반부의 건명을 계속 추가로 기입하여 정리하고 있던 문서였다고 생각된다.

[가치정보]

이 자료는 그 제목에서 보이듯이 조회 회답안 내용 목록으로 작성된 것으로 볼 수 있다. 그러나 또 다른 자료인 『관습회답 목록』[B-1-162]과 비교해 볼 때 하나의 조회건과 연관된 건명을 모두 적고 있다. 비록 구체적인 조회, 회답의 내용을 담고 있는 자료는 아니지만 상세한 조회건 명을 통해 당시 주로 어떠한 사항들이 관습상의 문제로 제기되고 있는가를 한 번에 볼 수 있는 기록이 될 수 있다.

II-3-5-20. 구관제도 조사서 및 동자료 출판계획서

	관리기호	기록번호	자료명	
舊慣及制度調査書並同資料出版計畫書 舊慣及制度調査ニ關シテハ舊韓國時代ニ法典調査局ヲ設ケ之ニ著手セシガ併合後其ノ事務ヲ取調局ニ移シ同局廢止後參事官室ニ於テ引續之ガ調査ヲ爲シツツアリシガ大正四年中樞院官制ノ一部ヲ改正シ本院ニ於テ調査ニ一部ヲ爲スコトトナリ調査開始以來既ニ二十有餘年此ノ間主トシテ調査書作成ノ資料蒐集ニ努メ其ノ數四百九十部九千冊ニ上リ之が典籍共他ノ資料ニ由リ署類聚シ一面既刊ノ典籍共他ノ資料ニ由リ騰寫類聚シ調査書及資料編纂ノ準備成リタルヲ	관리기호	기록번호	자료명	
	B-1-653	-	舊慣及制度調査書並同資料出版計劃書	
	작성자	생산기관	생산 연도	
	-	조선총독부	-	
	지역	언어	분량	소장기관
	-	일본어	9면	수원박물관
	키워드	구관조사, 제도조사, 법전조사국, 취조국		

[기본정보]

이 자료는 구관·제도 조사서와 동 자료의 출판계획서로 출판에 필요한 자료의 분류방식, 편찬 및 출판의 원칙 등에 대해 서술하고 표로 정리한 것으로 총 9면으로 구성되어 있다.

[내용정보]

구한국에 대한 구관 및 제도 조사는 구한국시대에 법전조사국에서 하였고, 한일합방 이후 취조국에 이전되어 1915년(대정 4) 중추원 관제의 일부로 개정되었다. 조사한 지 20여 년이 지난 지금 자료 480부 9천 책 중에서 필요한 자료를 조사서와 자료를 편찬 출판한다.

자료는 관제, 행정, 형정, 민정, 군제, 재정경제, 산업, 예제, 국기와 사회 등으로 분류하여 현재와 장래의 시정에 참고한다. 자료 1부는 조사연구에 참고한다. 자료는 크게 법전과 지류(志類), 실록과 일기로 나눈다. 또한 편찬과 출판을 위한 기한, 직원의 충당, 경비 등에 대해 정리해 두었다.

[가치정보]

이 자료는 구관 및 제도 조사의 정리와 편찬과정에 대해 알 수 있다는 점에서 의미가 있다.

II-3-5-21. 구관심사위원회의록

관리기호	기록번호	자료명	
中B6B-43	-	舊慣審査委員會議錄	
작성자	생산기관	생산 연도	
-	구관심사위원회	-	
지역	언어	분량	소장기관
-	일본어	116면	국사편찬위원회
키워드	구관심사위원회, 소작, 분가, 양자, 친족의 범위		

[기본정보]

이 자료는 구관심사위원회가 개최한 심사위원회의 회의록이다. 자료의 구성은 제1회 위원회부터 제7회 위원회까지의 회의 안건 및 심의사항, 참석자, 회의 날짜 등을 기록하고 심사에 관한 질의응답의 요지를 기록하였다.

[내용정보]

제1회부터 제5회까지 위원회 회의록이 있다. 구관심사위원회의 심사의 범위, 순서에 대해서는 시간의 관계 및 사항에 완급이 있어서 조선총독부에서 조사 중인 민사령 및 민적법 개정 무렵에 의연 구관이 적용될만한 사항에 대해서 먼저 심사를 하기로 하고 점차 다른 사항을 심사하기로 하였다. 특히 시급을 요하는 사항에 대해서는 수시로 심사를 구하기로 한다.

제1회 심사위원회에서는 1. 개간소작 2. 대동군내의 원도지 3. 대동군내의 전도지 등의 3개안을 제안하였다. 먼저 제1의안 개간소작에 대해서 심의하고, 일부 가결의(假決議)를 부쳐서 원안을 가결하였으나, 심의를 마치지 못하고 산회하였다. 동년 12월 12일 제2회 위원회를 개최하고 전회에 이어서 개간소작에 대해서 심의하여 전회의 가결의를 채결 확정하고 제2의안을 심의하였으나 심의를 끝내지 못하였다. 1919년(대정 8) 1월 23일 제3회 위원회를 개최하고 전회 미료(未了)한 의안에 대해서 심의하여 일부 수정하고 제3안을 심의하여 양 의안을 결의하였다. 동년 2월 13일 제4회 위원회를 열고 1. 의주 용천

2군의 원도지 2. 중화군의 특종소작 3. 중도지 4. 전주군의 화리매매 등4개 의안에 대해서 심의하고 원안의 일부를 수정하거나 또는 제외하고 가결하였다. 이상 소작에 관한 결의사항은 본원이 발행한『소작에 관한 관습조사서』에 수록하였다.

1918년(대정 7) 3월 13일 제5회 위원회를 개최하였다. 의안으로서 일(一). 친족의 범위에 대해 심의하여 대체로 유복친을 친족의 범위로 결정하고, 그 취지에 따라서 원안을 기초하여 제출하기로 하였으나 끝내 심의를 마치지 못하였다. 동년 4월 10일 제6회 위원회를 개최하고 의안으로서는 일(一). 분가, 양자, 파양 및 이이의 경우에 배우자 직계 비속 등의 전적 및 재판소의 조회 회답을 심의하고 가결하였다. 의안에 대한 결의사항은 다음과 같다.

가족이 분가로 인하여 일가(一家)를 창립하는 경우, 가족 또는 호주가 양자가 되어서 타가로 들어가는 경우 및 파양으로 인하여 양자가 친가로 복적하는 경우에는 그 가에 있는 그 자의 처자는 당연히 그를 따라서 분가, 양가 또는 친가로 들어가는 관습이고 만약 그 자식의 처자가 있을 때는 그 처자도 역시 부(夫) 또는 부(父)를 따라서 가를 옮긴다. 또 초서이이(招婿離異)의 경우에는 그 자녀는 초서(招婿)를 따라서 친가에 들어가고 만약 그 자식에게 처자가 있을 때는 역시 남편 또는 아버지를 따라서 가를 옮기는 것으로 한다.

동년 5월 19일 제7회 위원회를 개최하고 상혼의 제한을 의안으로 하였으나 제5회 위원회에서 미료(未了)한 친족의 범위에 대해서 심의하기로 하고 곧바로 심의하였으나, 다시 심의를 마치지 못했다. 당일 의안은 상정에 이르지 못하고 차회로 연기하였다, 전회에 결의한 초서이이(招婿離異)에 대해서는 현재의 민적취급에서는 초서의 입적을 인정하지 않기 때문에 (고(姑〈)) 이 1항을 삭제하기로 결정하고 산회하였다.

[가치정보]

이 자료는 법적 성질을 띠는 구관의 조사와 심의 후 관습법으로 선언하는 의미가 있다. 가종 구관에 대해서 일제가 어떻게 관습법을 획정하는가를 잘 파악할 수 있다. 이 자료에서는 조선총독부 내부의 구관권위자, 판사 등이 침여히는 회익에서 심의 결정하고 있다는 사실이 잘 나타나 있다.

II-3-5-22. 구관심사위원회지

관리기호	기록번호	자료명	
中B6B-42	-	舊慣審査委員會誌	
작성자	생산기관	생산 연도	
-	구관심사위원회	1919	
지역	언어	분량	소장기관
-	일본어	8면	국사편찬위원회
키워드	구관심사위원회, 구관조사, 구관심의		

[기본정보]

이 자료는 구관심사위원회의 설립, 위원 선임, 활동 일지(日誌) 등을 묶은 것이다. 이 자료에는 구관심사위원회를 조선총독부가 왜 설치하였고, 심사위원의 성명과 직책, 심의안 등이 날짜별로 기술되어 있어서 구관심사위원회의 활동의 양상을 잘 파악할 수 있다.

[내용정보]

구관심사위원회(舊慣審査委員會) 설치 계획은 1918년(대정 7) 9월 5일에 기안되었고 9월 26일에 결재를 받아서 설치되었다. 구관심사위원회 설치안에 따르면 구관심사위원회는 "중추원에서 조사하는 제도 및 구관은 현행 법령에서 관습에 의하도록 하였기 때문에 직접 재판상의 준거법이 되고 또 조선인에 관한 입법에 대해서는 관습을 기초로 하거나 참작하여 규정을 설치하는 경우가 적지 않다. 기타 일반 행정에도 종전의 제도 및 관습을 참고할 필요가 있기 때문에 제도 및 관습을 참고할 필요가 있다. 이와 같이 제도 및 관습의 조사 결과는 관계있는 각 방면에 걸쳐서 중추원 및 관계부국의 직원을 위원으로 하여, 내용을 심사하고 취사(取捨)를 결정하는 것이 필요하다고 생각"하여 설치한 것이다. 여기에서 심의·의결할 것은 ① 법령에서 효력을 인정하거나 법령에 의해 당연히 적용할 관습, ② 법령의 제정 및 개정의 기본 또는 참고할 제도·관습, ③ 행정의 참고가 될 제도 및 관습 등이었다.

1918년 10월 16일에는 구관심사위원장(舊慣審査委員長)에 세키야 데이자부로(關屋貞三郎)

가 임명되었고 위원으로는 나가누마 나오카타[永沼直方(고등법원판사)], 다나카 요시하루[田中芳春(경성지방법원부장)], 야마구치 사다마사[山口貞昌(총독부사무관)], 기토 효이치[喜頭兵一(경성복심법원판사)], 하기와라 히코조[萩原彦三(총독부참사관)], 오다 미키지로[小田幹治郎(총독부)], 어윤적(魚允迪), 김한목(金漢睦)이 임명되었다. 1918년 11월 1일 오후 3시부터 구관심사위원회에 관한 회의가 개최되어 구관심사위원회의 방침과 활동 안에 대해서 결정했던 것으로 보인다.

[가치정보]

이 자료는 구관심사위원회의 활동을 일지 형태로 기록한 것으로 구관심사위원회의 활약을 일목요연하게 파악할 수 있다. 구관심사위원회회의록, 구관심사위원회의안 등을 종합적으로 분석하면 조선총독부가 1910년대 후반기에 관습법을 어떠한 방향으로 심사하려고 하였는지를 알 수 있다.

II-3-5-23. 조선지방관습조사보고서

관리기호	기록번호	자료명		
고서 조5358	2	朝鮮地方慣習調査報告書		
작성자	생산기관	생산 연도		
渡邊業志	조선총독부 중추원	-		
지역	언어	분량	소장기관	
영동, 청송, 영덕 울산, 양산	일본어	392면	서강대학교 도서관	
키워드	입회사례, 승려, 재산상속, 제언, 보			

[기본정보]

조선총독부 중추원에서 실시한 몇 건의 조사보고서를 합철한 책이다. 따라서 작성시기는 명확하지 않다. 또한 서명에는 별도 표제가 없으며, 자료명인 '조선지방관습조사보고서'는 소장 도서관 목록자가 본문에 의거해 임의로 제(題)한 것이다.

[내용정보]

첫 번째 보고서는 중추원 촉탁 와타나베 교시(渡邊業志)가 충청북도 영동, 경상북도 청송·영덕, 경상남도 울산·양산의 5개 지역의 관습을 출장 조사하라는 지시에 따라 1925년 3월 13일 경성을 출발하여 각지의 산의 입회(入會)사례에 관한 조사를 마치고 이를 정리하여 4월 20일에 중추원 의장에게 보고한 것으로 되어 있다. 입회 사례와 함께 축보(築洑)와 몽리지(蒙利地) 분급(分給) 관행 등에 대해서는 간략히 정리하고 있다. 아울러 각종 관련 자료를 수집하여 수록하고 있는데 마을 사람들의 진정서와 이로 인해 면장이 군수에게 올린 보고서, 임야보호조합규약, 계약서, 각서, 완문 등이 포함되어 있다.

두 번째 편철된 조사복명서는 승려의 재산상속에 관한 관습을 조사한 2건의 복명서이다. 관련 복명서는 각기 다른 지역의 조사내용을 모아 놓고 있다. 그 내용을 정리해 보면 다음과 같다.

(1) 중추원 촉탁 와타나베 교시(渡邊業志), 히라노 세이보쿠(平野聖睦)가 경기도 고양군의 화계사, 서울의 조선불교 중앙교무원과 봉원사 등에 출장 조사 후 1940년(소화 15) 9월 10일 중추원 서기관장에게 보고한 조사복명서와 아울러 조사과정에서 수집한 화계사성도계서(華溪寺成道稧序)와 좌목(座目), 동참질(同參秩), 화계사대웅전불량계서(華溪寺大雄殿佛糧稧序)와 절목 및 동참질, 화계사사중제사기(華溪寺寺中祭祀記) 등이 수록되어 있다.

(2) 중추원의 촉탁 다마지 가메타로(玉地龜太郞)와 임시 직원[雇員] 이면규(李冕珪)가 1940년 8월 6일부터 15일까지 충청남도 공주군의 마곡사, 전라남도 장성군의 백양사, 경상북도 달성군의 동화사 등에 출장 조사 후 9월 10일 중추원 서기관장에게 보고한 복명서가 기록되어 있다.

(3) 장행원(張行遠)과 노정희(盧鼎熙)가 1938년(소화 13) 12월 22일에 함경북도 지방 재가승(在家僧)에 관해 조사한 보고서(재가승의 유래와 사회적 지위,생활, 함경북도 재가승의 분포 표에 대해 정리하고 부령군, 온성군, 경원군, 경흥군, 회령군 등 재가승의 실태를 기록하였다.

(4) 중추원 촉탁 김성목(金聖睦)[히라노 세이보쿠(平野聖睦)]이 1940년(소화 15) 8월 11일부터 17일까지 함경남도 함주군과 강원도 고성군 관내에 출장을 가서 사찰 재산 양도처분에 관한 관습을 조사한 뒤 이를 정리하여 1940년 8월 28일 중추원 서기관장에게 보고한 복명(수집한 각종 자료로는 사승상속답증명원(寺僧相續畓證明願), 계약서, 헌납서, 유언서, 신청원, 귀주사 부근 덕원부 적전사(赤田社) 둔전답 완문) 등이 함께 수록되어 있다.

세 번째로 편철된 자료는 마생(麻生) 속(屬)이 조사한 역토(驛土) 및 마전(馬田)·원전(院田)·

참전(站田)과 제언(堤堰) 및 보(洑)에 관한 내용으로 1923년 12월 10일 보고한 것으로 되어 있다.

마지막으로 1924년(대정 13) 중추원 참의 정병조(鄭丙朝)가 3월 13일부터 경상북도 청도군과 경상남도 동래·울산군의 관내에 출장을 가서 입회권, 보증에 관해 조사한 후 1924년 3월 24일 중추원 서기관장에게 보고한 복명서가 실려 있다.

[가치정보]

이 자료는 각기 다른 시기 몇 개의 자료가 편철되어 있는 관계로 작성시기와 이유를 명확히 알 수 없다. 그러나 입회, 승려의 재산상속에 관한 보고서 등에는 상당히 많은 다양한 관련 문건을 필사하여 싣고 있다는 점에서 당시 해당지역에서 이루어지고 있던 관습의 실태를 파악하는 데 자료로서의 가치가 높다고 할 수 있다.

II-3-5-24. 입후에 관한 서류(실록 발췌) 원본

	관리기호	기록번호	자료명	
	B-1-409	-	立後ニ關スル書類(實錄拔萃) 原本	
	작성자	생산기관	생산 연도	
	-	조선총독부 중추원	-	
	지역	언어	분량	소장기관
	-	일본어	171면	수원박물관
	키워드	입후, 양자, 상속, 제사		

[기본정보]

1915년(대정 4) 조선총독부 중추원에서 관습조사의 소관을 담당하면서 각종 조사활동에서 전적조사(典籍調査)에 집중하고 있었던 모습이 나타난다. 그 결과 1919년(대정 8)에는 279건에 대한 전적조사를 완료하고 있다. 그 가운데 1917년(대정 6)에 양자, 입후 외 22항에 대한 전적조사가 시행된 바 있다. 이 자료는 아마도 이 시기 그러한 전적조사의 일환으로 『조선왕조실록』에서 입후(立後)에 관한 기록을 발췌하여 정리한 것으로 보인다.

[내용정보]

관습조사를 통해 일본은 일본 민법적 관념에 의해 한국 관습을 해석한 경우가 많았다. 그 대표적인 사례가 한국인의 상속에 관한 것이다. 이미 법전조사국에서는 상속에 관하여 우선적으로 가독상속(家督相續)의 개시원인 여하에 관한 조사를 실시하면서 한국인의 상속 종류의 그 특징에 대해 파악하고자 했다. 그 결과 한국에서의 상속을 제사, 호주, 재산의 3가지 상속으로 파악하고 이 가운데 제사상속이 가장 중요하다고 규정했다. 한국에서의 제사상속은 봉사자(奉祀者)를 선정하는 과정이었고, 호주상속은 봉사자의 자격에 의하여 결정되는 부수적인 현상으로 이해했다. 그 결과 제사상속자는 동시에 호주였으나 호주가 반드시 제사승계자가 아니라는 점을 분명히 함으로 일본민법의 가독상속(家督相續)과는 차이가 있음을 밝혔다. 그 결과 대체로 한국에서 일본의 가독상속에 해당되는 것이 봉사자의 승계였고, 한국인의 상속신분은 호주가 아니라 봉사자로 파악하게 된다.

이 기록은 바로 그러한 봉사자 승계의 방법인 입후(立後)와 관련된 양자의 조건, 자격, 역할 등에 관한 150여 개의 기록을 발췌하여 싣고 있다. 내용은 1437년(세종 19) 제사를 이을 양자가 될 수 있는 조건에 관한 논의기록을 시작으로 1904년(고종 41) 충목공(忠穆公) 유응부(兪應孚)의 사손(祀孫)을 세우는 일과 관련된 기록까지 150여 개의 기록에 달한다. 그러나 표제의 제목과 달리 철종대의 일부, 특히 고종대의 경우, 실록 보다는 일성록의 비중이 더 높다.

[가치정보]

이 자료는 중추원 단계에서의 관습조사가 실지조사 함께 방대한 전적조사가 뒷받침되어 가고 있음을 보여주는 자료이며, 발췌된 기록에 대한 자세한 분석이 뒷받침 된다면 당 시기 일본인이 이해한 입후의 성격을 파악하는데 도움이 될 수 있다.

6. 법규에 관한 자료

II-3-6-01. 공법상의 연령에 관한 법규의 발췌

관리기호	기록번호	자료명	
B-1-206	26	公法上ノ年齡二關スル法規ノ拔萃	
작성자	생산기관	생산 연도	
-	조선총독부	-	
지역	언어	분량	소장기관
-	일본어	8면	수원박물관
키워드	대전회통, 이전, 호전, 병전, 형전, 연령		

[기본정보]

이 자료는 『대전회통(大典會通)』에 나타나 있는 연령에 관한 규정을 발췌하여 정리한 것으로 총 8면으로 구성되어 있다.

[내용정보]

『대전회통』 사전(史典)에 나타난 연령에 대해 규정에서 경관직(京官職)의 조(條)는 동반직, 외관직(外官職)의 조는 익서(外敍)·문음무(文蔭武), 취재(取才)의 조는 외관직(外官職), 음자제(蔭子弟)에 대해 설명하고 있다. 또 천거(薦擧)의 조, 제과(諸科)의 조, 세수(除授)의 조, 노인직(老人職)의 조에서 각각 연령과 관련된 사항을 설명하고 있다. 호전(戶典)에서는 호적(戶籍)의 조, 요부(徭賦)의 조에서 연령과 관련된 사항을 설명하고 있다. 예전에서는 제과(諸科)의 조, 생도(生徒)의 조, 오복(五服)의 조, 혼가(婚嫁)의 조, 취재(取才)의 조, 권장(勸獎)의 조, 혜휼(惠恤)의 조에서 각각 설명하고 있다. 병전(兵典)에서는 성적(成籍)의 조, 하호(復戶)의 조,

면역(免役)의 조에서 설명하고 있다. 형전(刑典)에서는 수금(囚禁)의 조, 추단(推斷)의 조, 장도(贓盜)의 조, 공적(公賊)의 조, 사직(私賤)의 조, 살옥의 조에서 설명하고 있다.

[가치정보]

이 자료는 조선의 법전인『대전회통』에 나타난 연령에 대한 규정을 정리한 것으로 당시 연령에 따른 정치, 사회, 경제적 권한에 대해 파악할 수 있다. 조선총독부 중추원에서 정리한 자료이지만『대전회통』을 정리했다는 점에서 법체계 속에서의 연령에 따른 관습을 보여준다는 점에서 의미가 있다.

7. 풍속, 제사, 위생에 관한 자료

II-3-7-01. 고사자료조사

관리기호	기록번호	자료명	
B-1-033	新調第79호	**考事資料調査**	
작성자	생산기관	생산 연도	
有賀啓太郎	조선총독부	1913	
지역	언어	분량	소장기관
대구, 고령, 상주 경주, 개령	일본어	50면	수원박물관
키워드	인흥사, 장릉, 금오산성, 명활산성		

[기본정보]

조선총독부에서 대구·고령·상주·경주·개령지역의 고사자료를 정리한 자료이다. 조사원은 아리가 게이타로(有賀啓太郎), 통역은 김한목(金漢睦)이다. 1913년(대정 2) 11월 23일부터 12월 25일까지 조사하였다.

[내용정보]

자료는 내구부 고령군·개령군·선산군·상주군·경주군의 고사자료를 순서대로 정리하였다.

<表> 고사자료 응답자(대구, 고령, 상주, 경주, 개령)

순번	주소	직업	이름	나이
1	대구부 대구면 남산동	전 위원	서기하(徐基夏)	45
2	대구부 대구면 상정	신문기자	장송철(張松轍)	44
3	대구부 대구면 하서정	부참사	정해붕(鄭海鵬)	43
4	대구부 대구면 수정	의사	이헌식(李憲植)	59
5	대구부 대구면 본정	부참사	이일우(李一雨)	44
6	경상북도 고령군 읍내면	전 군주사	이봉조(李鳳朝)	53
7	경상북도 고령군 읍내면	전 이방	유장준(兪章濬)	49
8	경상북도 고령군 읍내면	전 의관	박장하(朴璋夏)	53
9	경상북도 개령군	군수	이용한(李容漢)	
10	경상북도 선산군 동내면	면장	김상기(金相基)	46
11	경상북도 선산군 서내면	전 주사	심정택(沈鼎澤)	62
12	경상북도 선산군 신당면	유림	정관섭(鄭寬燮)	38
13	상주군 내서면	전 군수	정동철(鄭東轍)	50
14	상주군 내서면	도참사	강석희(姜奭熙)	49
15	상주군 내서면	전 의관	박시유(朴時有)	66
16	상주군 내남면	유생	성 욱(成 稶)	56
17	상주군 내동면	전 의관	황지선(黃芝善)	50
18	경주군 부내면	전 사과	김홍준(金洪駿)	70
19	경주군 부내면	전 이속	이수영(李樹英)	72
20	경주군 부내면	전 도사	배상식(裵相植)	67
21	경주군 부내면	전 이속	최봉화(崔鳳華)	61
22	경주군 부내면	전 이속	최병곤(崔炳崑)	61
23	경주군 부내면	면장	이정구(李正久)	46
24	경주군 현곡면	문묘직원	김창우(金昌宇)	60

대구지역의 고사자료는 인흥사와 5층석탑, 성산의 고분 등을 조사하였다. 고령지방은 그 연혁을 먼저 설명하면서 임나일본부와 관련시켜 언급하고 있다. 이외에 고령 내 가야 관련 유적지인, 가야궁전지와 가야고분 등을 정리하였다.

개령군에는 궁궐유지, 장릉, 김효왕릉, 신라갈항사탑 등을 조사하였다. 갈항사지와 탑의 모습을 그림으로 첨부하여 탑지 등을 상세히 보여주고 있다.

선산군은 읍성, 금오산성, 여러 분묘들을 정리하였다. 상주군의 여러 유적도 상세히 기록하였다.

경주지역은 유적지와 함께 신라의 역사도 함께 수록하였다. 왕릉의 소재지 및 경주지역에 산재하고 있는 유적을 상세히 정리하였다.

자료 말미에는 각 지역의 약도를 수록하였는데, 많이 훼손되어 있다.

이 자료는 대구·고령·상주·경주·개령지역의 고사자료를 정리한 자료로서 각 지역에 분포해 있는 유물에 대한 파악이 가능하다.

II-3-7-02. 서원에 관한 조사사항

관리기호	기록번호		자료명
B-1-034	新調第93호		書院ニ關スル調査事項
작성자	생산기관		생산 연도
有賀啓太郎	조선총독부		1914
지역	언어	분량	소장기관
개성	일본어	7면	수원박물관
키워드	숭양서원, 화곡서원, 오관서원, 도산서원, 구암서원		

[기본정보]

조선총독부에서 서원에 관하여 조사한 자료이다. 1914년(대정 3) 2월 26일부터 3월 5일까지 조사하였다. 조사원은 아리가 게이타로(有賀啓太郎)이며, 통역은 김한목(金漢睦)이다. 조사지역은 개성이다. 총 7면으로 구성되어 있으며 일본어로 작성하였다.

[내용정보]

이 자료는 숭양서원, 화곡서원, 오관서원, 도산서원, 구암서원, 숭절사의 순으로 정리하고 있다.

숭양서원은 동부면 대묘리에 있는 서원으로 포은선생의 옛 묘지로 그의 유허비가 있다. 화곡서원은 동부면 팔자동리에 있는 것으로 문강공 서경덕(호 화담)의 제사를 지내기 위해 세워졌다. 오관서원은 북부면 지파리에 있으며, 박상충 외 4명을 배향하기 위해 세워졌다.

도산서원은 금천군 소남면 지망리에 있는 문충공 이제현을 배향하는 서원이다. 구암서원은 개성군에 있다. 군분령의 결과 풍덕군 남면 지내리에 속하게 되었다. 숭절사는 동부면 팔자동리에 있으며 무의공 유극량, 충렬공 송상현을 배향하기 위하여 세워졌다.

자료 말미에 숭양서원의 약도를 수록하였다.

[가치정보]

이 자료는 개성지역의 유물을 정리한 자료이다. 특히 개성지역에 있는 서원의 특징을 파악해 볼 수 있다.

II-3-7-03. (풍속) 사찰에 관한 조사

관리기호	기록번호	자료명	
B-1-388	新調第120호	(風俗) 寺刹ニ關スル調査	
작성자	생산기관	생산 연도	
渡邊業志	조선총독부 중추원	1914	
지역	언어	분량	소장기관
고양, 양주	일본어	77면	수원박물관
키워드	사찰, 승려, 주지, 사찰령		

[기본정보]

조선총독부에서 사찰에 관한 사항을 조사하여 정리한 자료이다. 총 77면으로 구성되어 있으며, 일본어로 작성하였다. 경기도 고양군과 양주군을 조사한 것으로 조사원은 와타나베 교시(渡邊業志), 통역은 김규형(金奎炯)이다. 조사기간은 1914년(대정 3) 4월 18일부터 27일까지이다.

[내용정보]

이 자료는 경기도 양주군 등지의 사찰을 조사하여 정리한 것으로, 자료의 서술목차는 다음과 같다.

봉선사의 위치·망월사의 위치·봉선사(종파 및 사격)·망월사(종파 및 사격)·도봉산 망월사사적·선실 설법루기·승려의 하루 일과·사찰의 지지(支持)·운악산 봉선사 법당중수기·운악산 봉선사 청풍루 중수기·사찰의 재산관계·신고서·사찰의 직원·사찰에 있어서 계의 상세·본말사의 관계·사찰에 속한 전답, 산림의 소작, 영소작·기타의 대차·사찰의 재산과 면 및 동과의 관계·승니(僧尼)가 되는 사정, 승니의 부모 기타의 친족 및 사승 혹은 주지와의 관계·승려의 재산상속의 관계·승니의 풍속 의식주 기타 생활의 상태·신도와 사찰 및 승니와의 관계·사찰의 감독·승려가 되는 요건·조선 선종대본산 봉은사 금강계단·승니의 호적·승니의 지계·양주군 접동면 접동리 봉선사 호적

〈표〉 사찰에 관한 응답자(고양군, 양주군)

순번	소속 사찰	직위	이름	나이
1	양주군 접동면 봉선사	주지	홍월초(洪月初)	58
2		감무	이포용(李布庸)	59
3		법무	안의운(安義雲)	34
4		감사	김운학(金雲鶴)	57
5		승	박량극(朴亮極)	72
6		승	김기산(金騎山)	75
7		승	수나봉(手奈峰)	52
8		승	김원각(金圓覺)	56
9		승	이상희(李詳喜)	38
10	양주군 시둔면 망월사	주지	문정념(文定念)	41
11		감무	박성일(朴性一)	32

봉선사는 경기도 양주군 접동면 접동리 광릉의 남쪽 봉우리인 주엽산의 남면에 있다. 1469년(예종 원)에 세워진 절로, 세조가 사망한 후 그의 비 정희왕후가 선왕을 기리기 위해 수축하였다. 이후 선조 25년 임진왜란으로 전각과 불상 등 대부분이 소실된 것을 일반민의 기부로 중건하였다.

망월사는 경기도 양주군 시둔면 누원리 도봉의 정상에 있는데, 양주군 의정부에서 떨어진 남방 약 2리에 있는 장수원의 험한 계곡 위 약 20정(町)에 달하는 절이 소나무 숲이 무성한 가운데 있다. 신라 639년(선덕왕 8) 해호대사가 창건하고 고려 1066년(문종 20) 혜거국사가 중건하였다.

승려의 하루 일과를 정리하는 부분에는 봉선사의 승려들이 항일운동을 벌이다 발각되어 재판을 받은 판결문이 첨부되어 있다. 이외에 각 목록에 따라 봉선사와 망월사와 관련하여 상세하게 서술되어 있다.

[가치정보]

경기도 지역에 위치한 절을 상세히 정리하여 사찰의 운영 실태를 이해하는 데 도움이 되는 자료이다. 특히 조사지역 및 조사자, 조사일시 및 응답자까지 정확하게 작성하여 사료적 가치가 높다.

II-3-7-04. (풍속) 사찰 및 승려에 관한 사항

관리기호	기록번호	자료명		
B-1-080	新調第95호	(風俗) 寺刹及僧侶ニ關スル事項		
작성자	생산기관	생산 연도		
有賀啓太郎	조선총독부	1914		
지역	언어	분량	소장기관	
경성부	일본어	27면	수원박물관	
키워드	사찰, 본말사, 승니, 도첩			

[기본정보]

조선총독부에서 사찰 및 승려에 관한 사항을 조사하여 정리한 자료이다. 일본어로 작성하였으며, 분량은 약 27면이다. 출장보고서가 있어 자료의 기본사항을 알 수 있다. 이 자료는 경성부 숭신면 정자동을 조사하였으며, 1914년(대정 3) 1월 10일에 조사하였다. 조사원은 아리가 게이타로(有賀啓太郎)이다.

[내용정보]

자료의 목차는 다음과 같다.

사찰의 관장, 본말사의 관계, 사찰의 재산, 승니의 호적, 도첩, 승려의 재산, 사찰의 대표자, 승니의 친족관계, 사찰 및 승니의 공법상의 지위, 사찰관리규정, 사찰의 고사자료, 방주라고 칭하는 주지와 다른 장에 그 이름이 다르지만 성질이 같다고 할 수 있는가, 사원의 주지로 삼을 수 있는 여하 조건 및 수속, 주지 이외의 승려가 없는 사원에서

주지의 독단으로 재산처분을 단행할 수 있는가, 국내 사찰 현행세칙이 기록되어 있다.

<표> 사찰에 관한 응답자(경성부)

순번	사찰 명(名)	이름
1	경상북도 합천군 해인사	이회광(李晦光)
2	강원도 유점사	김금택(金錦澤)
3	충청남도 공주군 마곡사	장보명(張普明)
4	경상북도 의성군 고운사	이만우(李萬愚)
5	경기도 양주군 봉선사	홍월초(洪月初)
6	경상북도 영천군 은해사	박회응(朴晦應)
7	경상북도 대구부 동화사	김남파(金南坡)
8	경상남도 부산부 범어사	오황월(吳煌月)
9	황해도 신천군 구화사	강구봉(姜九峰)
10	황해도 황주군 성불사	김포응(金抱應)
11	전라남도 순천군 송광사	이설월(李雪月)
12	전라남도 순천군 선암사	장기림(張基林)
13	강원도 평창군 월정사	김혜막(金慧漠)
14	경상남도 양산군 통도사	김구하(金九河)
15	강원도 간성군 건봉사	조세호(趙世昊)
16	평안북도 영변군 보현사	배영해(裵影海)
17	경상북도 장기군 기림사	김만호(金萬湖)
18	함경남도 함흥군 귀주사	정환조(鄭煥朝)
19	함경남도 안변군 석왕사	김윤하(金崙河)
20	전라남도 해남군 대흥사	감용선(甘龍善)
21	전라남도 장성군 백양사	박한영(朴漢永)

목차에 따라 관련 내용을 서술하였다. 응답자가 속한 사찰의 연혁을 정리하기도 하였다. 1월 17일에도 특별조사를 시행했다는 기록이 있다. 응답자는 각 절의 주지들로 구성되어 있다. 1914년 1월 10일 경성부 숭신면 정자동에 30본산 주지회의소에서 조사한 내용이라 하였다.

[가치정보]

이 자료는 경성부 숭신면 징지동을 조사지역을 조사한 자료로서 사찰, 본말사, 승니, 도첩 등의 내용을 통해 일제시기 사찰의 운영 일반을 파악해 볼 수 있다

관리기호	기록번호	자료명	
B-1-035	新調第97호	天柱寺,棲雲寺,守國寺ノ事蹟	
작성자	생산기관	생산 연도	
有賀啓太郎	조선총독부	1914	
지역	언어	분량	소장기관
영변	일본어	21면	수원박물관
키워드	천주사, 서운사, 수국사, 구 양안, 호적첩		

[기본정보]

조선총독부에서 천주사, 서운사, 수국사 등을 조사하여 정리한 자료이다. 21면으로 구성되어 있으며, 일본어로 작성하였다. 출장조사서가 있어 자료의 기본사항을 파악할 수 있다. 조사지역은 영변이며 1914년(대정 3) 3월 18일부터 4월 5일까지 조사하였으며, 조사원은 아리가 게이타로(有賀啓太郎), 통역은 김한목(金漢睦)이 맡았다.

[내용정보]

자료의 목차는 다음과 같다.

천주사·서운사 및 수국사의 사적, 천주사 및 서운사의 연혁, 두 절과 산성과의 관계, 갑오 이전 두 절의 주관자 명칭·직무·임명방법과 임기, 갑오 이후 사찰령 시행 전 두 절의 주관자의 명칭·직무·임명·임기, 두 절과 관리서와의 관계, 두 절과 서산성 내의 산창과의 관계, 수국사의 연혁 및 북산성과의 관계와 절의 주관자의 명칭, 영변군아에 있는 관서전도, 영변군 향교 내에 현존하는 서책, 영변군에 있는 구 양안과 구호적첩, 영변군아에 현존하는 주씨의 목판과 기타의 책판.

이 자료는 영변군읍 부근에 있는 고사자료를 조사하여 정리한 것이다. 먼저 천주사와 서운사 및 수국사의 사적과 관련한 내용들을 정리하였다. 목록에 따라 연혁 및 갑오개혁 이전과 이후 천주사와 서운사의 관리자 등을 자세히 설명하였다. 천주사와 서운사 및 서산성 내에 산창이 존재하는데, 서산성은 조사 당시 약 80년 전에 군기고를 설치하여 군량을 준비하는 곳이었다고 한다. 수국사의 연혁과 관련내용도 목록에 따라 정리하였다.

영변군아에는 관서전도가 있는데, 이는 1902년(광무 6) 모사한 것이다. 전도에는 고려시대와 고구려시대 장성의 터라고 생각되는 것이 기입되어 있다. 이와 함께 영변군 향교 내에 보관하고 있는 서책의 목록을 정리하였다.

영변군에 보존하고 있는 갑오개혁 이전에 작성한 구 양안과 호적첩은 조사해로부터 8년 전인 1907년 폐기처분 당시의 모양이다. 민적부를 첨부하였다.

[가치정보]

이 자료는 천주사, 서운사, 수국사 등을 조사하여 정리한 자료로서 이들 자료 분석을 통해 일제시기 사찰 운영방식을 추측해 볼 수 있다.

II-3-7-06. 조선위생풍습록

	관리기호	기록번호	자료명
	–	–	朝鮮衛生風習錄
	작성자	생산기관	생산 연도
	–	조선총독부	1915
	지역	언어	분량	소장기관
	강원도, 경기도, 경상남도 경상북도, 전라남도 등 13개 도	일본어	221면	서울대학교 중앙도서관
	키워드	위생, 민간치료, 미신치료		

[기본정보]

조선총독부에서 조선 전역의 위생상황과 이와 관련한 풍습을 정리한 책으로 221면으로 구성되어 있다. 강원도, 경기도, 경상남도, 경상북도, 전라남도, 전라북도, 충청남도, 충청북도, 평안남도, 평안북도, 함경남도, 함경북도, 황해도 등의 13개도에서 조사 보고된 자료를 정리하였다. 활자본으로 인쇄되었다.

[내용정보]

이 자료는 격언, 속언, 민간치료, 미신치료, 관행 및 부록으로 일반풍습을 정리하여 총 6개의 장으로 구성되어 있다. '격언'과 '속언'편이 분량의 절반 가까이를 차지하고 있다. 각 장마다 이와 관련한 절을 통해 세분하여 서술하고 있다. 절의 내용은 음식·위생·의약·기거·육아·길흉 등으로 나누어져 있다.

'민간치료'와 '미신치료'편에서는 일상적인 질병에서부터 전염병에 이르기까지 각 질병에 대한 치료행위를 조사하였다. 신경계병·눈병·호흡기병·소화기병·피부병·외상·임신 및 출산·기생충병·화류병·나병·전염병·기타 여러 병으로 세분하여 정리하고 있다. '관행' 및 '일반풍습'편에서는 사람들이 일상생활에서 터득하여 지켜나가는 생활습관들을 기록하였다.

[가치정보]

이 자료는 조선 전역의 위생상황과 이와 관련한 풍습을 정리한 책으로 당시 위생과 관련된 전반적 내용을 추측해 볼 수 있다.

II-3-7-07. 남성 결발에 관한 연혁

관리기호	기록번호	자료명	
中A5E6	233	男子結髪ニ關スル沿革	
작성자	생산기관	생산 연도	
劉猛	조선총독부 중추원	1919	
지역	언어	분량	소장기관
-	한자	5면	국사편찬위원회
키워드	결발, 상투, 관례, 혼례, 의제		

[기본정보]

이 자료는 조선총독부 중추원에서 남성의 상투에 관한 문헌조사를 수행한 것이다.

1919년(대정 8) 6월 12일자로 작성되었으며, 『패문운부(佩文韻府)』와 『사례편람(四禮便覽)』, 『상변통고(常變通考)』, 『사례찬설(四禮纂說)』, 『문헌비고(文獻備考)』, 『법규유편(法規類編)』 등에서 7건의 기사를 발췌하여 수록하였다.

[내용정보]

12줄의 조선총독부 중추원 용지에 작성되었으며, 표제는 '남자결발에 관한 연혁(男子結髮ニ關スル沿革)'이라고 기재된 반면 내제는 '남자결발에 관한 연혁(男子結髮ニ關スル沿革)'이라고 국한문으로 기록되었다. 내표지 하단에 '1919년(대정 8) 6월 12일 유맹(劉猛)'이라고 작성일시 및 작성자가 확인되며, 상단에는 '조사과장(調査課長)'이라 날인되어 조선총독부 중추원 조사과장에게 제출된 것임을 알 수 있다.

총 7건의 기사를 수록하고 있는데, 처음에는 1711년 청나라에서 간행한 운(韻)에 따라 분류, 편찬한 중국의 어휘집인 『패문운부(佩文韻府)』에서 '결발(結髮)' 관련 내용을 발췌하였다. 이어서 조선후기의 문헌들에서 내용을 발췌하였는데, 이재(李縡)가 편술한 조선후기 관혼상제(冠婚喪祭)에 관한 참고서인 『사례편람(四禮便覽)』의 「관례(冠禮)」와 유장원(柳長源)이 상례(常禮)와 변례(變禮)에 관하여 여러 설들을 참조하여 편찬한 『상변통고(常變通攷)』의 「거가잡의(居家雜儀)」, 이혁(李爀)이 찬술한 예서(禮書)인 『사례찬설(四禮纂說)』의 「혼례복인탈복(婚禮復入脫服)」을 수록하였다. 『문헌비고』의 「장복(章服)」조에서는 고조선으로부터 숙종대까지의 복제의 연혁을 기술한 부분과 『북사(北史)』 등의 언급을 기술한 부분 등 2건을 수록하였고, 마지막으로는 1901년 대한제국에서 발행한 법령집인 『법규유편(法規類編)』의 「의제(衣制)」조의 상투에 관한 내용을 실었다.

[가치정보]

상투는 혼인한 남자의 전통적인 머리모양으로, '추계(推髻)' 또는 '수계(竪髻)'라고도 하며, 삼국시대 이전부터 내려온 것으로 알려진 우리의 관습이다. 이 자료는 조선의 상투에 대한 관급조사 중 분헌의 기록을 정리한 전적조사이다. 1915년부터 진행된 중추원의 관습조사는 사법에 관한 관습조사의 완결과 더불어 구래의 제도 일빈과 행정상 및 일반의 참고가 될 풍속관습의 조사를 포함하고 있었다. 이 자료는 조선의 상투에 대한 역사적 배경을 검토할 수 있는 자료이며, 1910년대 후반 중추원에서 수행한 풍속관습의 전적조사로서 그 일단을 보여준다.

관리기호	기록번호	자료명		
朝60-9	791	朝鮮部落調査豫察報告 : 第1冊		
작성자	생산기관	생산 연도		
小田內通敏	조선총독부 중추원	1923		
지역	언어	분량	소장기관	
함경도 제외한 16개 부락	일본어	170면	국립중앙도서관	
키워드	남선과 북선의 차이, 지주소작, 양반부락, 계조직			

[기본정보]

이 자료는 촉탁(囑託) 오다우치 미치토시(小田內通敏)가 조선부락에 대해 1920년(대정 9) 8월 1개월간 그리고 이듬해 10월부터 12월까지 3개월 간 조사한, 함경도를 제외한 16개 부락에 대한 조사결과를 바탕으로 서무부(庶務部) 조사과(調査課)에서 1924년 3월 20일에 간행한 보고서이다. 이는 조선총독부 중추원에서 풍속조사의 일부로 오다우치 미치토시가 부락조사를 본격적으로 시행하기 앞서 작성된 예비보고서이다.

[내용정보]

부락조사(部落調査)의 의의와 경과, 계획에 따르면 조사자인 오다우치 미치토시는 동경과 조선을 왕복하며 1개월의 일정으로 풍토, 산업, 생활이 다른 북선(北鮮)과 남선(南鮮)을 비교할 수 있는 부락을 선택하여 조사에 착수하였다. 이때 그가 선정한 조사 단위는 면보다도 작은 동(洞), 리(里)의 십수호(十數戶) 내지 수십호(數十戶)의 부락에 한정하였다. 그리고 조선부락의 개념을 얻을 수 있는 가장 좋은 방법으로 생활양식이 가장 간단한 부락에 대한 조사가 조선부락의 개념을 얻을 수 있는 가장 좋은 방법으로 생각하고, 산림이 울창한 데 위치한 경기도 이천군 신둔면 장동리, 같은 군 백사동 도입리, 함경남도 함흥 부근의 궁서리를 조사하였다.

그리고 이듬해인 1921년 3~4월동안 경제상, 사회상, 교화상, 내치상의 구분 기준을 둔 부락조사 계획을 입안(立案)하였다. 그리고 10월부터 12월까지 3개월 간 16개 부락,

(1) 둔면장 동리(屯面長 洞里), (2) 백사면 도립리(栢沙面 道立里), (3) 서하면 금산리(西下面 錦山里), (4) 운전면 관서리(雲田面 宮西里), (5) 주북면 부민리(州北面 富民里), (6) 심천면 인두동(深川面 仁豆洞), (7) 신안천면 운학리(新安州面 雲鶴里), (8) 석동명 연근리(席洞面 蓮根里), (9) 중서면 여릉리(中西面 麗陵里), (10) 금구면 상신리(金溝面 上新里), (11) 신상면 유구리(新上面 維鳩里), (12) 예남면 하회동(豊南面 河回洞), (13) 하금면 누암리(可金面 樓岩里), (14) 영암면 망호리(靈巖面 望湖里), (15) 거제면 죽림포(巨濟面 竹林浦), (16) 두마면 부남리(豆磨面 夫南里)에 대한 조사를 시행하고 있다. 그는 조사의 과정에서 남선(南鮮)은 양반이 많은데 비해 북선(北鮮)은 천도교, 기독교 신자가 많다는 양 지역의 차이를 지적하였다. 아울러 각 지역을 방문하면서 관심 있게 살핀 내용들은 양반의 위상, 지주소작 문제, 화전민, 화교, 계(契) 조직 등이었다. 또한 각 지역별로 비교를 위한 통계표를 작성하여 가령, 각도 화전의 분포와 면적, 충청북도 거주 양반의 군별 인구, 전라남도 마름의 군별 인구 등을 정리하여 제시하고 있다. 이 밖에도 농촌 내 계급구성의 문제, 호별지세, 조사대상지 개별농가의 전토소유 면적, 가족 구성들을 조사하였다. 보고서의 결어에서는 그가 조사한 결과 조선부락의 특징은 동성족 부락에 있으므로 이를 표식(標式)으로 선정하여 상세히 조사해야만 지방행정상의 참고로 활용될 수 있을 것이라고 제언하기도 했다. 보고서의 마지막에 그가 조사한 지역과 관련된 다양한 사진과 그림으로 남겨둔 도판(圖版)을 첨부하고 있다.

[가치정보]

이 자료는 함경도를 제외한 16개 부락에 대한 조사보고서로써 남선(南鮮)과 북선(北鮮)의 차이, 지주소작, 양반부락, 계 조직의 특징을 통해 당시 전국 부락의 특징을 파악해 볼 수 있다.

II-3-7-09. 향약의 일반

관리기호	기록번호	자료명		
朝17-116	762	鄕約の一斑		
작성자	생산기관	생산 연도		
富永文一	조선총독부 중추원	1923		
지역	언어	분량	소장기관	
-	일본어	60면	국립중앙도서관	
키워드	향약, 이이, 도덕, 자치			

[기본정보]

이 기록은 조선총독부 사무관 도미나가 후미카즈(富永文一)가 조선시대 향약의 성격, 연혁, 운영기구, 운영방식 및 기능 등에 대해 향약(鄕約)의 성질, 향약실시(鄕約實施)의 연혁, 향약의 기관 및 실시방법, 향약의 도덕요목(道德要目), 향약의 과벌(科罰), 향약의 예의, 향약의 사업 등을 소제목으로 구성하여 자세히 언급하고 있다.

[내용정보]

그는 먼저 향약의 성질을 지방의 사림(士林)들에게 한편으로는 도덕률로 기능한 도덕단체의 역할을 하였고, 한편으로는 행정규칙으로 행정단체였다고 보고 있다. 나아가 하나의 공약(公約)으로 양반유생들이 지방의 일반민들을 강제하는 기능을 하였다고 언급함으로써 조선인을 알고, 조선의 지방을 연구하는 자들이 우선 제일 먼저 고구(考究)해야 할 것으로 언급하고 있다.

다음으로 조선에서 향약의 실시 연혁과 퇴계와 율곡의 향약 및 『반계수록』에 실린 내용을 중심으로 향약기구 및 실시방법을 설명하고 있다. 이어서 율곡의 향약에 보이는 각종 규율 및 규약을 언급하고 있으며 향약의 기능으로 긴급 구제, 질병의 구조, 빈궁의 진휼, 고약(孤弱)의 부양(扶養), 가자(嫁資)의 부조(扶助), 사장(死藏)의 조위(弔慰), 사창(司倉)의 경영의 7가지로 파악하였다.

그는 곧 조선에서 시행된 향약은 법의 위력, 관의 명령 없이 화민성속의 이상을 실현하고 지방민의 생활안정, 지방의 발달을 이루었던 사회구제 단체이며, 인보상조(隣保相助)의 미풍이 향약에 의해 구체화되고 향촌의 질서는 그것에 의해 유지될 수 있었다고 보았다.

[가치정보]

이 자료는 향약, 이이(李珥), 도덕(道德) 등의 설명을 통해 전국의 향약기구 및 실시방법을 추측해 볼 수 있다.

II-3-7-10. (풍속) 구관조사

관리기호	기록번호	자료명		
B-1-455	新調第345호	(風俗) 舊慣調査		
작성자	생산기관	생산 연도		
魚允迪	조선총독부 중추원	1924		
지역	언어	분량	소장기관	
김해, 함안 마산	국한문	8면	수원박물관	
키워드	관례, 혼례, 상제, 정월			

[기본정보]

조선총독부 중추원에서 구관조사를 위하여 경상남도 김해군, 함안군, 마산부를 조사하여 정리한 자료이다. 총 8면으로 구성되어 있으며, 국한문혼용체로 작성하였다. 복명서가 있어 기본사항의 파악이 가능하다. 1924년(대정 13) 3월 25일부터 조사하였고, 작성자는 어윤적(魚允迪)이다.

[내용정보]

자료는 4례 중 특이한 풍습, 연중행사, 동요·이언(俚諺), 입지·입안의 발급효력에 관한 관례까지 조사하였다고 밝히고 있다.

4례 중 특이한 풍습에서는 관례·혼례·상제·제의 순으로 간략한 설명을 하였다. 관례에서는 계급이 상당한 집안의 자제는 나이가 15세 이상 20세 이내에 결혼을 하는데, 관례는 정혼한 이후 결혼 전에 택일하여 행한다고 하였다. 혼례와 상례에 관한 내용도 상세히 설명하였는데, 제례에 관한 내용은 다른 내용에 비해 소략하다.

연중행사는 정월부터 2월, 6월, 7월, 8월 각각 농촌에서 행해지는 행사들을 간략하게 설명하였다. 그러나 복명서에서 밝힌 조사 내용 중 동요·이언(俚諺), 입지·입안의 발급효력에 관한 관례는 자료에 수록되어 있지 않다.

[가치정보]

이 자료는 경상남도 김해군, 함안군, 마산부를 조사하여 정리한 자료로서 관혼상제에 대한 이해를 통해 이 지역 사람들의 생활풍습을 파악하기 좋은 자료이다.

II-3-7-11. 조선부락조사보고서 : 제1책 화전민 내주지나인

관리기호	기록번호	자료명	
301.35 ㅈ538ㅈ	3651	朝鮮部落調査報告 第1冊 : 火田民 來住支那人	
작성자	생산기관	생산 연도	
小田內通敏	조선총독부 중추원	1924	
지역	언어	분량	소장기관
-	일본어	171면	국립중앙도서관
키워드	개마대지, 장진군, 지나인, 상인, 소채재배자(蔬菜栽培者), 노동자		

[기본정보]

이 자료는 촉탁(囑託) 오다우치 미치토시(小田內通敏)가 화전민의 현황, 그리고 조선에 들어와 생활하는 중국인의 직업 및 생활실태에 대해 1923년(대정 12) 10일부터 12월까지 조사한 결과를 바탕으로 서무부(庶務部) 조사과(調査課)에서 1924년 3월 20일에 간행한 조선총독부 중추원에서 풍속조사의 일부로 기획한 부락조사의 첫 번째 보고서이다.

[내용정보]

보고서의 구성은 크게 1. 화전민(火田民) 2. 내주지나인(來住支那人) 3. 각종 통계표 4. 조사가 이루어진 대상지역의 그림 및 사진을 설명한 도판(圖板) 부분으로 구성되어 있다.

먼저 조선인 화전민에 대해서는 화전경작 비율, 화전민 일년 수지(收支)에 대한 통계, 화전경작 방식, 화전민의 생활수준 등 화전경작 실태 등을 언급하고 있다. 조사대상지역은 개마고원 인근 군현인 장진, 풍산, 갑산을 중심으로 이루어졌고 그 가운데 장진군 신남면의 화전민 부락인 서흥리(西興里)에서 자세한 조사를 실시하였다. 이 같은 화전민에 대한 조사는 국토의 보안상, 산림의 보호상 절실한 대문제라는 인식 아래 화전민의 실태를 조사하여 상세히 정리하였다. 그는 화전민 증가의 원인을 높고 험한 산이 여러 지역에 걸쳐 있는 지형적 특색, 그리고 조선 지배층의 악정(惡政)에 기인한 농정임정(農政林政)의 부재에서 찾고 있다. 그리고 보고서의 말미에는 화전민 문제에 대해 임무(林務)나 경무장(警務丈)의 문제가 아닌 농정(農政)과 사회행정의 두 가지 방면에서 고려되어야 할 필요가 있고, 이는 단시기에 해결하기는 어려운 장기간의 문제임을 지적하고 있다.

다음으로 내주지나인(來住支那人)에 대한 보고서의 내용을 보면, 우선 중국인의 다른 지역으로의 이주는 정치적 요인보다는 경제적 이민이 대다수이며, 조선에 이주한 그러한 현상의 결과임을 밝히고 있다. 그리고 이들의 조선에서의 경제적 활동을 무시못할 세력으로 파악하고 이들에 대한 단순 숫자 파악에서 조선에 온 중국인들의 경제적 직능(職能)을 분명히 살피려는 목적에서 작성되었다. 우선 중국인의 개항 이후 인천 등 항구도시를 중심으로 조선에 들어와 거주하고 있는 상황에 대해 개관하고 이들의 직업을 크게 상인(商人), 소채재배자(蔬菜栽培者), 노동자(勞動者)로 분류하여 살피고 있다.

상인에 대해서는 신의주를 하나의 표본으로 하여 조사하고 있다. 이들 중국 상인의 장점으로 자치조합인 상무총회(商務總會)을 결성, 오랜 견습생 기간을 거친 숙련된 점원양성을 들고 있다.

소채재배자들의 수는 4,500명 정도이며 상업, 노동자에 비하면 적은 수이나 대부분 대도시 인근에 정수하며 대도시에 소채의 수요를 담당하는 근면한 집약적 농업을 영유하고 있는 상황을 기술하고 있다. 조사대상은 소채재배자이며 이들이 작은 가옥을 교사로 만들어 중국인을 선생으로 두고 교육하는 자치시설을 두고 있음을 또 다른 특색으로 지적하고 있다.

마지막으로 조선에 있는 중국인 노동자에 대해서는 일용 노동자의 두목(頭目)격인 고력두(苦力頭), 그리고 다시 수개의 고력두를 포괄하는 고력방(苦力幇)이라는 자치적 조합제도를 두고 있었다. 이 조합은 당시 신의주의 조선인 노동자가 중국인 노동자보다 열세였던 원인으로 언급할 만큼 강한 단결력을 지니고 있었다. 그는 당시 이러한 중국인의 근면 검소, 자국산 애용 정신, 조직성 등을 높이 평가하고 조선인이나 일본인이 본받아야 함을 강조하기도 했다.

[가치정보]

이 자료는 화전민의 현황, 그리고 조선에 들어와 생활하는 중국인의 직업 및 생활실태를 기술해 줌으로써 당시 조선 내 중국인들의 생활환경을 추측해 볼 수 있다.

II-3-7-12. (풍속) 경상북도 상주, 영주 풍속조사서

관리기호	기록번호	자료명	
B-1-172	新調第227호	(風俗) 慶尚北道 尙州, 榮州 風俗調査書	
작성자	생산기관	생산 연도	
趙漢克	조선총독부 중추원	1925	
지역	언어	분량	소장기관
상주, 영주	일본어	50면	수원박물관
키워드	속요, 가옥, 의복, 부석사		

[기본정보]

조선총독부 중추원에서 경상북도 상주와 영주의 풍속을 조사하여 정리한 자료이다. 일본어로 작성하였으며, 총 50면으로 구성되어 있다. 복명서가 첨부되어 있어 자료의 기본사항을 알 수 있다. 1925년(대정 14) 2월 18일에 작성하였으며, 조사원은 촉탁 조한극 (趙漢克)이다.

[내용정보]

경상북도 상주군의 조사사항을 기록하였다. 내용 기술 전 응답자명을 기재하고 있는

데, 박건한(朴揵漢)과 노병룡(盧炳龍) 2인이다. 상주지역의 오락, 미언, 속요(명칭은 잡요), 음식, 가옥, 4계절의 의복, 가족, 연중행사, 출생, 직업, 의례, 상장, 제례, 이언 등을 서술하고 있다.

영주군에서는 1명의 응답자가 기재되어 있는데, 이름은 박명식(朴明植)이다. 영주군에 관한 조사사항은 상주군과 특별히 다른 점이 없어 약술한다고 하였다. 영주에서 40리 떨어진 곳에 속칭으로 부석(浮石)이 있다 하는데, 큰 바위에 암석이 있어 그 모습이 2층으로 보이며 이곳에 절이 하나 있으니 그 이름을 부석사라 한다 하였다.

[가치정보]

이 자료는 경상북도 상주와 영주의 풍속을 조사한 것으로 각 지역에 다양한 생활관습을 상세히 조사하였다. 특히 속요, 가옥, 의복의 특징을 정리하여 당시 경상북도 지역의 풍속을 이해하는 데 많은 도움을 준다.

II-3-7-13. (풍속) 청도·고령군 풍속조사의 건

관리기호	기록번호	자료명		
B-1-445	新調第230호	(風俗) 淸道·高靈郡 風俗調査ノ件		
작성자	생산기관	생산 연도		
-	조선총독부	-		
지역	언어	분량	소장기관	
청도, 고령	국한문	47면	수원박물관	
키워드	오락, 미신, 의약, 주거			

[기본정보]

이 자료는 조선총독부에서 청도와 고령군의 풍속을 조사하여 작성한 보고서이다. 1925년(대정 14) 4월 15일에 작성하였다. 총 47면으로 구성되어 있으며, 국한문혼용체로 작성하였다.

[내용정보]

청도군의 풍속에 대하여 먼저 서술하였다. '오락 및 유희'에서는 이 지방 사람들의 오락과 유희 내용을 남자·여자·아동에 이르기까지 조사하였다.

미신·의약·속요·음식·주거·복장·가정의 일상·연중행사·출생·직업·관례·혼례·상례·제례·이언 등 생활전반에 관한 다양한 사항을 각각 1~2쪽에 걸쳐 서술하였다.

고령군의 풍속조사 또한 앞에서 서술한 청도군의 서술과 같은 순서로 작성하였다. 출생에서는 태반의 처리에 관한 내용이 나오는데, 불에 태우거나 강물에 떠내려 보내거나, 묻는다고 하였다. 관혼상제는 각각 예를 올리는 절차와 방법까지 상세히 서술하였다.

[가치정보]

이 사료는 청도와 고령군의 풍속을 조사하여 정리한 자료로서 이 지방 사람들의 당시 생활풍습을 파악하기 좋은 자료이다.

II-3-7-14. 평안북도 선천·의주 풍속조사

관리기호	기록번호	자료명		
B-1-182	新調第255호	平安北道 宣川·義州 風俗調査		
작성자	생산기관	생산 연도		
金敦熙	조선총독부 중추원	1926		
지역	언어	분량	소장기관	
평안북도 선천, 의주	국한문	35면	수원박물관	
키워드	음식, 가옥, 의복, 고추장			

[기본정보]

조선총독부 중추원에서 평안북도 선천·의주 등지를 조사하여 정리한 자료이다. 약 35면으로 구성되어 있으며, 국한문혼용체로 작성하였다. 1926년(대정 15) 4월 1일 작성하였다. 조사원은 촉탁 김돈희(金敦熙)이다.

[내용정보]

　자료는 1926년 3월 27일 선천군청 내를 조사한 내용부터 서술하였다. 응답자는 선천군 천북동(川北洞)에 거주하는 74세의 양성하(梁聖河)와, 선천군내 면에 거주하는 58세의 김정훈(金晶勳) 2명이다.

　조사내용은 먼저 이 지역민들의 음식문화에 관한 사항부터 정리하고 있다. 4계절 상식(常食) 및 부식물을 서술하면서 주간 및 야간에는 냉면을 많이 먹는다고 하였다. 평안도는 전 지역에서 돼지고기를 많이 먹지만 선천지역에서는 소고기를 많이 먹는다고 하였다. 선천은 인민의 생활정도가 매우 안정적이고 해안 및 육지와 모두 접하고 있어 해산물과 육산물을 부식물로 많이 이용하는 곳이다.

　가옥의 구조는 남부지역보다 큰 재료를 사용하고 상등가옥은 와옥(瓦屋)이 대부분이며, 중등 정도라도 와옥이 많다. 건물의 형태는 一자형, ㄱ형, ㄷ형, ㅁ형, 므형으로 구조한다고 설명하며, 각 형태마다 그림으로 설명하였다.

　이외에 의복·관례·혼례·상례·제례·출생·의약·오락 및 유희·속요·연중행사 등을 조사하여 수록하였다.

　3월 30일에는 신의주를 조사하였는데, 응답자는 백효준(白孝俊)·김기홍(金基鴻)·김석환(金錫煥)으로 총 3명이다. 이 지역의 음식문화에 대한 설명을 가장 먼저 하였는데, 고추가 드물어 고추장을 사용하지 않는 집이 많다고 하였다. 주거·복장 및 관례 이하의 사항은 선천과 비슷하다 하였다.

[가치정보]

　이 자료는 평안북도 선천·의주 등지를 조사한 것으로, 생활관습 특히 음식, 가옥, 의복을 상세히 조사하였다. 일반민들의 생활풍습을 이해하는 민속자료로서 그 가치가 높다.

II-3-7-15. 서원 및 진에 관한 조사서

관리기호	기록번호	자료명		
B-1-066	285	書院及鎭ニ關スル調査書		
작성자	생산기관	생산 연도		
洪奭鉉	조선총독부 중추원	1927		
지역	언어	분량		소장기관
-	일본어	46면		수원박물관
키워드	도산서원, 구강서원, 충렬사, 울산성지공원			

[기본정보]

조선총독부 중추원에서 서원 및 진에 관하여 정리한 자료이다. 46면으로 구성되어 있으며, 일본어로 작성하였다. 복명서가 첨부되어 있다. 1927년(소화 2) 12월에 작성한 것으로 조사원은 홍석현(洪奭鉉)이다.

[내용정보]

이 자료는 도산(陶山)·병산(屛山)·서악(西岳)·옥산(玉山)·구강(鷗江)·안락(安樂)의 6서원을 조사하여 정리하였다. 이 외에 각 지역에 소재하는 서원을 파악하여 도표로 정리하였다. 서원의 재산과 각 서원의 특색도 조사하여 기술하였다.

다음으로 왜관을 통한 조선과 일본의 무역관계를 정리하였다. 조일무역관계를 설명하기 위하여 개항장이며 왜관이 있던 부산진에 대하여 설명하였다. 거관제도는 외국사절의 거소로써 사절을 접대하는 장소이다. 부산지방의 거관은 동래부사의 관할 아래 소위 전관거류지이다. 이와 함께 만공당사적, 부산자성비명, 축신무단, 충렬사지 등을 부록으로 수록하였다.

구강서원을 조사하며 울산성지와 구강서원 동서재기 등도 정리하였다. 1926년(대정 15) 조선 경상남도 울산군에서 작성한 '조선울산성지공원개량안'을 첨부하였다. 여기에는 공원평면도부터 공원개량의 방침, 공원도로 등을 상세히 기록하였다.

이 자료는 서원 및 진에 관하여 정리한 자료로서, 일반적인 서원의 규모 및 설립 환경 등을 추측해 볼 수 있다.

II-3-7-16. 조선풍속집

관리기호	기록번호	자료명		
中C14B-13	調第350	朝鮮風俗集		
작성자	생산기관	생산 연도		
今村鞆	조선총독부 중추원	1914-1918년 中		
지역	언어	분량	소장기관	
-	한문, 일본어 한글	519면	국사편찬위원회	
키워드	조선총독부중추원, 효자열녀, 여관, 질옥·금대(質屋·金貸), 종교·미신			

[기본정보]

이 자료는 1914년(대정 3)~1918년(대정 7) 조선총독부 중추원의 이마무라 토모(今村鞆) 가 조사한 것이다. 자료명은 '조선풍속집'이고 하단에 '발췌'라고 기록되어 있다. 이 자료 는 이마무라 토모가 1914년 발간한 동명의 저서 『조선풍속집(朝鮮風俗集)』(1915년 재판, 1919년 정정 3판)을 발췌한 자료로 보이나 『조선풍속집』 목차에서 확인되지 않은 항목도 있다. 「효자열녀」 등 총 14개 항목으로 구성되어 있고 일부 원고의 작성 시점이 기록되어 있다(1909년 11월~1914년 6월). 그러나 복명서는 없다. 이 자료는 모두 519면이다.

[세부목차]

효자열녀
· 유희, 도기(賭技)
· 조선의 여관
· 질옥(質屋) 및 금대(金貸)

- 종교와 미신의 관계
- 전내(殿內) 및 영웅숭배
- 가택에 관한 귀신(鬼神)
- 수목(樹木)의 숭배
- 조수충어(鳥獸蟲魚)의 숭배
- 묘지에 관한 미신
- 조선인의 몽점(夢占)에 대하여
- 조선의 속전(俗傳)
- 조선의 미신업자(迷信業者)
- 보통농업

[내용정보]

이 자료는 조선의 풍속에 대하여 문헌조사와 현지조사에 근거하여 작성된 것이다. 주요내용은 효자열녀, 유희(遊戲) 도기(賭技), 조선의 여관, 조선의 질옥(質屋) 및 금대(金貸), 조선의 종교와 미신의 관계, 전내(殿內) 및 영웅숭배, 가택(家宅)에 관한 귀신, 수목(樹木)의 숭배, 조수충어(鳥獸蟲魚)의 숭배, 묘지에 관한 미신, 조선인의 몽점(夢占)에 대하여, 조선의 속전(俗傳), 조선의 미신업자(迷信業者), 보통농업 등 14개 항목으로 구성되어 있다. 본문의 내용은 조사내용의 서술과 필자의 평가가 함께 기록되어 있는데, 일본의 풍속과 비교하여 차이점을 부각시켰고, 풍속의 기원과 현재의 상황을 함께 기록하였다.

내용을 살펴보면 효자와 열녀에 대한 내용은 문헌에서 사례를 찾아 14가지 유형으로 분석하고 과장된 수사와 허구적인 내용이 많아 믿기 어렵지만 신정(新政), 즉 1910년 일본의 지배 이후 헌병과 경찰의 확실한 조사가 가능해졌다고 하였다. 유희도기(遊戲賭技)에 대해서는 도박의 방법과 제구(諸具)를 소개하면서, 도박은 법률로써 금지되어 있었으나 사실상 암묵적으로 허용되어 전국적으로 성행했기 때문에 폐해가 심했지만, 현재는 경비기관이 보급되어 폐해가 줄어들었다고 하였다. 여관에 대해서는 대부분 시설이 왜소하고 불결하며 하등사회(下等社会)가 숙박하는 장소였으나, 최근 사회변혁과 함께 상등여관(上等旅館)이 생기고 있다고 하였다. 질옥(質屋)·금대(金貸)에 대해서는 조선은 일반 생활 상태의 규모가 작고 단순하여 대금업이 발전하지 못했으며 경제학의 원칙을 모르는 구시대의 관념으로 이자를 받는 것을 부정행위로 간주하여 금지했으나 효과는 없었다고 하였다. 종교에 대해서는 불교, 도교, 천주교, 시천교(侍天教)를 설명하며 미신적 성격을 부각시키고 신앙의 측면보다는 정치적 색채가 강하여 시류의 변화에 따라 부침을 겪었다고 하였다. 그 외의 민간신앙에 대해서도 귀신을 숭배하는 미신적 문화임을 강조하며 병합 이후 미신의 감퇴와 당국의 단속에 의해 감소하고 있다고 하였다.

[가치정보]

이 자료는 14가지 분야의 조선 풍속에 대해 문헌분석과 현지조사를 통해 기록한 것으로 풍속의 기원과 내용을 확인하고 조선사회의 인식을 일부 참고할 수 있는 자료이다. 또한 사실의 나열에 그친 것이 아니라 작성자의 평가가 함께 서술되어 있기 때문에 조사자가 가졌던 과거 조선의 풍속에 대한 부정적 시각과 현재 일본의 지배를 미화시키고자 하는 의도를 파악할 수 있다.

II-3-7-17. 이유재산처분에 관한 사항, 연중행사에 관한 건

관리기호	기록번호	자료명	
B-1-083	新調第209호	里有財産處分ニ關スル事項, 年中行事ニ關スル件	
작성자	생산기관	생산 연도	
-	조선총독부 중추원	1924	
지역	언어	분량	소장기관
옥천, 괴산 청주	일본어	34면	수원박물관
키워드	상존위, 이장, 동장, 연중행사, 재산		

[기본정보]

이 자료는 1924년(대정 13) 2월 27일 중추원의장에게 보고된 것으로 옥천, 괴산에서 이유재산(里有財産)의 처분(處分)에 관한 관습과 청주에서 연중행사에 관한 관습을 조사 기술한 것이다. 총 34면으로 구성되어 있다.

갑오 이전 옥천군의 면(面) 사무는 풍헌이 처리하였다. 동(洞)은 상존위가 처리하였다가 갑오 이후에는 계임(係任)으로 개칭되었다. 상존위 임명은 군에서 풍헌을 진낸 동주민에 상존위를 선정(選定)하고 상신하면 군수가 이를 바탕으로 동존위에 임명한다. 이 상존위 아래 동장(洞長)은 상존위의 명을 받는다. 상존위는 사무는 동내 조세수납, 공공사무, 도로, 교량 수축(修築) 등 동민 전체의 부담하는 사무였다. 약 17~18년 전에는 상존위 대신 이장(里長)이 있었다. 동에서 소송을 할 때 소지(所志)로서 동민의 협의에 의해 동민 전부 혹은 주요인물이 연서하고 수결한다. 연서(連書)에 상존위와 동장이 소지를 제출하는 경우에 고신(考信)이라는 동의 도장을 찍고, 소지의 연월일을 기입하고 동민의 협의를 거친 것을 관에서 수리한다. 이 고신은 목제에 '모동(某洞)의 서(署)'라 새기고 관에서 동에 내려보낸다. 싱존위 또는 동장이 보관하고 타동과 상담일이 있을 경우는 동민과 먼저 협의한다. 그 뜻에 의해 동장이 교섭한다. 타동 대표와 교섭한 경우에서 결국 결정은 동민의 협의에 의한다.

이장은 소송행위는 이장과 동민 중 중요 인물 즉 두민과 연서해서 관에 소지를 제출한다. 타동과 교섭에 이장은 협의하여 대다수 결정한 것을 따른다. 이유재산(里有財産)으로 동유산(洞有山), 전답, 현금, 송계 등이 있다. 현금은 가을에 수확 때 또는 때때로 현금의 출비(出費)에 의해 적립하고 이식한다. 그 목적은 주민의 호세부담, 장례식, 혼례 등의 비용에 충당한다. 동유산은 토지조사 당시 국유에 편입되었다. 동유재산인 전답의 처분은 주민협의한 매매문기를 작성하여 매각하고 그 문기는 상존위와 주요인물이 연명한다.

재산관리자는 상존위, 이장이 매입 당시에 문기 같은 것은 저들이 보관한다. 이상은 당 지방의 관례로 전게 재산의 처분은 이장이 대표한다. 이장을 대표자로 한 의미는 협의에 의한 대리자이지 하등(何等) 위임권한을 더한 것은 아니다. 이장이 전단처분한 경우는 동민(洞民) 소지로서 그 불법을 관에 소송하고 관은 동에 대한 간섭한다. 엄중히 재판하여 관련된 면리동의 공무원은 파면한다.

괴산군은 갑오 전후에 리동(里洞)의 장(長)은 상설(上楔)이란 자이고, 리동민(里洞民) 중 일좌(一座), 이좌(二座), 삼좌(三座)를 선정할 때 상설이 일좌이다. 상설은 인민을 사역(使役)하는 특권이 있고 실무는 주로 삼좌가 담당한다. 이장은 세금, 공공사무에 관한 사무를 집행한다. 또 주민의 협의 사항을 집행하고 주민을 대표하여 타동과 교섭한다. 소송 혹은 리동의 이해관계에 관련된 사건은 리동민의 협의를 거친 후 이장 독단 집행 한다. 리의 재산으로 전답, 금전, 산림 등이 있다. 리의 재산을 매매할 때 매매문기는 이장, 기타 주요한 인물 3명이 연서한다. 매매는 동민의 협의를 거쳐 시행한다. 상설도 동의 재산을 처분할 때는 이장의 경우와 같이 한다.

청주군의 이유토지(里有土地)의 처분은 앞의 경우와 같다. 청주군의 연중행사는 1월은 1월 1일에 각 집에서 신위에 대한 어제(御祭)를 한다. 시간은 오전 10시경에 시작하고 공물(供物)을 준비한다. 1월 14일, 15일, 16일 3일간 각 농부 등은 예물(禮物)과 악기 등으로 풍년을 기원하다. 노인들은 동촌(同村)의 반인(反人)을 모아 주연(酒宴)을 연다. 2월은 한식에 친족의 남자가 제물을 준비해서 성묘한다. 3월은 내일(明日) 혹은 3월 3일에 신위를 제사한다. 제물은 간단히 제공한다. 4월은 4월 8일 북두칠성을 제사하다. 5월은 5월 5일 단오에 제사를 지낸다. 6월은 6월 15일 유두(流頭)라고 칭하고 제사를 지낸다. 7월은 7월 7일 칠석이라고 하고 제사를 지낸다. 제물은 3월의 제물과 같다. 7월 15일은 백중(百中)이라고 칭하고 농민들은 모두 휴식한다. 8월은 8월 15일 대명절(大明節)이라고 하고 정월 1일과 같다. 9월은 9월 9일 중양(重陽)이라 칭하고 제사한다. 제물은 3월의 제물과 동일하다. 10월은 종중제사가 있다. 일자는 정해진 날에 한다. 종중제사에는 종중 전부가 묘에 참배한다. 제물은 8월 15일 제물과 같다. 11월은 동지제라고 한다. 제물은 팥죽이다. 12월은 행사가 없다.

[가치정보]

이 자료는 갑오개혁 전후한 시점에서 옥천군, 괴산군, 청주군 등에서 행해지고 있던 면·동 단위 재산의 명의와 처분에 대한 관습을 알 수 있는 자료이다. 또한 청주군의 연중행사를 기록하고 있어 매월 진행되고 있던 행사에 대해 파악할 수 있으며, 다른 지역의 연중행사와 비교해 볼 수 있는 자료이다. 조선총독부 중추원의 조사자료이지만 근대 시기로 전화되는 시점에서 면동(面洞) 재산의 소유와 처분 및 연중행사에 대한 양상과 특징을 보여준다는 점에서 의미가 있다.

Ⅱ-3-7-18. (풍속) 관혼상제

관리기호	기록번호	자료명	
B-1-432	新調第114호 (3-3)	(風俗) 冠婚喪祭	
작성자	생산기관	생산 연도	
-	조선총독부	-	
지역	언어	분량	소장기관
충주, 제천 단양	일본어	14면	수원박물관
키워드	관례, 혼례, 상례, 제례		

[기본정보]

조선총독부에서 관혼상제에 관한 사항을 조사하여 정리한 자료이다. 총 14면으로 구성되어 있으며, 일본어로 작성하였다. 생산연도와 작성자는 알 수 없다.

[내용정보]

조선의 관혼상제는 고래부터 4대례라 칭하여지는 것으로 반족과 상민 모두 가장 중요하게 생각하는 의식이다. 4례는 각읍 및 학벌 당파에 따라 다양한 방식이 있다. 이 자료는 중류사회에서 보통으로 행하는 관례(冠禮)를 취합하여 정리하였다.

관례는 먼저 길일을 택하여 행한다고 하며, 제천군에서 전해지는 사당봉고식(祠堂奉告式)을 정리하였다.

혼례는 의혼(議婚), 납폐(納幣), 납폐식(納幣式), 초례(醮禮), 계례(筓禮) 등을 상세히 서술하였다.

상례는 그 예법에 따라 각각 서술하고 있는데, 가장 먼저 고복(皐復)에 대하여 설명하였다. 고복은 죽은 사람의 이름을 지붕 혹은 마당에서 "모(某)군(郡)·모동(洞)·모관(官)·모복(復)"이라 천지에 3번 외쳐 죽은 사람의 혼백이 다시 돌아오기를 비는 뜻이 있다. 이후 죽은 사람의 시신을 거두는 수시(收屍), 적손이 사망자의 궤전(饋奠)을 봉행하는 주상(主喪), 장례 준비를 맡을 호상(護喪)을 정하는 일, 습렴(襲殮) 등 상례절차를 상세히 정리하였다.

제례는 이장 후 신주를 받들어 집에 돌아와 행하는 초우제(初虞祭), 초우제 후 유일(柔日)에 지내는 재우제, 삼우제, 졸곡제(卒哭祭) 등을 서술하였다.

[가치정보]

관혼상제에 관한 사항을 조사하여 정리한 자료로서 전반적인 관혼상제의 개념 및 실태를 파악할 수 있어 당시 생활풍습을 파악하기 좋은 자료이다.

II-3-7-19. (풍속) 보고서(동래군)

관리기호	기록번호	자료명	
B-1-079	新調第187호	(風俗) 報告書(東萊郡)	
작성자	생산기관	생산 연도	
葛城末治玄陽燮	조선총독부	-	
지역	언어	분량	소장기관
동래, 김해	일본어	33면	수원박물관
키워드	동래읍성, 금정산성, 범어사, 금관가야		

[기본정보]

조선총독부에서 작성한 보고서로 동래지역을 조사한 자료이다. 조사원은 가쓰라기 스에하루(葛城末治)와 현양섭(玄陽燮)이다. 총 33면으로 구성되어 있으며, 일본어로 작성하였다. 9년 4월 16일이라고 되어있으나 언제인지 명확하지 않다.

[내용정보]

이 자료는 동래지역을 조사하였다. 동래군의 개관부터 동래읍성, 배산산성, 금정산성, 좌수영, 충렬사와 안락서원, 범어사까지 상세히 기록하였다.

동래의 옛 이름은 장산, 내산, 거칠산, 봉래 및 봉산 등이라 불렀다. 범어사는 동래 금정산에 위치한 신라시대 절로 의상대사가 창건하였다. 자료에는 범어사 배치도가 첨부되어 있어 가람배치 양식을 알 수 있다. 범어사의 당간지주에 대한 설명과 범어사 내 말사들을 정리하였다.

김해군에 관한 자료도 정리되어 있다. 가락국의 하나인 금관국에서 김해의 명칭이

만들어졌다. 김해의 패총과 분산산성에 대한 설명이 있다.

[가치정보]

이 자료는 동래지역을 조사지역을 조사한 자료로서 지역의 개관 및 읍성의 특징을
통해 당시 생활환경을 파악해 볼 수 있다.

II-3-7-20. (풍속) 연백출장조사보고서

	관리기호	기록번호	자료명
	B-1-084	新調第267호	(風俗) 延白出張調査報告書
	작성자	생산기관	생산 연도
	葛城末治	조선총독부	-
	지역	언어	분량	소장기관
	연백, 해주 옹진	일본어	118면	수원박물관
	키워드	혼례, 상례, 이언, 속요, 윤월		

[기본정보]

조선총독부에서 연백지역을 조사하여 정리한 자료이다. 일본어로 작성하였으며,
분량은 총 118면이다. 조사원은 가쓰라기 스에하루(葛城末治)이며, 조사지역은 황해도
지역이다.

[내용정보]

〈표〉 출장보고서 응답자(연백, 해주, 옹진)

순번	주소	직업	이름
1	황해도 연백군 연안면	면장	우하영(禹夏榮)
2	황해도 연백군 연안면 연성리		경석호(慶奭鎬)
3	황해도 연백군 연안면 봉남리		오계선(吳啓善)

4	황해도 연백군 연안면 모정리		공병헌(孔炳憲)
5	황해도 해주군 해주면	부장	박창진(朴昌鎭)
6	황해도 해주군 해주면 남본정		오관영(吳寬泳)
7	황해도 해주군 해주면 남본정		방한근(方漢根)
8	황해도 해주군 해주면 남욱정		양재원(梁在源)
9	황해도 해주군 해주면 남욱정		최홍익(崔鴻益)
10	황해도 해주군 해주면 북욱정		오진복(吳晉複)
11	황해도 해주군 해주면 북욱정		박태면(朴泰冕)
12	황해도 옹진군 마산면	면장	안준의(安駿義)
13	황해도 옹진군		오세흥(吳世興)

황해도에 관한 지역조사로 이 지방의 다양한 관습을 조사하여 정리하고 있다. 연백군의 조사 내용은 음식, 가옥구조, 혼례, 상제와 묘제, 출생, 구복, 오락, 속요, 이언 등 다양하다. 특히 구복신앙과 속담 등은 상세하게 그 내용을 정리하였다.

해주군에 관한 조사도 비슷한 형태로 이루어지는데, 음식, 주거, 의복, 관례, 혼례, 제사, 다례, 출생, 가요, 이언 등을 조사하였다. 특히 가요에서 권주가, 처사가 등 여러 속요를 국한문 혼용체로 기술한 것이 특징이다.

옹진군에 대한 조사는 음식, 주거, 복장, 관례, 혼례, 상례, 제사, 출생, 윤달(閏月) 등을 조사하였다. 특히 윤달에 관한 사항은 옹진군에만 기록된 것으로 윤달의 의미와 풍습 등이 상세히 정리되어 있다.

[가치정보]

이 자료는 황해도의 연백·해주·옹진군 지역을 조사한 것으로 각 지역에 다양한 생활관습을 상세히 조사하였다. 특히 이언과 속요, 가요 등 이 지방의 언어생활을 풍부하게 조사하고 국한문 혼용 혹은 한글로 정리하여 당시 황해도 지역의 언어생활을 이해하는 데 많은 도움을 준다. 일반민들의 관혼상제례에 대해 많은 지면을 할애하여 기록하고 있어 당시 생활풍습을 이해하는 민속자료로서 그 가치가 높다.

II-3-7-21. (풍속) 장식(충주)

관리기호	기록번호	자료명	
B-1-433	126호 4-4	(風俗) 葬式(忠州)	
작성자	생산기관	생산 연도	
-	조선총독부	-	
지역	언어	분량	소장기관
충주	일본어	11매	수원박물관
키워드	제례, 기제(忌祭), 묘제(墓祭), 장식(葬式)		

[기본정보]

이 자료는 조선총독부에서 장례에 관한 사항을 조사하여 작성한 보고서이다. 생산연도
와 작성자는 알 수 없다. 총 11면으로 구성되어 있으며, 일본어로 작성하였다. 조사지역은
충주이다.

[내용정보]

자료는 장식(葬式)·제사의 의식·기제(忌祭)·묘제(墓祭)의 순으로 내용을 서술하고 있다.
충주지역을 조사하여 이 지역의 장례문화를 상세히 설명하였다.

이 지역에서 사람이 죽으면 바로 머리와 발을 곧게 하여 손바닥을 배 위에 올려 양
방향에서 포를 감는다. 이외에 장례를 치르는 상세한 방법들을 자세히 기록하였다.

제사의식에서는 기제와 묘제를 정리하였다.

기제는 제일(祭日) 전날 밤 늦게 지낸다고 설명하며 그 방법을 처음부터 상세히 서술하
였다. 묘제는 음력 10월 중 하루를 택하여 1년에 한번 거행하는 것이라 하며 묘제를
올리는 방식을 설명하였다. 기제는 4대조까지, 묘제는 4대조 이상까지 지낸다고 하였다.

이외에 기타 분묘 및 사당 등에서 지내는 제례에 대하여 간략하게 설명하였다.

[가치정보]

이 자료는 장례에 관한 사항을 조사하여 정리한 자료로서 일반적인 장례문화를 파악하

고 그 실태를 파악할 수 있어 당시 생활 풍습을 파악하기 좋은 자료이다.

II-3-7-22. 전주군내의 사적

관리기호	기록번호	자료명	
B-1-047	153호(9-9)	全州郡内の史蹟	
작성자	생산기관	생산 연도	
-	조선총독부	-	
지역	언어	분량	소장기관
전주	일본어	66면	수원박물관
키워드	남고산성, 경기전, 조경묘, 위봉산성		

[기본정보]

조선총독부에서 전주군 내의 사적을 조사하여 정리한 자료이다. 총 66면으로 구성되어 있으며, 일본어로 작성하였다. 작성자와 생산연도는 알 수 없다.

[내용정보]

전주지역의 사적을 조사한 이 자료는 내용서술 이전 목차를 정리하였다. 후백제의 고도지와 고토성, 남고산성, 경기전과 조경묘, 조경단과 덕진지, 오목대, 전주군 용진면 ○동소재의 마군단치(馬軍壇峙), 전주군 봉문면 봉인산 소재의 민보성, 위봉산성과 위봉사, 위봉산성 사실기, 위봉진금표절목, 위봉사구폐절목, 승장화상 잡역성문, 위봉산성 7읍군기 역가조구별상하기, 각갑역거행패질, 위봉사완문, 위봉사○폐절목, 전주부 위봉사 절목, 서사승 및 승장, 종남산 송광사, 모악산 귀신사, 금산사, 전라북도 김제군 수류면 모악산 금산사 사적, 금산사 중수기부금 모집취지서, 임실군의 사료, 전주군청 취기서류, 임실군청 취기서류, 남원군청 취기서류, 목판의 소재·서명 및 원수, 남원군내의 사적 등이 기술되어 있다.

신라 말기 견훤이 세운 후백제의 도읍이 완산, 즉 지금의 전주지역이다. 자료는 당시 후백제가 세워진 연혁부터 전주에 산재한 후백제의 흔적을 조사하여 정리하고 있다. 전주뿐만 아니라 임실군과 남원군의 사적들도 정리하였다.

[가치정보]

이 자료는 전주지역에 분포해 있는 유물의 종류를 확인해 볼 수 있다.

Ⅱ-3-7-23. (풍속) 지구증상사 소장 대장경에 관한 사항

관리기호	기록번호	자료명		
B-1-081	新調第110호	(風俗) 芝區增上寺 所藏ノ大藏經ニ關スル事項		
작성자	생산기관	생산 연도		
有賀啓太郎	조선총독부	-		
지역	언어	분량	소장기관	
동경,경도	일본어	17면	수원박물관	
키워드	대장경, 장경서원, 유구			

[기본정보]

조선총독부에서 대장경에 관하여 조사하여 정리한 자료이다. 일본어로 작성하였으며, 분량은 총 17면이다. 조사지역은 동경과 경도이다. 지구의 증상사에 소장한 대장경에 관하여 조사한 것으로 조사원은 아리가 게이타로(有賀啓太郎)이다.

[내용정보]

목록은 다음과 같다.

지구증상사 소장의 대장경, 일광동소궁의 조선종과 회전등, 일광동소궁의 수장, 경도 대곡본원사 소장의 고려판 대장경, 주식회사 장경서원의 대장경, 패엽서원의 대장경, 유구사정, 내지의 호적이다. 증상사에는 팔송판, 원판 및 고려판의 3종의 대장경이 있다. 이중 고려본은 6,467권이 있다. 자료 마지막에 장경서원에서 발행한 『진종전서』가 첨부되

어 있다.

[가치정보]

이 자료는 대장경의 종류와 보관 장소를 기록하고 있는 자료로서 당시 활판 인쇄의 수준을 추측해 볼 수 있는 자료이다.

II-3-7-24. 제3장 주거

관리기호	기록번호		자료명
B-1-196	294호		第三章 住居
작성자	생산기관		생산 연도
-	조선총독부		-
지역	언어	분량	소장기관
-	일본어	64면	수원박물관
키워드	주거, 가옥, 지신제, 연료		

[기본정보]

조선총독부에서 주거에 관한 사항을 조사하여 정리한 자료이다. 일본어로 작성하였으며, 총 64면으로 구성되어 있다. 작성자 및 생산연도 등은 알 수 없다. '보통가옥'이라 표기되어 있던 제목을 '제3장 가옥'으로 수정하였다.

[내용정보]

앞표지 뒷장에 풍속 제82호와 같은 원고라고 밝히고 있다. 제3징 주거로 시작하여 가옥의 다양한 종류와 구조를 상세히 설명하였다. 자료 곳곳에 붉은 색으로 수정한 흔적이 있다. 주거에 관하여 정리한 초고인 듯하다.

가옥의 종류는 와가, 초가, 토○옥, 반가, 교가, 석실 등 다양하며 이에 대한 간략한 설명이 있다. 가옥의 구조는 그림으로 설명하여, 대청의 위치와 방의 배치 등을 이해할 수 있도록 하였다.

   가옥의 제한, 택지의 지리, 집을 지을 때 주인이 지신에게 제사를 지내는 지신제 등을 상세히 서술하였다. 가옥의 명칭과 꽃살문의 모양, 대청 등 가옥 구조의 설명까지 매우 상세하다. 몇몇 가옥의 명칭은 한글을 함께 표기하였다.

   가구의 명칭과 용도를 공간에 따라 정리하였으며, 이는 한글로 표기하였다. 집의 난방에 필요한 연료를 장작, 솔가지 등 재료마다 분류하여 설명하였다.

[가치정보]

   이 자료를 통해 주거 즉 가옥에 대한 일반적인 개념과 운영에 관한 전반적인 상황을 파악해 볼 수 있다.

II-3-7-25. 풍속

관리기호	기록번호	자료명	
B-1-074	新調第141호 (6-6)	風俗	
작성자	생산기관	생산 연도	
-	조선총독부	-	
지역	언어	분량	소장기관
무주	일본어	34면	수원박물관
키워드	노비매매, 석탑, 고분		

[기본정보]

   조선총독부에서 풍속에 관한 사항을 조사하여 정리한 자료이다. 총 34면으로 구성되어 있으며, 일본어로 작성하였다. 작성자와 생산연도는 알 수 없다.

[내용정보]

   전라북도 무주지역을 조사한 자료이다. 내용기술 전 목차를 작성하였다.

노비매매 자녀매매 및 그 문기, 중도리의 석탑, 아인리의 탑, 백세청풍비, 부리면 불이리의 고분, 신안사의 9층 사리탑, 종용사의 책판, 동비, 적성지 및 기타, 금산무주 여행기이다.

<표> 풍속에 관한 응답자(무주)

순번	주소	직업	이름
1	무주군 무주면 읍내리	경학원강사	김동진(金東振)
2	무주군 무주면 읍내리	전 참사	김재영(金宰塋)
3	무주군 무주면 읍내리	면장	김정주(金珵柱)
4	무주군 무주면 읍내리	농(農)	배상옥(裵相沃)
5	무주군 무주면 읍내리	상(商)	이용성(李槍晟)
6	무주군 무주면 대차리	군참사	황종경(黃鍾經)

이 지방에서 자녀를 노비로 매매하는 것은 천인에 한한다고 하였다. 노비인 부모가 딸을 매매하며 작성하는 문기를 첨부하였다.

금산읍 동북방면으로 금산면 중도리는 종전에 사찰이 있던 곳이다. 이곳에 십 수호의 민가가 있는데 종전에는 이곳을 탑동이라 칭하였다 한다. 탑은 화강석으로 만들었는데 현재는 별지사진을 통해 3층이 있다. 이와 같이 무주지역의 사적들의 위치와 연혁 등을 조사하였다.

적성지 3권에 나와 있는 적상산성 등을 발췌하여 정리하였다. 적상산성 호국사비문, 적상산 안국사기, 안국사 중수기 등을 수록하였다.

[가치정보]

이 자료는 전라북도 무주지역을 조사한 자료로 이 지역에 분포된 석탑, 고분의 종류를 파악해 볼 수 있다. 이를 통해 당시 석탑 및 고분의 특징을 추측해 볼 수 있다.

8. 물권, 채권, 상사에 관한 자료

II-3-8-01. 물권에 관한 사항

관리기호	기록번호	자료명		
B-1-119	84	物權ニ關スル事項		
작성자	생산기관	생산 연도		
有賀啓太郎	조선총독부	1913		
지역	언어	분량	소장기관	
고령, 경주, 영일, 고령 상주, 선산, 대구	일본어	67면	수원박물관	
키워드	소유권, 국유지, 지상권, 지역권, 영소작권			

[기본정보]

조선총독부에서 물권에 관한 사항을 조사하여 정리한 자료이다. 총 67면으로 구성되어 있으며, 일본어로 되어 있다. 자료에 출장조사서가 있다. 조사지역은 고령, 경주, 영일, 상주, 선산, 대구이며 1913년(대정 2) 11월 21일부터 12월 27일까지 조사하였다. 조사원은 아리가 게이타로(有賀啓太郎)이며, 통역은 김한목(金漢睦)이다.

[내용정보]

내용 서술 전 서술내용과 해당 쪽수를 작성하였다. 목차는 다음과 같다.

소유권 취득, 소유권 이전의 방식, 소유권의 제한, 시가지의 소유권, 산림원야의 소유권, 능원분묘 등의 소유권, 염전·어기·곽암·제언·금석물의 소유권, 공유, 소유권 이전에서 가옥과 토지와의 관계, 소유권의 공용징수, 가옥소유를 위한 지상권, 죽목소유를 위한 지상권, 가옥·죽목 이외의 소유를 위한 지상권, 분묘 기타 공작물의 소유를 위한 지상권,

경작을 목적으로 한 영소작권, 목축을 목적으로 한 영소작권, 경작 혹은 목축을 목적으로 한 영소작권, 중도지 및 원도지 등의 관례 기타 특종의 영소작권, 통행을 목적으로 한 지역권, 급수를 목적으로 한 지역권, 인수를 목적으로 한 지역권, 린지사용을 위한 지역권, 공유지의 입회, 타인의 토지에 대한 입회권, 청초채취에 관한 분요의 건, 보안림 편입의 건, 입회산지하초 채취에 관한 건, 국유림 입회에 관한 건, 입회국유지 실지조사에 관한 건, 소유자불명의 토지의 입회권, 운송품에 관한 유치권, 여객의 수하물에 대한 유치권, 전 각항 이외의 점유물에 대한 유치권, 일반의 선취특권, 특별한 선취특권, 동산의 전당, 부동산의 전당, 권리의 전당, 황무지의 개간, 인삼재배지의 대차에 관한 기록이다.

〈표〉 물권에 관한 응답자(고령, 경주, 영일, 고령, 상주, 선산, 대구)

순번	주소	직업	이름	나이
1	경상북도 고령군 읍내면	전 군주사	이봉조(李鳳朝)	53
2	경상북도 고령군 읍내면	전 이방	유장준(兪章濬)	49
3	경상북도 고령군 읍내면	전 의관	박장하(朴漳夏)	53
4	대구부 대구면 남산동	전 위원	서기하(徐基夏)	45
5	대구부 대구면 상정	신문총무	장상철(張相轍)	44
6	대구부 대구면 하서정	부참사	정해붕(鄭海鵬)	43
7	대구부 대구면 천대정	전 위원	서경순(徐畊淳)	64
8	대구부 대구면 수정	의학	이교섭(李敎燮)	63
9	대구부 하남면 문산동	유림	채헌식(蔡憲植)	59
10	대구부 본정	부참사	이일우(李一雨)	44
11	대구부 서성정	면장	김태림(金泰林)	77
12	대구부 남정	상업회의소회원	서병규(徐丙奎)	43
13	대구부 남산동	도서기	양춘장(揚春章)	50
14	대구부 동중면 산격리	사립학교장	최재익(崔在翼)	44
15	대구부 내서면 구호동	전 이방	이돈흥(李敦興)	48
16	대구부 내서면 구호동	전 이방	이상원(李尙遠)	56
17	대구부 하천면 양항동	유생	이병일(李秉鎰)	47
18	대구부 운천동	면장	이창일(李暢一)	36
19	경주군 강서면 옥산동	농업	김장수(金章洙)	50
20	경주군 강서면 옥산동	유생	이기헌(李紀憲)	65
21	영일군 북면 포항동	염업	최치화(崔致和)	46
22	영일군 북면 포항동	어업	정성호(鄭聖浩)	53
23	영일군 북면 포항동	전 위원	김지선(金支善)	47
24	영일군 북면 포항동	사립학교장	이순오(李舜五)	56
25	경주군 부내면 좌리	전 사과	김홍준(金洪駿)	70
26	경주군 부내면 좌리	전 이족	이수영(李樹榮)	72
27	경주군 부내면 좌리	전 도사	배상식(裵相植)	67
28	경주군 황오리	전 이속	최봉엽(崔鳳燁)	61
29	경주군 황오리	전 이속	최병곤(崔炳崑)	61

30	경주군 서부리	면장	이정문(李正文)	46
31	경주군 현곡면 내태리	문묘직원	김창수(金昌守)	60
32	개령군 부곡면	군수	이용한(李容漢)	
33	선산군 동내면 동부리	면장	김상기(金相基)	46
34	선산군 서내면 이문동	전 주사	심정택(沈鼎澤)	62
35	선산군 신당면 포상동	유림	정관섭(鄭寬燮)	38
36	상주군 내서면 욕서리	군수	정동철(鄭東轍)	50
37	상주군 인봉리	도참사	강석희(姜奭熙)	49
38	상주군 복룡리	전 의관	박시유(朴時有)	61
39	상주군 내남면 낙중리	유생	성 욱(成 稶)	56
40	상주군 내동면 성동리	전 의관	황지선(煌芝善)	50

각 항목마다 조사한 내용을 상세히 기술하였다. 매매문기와 토지증명부 등 관련 서류 및 형식을 첨부하여 이해를 돕고 있다.

[가치정보]

이 자료는 출장조사서를 통해 조사기간, 작성자, 조사지역까지 명확히 알 수 있어 자료로서의 가치가 높다. 응답자의 세부사항을 명기하여 조사과정과 그 내용에 대한 근거로 활용할 수 있다. 여러 항목에 따라 상세히 서술하여 당시 한국에서 물권에 관하여 통용되던 관습을 이해하는 데 많은 도움을 준다.

II-3-8-02. (채권, 물권)130 화전, 어장, 해조채취장, 시장, 염전에 관한 사항

관리기호	기록번호	자료명		
B-1-390	新調 第130호	(債權, 物權)130 火田, 漁場, 海藻採取場, 市場, 鹽田ニ關スル事項		
작성자	생산기관	생산 연도		
渡邊業志	조선총독부 중추원	1915		
지역	언어	분량	소장기관	
양양, 간성, 통천 양구, 인제, 회양	일본어	47면	수원박물관	
키워드	화전, 어장, 해조채취장, 시장, 염전			

[기본정보]

이 자료는 서지정보에 의하면 양양, 간성, 통천지방에서 행해진 화전(火田), 어장(漁場), 해조채취장(海藻採取場), 시장(市場), 염전(鹽田)을 조사한 출장 보고서이다. 조사 기간은 1915년(대정 4) 12월 2일부터 11일까지 10일이었고, 조사는 속(屬) 와타나베 교시(渡邊業志), 통역은 촉탁(囑託) 김돈희(金敦熙)가 담당하였다. 그런데 서지정보와 달리 본문의 내용에서 화전에 대한 사항은 양구, 인제, 회양군에서 이루어지고 있음을 볼 수 있다.

[내용정보]

내용을 살펴보면, 먼저 양구와 인제, 회양군에서 이루어지고 있던 화전 관습에 대해 조사하고 있다. 그 가운데 양구군의 조사내용을 보면, 화전의 존재형태는 산허리 이상에 있는 것이 가장 많고, 그 이하 산비탈의 급경사지에 있는 것을 일반적으로 화전이라 칭하고 있다. 화전을 만드는 방법은 대체로 음력 7월경에 잡초를 베어내고 다음해 봄에 불을 놓은 후 기경(起耕)한다. 경작방식은 일정한 지역에서 전전윤작(輾轉輪作)하여 속(粟)·대두(大豆)·직(稷) 등을 심고 마지막 해에는 교맥(蕎麥)을 심는다. 그러나 대체로 3년간 경작하고 휴경(休耕)하는 5~6년간 방치한 잡초가 생겨 비옥해질 때를 기다려 다시 불을 놓아 만든다. 다만 비옥한 경우에는 숙전(熟田)과 마찬가지로 계속해서 경작하기도 한다. 화전의 면적은 보통 숙전의 이일경(二日耕)을 화전의 1일경으로 하고 있으나 정확한 면적은 경우에 따라 더 넓거나 협소하여 일정하지 않다.

한편, 화전경작의 세금은 화속(火粟)이라고 부르며 그 일부는 본조에 납부하고 나머지는 군아(郡衙)에서 취득하는 2가지 종류이다. 화전을 일구는 토지는 무주지[지금은 국유지]가 가장 많고 기타 개인이나 부락의 토지에는 드물다. 화전도 일반 토지와 같이 사용수익(使用收益)을 얻거나 또 타인의 침해를 배척하는 권리를 지니고 있다. 일단 화전을 만든 토지에 대해서는 다른 사람이 휴경 중에 비록 임의로 화전을 재경(再耕)하려면 반드시 처음 화전을 만든 자의 승낙을 얻어야 한다. 그리고 전전경작(輾轉耕作)하는 화전이라도 일정한 지역을 선조(先朝) 때부터 선래(傳來)하여 윤작(輪作)하고 있었으면 이를 매매할 수 있고 이 경우 원전과 같이 방매 문기를 작성하는 예가 있다. 그러나 이전에는 화전을 처음 만들 때 어떠한 수속절차도 없었으나 지금은 삼림령(森林令) 규정에 따라 일정한 절차를 거쳐야 한다.

다음으로 양양, 간성, 통천지방에서 이루어진 어업에 관한 관습을 보면, 멸치(鰯), 도미(鯛), 삼치(鰆), 방어(鰤) 등을 어획하기 위해 휘라망(揮羅網)을 사용하며, 어장에는 일정한 구획이 있고 그 구획에서의 어업권은 해당 리동(里洞)에 있으며 타 리동의 주민이 여기서 포획한 어족은 반분(半分) 또는 전부를 그 동내 어업자에게 주는 관례가 있다. 어획의 방식은 그물을 사용하는 경우와 낚시[조어(釣魚)]의 방식이 있고, 어업의 경영은 보통 1인 또는 수인의 재주(財主)가 어구(漁具), 어망, 어선을 구입하여 휘라군(揮羅軍)[종업자]에 대여하는 방식으로 이루어졌다. 여기에는 '짓후리', '짝후리'의 두 종류가 있으며 재주(財主)와 휘라군에게는 각각의 권리와 의무가 있었다.

본 보고서에는 이 밖에도 이 지역에서 이루어지고 있는 해초채취장(海菜採取場) 관습[해초채취 구역과 방법, 해초채취권 매매], 시장에 관한 관습[시장의 개시일, 매매방법, 시장세 및 그 징수 방법, 시장에 있어서 역가(役價), 시장의 이식(利息)], 염전의 구조[염전기(鹽田期) 및 염전 작업방법, 염전의 면적 및 계량법, 염전의 소유권, 염전의 매매 및 대차(貸借), 염세(鹽稅) 및 기타의 수선비(修繕費), 염전에 있어서 고인(雇人) 및 그 급료] 등의 사항에 대해서도 조사하여 싣고 있다.

조사의 응답자는 양양군 서면 북평리 면장 노병태 외 6명, 간성군 군내면 방축동 면장 유행규 외 6명, 통천군 임남면 장전리 이장 박종형 외 11명 등 모두 23명으로 기록되어 있다.

[가치정보]

이 기록은 강원지역에서 이루어진 화전(火田), 어업(漁業), 시장(市場), 염전(鹽田) 등의 관습에 대해 상세히 살펴볼 수 있으며, 다른 지역의 동일 항목의 관습과 비교해 볼 만한 자료가 될 수 있다.

II-3-8-03. 물권에 관한 사항

관리기호	기록번호	자료명	
B-1-120	129	物權ニ關スル事項	
작성자	생산기관	생산 연도	
渡邊業志	조선총독부 중추원	1915	
지역	언어	분량	소장기관
춘천, 양구 인제, 양양	일본어	103면	수원박물관
키워드	임대차, 전대, 매매, 입회, 제언		

[기본정보]

조선총독부 중추원에서 각종 물권에 관하여 조사한 자료이다. 조사지역은 춘천, 양구, 인제, 양양지방으로 1915년(대정 4)에 조사하였다. 조사원은 와타나베 교시(渡邊業志)이며, 통역은 김돈희(金敦熙)이다. 총 103면으로 구성되어 있으며, 일본어로 작성하였다.

[내용정보]

자료는 조사내용을 서술하기 전에 응답자와 서술내용의 목차를 정리하였다.

〈표〉 물권에 관한 응답자(춘천, 양구, 인제, 양양)

순번	주소	직업	이름	나이
1	춘천군 부내면 대판리	금융조합장	이동근(李東根)	45
2	춘천군 부내면 대판리	보통학교장	김인영(金寅煐)	57
3	춘천군 부내면 대판리	면장	엄상훈(嚴相勳)	61
4	춘천군 부내면 요선당리	군참사	이기종(李起鍾)	44
5	춘천군 부내면 요선당리	전 학무위원	이긍종(李肯鍾)	47
6	춘천군 부내면 전평리	전 승지	심후택(沈厚澤)	58
7	양구군 군내면 하리	금융조합장	이찬영(李贊榮)	57
8	양구군 군내면 하리	면장	조돈옥(趙敦鈺)	53
9	양구군 군내면 사춘리	국유지소작인조합장	김화일(金化一)	42
10	양구군 군내면 상리	전 학무위원	임동필(任東弼)	52
11	양구군 군내면 상리	농(農)	고태현(高台顯)	51
12	양구군 군내면 중리	농	임영준(任永準)	49

13	인제군 군내면 동리	군참사	김영배(金英培)	42
14	인제군 군내면 동리	생원	이회영(李晦榮)	82
15	인제군 군내면 동리	전 의관	이시영(李時榮)	65
16	인제군 군내면 합강리	군참사	이명영(李明榮)	63
17	인제군 군내면 합강리	전 군사	권건수(權建洙)	72
18	인제군 군내면 북리	전 향장(참봉)	이창규(李昌奎)	51
19	인제군 군내면 남리	전 향장	김현규(金顯奎)	74
20	양양군 서면 북평리	면장	노병태(盧炳泰)	54
21	양양군 군내면 남문리	이장	이필우(李弼雨)	56
22	양양군 군내면 성내리	직원	김희종(金熙鍾)	74
23	양양군 군내면 송암리	면서당장	김영각(金永珏)	67
24	양양군 군내면 서문리	상(商)	이종국(李鍾國)	56
25	양야군 군내면 서문리	농	이병철(李秉哲)	60
26	간성군 군내면 방중동	면장	윤행규(尹行珪)	64
27	긴성군 군내면 신성리	군서기	함유도(咸有度)	54
28	간성군 군내면 신성리	전 군참사	함도석(咸道錫)	55
29	간성군 군내면 신성리	면서기	남종익(南鍾益)	43
30	간성군 군내면 교상리	직원	우석규(禹錫圭)	68
31	간성군 오대면 사계리	군참사	황병성(黃炳星)	50

  여러 소유권의 취득부터 소작권, 입회권, 유치권 등 다양한 물권을 나누어 세분한 항목을 목차로 실었다. 그 내용은 아래와 같다.

  토지 및 산림의 소유권취득, 무주동산의 소유권취득, 첨부에 따른 토지소유권의 취득, 유실물 습득으로 인한 소유권 취득, 매장물 발견으로 인한 소유권 취득, 무주 동산 및 부동산의 소유권 취득, 동산에 관한 소유권 이전의 방식, 부동산에 관한 소유권 이전의 방식, 소유권의 제한, 인지사용권, 위요지통행권, 유수권, 예방공사청구권, 우수주사(雨水注瀉)의 제한, 수로사용권, 언의 설치와 사용권, 계표 및 위장설치권, 호상권, 죽목재식의 제한, 건물건축의 제한, 공작물 설치의 제한, 보 및 언 설치의 제한, 앞의 각 항 이외에 관한 제한, 시가지의 소유권, 산림원야의 소유권, 분묘의 소유권, 염전의 소유관계, 어기·곽암의 소유관계, 보 및 제언의 소유관계, 폐사 및 옛터에 있는 금석물의 소유권, 공유, 소유권 이전 시 가옥과 토지와의 관계, 경사지의 소유권, 소유권의 공용징수, 가옥소유를 위한 지상권, 죽목을 소유하기 위한 지상권, 가옥죽목 이외 종류를 소유하기 위한 지상권, 분묘 기타의 공작물을 소유하기 위한 지상권, 경작을 목적으로 한 영소작권, 목축을 목적으로 한 영소작권, 경작 또는 목축을 목적으로 한 영소작권, 중도지 및 원도지 등의 관례 기타특종의 영소작권, 통행을 목적으로 한 지역권, 급수를 목적으로 한 지역권, 인수를 목적으로 한 지역권, 공유지의 입회권, 타인의 토지 입회권, 국유지 입회권, 운송품에 대한 유치권, 수선품에 관한 유치권, 여객 수하물에 대한 유치권, 앞 항 이외의 점유물에 대한 유치권, 일반선취특종, 특별한 선취특권, 동산의 전당, 부동산의 전당, 권리의 전당, 황무지의 개간에 관한 기록이다.

각 항목에 대하여 조사한 내용을 서술하면서 매매문기와 차용증, 계약서 등 다양한 문서양식을 첨부하여 이해를 돕고 있다.

[가치정보]

이 자료는 춘천, 양구, 인제, 양양지방의 출장조사서를 통해 조사기간, 작성자, 조사지역까지 명확히 알 수 있어 자료로서의 가치가 높다. 응답자의 세부사항을 명기하여 조사과정과 그 내용에 대한 근거로 활용할 수 있다. 여러 항목에 따라 상세히 서술하여 당시 한국에서 물권에 관하여 통용되던 관습을 이해하는데 많은 도움을 준다.

II-3-8-04. (채권, 물권) 사창 및 그 부지, 사원, 어장 등

관리기호	기록번호	자료명		
B-1-104	新調第143 (2-1)	(債權, 物權) 社倉及其敷地, 祠院, 漁場等		
작성자	생산기관	생산 연도		
-	조선총독부 중추원	1917		
지역	언어	분량	소장기관	
진주, 통영 울산, 동래	일본어	35면	수원박물관	
키워드	사창(社倉), 사원(祠院), 어장, 사패(賜牌)			

[기본정보]

이 기록의 조사대상지는 진주, 통영, 울산, 동래이며, 조사 내용은 사창(社倉) 및 그 부지, 사원(祠院), 염전(鹽田), 사패지(賜牌地), 진도지(陳賭地), 신원보증(身元保證) 등의 사항이다. 응답자는 29명으로 진주군은 진주면, 금곡면, 내동면의 면장 등 6명, 통영군은 통영면, 일운면, 거제면, 이운동, 내등면, 산양면의 군참사 전호군 등 13명이다. 그리고 울산군은 부내면, 청량면의 전참봉 등 3명, 동래군은 동래면, 남면, 북면, 범어사, 철마면 고촌리의 학교장, 주지 등 7명이다.

작성 시기는 진주군의 사창에 대한 언급에서 1866년(고종 3)을 지금으로부터 51년 전이라는 언급을 통해 1917년(대정 6)임을 알 수 있다.

[내용정보]

먼저 조사지역의 사창 설치의 연혁에 대해 서술하고 있다. 이중 울산군의 경우를 보면, 1865년 사환미제도가 창설되어 각 면에 사창을 만들고 그 경영비용과 부지는 각 면에 이를 차입하거나 매수하여 충용(充用)했으며, 본부(本府)에서는 사창 1칸을 사창으로 사용했고, 남창(南倉)은 온양면에, 서창(西倉)은 지금의 양산군 웅상면에 두었던 사실과 함께 이후 그 운영과 폐지에 대해 간략히 서술하고 있다.

사원(祠院)에 대한 조사 내용을 보면, 진주는 창열사(彰烈祠), 통영군은 충렬사(忠烈祠), 동래군은 임란 때 순국한 동래부사 송상현을 모시는 충렬사(忠烈祠), 그리고 거창군의 포충사(褒忠祠), 함양군의 남계서원의 그 연혁과 운영에 대해 언급하고 있다.

다음으로 통영, 울산, 동래의 어장(漁場)시설의 종류 및 어장의 운영 및 과세에 대해 언급하고 있다. 이를 보면 통영에서는 청어 및 대구를 잡기 위한 시설인 어(漁)·전(箭), 방염망(防簾網)에 대한 설명과 함께 그 모습을 그림으로 그려놓고 있다. 이 밖에 잡어(雜魚)는 검거(擧網), 조(釣), 좌망(坐網), 휘라(揮羅), 도미는 휘라(揮羅), 조(釣), 강선(綱船), 수어(秀漁)[숭어]는 검거와 비슷한 방법, 며어(尔漁)[멸치]는 편선(鞭船), 반두(盤斗) 등 각 어족(魚族)에 따른 어장시설, 그리고 이러한 어종의 관할과 수세의 방식에 대해서 기술하고 있다. 가령 조사 당시 울산군에서의 어업활동은 군내 대현면, 온산면, 서생면, 동하묘면, 강동면의 5면에 설치된 각 어업조합에 1,826명의 조합원이 가입되어 이 조합을 통해 어업활동이 이루어지고 있는 사실을 알 수 있다.

그 밖에 동래군 서면 용호 부근에 위치한 염전의 운영, 진주군, 울산군의 개인 사패지의 현황, 동래군의 진도지(陳睹地), 진주지역의 신원보증이라는 관습 등에 대해 조사하고 있다.

[가치정보]

이 기록은 조사대상 지역의 사창의 설치연혁을 살필 수 있고, 또한 어장(漁場)에 대한 기술은 조선시대 이래 전통어업방식을 이해함은 물론 당시의 어업현황을 비교적 자세히 기록하고 있다는 점에서 생활사 측면의 자료로서 활용될 수 있다.

II-3-8-05. 특별조사

관리기호	기록번호	자료명		
B-1-131	168호	**特別調査**		
작성자	생산기관	생산 연도		
米內山震作	조선총독부 중추원	1919		
지역	언어	분량	소장기관	
선천, 정주, 의주 신의주, 대동군	일본어	36면	수원박물관	
키워드	유적, 전세, 개간소작, 보, 화리			

調査應答者左ノ如シ

平安北道

定州郡定州面以內洞
崔贊基 六十四歳 以立普通學校
定州郡定州面城內洞
呉東洽 五十一歳 以立普通學校
前郡主事

定州郡定州面城內洞
金濟河 四十七歳 軍参事
前面長

新義州府真砂町
金龍涉 六十歳 新義州府協議員
前面長

新義州府光松町
金若鑑 四十五歳 商
前面書記

新義州府光松町
崔汶烈 六十六歳 無
前洞書記

[기본정보]

조선총독부 중추원에서 유적, 전세, 개간소작 등에 관한 사항을 조사하여 정리한 자료이다. 일본어로 작성하였으며, 약 36면으로 구성되어 있다. 조사지역은 평안북도 선천·정주·의주·신의주, 평안남도 대동군 관내이다. 조사원은 요나이야마 신사쿠(米內山震作)이다. 1919년(대정 8) 1월 9일부터 19일까지 열흘간 조사한 내용이다.

[내용정보]

자료의 목차는 아래와 같다.

유적 및 유물의 소유권 귀속, 전세의 관습, 개간소작관례, 보, 화리, 초서(招婿)의 가적(家籍), 대동군에 있어 원도지의 매매는 지주의 승낙을 필요로 하는가, 의주에서 굴도지(掘賭地)와 원도지, 석숭산 금광사의 내력을 기록하였다.

〈표〉 유적, 선세, 개간소작 등에 관한 응답자(선천, 정주, 의주, 신의주, 대동군)

순번	지역	주소	이름	나이	직업	전 직업
1	평안 북도	정주군 정구면 성내동	최찬기(崔贊基)	64	공립보통학교 학무위원	전 군주사
2		정주군 고읍면 덕원동	안병흡(安秉洽)	52	공립보통학교 학무위원	전 군주사
3		정주군 정주면 성내동	김제하(金濟河)	47	군참사	전 면장
4		신의주부 진사정	김용섭(金龍涉)	60	신의주부 협의원	전 면장
5		신의주부 광송정	김약옥(金若鑑)	45	상(商)	전 면서기
6		신의주부 광송정	최문열(崔汶烈)	66	무직	전 동장

7		신의주부 광송정	김기홍(金基鴻)	37	신의주부 협의원	전 면장
8		의주군 의주면 서부동	장정선(張禎善)	64	농(農)	전 상(商)
9		의주군 의주면 동부동	문봉명(文奉明)	56	상	전 상(商)
10		의주군 의주면 구성동	조인도(趙蘭道)	59	상	전 구장
11		의주군 의주면 동부동	이호원(李鎬元)	51	상	전 구장
12		선천군 선천면 천북동	김승현(金昇鉉)	67	농	전 상농(商農)
13		선천군 선천면 남동	김희조(金熙錦)	60	금융조합장, 식림조합장	전 상(商)
14		선천군 군산면 고부동	박원조(朴元祚)	45	군참사	농(農)
15	평안 남도	대동군 남곶면 노남리	김영근(金英根)	42	면장	전 면서기
16		대동군 재경리면	황업(黃業)	67	면장	전 도참사
17		대동군 율리면 추빈리	남응우(南應祐)	53	군참사	농(農)

조사지역과 각 지역에서 머무르며 조사한 기간을 기록하였다.

각 항목을 매우 상세히 서술하였다. 유물 및 유적의 소유권 귀속의 경우 조사사항을 정리하며 조시원이 결론을 기술하기도 하였다.

석숭산 금광사의 내력을 보면, 평안북도 의주군 송칠면 금광동에 있는 석숭산 금광사는 창건연대 및 그 절의 내력에 대하여 아는 사람이 없다고 한다. 화재로 불타면서 중요서적도 함께 사라졌다고 한다. 이 절을 금강사라 하기도 한다고 하였다.

[가치정보]

이 자료는 평안북도 선천·정주·의주·신의주, 평안남도 대동군 관내조사 기록이다. 특히 유적, 전세, 개간소작, 보, 화리 등에 대한 내용을 기록하였고, 유물 및 유적의 소유권 귀속의 경우 조사사항을 정리하며 조사원이 결론을 기술하기도 하였다. 실제 사례를 확인할 수 있는 자료이다.

II-3-8-06. 분묘에 관한 구관 및 구법규

관리기호	기록번호	자료명		
-	35	墳墓ニ關スル舊慣竝ニ舊法規		
작성자	생산기관	생산 연도		
-	조선총독부 중추원	1919		
지역	언어	분량	소장기관	
-	일본어	560면	국립중앙도서관	
키워드	분묘, 묘지, 릉, 대전회통			

[기본정보]

조선총독부 중추원에서 분묘에 관하여 조사한 책으로 560면으로 구성되어 있다. 여러 개의 자료가 합본되어 있는 형태이다. 1919년(대정 8)에 생산한 자료와 1912년(대정 1)에 생산한 자료 등이 시간 순과 상관없이 정리되어 있다. 자료 중간에 작성자가 수기로 작성한 원고가 있다.

[내용정보]

〈분묘에 관한 구관 및 구법규(1919)〉·〈분묘에 관한 법규 및 관습의 요강(1912)〉·〈묘지 화장장 이장 및 화장 취체규칙〉 및 〈분묘와 관련해서 조선총독부가 경기도·충청도·황해도·함경도 등 각 지역에 발포한 훈령〉 등이 소개되어 있다. 자료 후반부에는 앞의 자료를 참고로 분묘에 대해 작성한 초고형태의 원고가 있다.

주요 내용은 분묘의 종류·묘지의 선택·풍수설·이장법·개장풍습·분묘의 구조 등이다. 분묘의 왕족과 일반인을 나누어 정리하였다. 조선의 능(陵)과 원(園)에 대해서는 원고형태로 자세히 기술하고 있다. 전적조사도 함께 이루어지고 있어 『형법대전』·『대전회통』 등에서 발췌한 내용도 함께 수록하고 있다.

[가치정보]

이 자료는 조선의 분묘에 대한 일반적인 운영방식을 확인할 수 있다.

II-3-8-07. (물권) 보고서

관리기호	기록번호	자료명		
B-1-113	新調 第186호	(物權) 報告書		
작성자	생산기관	생산 연도		
朴正銑	조선총독부 중추원	1920		
지역	언어	분량	소장기관	
함평군, 무안군 해남군, 영암군	일본어	59면	수원박물관	
키워드	입회관행, 염전, 어업, 죽전			

[기본정보]

구관조사를 명받은 박정선(朴正銑)이 함평군 외 3군을 조사하여 조선총독부 중추원 의장에게 올린 보고서이다. 1920년(대정 9) 4월에 조사하였다. 총 59면으로 구성되어 있으며 일본어로 작성하였다. 조사지역은 함평군, 무안군, 해남군, 영암군이다.

[내용정보]

먼저 함평군의 입회관행에 대하여 정리하였다. 동유산과 국유임야의 점유 관련 관행과 제한 입회권에 대한 설명까지 상세히 서술하고 있다. 이와 함께 임야매매계약 관련 양식을 여러 장 부기하여 임야매매의 형식을 알 수 있게 하였다. 이후 무안군, 영암군 등 기타 지역의 임야 사용권 등에 대하여 서술하고 관련 서류를 첨부하여 내용의 이해를 돕고 있다.

다음으로 무안군 압해면의 염전에 관하여 서술하였다. 이 지방의 염전은 예로부터 염세 외 결세를 거두고, 제염자에 대하여 균역청에서 대·중·소를 나누어 이에 따라 염세를 징수하였다. 해남군의 제염자에 관한 설명도 하고 있는데, 염전의 대차계약의 경우 구두로 하는 것이 통례라 하였다. 어업에 관한 관습도 조사하여 정리하였다. 죽전(竹箭)을 이용하는 관습을 설명하며 이를 그림으로 정리하여 이해를 돕고 있다. 이와 함께 어획을 위한 다양한 방안과 수익의 소유권, 어세의 납부 등에 관하여서도 상세히 설명하였다.

〈표〉 입회관행, 염전, 어업에 관한 응답자(함평군, 무안군, 해남군, 영암군)

순번	주소	이름
1	함평군 함평면 군참사	이계인(李啓仁)
2	함평군 함평면 군참사	이완범(李琓範)
3	함평군 내교리 전 군참사	신용희(申瑢熙)
4	함평군 식지면 나산리	안덕성(安德成)
5	함평군 식지면 나산리	강성보(姜成甫)
6	함평군 상주리 전 군참사	이경상(李景相)
7	함평군 월야면 송계리	장우매(張佑梅)
8	함평군 대동리	최문훈(崔文勳)
9	함평군 함평면장	조장○(曺章○)
10	함평군 기각리	이동범(李東範)
11	함평군 기각리	모대연(毛大縩)
12	무안군 압해면 대천리장	김진두(金鎭斗)
13	무안군 압해면 대천리장	김한경(金漢京)
14	무안군 압해면 대천리장	김봉균(金奉均)
15	무안군 압해면 대천리장	김도현(金道炫)
16	무안군 압해면 대천리장	김태선(金泰先)
17	무안군 송례리	박지언(朴志彦)
18	무안군 송례리	김문호(金文浩)
19	무안군 송례리	이화언(李化彦)
20	무안군 송례리	이계진(李桂珍)
21	해남군 해동면	안기재(安基在)
22	해남군 군참사	안기호(安基縞)
23	해남군 군참사	문영욱(文泳旭)
24	해남군 황산면 우항	이식용(李植鎔)
25	해남군 황산면 우항	임종오(林鍾五)
26	해남군 황산면 우항	이창수(李昌洙)
27	해남군 황산면 우항	윤일○(尹一○)
28	영암군 참사	김주우(金冑宇)
29	영암군 영암면 서남리	하태숙(河泰淑)
30	영암군 영암면 서남리	조방인(曺芳仁)
31	영암군 영암면 서남리	조인○(曺仁○)
32	영암군 영암면 서남리	하원일(河元一)

이 자료는 다양한 매매계약서식을 수록하여 당시 계약상황을 이해하는 데 많은 도움을 주고 있다.

[가치정보]

이 자료는 함평군, 무안군, 해남군, 영안군의 조사 자료로서 입회관행, 염전, 어업 등 제한 입회권 운영 방식 및 임야 사용권 등을 통해 당시 지역의 입회권 관련 운영 방침을 추측해 볼 수 있다.

II-3-8-08. (물권) 보고서

관리기호	기록번호		자료명
B-1-107	新調 第203호		(物權) 報告書
작성자	생산기관		생산 연도
渡邊業志	조선총독부 중추원		1923
지역	언어	분량	소장기관
달성군 영일군	일본어	60면	수원박물관
키워드	국유임야, 입회권, 조선귀족임업조합		

[기본정보]

이 자료는 조선총독부 중추원에서 관습조사할 것을 명받은 와타나베 교시(渡邊業志)가 작성한 보고서이다. 1923년(대정 12) 약 열흘간 달성군과 영일군을 조사하고 같은 해 4월 18일에 작성하였다. 총 60면으로 구성되어 있다.

[내용정보]

자료의 서두에 응답자의 이름과 면장·구장 등의 직책을 명기하였다. 조사한 내용을 각각 정리하여 서술하였다. 자료의 내용을 살펴보면 다음과 같다.

먼저 칠곡군 동명면 득명동에 위치하는 대현산의 국유임야지에 대한 주민들의 입회권에 대하여 정리하고 있다. 이 산은 달성군 공산면과 경계를 접하고, 칠곡군 동명면 득명동과 기성동(원래 하북면 기양동, 법성동, 득명동, 가좌동) 및 달성군 공산면 덕산동, 송정동(원래 대구부 해서촌면 도성동, 복초동, 송정동, 덕산동)의 주민이 입회하여 공동으로 채초를 하는 관행이 있었다. 부락주민이 채초하는 것은 각 부락마다 구역을 정하거나 기간을 정하였다. 입회권의 취득원인은 당초 칠곡남창(군기청)의 별장이 본산을 금양하기 위해 이 지역 주민들에게 부산물을 채취할 수 있도록 허락하면서 시작되어 갑오개혁기에 이르러 각 부락이 공동 관리하는 관행이 성립되었다. 이와 관련하여 대현산을 공동관리하는 대구 해서촌면 도성동 송정동민과 칠곡군 공산면 송정동, 칠곡군 동명면 등의 이름으로 작성한 완문(完文) 등의 여러 문서가 수록되어 있다.

다음은 팔공산의 입회에 대하여 정리하였다. 팔공산은 달성군 공산면에 있으며, 신룡동 제1구 및 신무동 제2구의 주민이 입회하여 시초를 공동 채취하는 관행이 있었다.

영일군 신광면 지덕동에 소재한 석계산, 영일군 죽남면 감곡리에 소재한 감곡산(대곡산의 일부) 및 조선귀족임업조합 보식원에 대부받은 경주·영일 양군에 위치하는 운제산, 동대산, 침곡산 등에도 원유 임야에서 부락주민이 공동으로 시초를 채취하는 관행이 있어 입회관행이라고 사료된다.

영일군청에서 작성한 영일군의 입회관련 사정을 상세히 알려주는 서류를 첨부하고 있는데, 작성연도가 상이하다.

[가치정보]

이 자료는 달성군과 영일군을 조사하여 국유임야, 입회권, 조선귀족임업조합의 운영방법 및 내용을 기록한 것으로 나아가 지역 및 전국적 활용 방법을 추측해 볼 수 있다.

II-3-8-09. (제사권) 해주군 제사권에 관한 관습

관리기호	기록번호	자료명		
B-1-132	新調 第201호	(祭祀權) 海州郡ニ於ケル 祭祀權ニ關スル慣習		
작성자	생산기관	생산 연도		
金顯洙 玄陽燮	조선총독부 중추원	1923		
지역	언어	분량		소장기관
해주군	일본어	9면		수원박물관
키워드	해주군, 진남포, 제사권, 재산상속, 시장			

[기본정보]

총독부 중추원 참의(參議) 김현수(金顯洙)와 고원(雇員) 현양섭(玄陽燮)이 1923년(대정 12) 4월 5일 보고한 관습조사보고서이다. 이들은 1923년 3월 27일부터 31일까지 황해도 해주, 평안남도 진남포에서 관습 조사 및 시장상황 등을 조사하였다.

[내용정보]

먼저 해주군에서 제사권(祭祀權)에 관한 관습에 대하여 해당 지방에서는 적자(嫡子)에게 제사권을 인정하고 서자(庶子)에게는 제사 상속권을 인정하지 않는 관습을 보고하였다. 사례로서 적자가 없고 서자가 있는 경우에도 서자는 제사자로서 제사권을 양도 받지 않고 다른 적자 중에 양자(養子)를 정하여 제사상속하는 관습이 있으며, 또한 장남자손이 사망하는 경우에는 차남의 자손이 하고, 차남의 자손은 당연 장남의 후계가 없을 경우에는 하등 양자연조(養子緣組)의 수속을 요하는 관습은 없다고 하였다. 또한 약 200년 이전에는 서자가 제사자로서 제사권을 상속하는 관습이 있었지만, 매우 엄격하게 시행되고 있음을 서술하였다. 즉, 종손정(宗孫丁)이 서자가 되는 경우에는 물론 서자 정(丁)은 제사권을 상속하는 것을 얻는 관습이 되고 차손(次孫)은 이미 종손가(宗孫家)의 양자로 되는 경우에는 단 유림문중의 승인을 얻어 제사권을 취득한다고 한다. 종래의 사례로서 확실히 단언하면서도 종손정이 서자가 되는 이상 정의 제사권은 다른 적자의 제사권으로 넘어가는 방식을 구체적으로 조사하였다. 예컨대 일단 제사권을 취득하고 이후는 그 자손에서 승계하는 것이 된다. 만약 기(己)의 제사권의 취득이 있고 병(丙)을 후계한 경우에는 자신이 승계를 받아 서자 정은 제사권을 상속할 수 있는 그 자손에 대해 제사권의 상속순서(시조(始祖)→ 갑(甲)-병(丙)-정(丁)[서자(庶子)], 을(乙)-무(戊)-기(己))와 같은 모양이라는 것이다. 또한 재산상속의 경우에는 부의 생전에 이를 행하거나 혹은 이후 부의 유언에 의하여 행하거나 혹은 유언이 없는 경우에는 문중의 협의에 따라 이를 행하는 경우를 들고 있으며, 문중의 협의의 경우에는 분배율에 대차(大差)가 있어 장자와 차자 사이에는 차이가 나며(예컨대 전 재산이 500석이라면, 장자 350석, 차자 150석) 장자와 여러 명의 차자 사이에 차이가 있으며, 특히 서자의 경우에는 재산상속이 없다고 하였다. 단 서자는 보통 자기의 생모가 부에게서 받은 재산, 생모의 사후 서자에게 상속을 하는 경우가 있다고 하였다. 이 보고서에는 시장에 대한 조사도 있는데, 정기시장인 장시의 날짜와 상설시장의 존부, 그리고 매매되는 상품에 대해서도 조사하였다. 해주에서는 물고기와 소채, 육류의 시장이 열리고, 전자는 거듭 곡류, 시탄(柴炭), 잡화 등이고, 후자는 거듭 찬용(饌用)이 모이는 곳이라고 하였다. 또한 진남포의 경우에는 1897년에 개항한 곳으로 이전의 고유한 관습이 없으며, 주된 교역물은 곡물로 수출되고 있으며 지질이 과수 재배에 적당하여 능금(林檎), 배(梨) 등은 당지의 특산물이며, 정기시장은 세를 잃고 상설시장이 활성화되어 있다고 하였다.

[가치정보]

1920년대 총독부 중추원에서 주관한 각지 조사의 일환으로 황해도 해주, 평안남도 진남포에서 관습조사 및 시장상황 등을 조사한 조사보고서로서 해주의 제사상속과 재산 상속에 대한 상세한 관습을 보고하고 있으며, 해주와 진남포의 시장상황과 거래물품 등에 대한 내역을 조사하였다. 조선총독부 중추원의 지방관습조사의 일단을 파악할 수 있는 좋은 자료이다.

II-3-8-10. (상사) 구관조사 사항

관리기호	기록번호	자료명		
B-1-143	新調第298호	(商事) 舊慣調査事項		
작성자	생산기관	생산 연도		
吳在豊	조선총독부 중추원	1927		
지역	언어	분량	소장기관	
청주, 충주, 제천 진천, 영동	국한문	55면	수원박물관	
키워드	객주, 동사, 어음, 보부상, 민정시찰사항			

[기본정보]

이 자료는 조선총독부 중추원 참의 오재풍(吳在豊)이 1927년(소화 2) 10월 3일부터 17일까지 충청북도 관내의 청주, 충주, 제천, 진천, 영동군의 객주, 여각, 동사(同事), 상행위(商行

爲), 어음 등의 관습에 관한 구관조사 및 해당지역의 민정을 시찰하라는 명령에 따라 이를 행한 후 그 결과를 11월 10일에 보고한 복명서이다.

[내용정보]

이 기록은 해당 지역의 구관조사 및 민정의 동향을 기술한 복명서이다. 구관조사의 항목은 ① 객주, 여각의 영업관습, ② 동사(同事)의 관습, ③ 수형(手形)[어음(於音)]에 관한 관습, ④ 상행위(商行爲)[보부상의 관습] 4가지이다. ①은 객주와 여각의 차이, 객주와 여각은 관청의 인가가 필요한가를 비롯해 객주와 여각의 운영과정에서 발생하는 몇 가지 사항들에 대해 질의하고 답변한 내용이다. ②는 동사의 종류 및 출자 방식, 동사원(同事員)이 출자를 태납(怠納)할 때에는 이식(利息)을 지불하는 외에 실제의 손해도 배상하는가, 업무집행자를 배정할 때 동사원 가운데 적임자가 없는 경우에는 동사원 이외에 타인으로도 가능하다면 제3자에 대한 책임은 어떠한가, 업무집행자의 행위에 대하여 동사원은 절대적으로 책임을 부담하는 관습이 있는가 등 15개의 항목에 대해 조사하고 있다. ③은 1. 어음 지불기일의 관습상 최단·최장기일 2. 어음의 양도회수(讓渡回數)에 관습상 제한 3. 지불기일이 되어 채무자 일부만을 채무액의 일부만을 갚아야 하는 상황에 대한 문제 4. 연체이식을 청구하는 관습유무와 그 비율(比率) 5. 어음의 인수 또는 담보의 유무사항이다. ④의 내용은 주로 보부상의 관습에 대해 보상(褓商)과 부상(負商)의 차이, 상행위의 방식, 자본액과 상권의 범위, 관청의 허가가 있어야 하는가, 보부상단체의 규약유무, 현재의 보부상의 상황 등 11가지 내용을 조사하여 기술하고 있다. 4가지 항목에 대한 관습조사의 응답자수를 보면 청주군은 곽태현(郭泰鉉) 등 4명, 충주군 윤정구(尹政求) 등 2명, 제천군 정은택(鄭殷澤) 등 3명, 진천군 방흥근(方興根) 등 2명, 영동군 홍명희(洪明熹) 등 3명 모두 14명이다.

다음으로 해당 지역의 시찰사항을 정리하여 보고한 내용을 기술하고 있다. 시찰사항은 최근 지방민정 가운데 특히 주의할만한 사항, 조사 대상 각 지역에서의 행정에 대한 민인들의 반응, 산미증식계획[수리사업] 연고림(緣故林) 양도, 자가사연초경작폐지(自家用煙草耕作廢地) 등 당시 이루어지고 있던 다양한 정책에 대한 지방민의 동정을 조사하고 있다. 이중 청주군의 시찰사항에 대한 기술에는, 최근 지방민정 가운데 특히 주의할 만한 사항은 없으나 각종 납세액의 부담이 과중하여 민중경제상의 고통이 심하고, 시가지에 도로, 전등, 수도 등 시설에 대해 남선인부락(內鮮人部落) 간에 차별이 현저하여 여기에 대한 불평이 있음을 지적하고 있다. 그리고 산미증산계획의 선결조건인 수리사업의 시행과정에 폐단이 많이 발생, 수리조합의 설립비와 제반경비의 부담이 과중하여 부호가(富豪家)에 겸병되는 일이 빈번하여 일반농민의 불평이 많다는 내용 등을 조사하여 보고하고 있다.

한편, 1905년 10월 동아개진교육회라는 전국적인 보부상 단체가 조직되면서 그 규례를 정하였는데, 이 기록의 말미에는 그 규례를 보여주는 영동군지회(永東郡支會) '동아개진교육회상업과장정(東亞開進敎育會商業課章程)'이라는 문서가 첨부되어 있다.

[가치정보]

이 기록은 기존에 조사된 항목들 가운데 추가 혹은 재조사된 내용을 담고 있어 이전의 조사내용과 비교해 볼 만하다. 아울러 간략히 정리되어 있긴 하지만 조사 대상 지역의 민정에 대한 시찰 내용을 담고 있다는 점에서 해당 시기 일제의 정책에 대한 민인들의 반응을 살펴볼 수 있는 자료가 될 수 있다.

II-3-8-11. 염전

관리기호	기록번호	자료명		
B-1-222	-	鹽田		
작성자	생산기관	생산 연도		
-	조선총독부	-		
지역	언어	분량	소장기관	
여수, 광양 순천	일본어	66면	수원박물관	
키워드	염전, 입회권, 면리권, 전당권, 영소작권			

[기본정보]

이 기록은 작성자, 작정 시기와 목적을 보여주는 내용은 없으며 제일 첫 장에 염전(鹽田)이라는 표기가 되어 있다. 여수, 순천, 광양지역에서 이루어지고 있던 염전 및 어업에 관한 사항에 대한 조사보고서의 내용을 담고 있다.

[내용정보]

광양, 순천지역에서 이루어지고 있는 염전운영 방식, 염전의 매매 전당 임대 관습이 있는가 등에 관한 사항을 조사하고 4건의 매매 문기 사례를 싣고 있다. 아울러 어업활동과 관련된 어전(漁箭) 및 어기(漁基)에 관한 내용도 조사하고 있다. 이어서 이 지역에서 행해졌던 토지소유권의 이전의 방식, 지상권, 지역권, 영소작권, 입회권, 선취물권, 면리권(面里權), 전당권 등 토지, 임야, 가옥 등의 소유, 이전 등과 관련된 사항 등에 대해서 조사한 내용을 담고 있다. 조사 내용의 말미에는 전당권 설정 수표(手票)의 사례 3건, 전당문기(典當文記) 3건 등 각종 관련 매매문기나 문서 등을 참고자료로 첨부하였다.

이 자료의 작성에 참여한 응답자는 여수군 참사 김한승을 비롯해 19명이다[여수군 7명, 광양군 12명]. 특히 김한승은 1911~1920년 여수군 참사직을 역임한 인물로 알려져 있다. 따라서 여기에 의하면 이 기록은 이 시기 즈음에 작성된 것으로 생각된다.

[가치정보]

이 기록은 전라도 해안지역인 여수, 순천, 광양지역에서 이루어진 염전을 비롯한 토지, 가옥 등의 매매 관습에 조사내용을 담고 있는 자료이다. 이 지역은 기존 법전조사국 당시 조사 대상지가 아니었다는 점에서 해당 조사항목에 대한 새로운 내용들을 살펴볼 수 있는 자료가 될 수 있다.

II-3-8-12. (물권) 물권에 관한 사항

관리기호	기록번호	자료명	
B-1-095	新調第128호 (4-1)	(物權) 物權二關スル事項	
작성자	생산기관	생산 연도	
-	조선총독부	-	
지역	언어	분량	소장기관
곡산군 양덕군	일본어	33면	수원박물관
키워드	물권, 소유권, 지상권, 전당(典當)		

[기본정보]

이 기록은 소유권의 성립, 이전, 제한, 지상권, 전당의 문제 등 물권에 대한 사항을 곡산(谷山)과 양덕(陽德) 두 지역에서 행해지는 관례를 사례도 들며 제시하며 정리하고 있다.

[내용정보]

소유권의 취득에 대해서는 선점(先占)하여 소유권의 취득을 확인(確認)할 만한 자는 무주(無主)의 토지에 분묘(墳墓)를 설치하거나 수목(樹木)을 금양하거나 가옥을 건축하거나 전답을 기경(起耕) 등으로 인해 토지소유권을 관례적으로 취득할 수 있음을 언급하고 있다. 그 밖에 하천연안에 생기는 사주(砂洲)는 접속지의 소유권에 속하는 관례가 있고, 유실물을 습득하여 소유권을 취득하고, 무주의 동산은 일반적으로 부락소유로 귀속되고 있음을 기술하고 있다. 소유권 이전의 방식은 동산은 구두계약 기타의사표시로 보통 실물(實物)의 인도, 부동산은 문서의 작성교부가 아닌 물(物)의 인도로 성립되는 관행이 있으며 9개의 토지 매매문기의 사례를 첨부하고 있다. 소유권이 제한되는 경우에 대해서는 인지사용권(隣地使用權), 소수권(疎水權), 예방공사(豫防工事)의 청구권, 양수(兩水) 주사(注瀉)의 제한, 수로 변경의 제한, 배수권(排水權), 수로사용권, 언(堰)의 설치 및 사용권, 건물설치의 제한, 공작물 설치의 제한 등 18개의 관례를 들고 있다.

한편, 지상권의 성립에 대해서도 죽목(竹木) 소유와 분묘의 소유로 인한 사례를 들고 있다. 이에 의하면 타인의 토지에 주목을 식재하면 즉시 지주의 소유로 속하므로 지상권의 예는 없으나 분묘의 소유로 인하여 타인의 토지를 사용하는 관행이 있음을 지적하고 있다.

마지막으로 전당(典當)의 관례에 대해 언급하고 있다. 동산은 구두 서면으로 계약을 체결하여 목적물을 채권자에 인도함으로 성립되며, 토지 가옥 등 부동산의 전당은 인도하지 않고 문권(文券)이나 증서의 작성을 통해 효력이 생기고 있다. 그리고 권리 전당(典當)의 경우 수표를 전당하는 일은 없고 어음의 전당하는 관행이 있다고 기술하고 있다.

[가치정보]

곡산과 양덕은 비교적 소규모의 군현으로 앞서 법전조사국에서 조사된 주요 대도시나 중심지의 물권과 관련된 관행과 비교하여 분석해 볼 수 있는 자료이다.

II-3-8-13. 물권에 관한 사항

관리기호	기록번호	자료명	
B-1-118	162호 6-2	物權二關スル事項	
작성자	생산기관	생산 연도	
-	조선총독부	-	
지역	언어	분량	소장기관
사천군	일본어	42면	수원박물관
키워드	임대차, 전대, 매매, 입회, 제언		

[기본정보]

조선총독부에서 각종 물권에 관하여 조사한 자료이다. 총 42면으로 구성되어 있으며, 일본어로 작성하였다. 작성자와 생산연도는 알 수 없다.

[내용정보]

자료의 목차는 다음과 같다.

산림·노전·죽전·이생지의 임대차, 토지의 임대차 전대(화리), 토지의 무상양도, 황무지 개간과 소작관계, 유실물·표류물·매장물의 소유권 취득, 소유자를 달리하는 고저 양지의 사이에 있는 경사지 소유권의 귀속, 이웃하는 토지의 강계선 상에 있는 소유자 불명의 위장소유권의 귀속, 조가용지의 강제매매, 읍내의 토지소유권, 영소작의 관례, 입회의 실례, 보·제언의 부지 소유관계, 산림·노전·죽전·이생지의 임대차, 토지의 임대차 전대, 토지의 무상양도, 황무지 개간과 소작관계, 고저 양지의 사이에 있는 경사지 소유권의 귀속, 이웃하는 토지의 강계선 상에 있는 소유자 불명의 위장소유권의 귀속, 유실물·표류물·매장물의 소유권 취득, 조가용지의 강제매매, 읍내의 토지소유권, 영소작의 관례, 입회의 관습 및 실례, 보·제언의 부지 소유관계, 국유제언을 소개하고 있다.

목차의 순서에 따라 1쪽 내외의 분량으로 각각의 조사내용을 서술하였다. 토지의 임대차 전대 관련 서술에서는 이 지방에서 화리매매라고 칭하는 소작권 매매에 관한 관습부터 도조매매의 방법 등 다양한 사항을 상세히 정리하였다. 토지의 무상양도의 경우 이 지방의 토지는 대부분 하천연안이나 산간에 있는 토지로 예전부터 양전을 무상으로 타인에게 양도하는 경우가 있었다고 한다. 토지를 무상으로 양도할 때에는 문기를 작성하여 구문지와 함께 양수인에게 교부하는 관례가 있었다. 이러한 관습은 갑오개혁 이전에는 많이 있었으나 이후 점차 사라졌다.

제언에 관한 서술에서 단성군청에서 보관하던 토지대장에 기재된 국유 및 사유 제언의 현황을 첨부한 것으로 보아 단성지역 등을 조사한 것으로 보인다.

[가치정보]

이 자료는 사천군의 물권에 관한 대한 자료로서 임대차, 전대, 매매, 입회, 제언 등 법률관계 및 실례를 확인할 수 있는 자료이다.

II-3-8-14. 물권에 관한 사항

관리기호	기록번호	자료명	
B-1-431	104	物權ニ關スル事項	
작성자	생산기관	생산 연도	
-	조선총독부	-	
지역	언어	분량	소장기관
의주, 영변	일본어	35면	수원박물관
키워드	소유권, 시가지, 분묘, 공유		

[기본정보]

조선총독부에서 채무변제에 관한 사항을 정리한 자료이다. 일본어로 작성하였으며, 총 35면으로 구성되어 있다. 작성자 및 생산연도 등은 알 수 없다.

[내용정보]

서두에 목차를 작성하였다. 그 내용은 다음과 같다.

－물권에 관한 사항 : 소유권 취득, 소유권 이전의 방식, 소유권의 제한, 시가지의 소유권, 산림원야의 소유권, 분묘의 소유권, 염전·어기·곽암·제언·금석물의 소유권, 공유, 소유권 이전에서 가옥과 토지의 관계, 소유권의 공용징수

－지상권 : 가옥소유를 위한 지상권, 죽목소유를 위한 지상권, 가옥·죽목 이외의 것을 소유하기 위한 지상권, 분묘 기타의 공작물을 소유하기 위한 지상권

－영소작권 : 경작을 목적으로 한 영소작권, 목축을 목적으로 한 영소작권, 경작 혹은 목죽을 목적으로 한 영소작권, 중도지 및 궝조 등의 관례 기타 특종의 영소작권

－지역권 : 통행을 목적으로 한 지역권, 급수를 목적으로 한 지역권, 인수를 목적으로 한 지역권, 인지사용을 위한 지역권

－입회권 : 공유지에 있어서 입회, 타인의 토지에 있어서 입회권, 국유지에 있어서 입회권, 소유자불명의 토지의 입회

－유치권 : 운송품에 대한 유치권, 수선품에 관한 유치권, 여객의 수하물에 대한 유치권, 전 각항 이외의 점유물에 대한 유치권

－선취특권 : 일반의 선취특권, 특별의 선취특권

－전당권 : 동산의 전당, 부동산의 전당, 권리의 전당

－특수물권 : 황무지의 개간, 인산재배지의 대차

응답자의 주소지는 평안북도 의주군, 정주군, 영변군으로 한정되어 있다. 자료에 기술된 내용 중 의주와 영변지방에 관하여 설명하고 있는 부분이 간혹 있는 것으로 보아 이 지역을 조사한 것으로 보인다.

〈표〉 물권, 지상권, 영소작권, 지역권, 입회권, 유치권, 선취특권, 전당권, 특수물권 등에 관한 응답자
(의주, 영변)

순번	주소	직업	이름	나이
1	평안북도 의주군 의내면	참사	최석하(崔錫夏)	
2	평안북도 의주군 의내면		박치격(朴致格)	
3	평안북도 의주군 의내면		이명환(李明煥)	
4	평안북도 의주군 의내면		김영환(金永煥)	
5	평안북도 의주군 의내면	보산합자금사원	장재한(張齎瀚)	53
6	평안북도 의주군 고성면	면장	허 가(許 可)	45
7	평안북도 의주군 송장면	면장	김상란(金尙灡)	52
8	평안북도 의주군 고령삭면	면장	김갑설(金甲說)	54
9	평안북도 의주군 광성면	면장	김용보(金龍步)	58

10	평안북도 의주군 비현면	면장	박경흠(朴慶欽)	48
11	평안북도 정주군 우면	면장	지응함(池應咸)	43
12	평안북도 영변군 읍내면 동부동	면장	김태희(金泰熙)	56
13	평안북도 영변군 읍내면 동부동	도참사	최종규(崔鍾奎)	58
14	평안북도 영변군 팔원면 용산리	향교직원	명이찬(明以瓚)	41
15	평안북도 영변군	서기	차국원(車國轅)	

[가치정보]

이 자료는 평안북도 의주군, 정주군, 영변군을 조사하여 기록했다. 특히 물권, 지상권, 영소작권, 지역권, 입회권, 유치권, 선취특권, 전당권, 특수물권 등에 대한 내용을 기록하였고, 실제 사례를 확인할 수 있는 자료이다.

II-3-8-15. 염전에 관한 사항

관리기호	기록번호	자료명		
B-1-117	158호 9-8	鹽田二關スル事項		
작성자	생산기관	생산 연도		
–	조선총독부	–		
지역	언어	분량	소장기관	
사천군	일본어	5면	수원박물관	
키워드	염전, 조염, 소작료, 제염액			

[기본정보]

조선총독부에서 염전에 관한 사항을 조사하여 정리한 자료이다. 총 5면으로 구성되어 있으며, 일본어로 작성하였다. 작성자와 생산연도는 알 수 없다.

[내용정보]

이 자료는 사천군의 염전에 관한 사항을 조사하여 작성하였다. 자료의 내용을 간략하게 정리하면 다음과 같다.

염전은 그 면적의 명칭은 두락으로 하고 장판으로 계산한다. 장판은 전답의 야미와 같고 그 실적은 약 3백 평 내외이다. 염전매매문기의 실물은 자료 말미에 첨부하였다.

1장판의 1년 제염액은 46석(石)이다. 조염 시기는 음력 정월부터 4월까지, 8월부터 12월까지이며, 5·6·7월은 제염에 적당하다. 종전 염세는 1년 1장판에 대하여 3냥(兩) 내외를 부과하였으나 지금은 염전에 결부를 정하여 5~6부에 염세는 4기로 납부하는데 1기에 3냥이다.

염전의 소작료는 1장판에 봄, 가을 15두로 하며, 소작의 변경은 정월에 한다. 염전수선비는 보통 소작인이 부담하며 홍수로 제언이 결궤되어 공사비가 많이 들 때에는 지주가 반 이상을 부담한다. 공과(公課)는 소작인이 부담한다.

[가치정보]

이 자료는 사천군의 염전에 관한 사항에 대한 자료로서 염전, 조염, 소작료 등에 대한 세부사항을 확인할 수 있는 자료이다.

II-3-8-16. 유실물, 매장물, 표류물 취득에 관한 관습 등

관리기호	기록번호	자료명		
B-1-111	121호 6-3	遺失物, 埋藏物, 漂流物 取得ニ關スル慣習 等		
작성자	생산기관	생산 연도		
-	조선총독부	-		
지역	언어	분량	소장기관	
-	국한문	4면	수원박물관	
키워드	유실물, 매장물, 표류물, 이생지			

[기본정보]

조선총독부에서 유실물·매장물·표류물 등의 취득에 관한 사항 등을 정리한 자료이다. 작성자와 생산연도는 알 수 없으며 국한문 혼용체로 작성하고 있다.

자료의 목차는 유실물 매장물 표류물 취득에 관한 관습, 이생지의 귀속, 사원의 재산, 사우(祠宇)의 재산 및 사정(射亭)의 재산, 조선 서적판본 및 고문서 수집으로 되어 있다. 물권에 관한 사항 중 목차에서 나열한 5가지 사항을 각각 5~6줄씩 소략하게 정리하고 있다.

[가치정보]

이 자료는 유실물·매장물·표류물 등의 취득에 관한 조사자료로서 물권에 대한 운영방법을 추측해 볼 수 있다.

II-3-8-17. 조선 분묘의 소유자 등

관리기호	기록번호	자료명	
B-1-115	100-3	祖先墳墓ノ所有者 等	
작성자	생산기관	생산 연도	
-	조선총독부	-	
지역	언어	분량	소장기관
-	일본어	11면	수원박물관
키워드	분묘, 제위전답, 지상권, 영소작권, 입회권		

[기본정보]

조선총독부에서 선조의 분묘·제위전답 소유자 등에 관하여 조사·정리한 자료이다. 총 11면으로 구성되어 있으며, 일본어로 작성하였다. 작성자와 생산연도는 알 수 없다.

[내용정보]

이 자료의 서술 순서는 조선분묘의 소유자, 제위전답의 소유자, 소유권의 제한, 수목소유를 위한 지상권, 경작을 목적으로 한 영소작권, 공유지의 입회권으로 구성되어 있다.

조선의 분묘는 장파(長派)의 소유인가, 장지파(長支派)의 공유를 보통으로 하는가 라는 질문에 응답형식으로 정리하였다. 이 지방은 선조의 분묘는 장지파 공유의 관념이 있지만 실제는 장파의 소유와 같고, 그 관리는 장파에 있어 장파는 이의 처분권이 있어 장파의 의견에 의해 처분하는 관습이 있다. 지파는 장파의 처분에 대하여 항의를 할 수 있다.

제위전답은 장파의 소유가 보통인가 장지파의 공유가 보통인가. 제위전답은 일반적으로 장지파의 공유가 된다는 관념도 있어서 그 지분을 인정한다. 그 관리처분은 장파에 있어서 실제로는 장파의 소유와 같다.

죽목(竹木)을 소유하기 위해 타인의 토지를 사용하는 소위 지상권의 성질을 가지는 권리를 인정하는 관습이 있다.

경작을 목적으로 영소작권을 인정하는 소작관계는 도지 및 병작의 2종에 있다. 그 권리의 성질은 토지의 임대차에 있어서 임대기간은 보통 1년으로 하고, 토지소유자는 그 다음해에 이르러 권리가 소멸하는 관습이 있다.

국유지 및 타인의 토지에 설정된 입회권을 인정하고 공유지의 입회권을 인정하는 관습에 대하여 상세히 설명하였다. 동유림에 부과되는 조세의 부담여하까지 관련내용을 항목에 따라 나누어 서술하였다.

[가치정보]

이 자료는 선조의 분묘·제위전답 소유자 등에 관하여 조사·정리한 것으로 분묘, 제위전답, 지상권, 영소작권, 입회권 등에 대한 구체적 사례를 확인할 수 있는 자료이다.

II-3-8-18. 조선 분묘의 소유자 등

관리기호	기록번호	자료명	
B-1-116	5호 4-2	祖先墳墓ノ所有者 等	
작성자	생산기관	생산 연도	
-	조선총독부	-	
지역	언어	분량	소장기관
광주	일본어	8면	수원박물관
키워드	제위전답, 소작관례, 입회권, 부동산		

[기본정보]

조선총독부에서 선조의 분묘·제위전답의 소유 등에 관하여 조사·정리한 자료이다. 총 8면으로 구성되어 있으며, 일본어로 작성하였다. 작성자와 생산연도는 알 수 없다.

[내용정보]

자료는 선조 분묘의 소유자, 제위전답의 소유, 특종소작관례의 유무, 입회의 실례, 부동산질의 유무의 순으로 서술하고 있다. 각각의 사항마다 3~4줄의 간략한 설명을 덧붙였다.

특종소작관례의 유무에서 광주지방에는 도조 및 병작 외 특종소작의 관례가 없다고 한 것으로 보아 광주가 조사지역에 해당하는 것을 알 수 있다.

입회와 관련하여서는 다른 조항에 비해 상세히 다루고 있다. 이 지방의 산과 면한 각 동리는 동민 누구라도 산야에 들어가 시초를 채취할 수 있다고 하였다. 광주지역 무등산의 시초면적과 이를 접하고 있는 동민들이 평등하게 들어가 수용수익을 얻을 수 있다는 사례를 들어 설명하였다.

[가치정보]

이 자료는 광주지방의 선조의 분묘·제위전답 소유자 등에 관하여 조사·정리한 자료로서 제위전답, 소작관례, 입회권, 부동산 등에 대한 구체적 사례를 확인할 수 있는 자료이다.

관리기호	기록번호	자료명
B-1-105	新調第100호 (5-4)	獨立ノ財産
작성자	생산기관	생산 연도
-	조선총독부	-

지역	언어	분량	소장기관
원주	일본어	7면	수원박물관

| 키워드 | 칠봉서원, 도천서원, 충렬사 | | |

[기본정보]

이 자료는 조선총독부에서 원주지방의 독립재산을 조사한 책으로 총 7면으로 구성되어 있다. 작성자와 생산연도는 표기되어 있지 않다. 필체로 보아 2인이 수기로 작성하였음을 추측할 수 있으며, 일본어로 작성하고 있다.

[내용정보]

이 자료는 원주지방의 독립재산을 조사하여 정리하고 있다. 사원, 비각, 사정(射亭) 등을 다루고 있다. 자료의 내용은 다음과 같다.

이 지방에는 칠봉서원, 도천서원, 충렬사 등이 있다. 서원은 각 지방의 유지 및 군내 주민 유지들의 기부행위에 의해 설립되었다. 그 목적은 선철(先哲)의 제사와 선비(士) 양성이다. 서원의 재산 관리는 장의(掌議) 및 유사(有司) 두 기관이 담당한다. 유사는 서무에 종사하고, 장의는 그 재산 및 기타를 관리하였다.

관리방법은 전답은 보통 소유지와 같이 도지 및 병작의 방법으로 하였고, 그 부근의 신용이 있는 자에게 소작을 주었다. 금전 및 기타의 동산은 보통지방에서 행하는 이율에 의해 대여하고 이식을 계산하였다. 그 수입의 용도는 제사에 요하는 비용 및 양사(養士)에 요하는 비용에 충당하였다. 재산을 처분할 때에는 군내 유림 중 중요한 인물이 집합하여 결정하고, 서원의 도장이 있어 문기를 작성하거나 재산을 처분할 때 찍었다.

서원이 법률행위, 소송행위를 할 때의 대표자는 장의, 유지, 기타 사림 중 중요한 인물이하고, 그 주체는 항상 사원(祠院)이 되었다. 마땅히 서원의 소송행위는 군내 사림 중 중요한 인물이 연서하였다. 이들 서원은 약 47년 전 관에 의해 폐지되면서 그 존립을 잃게 되었다. 그 재산은 관유로 귀속되었다.

충렬사 또한 서원과 같이 일반유지의 기부에 의해 설립되었다. 옛날 국가에 공로가 있는 자의 공을 추모하고 제사를 지내려는 목적으로 설립되었다. 충렬사의 연혁 및 재산관계, 기타 관리 및 처분방법 등에 대해서는 상세하지 않다.

이외에 터가 남은 유적지나 비석, 사정(射亭) 등을 관리하는 방법도 서술하였다. 대부분 관유가 되거나 공동관리 하는 방법을 택하고 있다.

내용 중 서원이 철폐되던 시기를 약 47년 전이라고 한 것으로 보아 이 자료의 생산연도를 1918년 전후라고 추측해볼 수 있다.

[가치정보]

이 자료는 원주지방의 독립재산을 조사한 책으로 당시 지역 행정단위의 경제 운영방식 및 자본 활용 방법을 확인할 수 있다.

II-3-8-20. 물권에 관한 사항

관리기호	기록번호		자료명
B-1-108	新調第158호 (9-2)		物權ニ關スル事項
작성자	생산기관		생산 연도
-	조선총독부		-
지역	언어	분량	소장기관
고성, 사천 하동	일본어	30면	수원박물관
키워드	임대차, 무상양도, 황무지 개간, 영소작		

[기본정보]

조선총독부에서 물권에 관한 사항을 조사하여 작성한 자료이다. 총 30면으로 구성되어 있으며, 일본어로 작성하였다. 작성자와 생산연도는 알 수 없다.

[내용정보]

자료는 먼저 목차를 통해 토지·산림·노전·죽전·이생지의 임대차, 임대차의 전대, 토지의 무상양도, 황무지 개간과 소작관계, 유실물·표류물·매장물의 소유권 취득, 경사지의 소유권 취득, 이웃 토지간의 위장의 소유자가 불명일 때 소유권의 귀속, 조가용지의 강제매매, 읍내의 토지소유권, 영소작의 관례, 입회의 관례, 송계절목, 보·제언의 부지의 소유관계의 순으로 서술한다는 것을 밝히고 있다. 이후 해당사항을 자세하게 설명하였다.

경작지를 제외한 가옥 등 기타 토지의 임대차 방식은 구두로 하는 것이 대부분이다. 차주는 그 권리를 양도 혹은 전대할 수 있고, 전대되었을 때 대주는 전차인에게 차임지불의 청구를 할 수 있다. 산림은 조림 혹은 목축의 목적으로 임대차 하는 것이 전무하고 묘지도 대차할 때 구두 혹은 계약을 할 때에도 대개 무상계약을 하거나 혹은 유상일 때에는 매도로 간주한다.

소작권의 양도는 영소작관계의 문제에 따르고, 가옥부지 및 묘지용지의 전대는 토지의 임대차의 문제에 따른다. 이외 토지건물동산의 사용수익에 대하여 기한을 지정하고 임대차의 계약을 하는 것이 대부분이고 혹은 전대하는 권리가 있는지 없는지는 자세하지 않다.

유실물 및 표류물은 습득부터 소유권을 취득하는 것을 인정하기 어렵다. 표류물은 습득했을 때에는 표류물 도착지 혹은 습득지 부락으로 귀속되는 것이 관례이다. 매장물은 그 발견된 때로부터 소유권을 취득한 자라고 인정한다.

이웃한 토지의 소유자가 불명일 때 위장은 서북의 경계는 자기의 소유라 하고, 동남의 경계는 앞의 집 혹은 동쪽 편에 있다. 하동에는 이웃 토지간의 위장에 관한 관례가 없다.

고성군 읍내는 서읍면 및 동읍면으로 나누어져 읍성 내에 동읍면이 있다. 성내는 국유지에 속한다. 성내 시가지 또한 국유에 속하여 가옥건설지 이외에는 국유로 인정한다. 제는 방수를 위하여 쌓은 것이고, 언은 유수관계를 위하여 축조한 것인데 통례로 저수지를 제언이라 한다. 이전부터 있던 곳을 활용하거나 예전부터 있던 것이 작아 수리부족이 생겨 관계가 필요하면 각 전답주는 제언 부근의 전답을 매수하여 축조하거나 자기 전답의 수리를 위하여 전답 혹은 황무지에 단독으로 제언을 만들기도 한다. 이와 관련하여 사천군의 제언 및 보의 소유관계를 도표로 정리하고 있다.

조사지역을 명확히 알 수는 없으나 내용 중 고성군·하동지방·사천군에 대한 언급이 나오는 것으로 보아 이 지역이 포함되어 있음을 알 수 있다.

[가치정보]

이 자료는 고성, 사천, 하동 지역을 조사한 것으로 토지의 임대차, 무상양도, 황무지 개간, 영소작에 관한 지역사례로 활용할 수 있다.

II-3-8-21. (상사) 객주 및 여각

	관리기호	기록번호	자료명	
	B-1-392	新調第142 (8-6)	(商事) 客主 及 旅閣	
	작성자	생산기관	생산 연도	
	-	조선총독부	-	
	지역	언어	분량	소장기관
	담양, 곡성 구례	일본어	7면	수원박물관
	키워드	도산, 시장, 담양, 곡성, 구례		

[기본정보]

자료의 표제에는 아무런 제목이 없으며 좌측 하단 작은 글씨로 [상사(商事)]라고 적혀 있다. 자료명인 '(상사) 객주 및 여각'은 목록에 첫 항목을 임의로 제(題)한 것이다. 조사 내용은 객주 및 여각, 도산(倒産)의 경우에 있어 관습, 시장 3가지 사항이다. 내용에 담양, 곡성, 구례군이 언급되고 있는 것으로 보아 조사 대상지는 이 지역으로 생각된다.

[내용정보]

각 항목에는 '51 객주 및 여각', '52 도산의 경우에 있어서 관습[판세음(板細音)]', '61 시장(市場)' 등 번호를 붙여 구분하고 있다. 먼저 객주 및 여각에 관한 조사 내용에는 이 지역에는 그러한 관습이 없음을 적고 있다. 다음으로 판세음의 관습에 대해 언급하고 있다. 판세음은 이른바 채무자가 도산했을 때 채무를 변제받기 위한 하나의 처분방법을 말한다.

보통은 채권자 가운데 다수의 승낙이 필요하고, 채무자와 동거하는 호주(戶主) 또는 부형(父兄)의 동의가 있어야 하며, 채무자가 부재중에는 다른 사람을 통해서, 또는 사망시 유언을 통해 가족에게 실행되기도 한다. 그리고 판세음을 실행한 후에는 잔여 채무는 소멸되며, 일반적으로 선조의 분묘나 제기 등은 그 판세음의 대상이 아니었다.

다음으로 시장에 관한 조사내용을 보면, 담양읍내의 시장은 하천변 관유지(官有地)에 구력(舊曆)으로 매월 2·7일에 열리고, 시장지세(市場地稅)는 2문(文)씩이며 리청(吏廳)·장청(將廳)·사포청(射捕廳) 등의 하인(下人)이 징수해 왔으나 을미 이후 시장관리인을 두고 수세율은 매액(賣額)의 100분의 1로 하였다.

담양군 창평시장은 10여 년 전 설치되었고 개시일은 5·10일로 시장터는 군수 김형옥이 답(畓) 2두락을 매입하여 기부했다고 한다. 이외에 곡성군 옥과시장, 곡성군 읍내시장, 곡성면 석곡시장, 삼기면 어청시장, 오곡면 오곡시장, 구례군 읍내시장, 구례군 외산면 산동면의 시장 등의 개시일 징세 형태에 대해서 간략히 서술하고 있다.

[가치정보]

이 기록은 조사대상지가 전라남도 담양, 곡성, 구례 등으로 추청되는 바, 이 지역에서 이루어진 판세음(板細音)관습과 시장의 현황을 살피는 데 참고할 만한 자료이다.

II-3-8-22. (채권) 소작의 종류, 사음

관리기호	기록번호		자료명
B-1-221	新調第146호 (10-6)		(債權) 小作種類, 舍音
작성자	생산기관		생산 연도
-	조선총독부		-
지역	언어	분량	소장기관
-	일본어	7면	수원박물관
키워드	타조, 도조, 사음, 소작권		

[기본정보]

이 자료의 표제에는 아무런 제목이 없으며 좌측 하단 작은 글씨로 (채권)이라고 적혀 있을 뿐이다. 자료명인 '(채권) 소작의 종류, 사음'은 목록에 보이는 항목을 소장 기관의 작성자가 목록에 의거해 임의로 제(題)한 것이다. 내용에 경상북도, 의성, 예천, 영주, 안동이 언급되고 있는 것으로 보면, 경상북도 지역의 소작관행에 대한 조사 내용이 아닌가 생각된다.

[내용정보]

먼저 소작의 종류에 있어 반작(半作)[타조(打租)]에 대해 언급하고 있다. 이는 수확물의 절반을 지주와 소작인이 평분하는 소작의 방식이다. 그러나 절반이라고 하더라도 실제로는 감로(甘露) 경에 지주와 소작인 입회하에 실지에 나아가 당년의 작황을 보고 수확량을 예정하고 절반으로 하는 방식이며 이를 '간평(看坪)'이라고 한다. 이 계약은 지세(地稅) 또한 절반이며 종자곡은 지주로부터 공급받음이 일반적이다. 다른 소작의 종류로 도조(賭租)에 대해 기술하고 있는데, 보통 수확물의 7분은 소작인, 3분은 지주, 또는 6분은 소작인, 4분은 지주로 미리 그 비율을 정하며 이러한 계약은 지세와 종자곡은 소작인이 부담하되, 역시 실상은 간평의 방식이 이용되어 예천, 영주, 안동, 의성의 4군을 제외하고 거의 모든 경상북도 지역의 일반적 관습이었다고 한다. 따라서 이러한 간평에 따르는 것이 지주에게는 유리하고 소작인에게는 손모(損耗)됨이 있는 폐례(弊例)라고 지적하고 있다. 소작의 운반은 지주와 소작인이 서로 3리 이내 거주하는 경우 보통 소작인이 부담하고 그 이상의 경우 운반임(運搬賃)의 특약을 맺는다고 한다.

한편, 소작권을 매매하는 경우가 역둔토나 향교에 있는 전답에서 이루어지면서 하나의 폐단이 되었음을 지적하고 있다. 이어서 이러한 경지에 대해서는 개정소작료의 표준을 적용하여 그 폐해가 줄었으나 이를 하나의 물권적 효력이 있는 것으로 인식하여 임시토지 조사국의 사정에 대한 불복신청이 의성군에서 14명에 달했으나 모두 취소된 사례를 언급하고 있다. 마지막으로 원격지의 땅에 있는 소작의 취립(取立)에 관한 제반 사항을 취급하는 마름에 대해 간략히 설명하고 있다.

[가치정보]

이 기록은 경상북도 지역의 소작관행에 대해 간략히 정리한 내용으로 보인다. 다른 지역의 소작관행과 비교할 만한 자료가 될 수 있다.

II-3-8-23. 연합채권 등

관리기호	기록번호	자료명		
B-1-220	新調第145호 (8-7)	連合債務 等		
작성자	생산기관	생산 연도		
-	조선총독부	-		
지역	언어	분량	소장기관	
진안, 무주 광양	일본어	11면	수원박물관	
키워드	채권, 채무, 보증채무, 채권 양도			

[기본정보]

이 자료는 진안, 무주, 광양에서 이루어진 채권에 관해 관습조사한 기록이다. 다만 표제 외에는 서지정보가 전혀 기록되어 있지 않아서 언제 작성된 보고서인지 불분명하다.

[내용정보]

먼저, 연합채무에 대한 기술을 보면, 채무자가 2인 이상의 경우 면동(面洞)이나 종중(宗中)에서 합동으로 채무를 진다면 그 채무는 각 채무자의 부담분의 차이는 있으나 수인이 함께 부담하는 한 개의 채무가 된다. 그러나 채무자는 자기의 부담 분을 변제할 수 있다. 다만 계약 당시 봉수자(捧授者)[채무에 관한 전책임(全責任)이 있는 자]는 자기의 부담분을 변제하더라도 그 책임을 면할 수 없다. 따라서 전자의 경우 집합(集合)채무와 유사하지만 후자의 경우 그 성질은 집합채무이지만 실제는 단독채무와 유사한 관념이 있다. 보증채무는 이를 부담하는 자를 보인(保人), 증인(証人), 봉수(捧授)라 부르고 주 채무자가 이를 이행할 수 없는 경우 그 책임을 진다. 채무인수의 관습은 이를 '담당(担當)'이라 부르며 이를 통해 채무가 인도되면 채권자는 채무자에게 청구하지 않고 인수인에게 청구한다. 그런데 전곡(錢穀)의 녹패, 제사의 비용 등으로 이는 국가 또는 왕실로부터 그 사람에게 하사(下賜)된 것으로 양도 매매 또는 전당이 불가능한 채권이었다.

이 자료는 이처럼 채권에 관한 관습을 정리하고 있는데, 기술된 각 항목에는 번호를 붙여 아래와 같이 구분하고 있다.

제2 다수 당자자의 채무 : 1[167] 연합채무, 2[168] 연대채무

제4 보증채무와 채무의 인도 : 1[172] 보증채무, 2[172] 채무의 인수

제5 채무의 양수 : 1[173] 채권양도의 방식, 2[174] 채권양도의 효력, 3[175] 양도할 수 없는 채권

1920년 중추원에서는 관습조사보고서 편찬을 완료한 것이 6종, 자료정리를 완료한 것이 24종이었다. 이때 조사보고서 편찬을 완료한 6종 가운데는 보증채권이 있고, 자료정리를 완료한 것으로 연대채무, 채무양도 등의 항목이 있다. 아마도 이 기록은 그러한 가운데 채권과 관련된 기록의 자료정리를 위해 붙여진 번호가 아닌가 생각된다.

[가치정보]

이 기록은 진안, 무주, 광양 지역의 채권과 관련된 관습을 정리하고 있다는 점에서 다른 지역의 동일 조사 항목과의 유사점과 차이점을 비교할 수 있는 지료가 될 수 있다.

II-3-8-24. 채권에 관한 사항

관리기호	기록번호	자료명
B-1-098	新調第162호 (6-3)	債權ニ關スル事項
작성자	생산기관	생산 연도
-	조선총독부	-

지역	언어	분량	소장기관
상주현 군위현	일본어	41면	수원박물관
키워드	채권, 사음, 계조직, 고용		

[기본정보]

수원박물관 소장 자료로 작성 시기를 정확히 알 수는 없다. 조사대상 지역은 경상도 상주현과 군위현이다. 채권의 인도 및 담당, 채권의 양도, 마름, 특종의 계(稧), 동사(同事),

정기금채권(定期金債權), 고용(雇傭) 등의 관습에 대해 기술하고 있다.

[내용정보]

상주현에서 조사 내용을 보면 채권을 인수하는 관습의 거의 없으나 친척이나 오래된 친구 사이에 그 예가 있으며, 이 지역에서는 "빗맛는다"라고 칭하고 있다고 언급하고 있다. 채권을 양도과정에서의 청구와 지불 방식 등을 이어서 기술하고 있다. 다음으로 사음(舍音)에 대해 언급하고 있는데 상주에서 관습상 당연히 사음이 행하는 직무로는 (1) 지주와 소작인 사이의 간선(幹旋) (2) 위탁조이의 관리감독 (3) 소작료의 취립(取立) (4) 소작료의 보관 및 지주의 지시가 있을 때에는 이를 매매하거나 운반에 관한 일 (5) 전답관리에 관해 필요비용을 입체(立替)로 지출 등이다.

상주현에 동계(洞契), 송계(松契), 종계(宗契) 외에 특종의 계(契)로 위친계(爲親契)와 시계(詩契)가 있다. 그 중 위친계는 계원의 부모가 사망했을 때 계원이 모두 상가에 모여 상을 치르는 동안 상가에서 필요한 일체의 물품과 제공하는 조직으로 그 규약에 따르면 각 계원은 초종(初終), 소상(小祥), 대상(大祥)에 얼마씩을 각출하고 연 3변(邊)의 식리로 운영하고 아무 이유 없이 계원(契員)을 자퇴(自退)한 자는 본전(本錢)을 모두 내놓는다고 되어 있다. 한편 2인 이상으로 구성된 동업(同業) 조직인 동사(同事)의 운영, 이익의 분배, 해산 등의 관습에 대해서도 언급하고 있다. 이 지역에서 행해지고 있는 고용(雇傭)의 관례 농가(農家), 상가(商家), 기타(其他) 관계로 나누어 기술하고 있다.

한편 군위현에서도 조사된 관습 가운데 특종의 계로는 문도계(門徒契), 상포계(喪布契), 종계(宗契), 모선계(慕先契), 서당계(書堂契), 시계(詩契), 의계(誼契), 동계(洞契), 보계(狀契)에 대해 소개하고 있고, 상주와 달리 동사의 관습은 없다.

[가치정보]

이 기록은 상주현과 군위현의 채권에 관한 사항과 함께 두 지역에서의 사음, 고용, 초보적인 형태의 조합으로 인식한 동사와 계의 존재를 비교적 자세히 살필 수 있다는 점에서 다른 지역과 비교해 볼 만한 기록이다.

II-3-8-25. 채권에 관한 사항

관리기호	기록번호	자료명	
B-1-100	新調第158호 (9-3)	債權ニ關スル事項	
작성자	생산기관	생산 연도	
-	조선총독부	-	
지역	언어	분량	소장기관
고성, 사천 하동	-	32면	수원박물관
키워드	채권, 채무, 고용, 계, 동사(同事), 사음(舍音)		

[기본정보]

수원박물관 소장 자료로 조사대상 지역은 경상도 고성, 사천, 하동군이다. 채권의 인도 및 양도, 고용(雇傭), 사음(舍音), 특수한 계(契), 동사(同事), 정기금채권(定期金債權)의 관습에 대해 기술하고 있다.

[내용정보]

채무담당의 관례에 대한 내용을 보면, 갑(甲)·을(乙)·병(丙) 3인이 있고 갑이 을에 대해 채무(債務)가 있고 갑은 병에 대해 채권(債權)이 있을 때, 을과 병이 신용 있는 사이라면 이 경우 병은 을에 대해 갑의 채무를 담당하여 그 결과 갑병의 채권채무는 상계(相計)되어 을과 병이 새로운 채무관계가 생긴다고 기술하고 있다. 그리고 이어서 그러한 채무의 양도과정에 대해 언급하고 있다.

고용 등의 관습에서 고공의 급료에 대한 부분을 보면, 농가의 정기 고용은 고성지역의 경우 매년 추수 후 음력 11월이나 12월에 1년치로 2석(石) 10두(斗)[읍내는 금(金) 40냥(兩)(8円)]를 지불했고, 임시 고공은 일할(日割)로 계산하여 매일 10~20전(錢)[읍내(邑內)는 10전(錢), 촌(村)은 6전(錢), 이앙기에는 20전(錢)]을 지불했다. 그리고 사천지역의 정기 고공의 급료는 읍내는 50두, 촌은 40두였음을 볼 수 있다. 그리고 보통은 고용주가 고용인의 승낙이 있는 경우 외에는 일방적으로 계약관계를 타인에게 양도할 수 없었다. 사음에 대한 내용을 보면 이 지역에는 타 지역의 소위 사음(舍音)과는 차이가 있어 추수 때에 지주가 보내는 간사인(幹事人)과 두량인(斗量人)을 아울러 사음이라 칭하며, 추수곡을 저금하는 자를 고주(庫主) 또는 사음이라고 칭했다. 특수한 계(契)의 종류에 대해서는 1915년 사천군에 곤양면이 병합 후 유향(儒鄕)의 친목을 도모하기 위해 설립한 유계(儒契)를 대표적인 사례로 들며, '양향교유계안(昆陽鄕校儒契案)'을 첨부하고 있다. 마지막으로 동사와 정기금채권(定期金債權)에 대해 간략히 언급하고 있다.

[가치정보]

이 기록은 경상도 고성, 사천, 하동군의 채권에 관한 사항과 함께 사음, 고용, 계의 존재 등에 대해 기술하고 있다. 첨부 문서인 '곤양향교유계안(昆陽鄕校儒契案)'을 통해 이 지역 유계(儒契)의 운영과 조직의 모습을 살필 수 있고, 자세히 서술된 고용과 사음의 관습은 다른 지역과 비교해 볼 만한 기록이다.

II-3-8-26. 채권에 관한 사항

관리기호	기록번호	자료명	
B-1-101	新調第154호 (6-3)	債權ニ關スル事項	
작성자	생산기관	생산 연도	
-	조선총독부	-	
지역	언어	분량	소장기관
아산, 예산 홍성, 당진	일본어	30면	수원박물관
키워드	사음(舍音), 책계(冊契), 고용(雇傭), 동사(同事)		

[기본정보]

수원박물관 소장 자료로 조사대상 지역은 충청남도 아산, 예산, 홍성, 당진군이다. 이 지역의 채무의 인도(引渡), 채권의 양도, 고용(雇傭), 사음(舍音), 특종의 계(契), 동사(同事), 정기금채권(定期金債權)의 관습을 정리하고 있다.

[내용정보]

채무 인도에 관한 관습은 친척이나 오랜 친구[故舊]사이에 드물게 있고, 채권자의 사전 승낙이 있어야 한다. 그리고 채무인도 시기는 채무를 변제(辨濟)할 시기에 이르러서 인도계약 하는 것이 일반적이다. 채권의 양도를 위해서는 어음, 임치표(任置票)가 사용되고 있다.

고용 관습을 살펴보면, 농가 고용은 음력 11월경에 계약하고 급료의 지불액수와 지불시기에도 구별되고 고주는 고인(雇人)에게 식사 등을 제공하고 고주(雇主)가 그 권리를 타인에게 양도하기 위해서는 고인의 승낙이 필요하다는 등의 내용이다. 이어서 상가(商家)와 공업자(工業者)의 고공 관습에 대해서도 설명하고 있다. 사음에 대해서는 사음이 소작인을 임면할 수 있는가, 사음은 스스로 [소작인에게] 소송을 행사하는가, 소작인이 소작료를 납부하지 않을 경우 사음이 대신하여 지주에게 변제할 의무가 있는가. 사음이 소작료를 감면할 권한이 있는가 등의 관습을 조사하고 있다. 이어서 특종의 계는 당진군에서 식리를 위해 운영되는 책계(冊契)에 대해 간략히 언급하고 있으며 동사(同事)에 대해서는 이식(利殖)의 분배 손실의 분담, 동사원(同事員)의 가입, 탈퇴, 제명 등의 사항에 대해 기술하고 있다.

[가치정보]

이 기록은 해당지역의 사음, 고용, 동사, 정기금채권의 관습에 대해서 다른 지역과 비교하여 살펴볼 만한 가치가 있다.

II-3-8-27. (채권) 채권에 관한 사항

관리기호	기록번호	자료명	
B-1-102	新調第128호 (4-4)	(債權) 債權ニ關スル事項	
작성자	생산기관	생산 연도	
-	조선총독부	-	
지역	언어	분량	소장기관
곡산, 양덕	일본어	12면	수원박물관
키워드	채권, 채무, 보증, 소작관습		

[기본정보]

황해도 곡산군과 평안도 양덕군 두 지역의 다수당사자의 채권, 다수당사자의 채무자, 연체채무, 보증채무와 채무의 인수, 채권의 양도, 채권의 소멸, 면제, 소작의 관습에 대해 조사한 보고서이다.

[내용정보]

먼저 하나의 금전채권에 대해 채권자가 2인 이상의 경우는 상업이나 기타의 동사(同事)의 경우가 있다. 다수의 채권자 가운데 단독으로 채무자에 대해 변제(辨濟)를 청구할 수 있고, 그 청구권은 다른 채권자 대리(代理)를 겸하는 것으로 보고 있다. 그리고 반대로 다수의 채무자 사이에 평등 또는 일정한 분할을 인정하지 않고 채무자 1인에 대한 청구는 전원에 대한 효력을 발생하고 있다.

보증채무에 관한 내용을 보면 양덕(陽德)에는 보증인을 '동대(同貸)'라고도 하며, 보증인은 채무자가 이행을 지연할 때는 이를 독촉하고, 채무자가 상환능력이 없거나 도망, 사망 등의 경우에는 이를 이행하는 책임이 있다. 채무의 인수는 이를 '담당(担當)'이라고 칭하는데 이를 통해 채무가 인도되면 채권자는 채무자에게 청구하지 않고 인수인에게 청구한다.

채권의 양도는 금전(金錢), 또는 기탁(寄託), 어음(於音)의 교부를 통해 이루어지고, 채권의 변제는 채권자의 주소에서 이행하는 것이 원칙이며, 채무금액이 많아서 운반비가 필요할 때에는 그 비용은 채무자가 지불하는 것이 보통이다. 아울러 채무자는 변제할 때 채권증서나 수취증서(受取證書)의 작성을 요구하게 할 수 있다.

마지막으로 소작료의 관습을 보면, 이 지역에는 도조(賭租)의 예가 희소하고 타작분반(打作分半)의 예가 많고 이는 한전(旱田)·수전(水田)을 불문하고 종자 역시 지주와 소작인 간에 분반(分半)하되 만일 종자를 소작인이 전부 부담할 경우에는 고초(藁草)는 모두 소작인이 점유하는 관행이 있다. 지주의 수확지분(收穫持分)은 거리가 일일정리(一日程里) 이내는 무료로 운반해주고, 그 이외의 운반비는 지주가 지불하였다. 소작인을 변경하는 시기는 추수 후 음력 12월 이내이며 만일 정월 이후 변경하고자 하면 소작인이 이를 거절할 권리가 있었다. 아울러 지주가 변경되면 동시에 소작인의 소작권도 소멸하는 것으로 인정함이 관례였다.

[가치정보]

이 기록은 토지가 부족한 산악지대인 곡산군과 양덕군의 채권 및 소작에 관한 관습을 조사한 내용이다. 특히, 소작의 관행은 토지가 비옥한 지역과 비교해 볼 만한 기록이다.

II-3-8-28. 물권, 채권

관리기호	기록번호	자료명	
B-1-097	新調第126호 (4-1)	物權, 債權	
작성자	생산기관	생산 연도	
-	조선총독부	-	
지역	언어	분량	소장기관
충주군	일본어	49면	수원박물관
키워드	분묘, 제위전, 화전, 서원, 계표(界標), 호유권(互有權)		

[기본정보]

이 기록은 충주군에서 행해졌던 토지 가옥의 전당권, 분묘와 제위전답의 소유문제, 화전에 관한 관습, 소유권의 취득과 제한 소유권의 성립, 사원 비각사(祠院 碑閣祀)의 소유관리처분 등의 사항에 대해 조사한 내용을 발췌한 것으로 보인다.

[내용정보]

서두에 목차와 함께 충주군 남변면 일부리와 이부리, 용산리, 가연리, 하책리, 북변면 어림리, 연원리, 금천면 답평리, 동양면 용대리의 전주사(前主事), 위원, 면장 등 10명의 응답자 명부를 통해 조사지역이 충주군 일부 지역임을 알 수 있다.

먼저 '토지소유와 가옥의 점유를 채권자에 옮기는가'[특별 제1문(問)] 분묘와 제위전답을 장파(長派)가 소유하는지, 장지파(長支派)와도 공유하는지 등에 대해서 묻고 있다[특별 제1, 2문(問)]. 이에 대해 문권은 인도하여 옮겨지며, 분묘와 제위전답은 장파(長派)가 소유하는 관습이 있다고 답하고 있다. 다음으로 주로 하천연안의 화전(火田)의 경작 문제, 그리고 사주(沙洲) 등으로 늘어난 토지소유권의 취득 인정여부[제217문(問)]를 조사하고 있다. 이어서 공유지, 타인의 토지, 국유지에 관한 입회권[제149, 150, 151문(問)], 황무지 개간의 목적도 토지 임대차(賃貸借)[제162문(問)]에 대해 묻고 있다. 제227문(問)의 '독립의 재단(財團)'이라는 항목으로 사원(祠院)·비각(碑閣)·사정(射亭) 등의 연혁과 소유관리처분에 대해 묻고 있다. 조사대상 서원은 충렬사로 연혁, 중수기, 소속 재산의 운영과 처분 그리고 그와 관련된 매매 문기를 관련 문건으로 첨부하고 있다. 마지막으로 계표(界標) 및 위장설 치청구권(圍障設置請求權), 호유권(互有權) 등 이른바 경계(境界) 위에 베풀어 놓은 계표·담·도 랑 등에 대하여 서로 이웃한 사람이 함께 가지는 공유권으로 인해 소유권이 제한되는 경우에 대해 조사하고 있다.

[가치정보]

이 자료는 기존의 조사보고서에서 필요한 사항에 대해서 질문번호에 해당하는 내용만 을 발췌한 깃으로 보인다. 응답자의 거주지와 직업 등을 분명히 밝히고 있어 충주군내에 서도 그 해당지역의 관련 관습을 살펴볼 수 있는 자료가 될 수 있다.

II-3-8-29. 채권

	관리기호	기록번호	자료명
	B-1-096	新調第155호 (8-2)	債權
	작성자	생산기관	생산 연도
	-	조선총독부	-
	지역	언어	분량	소장기관
	영양, 봉화 청송	일본어	21면	수원박물관
	키워드	사음(舍音), 환퇴(還退), 조합, 토지		

[기본정보]

수원박물관 소장 자료로 조사 시기 및 조사자는 알 수 없다. 사음, 신원보증의 의무 등이 옮겨지는가, 환퇴[서문기(舊文記) 5건 포함] 등의 질문사항에 대해 정리하고, 영양군, 봉화군, 청송군의 조합조직에 관한 내용 및 규약, 토지문기 등을 첨부하고 있다.

[내용정보]

먼저, 사음에 대해서는 지역의 한곳에 큰 역토(驛土)의 사음이 있었으나 갑오개혁 이후에는 모두 폐지되었다고 답하고 있다. 다음으로 신원보증인에 대해서는 과거에는 관리나 공리(公吏)에 의해 정해졌으나 근래에는 면장이 임명하고 그가 사망했을 때 타인을 보증인으로 세우거나 보증인이 가산을 탕진했을 시 관련된 타인에게 보증 의무가 있다고 기술하고 있다.

환퇴(還退)에 대해서는 봉화·영양군에서는 보통 영원히 매매하는 것[영매(永買)]에 비해 그 가액(價額)은 보통 3분의 2이내이고, 일반적으로 3년 이내이다. 그리고 3년 이상 혹은 기한을 정하지 않을 경우에는 기한 내에 물러주거나 또는 그 기간 내에 파는 자[매자(賣者)]가 영원히 매매한다는 문건을 성급(成給)하는 등 양자 사이에 협의한다는 내용을 볼 수 있고, 근래에는 이러한 환태 매매가 거의 없다고 언급하고 있다. 그리고 5건의 환퇴매매서문기(舊文記) 사례를 제시하고 있다. 마지막으로 영양·봉화·청송군 관내 현존하는 계(禊)와 조합의 현황과 규약을 간략히 기록하여 첨부하였다.

[가치정보]

이 기록은 채권에 관한 영양·봉화·청송군의 채권에 관한 몇 가지 사항을 간략히 정리하고 있는데 첨부된 자료를 통해 이 지역의 계와 조합의 현황을 확인해 볼 수 있다. 특히 청송군 청양동 모우계(牝牛禊)의 15개 조의 규약을 전제하고 있어, 그 조직과 운영 양상의 사례를 살피는 데 도움이 된다.

관리기호	기록번호	자료명	
B-1-223	新調第153 (9-4)	債權	
작성자	생산기관	생산 연도	
-	조선총독부	-	
지역	언어	분량	소장기관
전주, 임실 남원	일본어	13면	수원박물관
키워드	채무인수, 채권양도, 사음, 동사		

[기본정보]

이 자료의 표제에는 아무런 제목이 없으며 좌측 하단에 작은 글씨로 '채권'이라고 적혀 있을 뿐이다. 자료명인 '채권'은 소장 기관의 작성자가 목록에 의거해 임의로 제(題)한 것이다. 전주, 임실, 남원군의 채권, 채무, 사음, 동사 등에 대한 관습을 조사한 내용을 담고 있다.

[내용정보]

이 기록의 조사대상 지역은 전주, 임실, 남원이다. 목차에 따르면 조사 항목은 ① 채무의 인수와 담당(擔當)의 관례, ② 채무의 양도, ③ 고용(雇傭), ④ 사음(舍音), ⑤ 시종계(時種契), ⑥ 동사(同事), ⑦ 정기금채권(定期金債權)이다. 그 내용을 살펴보면, 채무 인수는 보통 보인의 명의로 되고 채무자가 이행을 지체했다는 이유만으로는 보인이 변제의 책임을 가지는 것은 아니며, 채무자가 무자력(無資力)이나 도망(逃亡) 등 특별한 경우에 가능하다. 또는 보인이 여러 사람일 겨우 그 실제의 책임은 분할되고, 분담액을 변제할 자는 채무자에 대해 구상(求償)을 요구할 수 있다. 그런데 이러한 채무의 인수는 친족 친구 간에 있는 드문 경우이며 또한 채권자의 승낙을 얻어야 한다. 채권의 양도는 보통 인정하지 않지만 노무(勞務), 사용차 권(使用借權), 임차권(賃借權)를 목적으로 하는 채권은 양도할 수 있다고 한다.

고용에 대한 내용에서는 일용(日傭)외에 고용기간은 일년 또는 기년(幾年)이며, 급료는 연말 또는 새해 초에 일시에 지불하고, 병을 얻어 타인으로 대신하는 경우와 같은 사례는 거의 드물다. 그리고 갑오개혁 이후 노비매매는 혁파되었으나 실제는 기간을 정하거나 종생(終生)하여 매입하는 예가 존재한다는 내용 등에 대해 기술하고 있다. 사음에 대해서는 지주와 위임계약을 맺고 지주를 대신하여 소작인의 지정 또는 교체, 소작인의 감독, 간평의 입회, 소작료의 취립(取立), 경지(耕地)의 개량과 수선의 일을 한다. 보수는 보통 지주 취득액의 1/10이고 지주에 대해서 어느 때라도 자유롭게 해약할 수 있다고 한다.

한편, 농번기 이앙, 제초 등 경운에 관한 노역을 공동 작업하는 목적으로 운영된 농기(農旗)와 공동으로 저축을 하여 호세(戶稅), 도로, 교량 등의 부역 또는 오락비 등을 공동비용으로 충당하는 농사(農社)라는 불리는 조직에 대해 설명하고 있다. 아울러 정기금채권(定期金債權), 곧 지대(地代), 이식(利息) 등에서 매년 일정기간에 권리자에 급부하는 관습이 있는데 이는 친척 또는 고구(故舊) 사이에 있어 의식(衣食)이 궁한 자에게 급부하여 구조(救助)하는 취지에서 시행되고 있는 관습에 대해 설명하고 있다.

[가치정보]
이 자료는 전주, 임실, 남원군의 채권, 채무, 고용과 사음, 동사, 시종계, 정기금채권 등의 관습에 대해 정리하고 있어 다른 지역에서의 관습과 비교해 볼만하며 시종계라는 항목에서 언급된 농기에 대한 언급은 계의 종류에 대한 자료로서 참고해 볼 만한 내용이다.

II-3-8-31. 채권의 양도

관리기호	기록번호	자료명		
B-1-099	-	債權ノ讓渡		
작성자	생산기관	생산 연도		
渡邊業志	조선총독부	-		
지역	언어	분량	소장기관	
-	일본어	48면	수원박물관	
키워드	채권양도, 채권자, 채무자, 어음, 금전			

[기본정보]

이 자료는 서지정보가 전혀 기록되어 있지 않아서 언제 작성된 보고서인지 불분명하다. 다만 수원박물관 소장 또 다른 자료인 '보증채무[B-1-187]'에 관습조사보고서의 채권에 관한 항목 가운데 제63~제67이 실려 있고, 이 기록에는 제68항목이 실려 있다. 이어서 각 지역의 사례를 정리한 서술 방식이 동일한 것으로 미루어 보면, 이 기록 역시 그 작성자는 와타나베 교시(渡邊業志)였던 것으로 생각된다.

[내용정보]

이 기록은 채권 양도의 관습에 대한 제68항목, 각 지역 조사서, 그리고 관습회답안에서 그와 관련된 사항을 발췌하여 싣고 있고 있다.

우선 '제68 채권을 양도할 수 있는가'라는 항목을 그대로 옮겨 기록하고 있다. 이어서 각 지역별 조사보고서에서 관련 내용을 아래와 같은 15개의 지역군으로 묶어서 요약 정리하여 싣고 있다. (1) 충주 (2) 강릉, 삼척, 울진, 영덕 (3) 진안, 금산, 무주 (4) 나주, 영암, 장흥, 보성, 화순 (5) 청주 (6) 춘천, 양구, 인제, 양양 (7) 고령, 대구, 경주, 연일, 개령, 선산, 상주 (8) 강계, 초산, 위원, 벽동 (9) 장진, 함흥 (10) 함흥, 위원 북청 (11) 전주, 임실, 남원 (12) 아산, 예산, 당진, 홍성 (13) 상주, 군위, ○○ (14) 고성, 사천, 하동 (15) 청송, 영양, 봉화.

즉, 관습회답안에서 어음의 양도에 관한 건[융희 3년(1909) 2월 9일 경성공소원 조회, 융희 1910년 2월 18일 법전조사국 회답] 1건의 내용을 발췌하고 1915년(대정 4)부터 1921 년(대정 10) 사이 이루어진 채권의 양도에 관한 고등법원의 판결 사례 13개를 싣고 있다. 중추원 시기인 1920년 관습조사의 결과 지상권, 지역권 입회권 등 주요 24항에 관한 자료의 정리가 완료되었다. 이 자료가 필사본으로 정리된 여러 자료를 싣고 있다는 점을 주목해 보면, 아마도 그러한 자료정리의 과정에서 생산된 기록이 아닌가 생각된다.

[가치정보]

이 자료는 채권의 양도에 관한 각 지역의 사례를 한 번에 살필 수 있음은 물론, 법원에서의 판결사례, 조회회답 등 실제 적용되었던 모습을 함께 볼 수 있다는 점에서 가치가 있다.

관리기호	기록번호	자료명	
B-1-187	106	保証債務	
작성자	생산기관	생산 연도	
渡邊業志	조선총독부	-	
지역	언어	분량	소장기관
-	일본어	46면	수원박물관
키워드	보증채무, 동대, 채권자		

[기본정보]

이 자료는 서지정보가 전혀 기록되어 있지 않아서 언제 작성된 보고서인지 불분명하다. 다만 표제에 필기체로 와타나베 속(渡邊屬)이라고 적혀 있는 것으로 보아 작성자는 와타나베 교시(渡邊業志)임을 알 수 있다.

[내용정보]

이 기록은 보증채무에 대한 관습조사보고서에서의 관련 내용 발췌, 각 지역 조사서, 그리고 관습회답안에서 보증채무에 관한 사항을 발췌하여 싣고 있다.

먼저, 관습조사보고서의 채권에 관한 항목 가운데 '제63 보증인의 책임은 어떠한가', '제67 보증인 여러 사람일 경우 그 1인이 전액을 변제(辨濟)하면 다른 보증인에 대해서는 어떠한 권리를 갖는가'의 5개 항목의 내용에 대해 항목별 구분 없이 발췌하여 옮겨놓고 있다.

다음으로 각 지역별 관습조사보고서의 내용을 아래와 같은 13개의 지역군으로 묶어서 요약 정리하여 싣고 있다. (1) 회령, 종성진 (2) 강계, 초산, 벽동, 위원 (3) 춘천, 양구, 인제 (4) 고령, 대구, 경주, 연일, 개령, 선산, 상주 (4) 진안, 금산, 무주 (5) 강릉, 삼척, 울진, 영덕 (6) 장진, 함흥 (7) 철원 (8) 곡산, 양덕 (9) 대구, 개령, 경주, 인동 (10) 진주, 통영, 울산, 동래 (11) 담양, 곡성, 구례 (12) 청송, 봉화, 영양 (13) 예천, 영주, 안동, 의성에 관한 내용이 기록되어 있다.

마지막으로 관습회답안에서 ① 1909년(융희 3) 2월 9일 경성공소원 조회, 1910년 2월 18일 법전조사국 회답, ② 보증채무의 책임에 관한 건[1908년(융희 2) 5월 1일 경성지방재판소 조회, 1908년(융희 2) 5월 6일 법전조사국 회답], ③ 보증에 관한 건[1911년(대정 원) 2월 10일 평양지방재판소 조회, 동년 2월 25일 취조국 회답]의 3건의 내용을 발췌하였다. 그리고 1911년부터 1917년(대정 6) 사이 이루어진 보증채무에 관한 고등법원의 판결 사례 9개를 싣고 있다. 기존 연구에 의하면 관습조사 업무가 중추원으로 이관된 후 전적조사에 집중된 중추원의 활동은 1차로 1919년에 조사가 완료되었다. 그리고 1920년부터는 제2차 실지조사를 통해 보충적 조사를 시행하기로 했다. 이때 우선 종래 조사했던 보고서를 정리하고 각지 관습의 이동(異同)을 쉽게 파악할 수 있도록 각지 관습이동표(慣習異同表)를 작성하고자 했으나 중도에 방침이 변경, 해당 사업이 중지되었다. 대신 종래 조사한 보고서 및 전적조사에 의해 얻은 조사자료를 편찬하고 자료가 부족한 것은 재차 전적(典籍) 조사를 시행하거나 수시로 지방 출장을 통해 자료를 수집하여 편찬하는 것으로 하였다. 그 결과 1920년 조사보고서 편찬을 완료한 것이 6종, 자료정리를 완료한 것이 24종 이었다. 이때 조사보고서 편찬을 완료한 6종 가운데 보증채권이 있고, 자료정리를 완료한 것으로 연대채무, 채무양도 등의 항목이 있다.

이 자료가 필사본으로 정리된 여러 자료를 싣고 있다는 점을 주목해 보면, 아마도 그러한 자료정리의 과정에서 생산된 기록이 아닌가 생각된다. 특히 와타나베 교시(渡邊業志)는 중추원 직원록에 의하면 1920~1922년까지 중추원 조사과의 속으로 재직 중이었다. 당시 이러한 작업은 속 4명에게 분담시켰고, 와타나베 교시는 그를 수행한 4명의 속 가운데 1명이었던 것으로 볼 수 있다.

[가치정보]

이 자료는 보증채무에 관한 각 지역의 사례를 한 번에 살필 수 있음을 물론, 법원에서의 판결사례, 조회회답 등 실제 적용되었던 모습을 함께 볼 수 있다는 점에서 가치가 있다.

II-3-8-33. 관습조사보고서(채권)

관리기호	기록번호	자료명	
-	-	**慣習調査報告書(債權)**	
작성자	생산기관	생산 연도	
-	-	-	
지역	언어	분량	소장기관
-	일본어	94면	경상대 도서관
키워드	민법, 채권, 관습조사		

[기본정보]

이 자료는 서지정보가 전혀 기록되어 있지 않아서 언제 작성된 보고서인지 불분명하다. 그 내용은 법전조사국에서 조사항목으로 설정한 206개 가운데 민법편의 '채권 제51 관습 상의 이율(利率)이 있는가'부터 '제104 불법행위에 관한 관습은 어떠한가'까지의 항목에 대한 조사내용을 담고 있다.

[내용정보]

이 기록은 법전조사국의 관습조사항목 가운데 채권에 관한 항목에 대한 조사 내용을 모아 놓은 것이다. 관습조사보고서는 초판인 1910년 판, 수정판인 1912년 판, 그 재판인 1913년 판 3종이 있다. 이 가운데 초판인 1912년과 1913년 재판은 몇몇 글자의 차이만 있고 내용에 거의 차이가 없다. 이 자료는 1910년 초판을 작성하기 위한 채권항목의 자료정리를 위해 작성된 것으로 여겨진다. 다음의 몇 가지 내용에서 그러한 점을 확인해 볼 수 있다.

하나는 '제89항목 매매의 목적물에 숨은 하자가 있으면 어떠한가'에 대해 우마의 매매 시 구시(舊時)부터 5일간의 환퇴기산을 인정하였다는 서술이 있을 뿐, 여러 지역의 사례에 대한 언급은 없다. 그러나 1912년 판에는 갑산, 회령, 군산, 경흥, 강계, 대구 용천 등 다양한 지역의 관련 관습을 상세히 서술하고 있다. 다른 하나는 '제93항목의 환매(還買)에 관한 서술'에서 관련 사례로 언급된 지역은 영동, 경주, 울산, 옥구, 공주이다. 그러나

1912년 판에는 강계, 용천, 회령, 경흥, 갑산 지역의 사례가 추가되고 있다.

1912년 판에 새롭게 사례로 추가 언급된 지역은 대체로 1909년도에 조사가 이루어진 지역이다. 이러한 사실을 주목해 보면 이 자료는 1909년 조사대상지역의 관습에 관한 내용의 반영이 미흡했음을 알 수 있다. 그런가 하면, 제56 금전채무 불이행에 대한 제제는 어떠한가라는 항목의 마지막 기술 내용에는 ( )안 세주(細注)에 조사 결과 인천, 개성 등에서의 관습은 명확하지 않고 청주, 안동, 울산, 남원 등에서는 기한 후의 이식 지불이 있으나 재조사가 필요하다는 기술이 보인다. 이는 1912년 판에는 보이지 않는 내용이다.

이러한 사실들로 종합해 볼 때 이 기록은 1910년 초판 관습조사보고서를 간행하기 위해 주로 1908년의 조사대상 지역을 중심으로 채권에 관한 관습의 내용을 정리한 것으로 판단된다.

[가치정보]

이 기록은 법전조사국의 관습조사항목 가운데 1910년 초판 관습조사보고서의 채권에 관한 조사 내용의 기초자료로 정리된 것으로 추측된다. 따라서 전국적인 관습조사 대상지역에 대한 조사가 완료된 이후 간행되었던 1912년 판 관습조사보고서의 내용과 비교검토해 볼 만한 자료가 될 수 있다.

II-3-8-34. 승려의 씨명

관리기호	기록번호	자료명		
B-1-458	新調第162호 (6-6)	僧侶ノ氏名		
작성자	생산기관	생산 연도		
-	조선총독부	-		
지역	언어	분량	소장기관	
상주	일본어	23면	수원박물관	
키워드	승려, 법명, 사유재산(寺有財産), 백정			

[기본정보]

조선총독부에서 승려에 관하여 조사한 자료이다. 총 23면으로 구성되어 있으며 일본어로 작성하였다. 작성자와 생산연도 등은 알 수 없다.

[내용정보]

자료의 목차는 아래와 같다.

승려의 씨명, 승려의 사제 간의 종교적 관계와 친족상의 관계, 승려의 재산과 사유재산(寺有財産)과의 관계, 승려의 유산상속, 승려법통의 계승, 승려와 그 본생친족과의 관계, 출가한 자와 그 가족과의 관계, 승려 종교상에서 친족의 범위 및 그 명칭, 제위전과 불량전, 백정에 관한 사항, 상주 출장 중 감상 및 고적.

자료는 먼저 승려에 관한 다양한 사항을 정리하였다. 예로부터 속인이 승려가 되어 식년(式年)에 이르면 생가의 호적은 소멸하고 승적에 들어감으로써 속명은 소멸한다. 법률행위를 할 때에도 법명을 사용하고 속명을 사용하지 않는다. 승려가 환속하면 반드시 법명을 버리고 새로운 속명을 얻거나 혹은 법문에 들어오기 이전의 이름을 칭한다. 예로부터 승려가 된 사람의 속명의 효력은 승려가 되기 전의 행위에 대하여 효력이 있고, 승려가 된 이후 행위에 대하여서는 하등의 효력이 없다.

백정에 관한 사항에서는 백정의 생활전반에 대하여 3쪽에 걸쳐 설명하고 있다. 백정이 살아가는 지역, 복장, 혼인 등에 대하여 간략히 소개하였다.

자료 말미에는 승려 관련 사항을 상주지역 출장에서 정리한 듯 승려관련 언급과 상주지역 유적을 간략한 감상과 함께 서술하였다.

[가치정보]

이 자료는 승려에 관한 법률행위에 대한 개념과 거주 지역에 대한 정보를 제공해주고 있어 당시 승려에 대한 일반적 개념을 확립할 수 있다.

II-3-8-35. (친족, 물권) 승려의 씨명

관리기호	기록번호	자료명	
B-1-516	新調第153	(親族, 物權) 僧侶ノ氏名	
작성자	생산기관	생산 연도	
-	조선총독부	-	
지역	언어	분량	소장기관
-	일본어	24면	수원박물관
키워드	승려, 사유재산, 유산상속, 혼인, 법통		

[기본정보]

이 자료의 표제는 표기되어 있지 않다. '승려의 씨명'은 수원박물관이 해당 자료를 수집한 후에 목록을 작성하는 과정에서 표제로 붙인 것이다.

[내용정보]

주요 내용은 다음과 같다. 승려의 씨명[승려의 법명의 효력], 승려는 신분인가 직업인가, 승려의 사제 간의 종교적 관계와 친족상의 관계, 승려와 본생친족과의 관계, 출가한 자와 그 가족과의 법률상의 효과, 승려와 혼인, 승려의 재산과 사유재산(寺有財産)과의 관계, 승려의 유산상속, 승려법통의 계승, 제위전, 불량전(佛糧田) 등이다. 이와 함께 승려의 민적부도 함께 첨부하고 있다.

[가치정보]

이 자료는 승려와 관련된 다양한 관계를 기록한 것으로 당시 승려에 대한 인식 및 법적 효력에 대한 내용을 확인해 볼 수 있는 자료의 가치가 있다.

II-3-8-36. 승려에 관한 사항

관리기호	기록번호	자료명	
B-1-457	新調第158호 (9-6)	僧侶ニ關スル事項	
작성자	생산기관	생산 연도	
-	조선총독부	-	
지역	언어	분량	소장기관
고성, 하동	일본어	20면	수원박물관
키워드	승려, 승명, 법명, 제위토, 불량답(佛糧畓)		

[기본정보]

조선총독부에서 승려에 관한 사항을 정리한 자료이다. 작성자와 생산연도는 알 수 없다. 일본어로 작성하였으며, 총 20면으로 이루어져 있다.

[내용정보]

자료의 목차는 다음과 같다. 승려의 씨명·속명·법명의 효력, 승려는 신분인가 직업인가, 승려의 사제 간의 종교적 관계와 친족상의 관계, 승려와 본생친족과의 관계, 출가한 자와 그 가족과의 법률상의 효과, 승려와 혼인, 승려의 재산과 사유재산과의 관계, 승려의 유산상속, 승려법통의 계승, 제위토, 불량답에 대한 내용으로 구성되어 있다. 조사지역은 고성군 옥천사와 하동군 쌍계사이다. 목차에 따라 해당내용을 상세히 작성하였다.

〈표〉 승려에 관한 응답자(고성, 하동)

	통칭명	속명	승명	법명(당호)
1	안항명(安杭明)	원이(願伊)	경식(環植)	항명(杭明)
2	김기운(金奇雲)	심운(心云)	두연(斗演)	기운(奇雲)
3	이혜월(李慧月)	석준(碩俊)	임전(任典)	혜월(慧月)

승려가 되기 전 일반인의 시기에 사용하던 이름을 속명이라 하는데, 승려가 되어 득도하고 10계를 받으면 승명을 받게 된다. 승명은 계사(戒師)가 명명한다. 승명 명명 후에는

속명을 없애고 승명을 사용한다. 또 보살계, 비구계 250계를 받으면 불교에 통달한 7, 8법통을 정하여 당호 즉 법명을 받는다. 법명은 법사가 명명한다. 비구니는 승명 혹은 불명은 있어도 법명은 없다.

출가한 승려와 그 가족 간에는 하등의 법률상의 관계가 없다. 행정상의 의무는 물론 친족 상 상속의 권리의무도 없다.

근래 혼인을 하는 악승(惡僧)이 있어 여자와 함께 살거나 별처에서 암약하는 자가 경성 부근의 절에 있다. 혼인 혹은 배우자를 얻거나 여자를 몰래 만나는 자는 발각되면 절에서 퇴출당한다.

[가치정보]

이 자료는 승려에 관한 전반적인 개념을 확인할 수 있다.

II-3-8-37. 시장세 조사

관리기호	기록번호	자료명		
B-1-401	-	市場稅 調査		
작성자	생산기관	생산 연도		
-	조선총독부	-		
지역	언어	분량	소장기관	
-	일본어	59면	수원박물관	
키워드	시장세, 세율, 세액, 장시			

[기본정보]

이 기록은 자료의 표제부분이 결락된 소장되어 있으며, 자료명인 '시장세 조사'는 문서의 내용에 의거해 임의로 제(題)한 것이다.

[내용정보]

이 자료는 전국에 분포한 장시를 도와 군현별로 나누어 세율과 연간 총액수의 세액, 그리고 특이사항을 기입한 항목 등으로 구성된 표로 이루어져 있다. 기입된 내용을 보면, 각 군내 장시의 명칭과 개시일과 해당 장시의 매달 세액과 연간 세액을 적고 있다. 비고에는 이러한 세액의 지출용도를 간략히 기입하고 있다.

이 기록은 『증보문헌비고』에서 사용한 개시일의 표시 방식으로 기록하고 있다. 또한 세액의 단위를 양(兩)으로 표시한 점, 지출용도로 사객지공을 비롯한 지방관청의 수입으로 사용되고 있는 사항에 대해 적고 있는 사실 등을 종합해 볼 때 『증보문헌비고』를 비롯한 기존 전적을 참고하여 조선후기 장시의 현황을 정리한 것으로 생각된다.

조선을 식민지화한 일제는 1910년대 한국의 사회경제에 대한 전반적인 조사를 시작하게 되었고, 시장제도는 중요한 조사대상의 하나였다. 그 결과 1912년 총독부 철도국에서 전국의 철도 연선 시장의 현황 등에 대해 조사 정리한 『조선철도연선시장일반(朝鮮鐵道沿線市場一斑)』이 이미 간행되기도 했다. 이어서 1919년 『조선지지자료(朝鮮地誌資料)』에는 시장만을 대상으로 한 것은 아니었으나 전국을 대상으로 각 도, 각 군의 시장분포와 각 시장의 상품거래 현황, 개시일 등을 정리하여 싣고 있다. 1924년 총독부 조사과 촉탁 젠쇼 에이스케(善生永助)가 간행한 『조선의 시장(朝鮮の場市)』은 시장만을 조사대상으로 하여 문헌조사와 실지조사를 거쳐 작성한 최초의 종합 보고서였다. 그리고 1929년에는 이를 보완하여 『조선의 시장경제(朝鮮の市場經濟)』라는 자료집이 발간되었다.

이 자료는 이처럼 시장에 관한 종합조사보고서가 만들어지는 과정에서 자료조사의 차원에서 정리된 자료가 아닌가 추측된다.

[가치정보]

각도 각 군현 장시의 개시일, 세액과 그 용도 등을 간략히 적고 있으나 전국적인 장시의 현황을 일목요연하게 정리하고 있다는 점에서 참고할 만한 가치가 있다.

II-3-8-38. 담보의 목적으로 하는 매매의 관례

	관리기호	기록번호	자료명	
	B-1-124	新調第66호 (5-1)	擔保ノ目的ヲ以テスル賣買ノ慣例	
	작성자	생산기관	생산 연도	
	-	조선총독부	-	
	지역	언어	분량	소장기관
	함흥군 장진군	일본어	32면	수원박물관
	키워드	담보, 화리, 전당, 영소작권		

[기본정보]

조선총독부에서 담보, 화리, 전당 등의 물권 관련 사항을 조사하여 정리한 자료이다. 일본어로 작성하였으며, 총 32면으로 구성되어 있다. 작성자와 생산연도는 알 수 없다.

[내용정보]

〈표〉 물권에 관한 응답자(함흥군, 장진군)

순번	주소	이름	직업	나이
1	함흥군 하기천면	최운종(崔雲鍾)	전 도유사	51
2	함흥군 하기천면	한덕순(韓德純)	하통리 이장, 전 장의	41
3	함흥군 하기천면	한윤권(韓允權)	전 장의, 정흥리 이장	37
4	함흥군 하기천면	최국렬(崔國烈)	전 장의	63
5	장진군 북상면	한형로(韓亨魯)	군참사	55
6	장진군 읍내면	정익태(鄭益泰)	전 향장	70
7	장진군 읍내면	주형규(朱炯奎)	전 향교교수, 문묘직원	62
8	장진군 읍내면	고경중(高敬重)	읍내면장	48
9	장진군 읍내면	안흥준(安興俊)	민당리 이장	50
10	장진군 읍내면	전승권(全昇權)	전 충의	66
11	장진군 부민면	임병하(林炳夏)	농민	58
12	장진군 부민면	박진훈(朴鎭薰)	농민	66

목차는 다음과 같다.

담보의 목적으로 하는 매매의 관례, 가대환퇴문기, 화리매매·화리전당의 관례, 가대에 관한 관례, 전당의 관례, 전당문기, 토지의 방매문기, 퇴도지의 관례, 특종의 물권, 전지면적의 칭호와 계산표준, 황무지 개간을 목적으로 한 토지의 대차, 입회사례, 영소작권, 특종소작례, 종중재산, 첨부로 인한 토지의 소득, 지역(地役)의 사례, 화전에 관한 관습, 향교재산, 차용증서로 구성되어 있다.

이 자료는 응답자를 통하여 조사한 내용 이외에 다양한 문서를 수록하여 관련사항을 이해하는 데 많은 도움을 주고 있다.

[가치정보]

이 자료는 담보, 화리, 전당 등의 물권 관련 사항을 조사하여 정리한 자료로서 가치가 있고, 응답자의 세부사항을 명기하여 조사과정과 그 내용에 대한 근거로 활용할 수 있다.

II-3-8-39. 변세음에 관한 조사보고서

관리기호	기록번호	자료명		
348 21	-	辨細音ニ關スル調査報告書		
작성자	생산기관	생산 연도		
下森久吉	법전조사국	1908-1922		
지역	언어	분량	소장기관	
-	일본어	11면	고려대학교	
키워드	변세음, 판세음, 채권, 채무			

[기본정보]

이 자료는 법전조사국에서 조선의 변세음(辨細音)에 대해 조사하여 정리한 자료이다. 모두 11면으로 구성되어 있다. 작성자는 시모모리 히사키지(下森久吉) 사무관보이며 일본어로 작성되어 있다.

[내용정보]

이 자료는 법전조사국에서 변세음 관습 등에 대해 조사한 자료로 제1장 변세음의 관습, 제2장 변세음의 의의, 제3장 변세음의 수속, 제4장 변세음의 효력 등으로 구성되어 있다. 특히 제2장 변세음의 의의에서는 변세음(辨細音)은 판세음(板細音)이라고도 칭하며 채무자가 무자력(無資力)의 상태에 빠진 경우 채권, 채무와 현존 재산을 조사하고 변별하여 채권액에 상응하는 할전(割前), 즉 분배액을 배당하는 자를 말한다고 설명하였다. 제3장 변세음의 수속에서는 변세음이 즉시 처리할 수 있는 재산, 재산의 관리, 채권의 조사, 재산의 배당방법 등에 대해 기술하였다.

[가치정보]

이 자료는 조사대상 지역에서 변세음의 관습, 의의, 수속, 효력 등의 사례를 통해 변세음에 관한 관습을 살펴볼 수 있는 자료이다.

II-3-8-40. 어음 및 수형에 관한 조사보고서

관리기호	기록번호	자료명		
366.6(KDC)	조제333호	於音及ヒ手形ニ關スル調査報告書		
작성자	생산기관	생산 연도		
寶井德三郎	법전조사국	1910		
지역	언어	분량	소장기관	
개성, 풍덕 장단, 파주	일본어	36면	한국학중앙연구원	
키워드	어음, 수형(手形), 양도, 전당(典當), 보증, 인도(引渡)			

[기본정보]

이 자료는 법전조사국에서 어음 및 수형에 대해 조사하여 정리한 것으로, 작성자인 다카라이 도쿠사부로(寶井德三郎) 사무관보가 조사결과를 법전조사국위원장 구라토미 유자부로(倉富勇三郎)에게 보고한 것이다. 이 자료는 일본어로 기록되어 있고 총 36면으로 구성되어 있으며 생산연도는 1910년(융희 4)이다.

[내용정보]

법전조사국에서 조사한 어음 및 수형에 관한 자료이다. 자료의 첫 부분에 어음 및 수형에 관한 관습을 개괄하였고 개성, 풍덕, 장기, 파주에서의 사례를 소개하였다. 그리고 각지에서의 조사를 종합하여 수형의 종류, 수형의 기재사항, 수형의 성질, 수형의 양도·전당, 보증·인도, 지불, 상환청구, 기타 관습, 현재 실제 행해지는 수형의 종류, 수형조례와 실제의 통용 등의 사례를 종합 설명하였다.

[가치정보]

이 자료는 경기도 개성, 풍덕, 장기, 파주 지역에서 확인되는 사례로부터 어음 및 수형에 관한 관습을 살펴볼 수 있는 자료이다.

II-3-8-41. 이조의 재산상속법

관리기호	기록번호	자료명		
366.6(KDC)	조제333호	李朝の財産相續法		
작성자	생산기관	생산 연도		
喜頭兵一	조선총독부 중추원	1936		
지역	언어	분량	소장기관	
-	일본어	520면	국립중앙도서관	
키워드	재산상속법, 상속, 전계문기(傳係文記), 유서, 상속재산			

[기본정보]

이 자료는 조선총독부 중추원에서 조선의 재산상속법에 대해 조사한 것으로 520면으로 구성되어 있다. 중추원에서 조선총독부판사 기토 효이치(喜頭兵一)를 위촉하여 자료를 제공하고 기술하도록 하였다. 생산연도는 1936년(소화 11)이다. 일본어로 기록되어 있다.

　이 자료는 조선총독부 중추원에서 수집한 조선의 재산상속법에 대한 자료를 조선총독부판사 기토 효이치에게 제공하여 기술하도록 한 것이다. 자료의 서두에서 중추원 서기관장 우시지마 쇼조(牛島省三)는 중추원에서 조사한 자료가 불충분할 수 있음을 시인하고 있다. 그러나 조선의 재산승계에 관해 최초로 시도한 계통적 기술이며 현재의 재산상속법에 관한 관습의 유래를 구명함에 비보(裨補)할 수 있을 것이라 평가하였다.

　본문은 서장, 전계문기(傳係文記), 유서(遺書), 자녀의 상속, 자녀 없는 부처(夫妻)의 상속(1~2), 상속의 개시 및 상속재산의 분집(分執), 부기(附記) 등 총 8장으로 구성되어 있다. 제1장 서장에서는 상속의 개념, 상속재산, 제사상속과 재산상속, 자녀의 상속, 자녀 없는 부부의 상속, 상속분에 대해 다루었다. 제2장 전계문기에서는 백문문기(白文文記)와 관서문기(官署文記), 방식, 개급(改給)을 서술하였고 제3장 유서에서는 유서의 관념, 요식행위, 유서의 취소, 유명(遺命), 유서에 의한 분재(分財), 유서에 의한 입후(立後), 유언의 무효에 대해 설명하였다. 제4장 자녀의 상속에서는 부(父)의 유산에 대한 적자녀 및 첩자녀의 상속분, 계후자(繼後子) 및 차양자(次養子), 첩자(妾子), 수양자녀(收養子女) 및 시양자녀(侍養子女), 모(母)의 유산에 대한 상속분에 대해 소개하였다. 제5~6장 자녀 없는 부처의 상속(1, 2)에서는 생존 배우자의 상속, 본족(本族)의 의의, 첩자녀(妾子女)·의자녀(義子女)·양자녀역무과기분(養子女亦毋過其分)의 해(解), 서자의 유산, 반부인노비(班祔人奴婢), 형망제급(兄亡弟及)과 입후(立後)와의 저촉(牴觸), 총부(冢婦)의 지위, 형망제급(亡兄弟及)의 적용범위, 첩자(妾子)있을 때의 입후(立後), 사후양자(死後養子)의 재산상속, 배우자 몰후(歿後)의 수양·시양을 서술하였다. 제7장 상속의 개시 및 상속재산의 분집(分執)에서는 상속의 개시, 상속재산의 분집 등을 다루었다.

[가치정보]

　이 자료는 조사대상 지역의 다양한 사례를 통해 재산상속에 관한 관습을 살펴볼 수 있는 자료이다.

관리기호	기록번호	자료명	
朝30-50	-	調査報告書(朝鮮ノ土地制度及地稅制度)	
작성자	생산기관	생산 연도	
和田一郎	조선총독부	1920	
지역	언어	분량	소장기관
-	일본어	791면	국립중앙도서관
키워드	토지, 토지제도, 지세제도, 사궁장토(司宮庄土), 역토(驛土), 둔토(屯土), 능원묘(陵園墓), 묘전궁(廟殿宮), 사단(祠壇), 학전(學田), 사전(寺田), 묘지, 목장토(牧場土), 국유지		

[기본정보]

이 자료는 조선총독부에서 조선의 토지제도 및 지세제도에 대해 조서한 조사보고서로 791면으로 구성되어 있다. 작성자는 조선총독부임시토지조사국잔무정리 조선총독부철도 국장 와다 이치로(和田一郞)이고 생산연도는 1920년(대정 9)이다. 일본어로 작성하였다.

[내용정보]

이 자료는 조선총독부에서 조선의 토지제도 및 지세제도에 대한 조사결과를 조선총독 사이토 마코토(齋藤實)에게 보고한 것이다. 작성자인 조선총독부철도국장 와다 이치로는 서문에서 고려가 전제(田制)의 퇴폐로 멸망하였고, 조선은 전제의 혁신으로 건국할 수 있었으나 임진왜란 이후 토지문란이 심각해져 국초(國礎)가 위태로워졌다고 하면서 경제 재정은 치국(治國)의 요개(要槪)이며 그 추축을 이루는 것은 토지라 하였다. 그러나 조선토 지제도의 통일적 연구는 아직 거의 없고 남아 있는 것도 단한령묵(斷翰零墨)에 불과하며 진위를 판단할 수 없다고 하였다. 그러면서 본인은 토지조사의 총무에 종사하면서 조선의 토지소유권 심사, 토지 품위등급 전형, 지형지모 측도를 통해 지적을 정리하여 근세적 토지제의 성립에 참여하게 되었고 이후 토지제도 및 지세지도 연구에 매진하여 조선 고래(古來)의 정법(政法), 사승(史乘), 지리, 제가별집(諸家別集), 전기 등에 관한 전적(典籍)을 섭렵하여 점차 조선토지제도요론 등을 만들게 되었다고 밝히고 있다. 본 자료의 본문은 조선토지제도요론, 사궁장토(司宮庄土)에 대하여, 조선에서 문기(文記) 기타, 역토(驛土) 및 둔토(屯土)의 연구, 토지에 관한 표시, 후릉원(陵園墓)에 대하여, 묘전궁사단(廟殿宮祠壇) 및 그 부속지, 학전(學田) 및 사전(寺田), 묘지에 대하여, 목장토(牧場土), 국유지의 분규(紛糾), 이조시대(李朝時代)의 지세 및 부가세, 역대의 결수·세액 및 면적의 연구, 조선에서 지가조사, 시가지의 지적조사 등 총 15편으로 구성되어 있다.

[가치정보]

이 자료는 작성자 와다 이치로가 작성, 정리한 자료로부터 조선의 토지 및 지세제도에 대한 제도와 관습에 대해 살펴볼 수 있는 자료이다.

II-3-8-43. 조선에서 사원 및 승려재산에 대한 관례조사서(2)

관리기호	기록번호	자료명	
한古朝 21-257	신조제 162-6, 163-6	朝鮮に於ける寺院及僧侶財産に對する慣例調査書(2)	
작성자	생산기관	생산 연도	
小田幹治郎	조선총독부 중추원	1921	
지역	언어	분량	소장기관
-	일본어	21면	국립중앙도서관
키워드	사원, 승려, 법답(法畓), 사답(私畓),환속(還俗)		

[기본정보]

이 자료는 조선총독부 중추원에서 조선의 사원 및 승려의 재산에 대해 조사한 것으로 21면으로 구성되어 있다. 작성자는 오다 미키지로(小田幹治郎)이고 생산연도는 1921년(대정 10)이다. 일본어로 기록되어 있다.

[내용정보]

이 자료는 경성부에 거주하는 변호사 모토키 후사키치(本木房吉)의 요청 '사원의 재산에 관한 관습의 건에 대한 청원서(寺院ノ財産ニ関スル慣習ノ件ニ付御願書)'에 따라 조선총독부

중추원에서 조선의 사원 및 승려의 재산에 대해 조사한 것이다. 모토키가 취조를 요청한 사항은 다음과 같다. 1. 조선에서 승려의 소유재산 중 토지에 대해서 법답(法畓), 사답(私畓)의 2종을 구별하는 관습이 있는가. 2. 관습상 법답, 사답의 구별이 있다면 이 양자는 그 취득원인, 사용, 수익 및 상속, 기타에 관해 어떠한 상위(相違)함이 있는가. 3. 승려가 환속(還俗)한 경우는 법답을 그 제자(弟子)에게 양도하고, 사답은 환속자(還俗者) 자기의 소유로서 보유하여 훗날 속인(俗人)의 상속자가 생긴 때에 이것을 상속시키는 것은 관습상 인정받고 있는가 아닌가. 4. 이상의 관습은 경상남도 지방에서 대략 동양(同樣)인가. 이에 대해 본 자료에서는 경상북도 문경 및 상주군 지방에 대해 승려의 재산과 사유재산과의 관계, 승려의 유산상속, 승려법통(僧侶法統)의 계승 등에 대하여 조사, 정리하였고[신조제162-6], 경상북도 청송, 영양, 봉화군의 지방에 대해서는 승려의 유산상속에 대해 조사, 정리하였다[신조제163-6].

[가치정보]

이 자료는 경상북도 문경, 상주, 청송, 영양, 봉화 등 지방에서 승려의 재산, 유산 및 상속, 법통의 계승 등에 대해 조사한 사례로부터 사원 및 승려의 재산에 관한 관습을 자세히 파악할 수 있다.

II-3-8-44. 조선에서의 소작제도

관리기호	기록번호	자료명	
朝21-23	-	朝鮮に於ける小作制度	
작성자	생산기관	생산 연도	
李覺鍾	조선총독부	1925	
지역	언어	분량	소장기관
-	일본어	37면	국립중앙도서관
키워드	소작, 소작료, 정액법(定額法), 분익법(分益法), 소작계약, 사음(舍音)		

이 자료는 조선총독부에서 조선의 소작제도에 대해 조사한 조사보고서로 37면으로 구성되어 있다. 작성자는 조선총독부 촉탁 이각종(李覺鍾)이고 생산연도는 1925년(대정 14)이다. 일본어로 기록되어 있다.

[내용정보]

이 자료는 조선총독부에서 조선의 소작제도에 대해 조사한 것으로 제1장 전지(田地) 소작의 연혁 등 총 10장으로 구성되어 있다. 주요 내용은 1. 전지소작의 연혁 2. 소작의 종류 3. 소작계약 4. 소작의 기한 5. 소작상의 제한 6. 소작료 7. 소작지의 제(諸) 부담 8. 소작계약의 해제 9. 사음 및 추수원 10. 여록(餘錄)이다. 소작의 종류에 대해서는 정액법 [도지(賭只), 영도(永賭)]과 분익법[타작(打作), 집수(執穗)]으로 설명하였고, 소작계약에 대해서는 1906년(명치 39) 재정고문이 제정에 관련된 '역둔토의 소작인허가증', 1909년(명치 42) 이래 동양척식주식회사가 만든 소작증, 내지인지주의 제정에 관한 것(만족스리운 양식이 없어 '소작계약서(小作契約書)', '후작이완용가농장계약(侯爵李完用家農庄契約)', '재단법인양정의숙소작증(財團法人養正義塾小作證)', '대지주장길상가(大地主張吉相家)의 소작증서(小作證書)' 등을 제시함) 등을 사례로 들어 설명하였다.

소작의 종류에 대해서는 전답별 도지에 의한 것, 타작에 의한 것, 집수(執穗)에 의한 것으로 나누어진다고 설명하였고, 소작료의 제부담에 대해서는 공과(公課), 용수료, 종자, 금비대(金肥代), 토지의 수선(修繕), 제언보(堤堰洑)의 수리, 관개방비수설비(灌漑防備水設備), 소작인의 잡부담(雜負擔)에 대하여, 소작계약의 해제에 대해서는 계약해제의 시기, 계약해제의 주된 사건, 해약에 수반한 손해배상에 대하여 설명하였다. 사음 및 추수원에 대해서는 사음계약, 사음의 보수, 사음의 이익, 사음의 폐해, 추수원 등으로 설명하였다. 마지막으로 여록(餘錄)에서는 조선의 현행 소작제도를 개선하기 위해 다음의 방안을 제시하였다. 1. 소작기한을 확정하고 적어도 5개년으로 할 것 2. 소작료를 확정하고 많아도 생활고의 4할을 넘지 않을 것 3. 지조공과(地租公課)는 절대 지주의 부담으로 할 것 4. 마름을 취체하고 또한 이들을 농사개량을 위해 이용할 것.

[가치정보]

이 자료는 조선총독부에서 조사한 조선 소작제도의 연혁, 종류, 계약, 기한, 제한사항, 소작료 등의 관습을 자세히 파악할 수 있는 자료이다.

II-3-8-45. 조선에서의 종교 및 향사요람

관리기호	기록번호	자료명	
朝03-10-2-12-15	-	朝鮮に於ける宗教及享祀要覽	
작성자	생산기관	생산 연도	
조선총독부 학무국 연성과	조선총독부	1939-1942	
지역	언어	분량	소장기관
-	일본어	158면	국립중앙도서관
키워드	종교, 향사(享祀), 조선불교, 내지불교(內地佛敎), 기독교, 신도(神道)		

[기본정보]

이 자료는 조선총독부에서 조선의 종교 및 향사에 대해 조사한 것으로 158면으로 되어 있다. 작성자는 조선총독부 학무국 연성과로 되어 있으며 생산년도는 1939년(소화 14)~1942년(소화 17)이다. 일본어로 기록되어 있다.

[내용정보]

이 자료는 조선총독부에서 조선의 종교 및 향사에 대해 조사한 것이다. 주요내용으로는 조선종교의 개황[조선불교, 신도(神道), 내지불교, 기독교], 조선향사의 개황[전(殿), 능(陵), 향사 및 서원(祠宇及書院), 각 종교교세 총괄요람(신도, 내지불교, 조선불교, 기독교), 종교단체경영 제(諸) 사업(1. 교육사업 : 신도, 불교, 기독교, 2. 의료사업 : 불교, 기독교, 3. 주된 사회사업 : 신도, 불교, 기독교), 향사[1. 전(殿)의 명칭 및 주소지, 2. 능(陵)의 명칭 및 주소지, 3. 전릉참봉(殿陵參奉) 및 수호인수(守護人數), 사우(祠宇) 및 서원(書院)의 명칭 및 주소지] 등이 있다. 자료의 마지막에는 부록으로 사찰령(寺刹令), 사찰령시행기일, 사찰령시행규칙, 사원규칙, 사원규칙에 의한 사원창립원(寺院創立願), 동재산계(同財産屆)의 양식, 포교규칙(布敎規則), 포교규칙에 의한 포교계(布敎屆) 등이 양식, 향사이정(享祀釐正)에 관한 건 등 관계법령과 시행규칙, 양식 등이 실려 있다.

이 자료는 조선총독부에서 조사한 조선의 종교 및 향사에 대해 개황, 교세, 관련 사업 등에 대한 관습을 상세히 파악할 수 있는 자료이다.

II-3-8-46. 인명휘고보유초고

관리기호	기록번호	자료명	
中B9A-22	-	人名彙考補遺草稿	
작성자	생산기관	생산 연도	
-	조선총독부 중추원	-	
지역	언어	분량	소장기관
-	일본어	251면	국사편찬위원회
키워드	인명, 전봉준, 송병준, 이완용, 김옥균		

이 자료는 조선총독부 중추원에서 인명을 조사하여 정리한 책이다. 생산연도 및 작성자는 표기되어 있지 않으나 필체로 보아 2인 혹은 3인이 정리한 것으로 보인다. 표지를 포함하여 251면으로 되어 있으며, 일본어 필기체로 되어 있다.

이 자료는 조선총독부 중추원에서 당시에 활동했던 인물을 중심으로 조사 기록한 것으로 각 인물에 대해 자세히 알 수 있다. 대부분이 1~2쪽으로 내용서술이 이루어지고 있으나, 이완용의 경우 18쪽에 걸쳐 자세히 인물에 대해 설명하고 있다. 이 자료에 기록되어 있는 인물은 다음과 같다.
정대유(丁大有), 이하응[李昰應(大院君)], 윤시병(尹始炳), 윤용선(尹容善), 윤용식(尹容植), 윤희구(尹喜求), 윤웅열(尹雄烈), 신정희(申正熙), 신환(申桓), 신익선(申翼善), 신억(申檍), 신명순(申命淳), 백은진(白殷鎭), 임태영(任泰瑛), 임상준(任商準), 임선준(任善準), 전봉준(全琫準), 안중식(安中植),

안경수(安駉壽), 안종화(安鍾和), 박정양(朴定陽), 박용대(朴容大), 박제무(朴濟武), 박기양(朴箕陽), 지석영(池錫永), 송병준(宋秉畯), 송병선(宋秉璿), 성대영(成大永), 성기운(成岐運), 순종(純宗), 이태왕(高宗), 이원희(李元熙), 이규철(李揆哲), 이완용(李完用), 이지용(李址鎔), 이병무(李秉武), 이승순(李承純), 이주철(李周喆), 이건창(李建昌), 이중하(李重夏), 이위영(李胃榮), 이규원(李奎遠), 이규석(李奎奭), 이준(李埈), 이용구(李容九), 이용직(李容直), 이용태(李容泰), 이용익(李容翊), 이용식(李容植), 이용희(李容熙), 이근명(李根命), 이근상(李根湘), 이근호(李根澔), 이조연(李祖淵), 이헌앙(李軒仰), 이경식(李耕植), 이하영(李夏榮), 이탁석(李託錫), 이연명(李演明), 이교헌(李敎獻), 이경우(李景宇), 이경하(李景夏), 이최응(李最應), 이재극(李載克), 이재완(李載完), 이재순(李載純), 이재각(李載覺), 이도재(李道宰), 이우면(李愚冕), 이봉구(李鳳九), 이봉상(李鳳祥), 이희승(李熙昇), 이범진(李範晉), 이종승(李鍾承), 이광영(李鑛永), 지상훈(池相薰), 지순택(池舜澤), 지성신(池星臣), 차경석(車京石), 구완식(具完植), 임진주(林珍珠), 김대건(金大建), 김윤식(金允植), 김옥균(金玉均), 김승철(金承哲), 김영수(金永壽), 김홍집(金弘集), 김유연(金有淵), 김규진(金奎珍), 김명규(金明圭), 김재범(金在範), 김규홍(金奎弘), 김병시(金炳始), 김병익(金炳翊), 김병덕(金炳德), 김병기(金炳冀), 김태희(金泰熙), 김사준(金思濬), 김사철(金思轍), 김선필(金善弼), 김기수(金綺秀), 김익석(金翼錫), 김희진(金喜鎭), 김석진(金奭鎭), 김홍락(金興洛), 김철원(金哲元), 김성근(金聲根), 김홍육(金弘陸), 김학진(金鶴鎭), 유길준(俞吉濬), 남정철(南廷哲), 남상교(南尙敎), 남종삼(南鍾三), 강일순(姜一淳), 유후조(柳厚祚), 홍영식(洪英植), 홍순직(洪淳稷), 홍순철(洪淳哲), 홍계훈(洪啟薰), 홍봉주(洪鳳周), 손병희(孫秉熙), 서정순(徐正淳), 서광범(徐光範), 서당보(徐堂輔), 서재필(徐載弼), 최시형(崔時亨), 최익현(崔益鉉), 최석민(崔錫敏), 최제우(崔濟愚), 장지연(張志淵), 장석주(張錫周), 곽종석(郭鍾錫), 어윤중(魚允中), 어윤적(漁允適), 민승호(閔升鎬), 민태호(閔台鎬), 민영우(閔泳愚), 민영규(閔泳奎), 민영익(閔泳翊), 민영철(閔泳喆), 민영환(閔泳煥), 민영준(閔泳駿), 민영기(閔泳綺), 민영운(閔泳韻), 민영휘(閔泳徽), 민영위(閔泳緯), 민영목(閔泳穆), 민종식(閔宗植), 민병식(閔丙植), 민상호(閔商鎬), 민응식(閔應植), 민겸호(閔謙鎬), 황사영(黃嗣永), 조민희(趙民熙), 조동희(趙同熙), 조병세(趙秉世), 조병필(趙秉弼), 조병직(趙秉稷), 조병호(趙秉鎬), 조성교(趙性敎), 조동윤(趙東潤), 조필구(趙弼久), 조광호(趙廣鎬), 조의순(趙義純), 조의연(趙義淵), 조의복(趙義復), 조석진(趙錫晉), 조종필(趙鍾弼), 채병건(蔡秉建), 정기순(鄭岐淳), 정봉영(鄭鳳永), 정낙용(鄭洛鎔), 정만조(鄭萬朝), 김정호(金正浩), 정환익(鄭煥翼), 정업조(鄭業朝), 정범조(鄭範朝), 한규설(韓圭卨), 한규직(韓圭稷), 한창수(韓昌洙), 한계원(韓啓源), 나철(羅喆), 엄세영(嚴世永), 권일신(權日身)

이 자료는 조선총독부 중추원에서 조사한 인명에 대해 설명을 하고 있으며 출전이 있는 경우 각 인물마다 서술 끝에 출전을 밝힘으로써 개별 인물에 관한 사항 및 관련 자료를 자세히 파악할 수 있는 자료이다.

II-3-8-47. (유언)62 유언에 관한 사항

	관리기호	기록번호	자료명		
	B-1-387	新調第62호	(遺言)62 遺言ニ關スル事項		
	작성자	생산기관	생산 연도		
	有賀啓太郞 金漢睦	조선총독부 중추원	1913		
	지역	언어	분량	소장기관	
	해주, 재령	일본어	15면	수원박물관	
	키워드	유언, 유서, 유증, 집행자, 보증인			

[기본정보]

이 자료는 1913년(대정 2) 3월 18일부터 3월 30일까지 조사원 속(屬) 아리가 게이타로(有賀啓太郞)와 통역 촉탁 김한목(金漢睦)이 해주, 재령 지방으로 유언(遺言)과 관련된 관습을 조사하고, 출장조사서를 작성하여 보고한 자료로 총 15면으로 구성되어 있다.

[내용정보]

해주군에서는 도참사(道參事) 김규현(金奎鉉)을 비롯하여 18명의 지역인사가, 재령군에서는 학무위원 최영주(崔永周)를 비롯한 4명의 지역인사가 유언과 관련된 관습에 대해 응답하였다. 조사항목은 유언의 요건, 유언의 방식, 유서, 유언의 사항, 유언의 효력, 유언의 집행, 유언의 무효와 취소, 유증, 유증의 제한, 유증의 효력, 유증의 승인과 포기, 태아에 대한 유증 등이었다.

유언의 방식은 구두와 서면이 있는데, 구두는 가족 또는 최측근이 입회하고 유언의 집행자가 입회를 해야 진행된다. 유서는 기본적으로 자필인데, 유서를 대필할 경우에는 유서의 전문보감자(全文保監者), 집행자, 일부(日附), 성명도장하고 보증인을 2명이상 증필(證筆)한다. 유언을 집행하기 전에 유서를 재판소 또는 기타 관청에 제출하여 검증을 요구하거나 유서의 확증을 요구하는 관습이 있으며, 유서의 집행자는 명시하는 것이 보통이다. 집행자는 보통 1인이나 간혹 2인 이상일 경우 협의해서 집행한다. 유언의 집행방법과 집행 시기는 유언의 취지에 따라 집행한다. 집행자가 여행, 병기(病氣) 등일 경우 타인이 대신해서 집행의 임무를 행한다. 유언서의 보관은 유서에 명시하는 것이 보통인데, 유언서의 보관자는 유언의 집행자와 일치한다. 유증은 유언자가 사망한 때에 효과가 발생하며, 수유자(受遺者)의 권리획득 시기는 유언자 사망의 때이나 조건 또는 기간 등이 있으면 기한이 도래, 조건을 성취한 때이다.

[가치정보]

이 자료는 해주, 재령 지방의 유언과 관련된 사항을 출장 조사하여 정리한 것으로 황해도 지방의 유언에 대한 관습을 알 수 있으며, 타 지방과 비교하여 근대 시기 일반적으로 행해지고 있던 유언에 대한 관습의 양상과 특징을 보여준다는 점에서 의미가 있다.

II-3-8-48. (7-1) (능력) 성년과 무능력 법정대리

관리기호	기록번호	자료명	
B-1-434	新調第135	(7-1) (能力) 成年及無能力幷ニ法定代理	
작성자	생산기관	생산 연도	
-	조선총독부 중추원	-	
지역	언어	분량	소장기관
-	일본어	10면	수원박물관
키워드	성년, 무능력, 법정대리인, 간사, 후견		

이 자료는 성년, 무능력, 법정대리인에 대해 정의하고 그들의 행위, 효력 등에 대해 조사 정리한 것으로 일반적으로 성인과 미성년의 구분, 그들의 능력 등에 대해 파악할 수 있으며, 총 10면으로 구성되어 있다.

[내용정보]

15세 이상의 남자는 성년으로 보았으나 그 능력에 있어 완전한 독립은 30세 이상으로 보고 그 전에는 부모 등이 보호자가 되고 그 재산을 관리 또는 행위를 대리한다. 유자 즉 15세 미만은 미성년자로 법률행위의 능력이 결여되어 있다. 풍라자(風癲者)도 무능력자로 본다. 이 같은 자는 광한(狂漢)이라 한다. 백치, 천치 또한 무능력자로 본다. 아자(啞者), 농자(聾者), 맹자(盲者)도 무능력자로 보고 보호자가 그 행위를 대리한다. 재산상의 행위와 신분상의 행위 사이에 차이가 있다. 이들은 법률행위에 한계가 있다.

무능력자의 행위대리에서 유자의 법률행위는 보호자가 대리한다. 보호자의 순위는 유자가 호주이면 그 가(家)의 모(母)나 조모(祖母)가 대리한다. 유자가 가족이면 부와 모가 대리하고 부가 행위무능력자면 부의 보호자가 대리한다. 행위능력자의 보호자의 관습상의 명칭은 통상 간사(看事), 차지(次知), 후견(後見), 주장(主張) 등의 호칭이다.

[가치정보]

이 자료는 15세 이상인 성년의 능력과 행위, 법률적인 권한에 대해 정리하였으며, 또 무능력자의 행위능력, 법률적 권한과 그 대리인에 대한 관습을 정리한 것에 대한 권한, 대리에 대한 법률적 권한과 관습, 무능력자 등에 대해 정리하였다. 이를 통해 성인의 행위능력뿐만 아니라 무능력자의 종류와 그들의 일반적인 행위능력, 신분상의 능력, 대리자의 역할 등에 대해 파악할 수 있다. 조선총독부 중추원에서 정리한 자료이지만 근대 이행기 성년과 무능력자에 대한 관습을 보여준다는 점에서 의미가 있다.

II-3-8-49. 대경성 편찬자료에 관한 건

관리기호	기록번호	자료명		
B-1-757	-	大京城編纂資料ニ關スル件		
작성자	생산기관	생산 연도		
-	경성부 中央卸賣市場	1942		
지역	언어	분량	소장기관	
경성	일본어	10면	수원박물관	
키워드	중앙도매시장, 경성, 어시장, 청과물, 중매인			

[기본정보]

이 자료는 1942년(소화 17) 6월 20일 경성부 중앙도매시장장(中央卸賣市場長)이 『대경성 (大京城)』 편찬에 필요한 기초자료를 정리하여 조선총독부 권업과장에게 보낸 문서로 총 10면으로 구성되어 있다.

[내용정보]

중앙도매시장의 각종시설과 사업에 대한 개요를 1. 연혁 2. 목적과 기구 3. 설비 4. 취급상황 5. 장래로 구성하여 정리하였다. 중앙도매시장의 연혁은 조선 초기 종로 좌우에 설치된 상점이 그 출발로 상업의 중심지였음을 밝히고 있다. 이후 남대문시장, 경성수산 주식회사 어시장, 청과물시장 등의 설치와 운영, 통합 과정을 거쳐 중앙도매시장의 설립 에 이르는 과정을 설명하고 있다. 또 중앙도매시장의 목적과 기구를 정리하였는데, 내부 기구로 도매인 선어부(鮮魚部), 청과부(靑果部)를 비롯하여 중매인(仲買人), 부속영업인, 입매 인 등의 조직이 있었다. 또 설비로 선어부도매장 476평, 청과부도매장 588평, 시장사무소 176평, 청과부사무실 112평, 선어부 냉장고와 창고 52평, 청과부창고 411평 등을 갖추고 있었다. 취급상황은 표로 정리히였다.

[가치정보]

이 자료는 서울에 설치된 중앙도매시장의 연혁, 기구, 설비, 취급상황, 장래 개선사항 등을『대경성』을 편찬하기 위한 자료로 정리된 것으로 1940년대 서울에 설치된 수산시장, 청과물시장 등 도매시장의 현황과 관습에 대해 파악할 수 있다는 점에서 의미가 있다.

II-3-8-50. 출장보고서

관리기호	기록번호	자료명	
B-1-730	321	出張報告書	
작성자	생산기관	생산 연도	
趙漢鏞 趙東虎	조선총독부 중추원	1930년	
지역	언어	분량	소장기관
광주, 이천 여주	일본어	23면	수원박물관
키워드	교통, 물산, 고적, 명승, 전설		

[세로쓰기 일본어 원문]

廣州郡

一,交通

本郡ハ本道中部ノ一大部ニシテ東ハ驪州
利川郡ニ接シ南ハ龍仁郡ニ西ハ水原郡ニ陵
ニ北ハ漢江ヲ隔テ楊州
郡ニ及高陽郡ト相對ス郡内ニ山岳多ク耕
地八漢江流域並ニ中央八川流ニ沿フテ存在シ其他
八山間谿谷ニ點在ス漢江ハ舟楫ノ便アリ京城方
面ヘノ物資輸送ヲ助ク尚ホ京城江陵街道ハ
郡ノ南北ヲ縦貫シ自働車往來頻繁ナリ。
自働車往來賃金
京安里ヨリ京城 一,里。。
二圓

[기본정보]

이 자료는 1930년(소화 5) 10월 18일부터 10월 27일까지 고원(雇員) 조동호(趙東虎)와 촉탁 조한용(趙漢鏞)이 경기도 광주, 이천, 여주 지방으로 출장하여 각 지방의 현황 및 고적 등에 대해 조사하여 보고한 자료로 총 23면으로 구성되어 있다.

[내용정보]

각 지역에 대한 조사항목은 1. 교통 2. 물산 3. 고적 및 명승 4. 전설이었다. 광주는 동으로 여주, 이천, 남으로 용인, 서로 수원, 북으로 한강을 접하고 있으며, 경안역지(慶安驛址) 등의 역원지가 있다. 물산은 풍부하나 특히 율당(栗糖) 등이 풍부하며, 고적 및 명승지로 남한산성지, 서장대, 숭렬전(崇烈殿), 현절사(顯節祠), 연무관(演武館) 등이 있다. 또 전설로 서장대응암(西將臺鷹岩), 북문내 효자정(孝子井), 온수곡(溫水谷) 등이 있다.

이천은 남으로 음성, 동으로 여주, 서북으로 광주, 서로 용인, 안성을 접하고 있으며, 부민원지(富民院址) 등의 역원지가 있다. 물산은 땅이 비옥하여 농산물이 풍부한데 조도(早稲)가 유명하다. 명소고적으로 설봉산고성(雪峰山古城), 효양산(孝養山), 복하천(福河川), 안흥도(安興島), 온천이 있으며 전설로 궁궐지가 있다.

여주는 동으로 강원도 원주, 충청북도 충주, 서남으로 이천, 서로 광주, 북으로 양평을 접하고 있으며, 신진역지(新津驛址) 등의 역원지가 있다. 물산은 땅이 비옥하여 농산물이 풍부하였으며, 명소로 근월루(近月樓), 강한사(江漢祠), 청심루(淸心樓), 한강주유(漢江舟遊), 이포(梨浦), 고달사지(高達寺址) 등이 있다.

[가치정보]

이 자료는 경기도 남부지방인 여주, 이천, 광주의 교통, 물산, 고적, 전설 등을 조사 정리한 것으로 이 지역의 현황을 통해 경기 남부지방의 지리적 현황, 자연환경, 산업구조, 인문환경 등을 파악할 수 있다는 점에서 의미가 있다.

근대 한국학 총서를 내면서

새 천년이 시작된 지도 벌써 몇 해가 지났다. 식민지와 분단국가로 지낸 20세기 한국 역사의 와중에서 근대 민족국가 수립과 민족문화 정립에 애써 온 우리 한국학계는 세계사 속의 근대 한국을 학술적으로 미처 정립하지 못한 채, 세계화와 지방화라는 또 다른 과제를 안게 되었다. 국가보다 개인, 지방, 동아시아가 새로운 한국학의 주요 연구대상이 된 작금의 현실에서 우리가 겪어온 근대성을 다시 한 번 정리하고 21세기에 맞는 새로운 모습으로 탈바꿈시키는 것은 어느 과제보다 앞서 우리 학계가 정리해야 할 숙제이다. 20세기 초 전근대 한국학을 재구성하지 못한 채 맞은 지난 세기 조선학·한국학이 겪은 어려움을 상기해 보면, 새로운 세기를 맞아 한국 역사의 근대성을 정리하는 일의 시급성은 아무리 강조해도 지나치지 않다.

우리 '근대한국학연구소'는 오랜 전통이 있는 연세대학교 조선학·한국학 연구 전통을 원주에서 창조적으로 계승하고자 하는 목표에서 설립되었다. 1928년 위당·동암·용재가 조선 유학과 마르크스주의, 그리고 서학이라는 상이한 학문적 기반에도 불구하고 조선학·한국학 정립을 목표로 힘을 합친 전통은 매우 중요한 경험이었다. 이에 외솔과 한결이 힘을 더함으로써 그 내포가 풍부해졌음은 두말할 나위가 없다. 연세대학교 원주캠퍼스에서 20년의 역사를 지닌 '매지학술연구소'를 모체로 삼아, 여러 학자들이 힘을 합쳐 근대한국학연구소를 탄생시킨 것은 이러한 선배학자들의 노력을 교훈으로 삼은 것이다.

이에 우리 연구소는 한국의 근대성을 밝히는 것을 주 과제로 삼고자 한다. 문학 부문에서는 개항을 전후로 한 근대 계몽기 문학의 특성을 밝히는 데 주력할 것이다. 역사부분에서는 새로운 사회경제사를 재확립하고 지역학 활성화를 위한 원주학 연구에 경진할 것이다. 철학 부문에서는 근대 학문의 체계화를 이끌고 사회과학 분야에서는 학제간 연구를 활성화시키며 근대성 연구에 역량을 축적해 온 국내외 학자들과 학술교류를 추진할 것이다. 이러한 연구들은 일방성보다는 상호 이해와 소통을 중시하는 통합적인 결과물의 산출로 이어질 것이다.

근대한국학총서는 이런 연구 결과물을 집약적으로 정리하기 위해 마련하였다. 여러 한국학 연구 분야 가운데 우리 연구소가 맡아야 할 특성화된 분야의 기초 자료를 수집·출판하고 연구 성과를 기획·발간할 수 있다면, 우리 시대 연구자들뿐만 아니라 학문 후속세대들에게도 편리함과 유용함을 줄 수 있을 것이다. 새롭게 시작한 근대 한국학 총서가 맡은 바 역할을 충분히 할 수 있도록 주변의 관심과 협조를 기대하는 바이다.

연세대학교 원주캠퍼스 근대한국학연구소

편자

이영학 | 서울대학교를 졸업하고 동 대학원에서 박사학위를 받았다. 현재 한국외국어대학교 사학과와 대학원 정보기록학과에 재직 중이다. 『한국 근대 연초산업연구』『담배의 사회사』『한국 근현대의 기록관리』(출간예정)와 『대한제국의 토지조사사업』(공저) 『대한제국의 토지제도와 근대』(공저) 『일제의 창원군 토지조사와 장부』(공저) 『일제의 창원군 토지조사사업』(공저) 등이 있다. 한국 근대 산업사와 한국 근현대 기록관리를 연구하고 있다.

한동민 | 옛 수원 땅인 화성시 우정읍 주곡리 출생이다. 3·1운동의 격렬한 항쟁지였던 고향에 대한 남다른 자부심으로 대학에서 역사학을 전공하였다. 일제강점기 사회운동과 근대불교사로 중앙대학교에서 석·박사학위를 받았다. 1996년 수원시사편찬에 관여하면서 수원지역사 연구를 지속하고 있다. 현재 수원화성박물관장으로 있다. 저서로 『경기도 전통사찰을 찾아서』, 『수원을 걷는다-근대수원 읽기』 등이 있다.

이순용 | 연세대학교 근대한국학 연구소 연구원. 연세대학교 원주캠퍼스 사학과를 졸업하고 동대학원에서 한국근대사 박사과정을 수료했다. 한국 근대 사상사, 일제의 교육정책에 관한 연구를 진행하고 있다. 대표 논문으로는 「대한제국기 근대 여성 인식과 여성 계몽론의 변화」가 있다.

김성국 | 한국외국어 대학교 사학과를 졸업하고 동대학원에서 한국근대사 석사과정을 졸업했다. 대표 논문으로는 「법전조사국의 구관제도조사사업」이 있다.

연세근대한국학총서 113 (H-026)
근대 한국 관습조사 자료집 4

일제의 조선 관습조사 자료 해제 II
법전조사국 특별조사서·중추원 관련 자료

이영학/한동민/이순용/김성국 편

초판 1쇄 발행 2019년 7월 17일

펴낸이 오일주
펴낸곳 도서출판 혜안

등록번호 제22-471호
등록일자 1993년 7월 30일

주소 04052 서울시 마포구 와우산로 35길 3(서교동) 102호
전화 02-3141-3711~2 / **팩스** 02-3141-3710
이메일 hyeanpub@hanmail.net

ISBN 978-89-8494-583-8 93910

값 40,000 원